L'«AUTRE» DANS L'IMAGINAIRE CULTUREL DES FRANÇAIS

UNE ÉTUDE GÉOGRAPHIQUE BASÉE SUR LYON

中国社会科学院创新工程学术出版资助项目

张金岭 著

法国人文化想象中的他者建构

基于里昂的一项民族志研究

社会科学文献出版社
SOCIAL SCIENCES ACADEMIC PRESS (CHINA)

序　言

张金岭的这本新著是他多年田野调查和实地观察的结果。与很多读者所看到的宏观性的外国研究著作不同，此书是基于人类学民族志方法完成的一项经验研究的成果。书中讨论的议题涉及法国人如何在文化上认知和理解中国，并借以折射法国社会有关"他者"建构的内在机制，及其内在的文化逻辑，为我们认识法国社会提供了新的视野。

这项研究是从十多年前他在攻读硕士学位期间到法国里昂交换学习时的观察开始的。初到里昂的"文化震撼"坚定了他研究法国的学术兴趣与志向，而作为法国社会的一个"他者"，他对法国人如何建构中国文化或文化中国这一"他者"表现出浓厚的兴趣，并将之定为自己博士学习期间的研究题目。于他而言，这也是深入了解法国社会的一种方式。

他在中央民族大学和里昂第三大学同时攻读博士学位期间，学习的人类学与文化研究专业分别为他提供了不同的学科视野、理论框架与研究方法。作为他在中央民族大学的导师，我也曾经利用担任里昂第三大学访问教授的机会，到里昂指导他的田野调查。我当时除了承担人类学专业课程教学、担任人类学专业博士生导师之外，还忝列中央民族大学国际语言文化学院院长之职，张金岭的博士论文研究作为中央民族大学与欧洲学术机构合作开展研究的重要尝试之一，也是我的一项工作任务。

在博士学位论文完成后，张金岭又去北京大学社会学系、社会学人类学研究所，在高丙中教授指导下做博士后研究。其间，他又回到里昂开展田野调查，开辟新的研究领域的同时，也注意就其博士研究的题目进行补充和深化。后来，到中国社会科学院欧洲研究所工作后，他也利用到法国访问的机会，持续进行补充调查，进一步完善田野资料、深化其经验分析与理论讨论。这本新书又可以说是一部融入了个人体验的人类学研究著作。

做田野民族志研究，传统上是在一个小村庄里。到里昂这样的西方都市社会从事这样的研究，必然面对着一些新的挑战。其中最大的挑战应该说是来自田野民族志研究对象或者说研究参与者。在当代西方社会，人们之间的联系照理说是涂尔干所说的"有机团结"，但这种连结性不仅不像滕尼斯所认定的"共同体"成员彼此间那么紧密，而且人们共同生活在一个更大的地域，彼此不一定相互了解，甚至有可能是全然陌生的他者。因此，要有将整个民族志文本连接起来的契合点，这就要求对于人们之间交往和联系的"社会密度"有一种新的认识。在他的研究中，张金岭基于对法国人日常生活的观察，把研究对象聚焦于里昂当地以中国文化为纽带而"团结"起来的社会群体，他们来自各行各业、社会地位各不相同，却在一个特定的社会网络中频繁互动。对这一社会群体的关注与跟踪，成为张金岭民族志调查的重要内容。

在全球文化交往不断加深的背景下，不同文化的人群如何认识和理解彼此是一个重要的论题。在这部著作中，张金岭讨论的不仅是法国人眼中的"中国文化"，更是"文化中国"，是法国社会中人们想象性地认知和建构"中国"的文化机制和逻辑。在他的讨论中，既有历史关照，更有大量生动而具体的民族志个案。在个案描述的基础上，他又延展到理论讨论与认识。我相信，读者由这样一本著作也可以更好地去思考人类社会"他者"建构的相关问题。

用人类学的方式研究有关"中国性"的文化想象和文化建构，是一种新的尝试。我认为，这样一种方式既可以使人们从个案材料中重新体会和认识文化，特别是带有想象性的认识和理解的交往对象如何被具体化、具象化，也有益于在充斥着某种对于国外的人们是如何思考和行动的本质化地、笼统地叙述国外社会的研究读物大量存在的情况下，建立一种新的研究模式。

张金岭的这部著作不仅在向我们呈现法国人如何认知和理解中国，有助于我们更深入地思考中国国际形象的建构，更有益于我们更好地理解法国社会的内在机制与逻辑。以人类学的方式去研究当代国外社会，有助于我们更真实、更经验、更平等地去获取关于他们的知识，理解各国社会的存在及其运转。这也是当代法国社会研究应当倡导和努力的方向。

近十多年来，海外民族志作为一种新的研究方式正在中国学术界被人们接受。张金岭的这部新作为海外民族志事业做出了新的贡献，更丰富和完善了中国视角下有关外国社会研究的方式和途径，将有效地推进中国对国界之外的更广泛的世界民族与社会的经验认知。在这种更多的、不断深化的认识和理解的基础上，才能够去实践建构彼此有更多沟通并和谐相处的人类命运共同体这样一项更宏大的事业。

　　遵作者所嘱，是为序。

2018 年 5 月 1 日
于中国－巴基斯坦边境小村热斯喀木

前　言

在全球化逐步深入、多元化不断彰显的当下，不同民族之间的文化交流与互视也日渐成为人类社会的一种"日常"，并越来越表现为左右世界格局演变的重要因素。日益走向世界舞台与各民族全方位互动的中国，自然更需要深入了解自己的国际形象，明白自己是如何被其他民族认知的，而文化认知则是其中更为基础的部分。

基于在法国里昂的田野调查，本书探讨和研究的是法国人如何在文化层面上认知和理解中国。法国与中国的人文交流历史悠久，中国文化元素在里昂地方社会中的积淀也由于历史原因而十分深厚，并在当地形成了一种持续存在的中国文化氛围。更值得注意的是，中国文化元素早已进入当地普通法国人的日常生活，人们也正是以此为经验来建构对中国的文化认知的。在此背景下，本书主要以人类学民族志的方式，关注和分析当地法国人所从事的与中国相关的文化实践，试图研究他们是如何理解和认知中国文化的，或者说他们是如何以文化的方式来建构对中国的理解及其形象认知的。

本书所呈现的民族志描写的是法国人的文化实践经验，但这种经验又不完全是他们"自我"文化的经验，而是对一种异文化（即中国文化）认知与理解的经验。在某个文化群体对另一种文化的想象与认知中，我们看到的更多是前者"自我"文化的折射与表现。探讨法国人文化想象中的中国，呈现出的不仅是他们对中国的文化认知，也包括法国社会文化的自我折射。因此，从经验研究的知识生产来看，法国人如何在文化范畴内想象和建构中国，既是我们探讨中国国际形象建构的一种途径，也是理解和认知法国社会及其文化的一种方式。

就学理而言，本书所研究的核心议题指向人类社会关于"他者"的文化建构，而法国、中国仅是个案而已。从观察和分析法国人对中国的文化想象，到探讨和理解法国社会内在的文化逻辑，及其如何在文化层面上建构

"他者",再到审视和阐释人类社会文化他视的内在机制,以及文化多样性在不同文化认知中的存在方式,是内含于此项研究的学理逻辑。

藉此数语,简略地阐释一下此项研究所处的时代背景,及其现实意义与学术关怀。恳请诸位读者多多批评指正。

张金岭

2018 年 2 月春节

目　录
CONTENTS

绪　论

2003 年 9 月，我以交换生的身份到法国里昂第三大学（Université Jean Moulin Lyon 3）攻读学位。到达里昂当天，在从机场到市中心的路上，不但第一次见到了法国式的田园风光，也看到了历史悠久的城市街区，新鲜感让我颇感兴奋。让我感到最为新奇的，则是一路上到处张贴的张艺谋导演的电影《英雄》即将在当地上映的海报。那一年秋天，作为中外人文交流的创举，"中国文化年"① 在法国各地开启了一系列丰富多彩的展示中国文化的活动。历史悠久、人文气息浓厚的里昂，自古就在中法人文交流中扮演着重要角色，自然也就成为"中国文化年"活动的重镇。《英雄》这部电影也成为在里昂举办的系列活动的重要内容之一，深受法国观众喜爱。

在里昂安顿好、进入正常的学习轨道之后，我有更多的机会开始接触里昂当地的社会与文化，从而也更多地了解到当地长期存在的中国文化氛围。里昂悠久的丝绸文化与中国有着源远流长的渊源，20 世纪初落户里昂的中法大学，以及日益壮大的华人社区，均在不同层面上推动了中国文化元素在当地社会的积淀。对于今日里昂人而言，遍布城内及周边地区的中国餐馆、超市、商店等，早已成为一部分人日常生活的一部分，即便是在非专门售卖中国商品的商店里，琳琅满目的中国商品也无时无刻不向人们呈现着中国及其文化的在场。另外，越来越多的人因旅游、学习、工作等原因，有机会跟中国有更深入的接触，也带给当地社会更多有关中国的表述与印象。更为重要的是，当地还活跃着众多以中国文化为纽带而成立的社团组织，聚集了一大批喜爱中国文化的人，他们与中国文化的各种亲密接触成为文化中国在当

① 中法互办文化年［"中法文化年"（Les Années Chine-France）］是中国和法国两国政府合作举办的一系列大型文化交流活动。根据两国政府协议，2003 年 10 月至 2004 年 7 月，中国以"古老的中国、多彩的中国、现代的中国"为主题在法国举办"中国文化年"；2004 年 10 月至 2005 年 7 月，法国在中国举办"法国文化年"，主题为"浪漫与创新"。

地形象建构的重要凭借。

正是在这样的机缘与背景下，到里昂后不久，我就开始斟酌是否可以把"法国社会如何理解和认知中国文化与文化中国"作为博士学习阶段的研究选题。中国文化与文化中国在里昂社会的在场，表现得既很平常却又颇具异国情调，相较于本土的法国社会与文化而言，是一个十足的"他者"。而作为这一"他者"中的一员，我能够清楚地认识到，当地对中国文化的理解与认知带有某些历史积淀的"刻板印象"与基于法国式认知的想象。而作为一名人类学者，法国社会及其文化则是我眼中的"他者"。能不能以法国社会文化之"他者"的身份，来研究我眼中的"他者"（法国社会）对我所归属的"他者"（中国文化）的理解与认知呢？换句话说，相对于法国社会，这是一项来自"他者"的研究，而基于中国与法国两个民族文化的互动，从中国文化的角度来看，是"他者"对"他者"的研究。当然，在我看来，这也是我基于文化间性（interculturality）与主体间性（intersubjectivity）来理解法国社会与文化的一种介入路径。

第一节　问题

本书关注的是法国人对中国的文化想象，涉及法国人把中国放入文化范畴①内的一种文化认知，既指向于"中国文化"，也指向于"文化中国"。②

---

① 在许多外国学者看来，"中国"是复数的，比如政治中国、经济中国、文化中国、社会中国、生态中国等，诸多称谓不但呈现了中国现实本身的多样性，而且表现出学者们看待中国的不同视角及其理解中国时所居视野的复杂性。法国学者利大英（Gregory B. Lee）曾将他一本书的名字命名为 *Chinas Unlimited*，题中 Chinas 一词不但为复数，而且 Unlimited 也代表着无限中国之意。参见 Gregory B. Lee, *Chinas Unlimited：Making the Imaginaries of China and Chineseness*, London, New York：Routledge-Curzon, 2003。

② 当然，"法国人"的构成是多元的，既有族群、阶级等范畴的差别，又在职业、年龄、受教育程度等方面有所分化，不同的群体对于中国及其文化的想象必然地受到各自所处社会环境的影响。在讨论中国在法国人文化想象中的形象时，按理说应当考虑到"法国人"构成的多元性差别，但鉴于此项研究不是定量分析，而是着眼于通过抓取法国人对中国之文化想象的不同表征，来展现一种作为"社会事实"之文化实践的存在，描述的是占主导性的有关中国的文化想象，尽管文中所提及的法国人来自不同的社会群体，但我未对之加以区分。而且，在田野调查中，我也注意到，就有关中国的文化认知而言，大部分法国人，无论什么阶级、职业等，看到的、听到的，虽有差别，基本上却是一样的。鉴于研究主题的需要，在探讨法国人有关中国的主导性文化想象时，那些有关法国人多元性构成的因素可以忽略掉。另外，此项研究的范围被限定在文化范畴内，很自然，那些多出现于政治、经济领域内的有关中国的话语不是本书讨论的主要内容。

作为一项经验研究，它有助于进一步探讨法国社会所孕育的有关"他者"建构的文化机制，及其折射出来的法国社会内在的文化逻辑，以及人类社会有关"他者"建构的一般意义上的机理。

全球化深入发展所推动的不同民族之间在诸多领域内的交往日益密切，作为一种社会事实，意味着涂尔干（Émile Durkheim）意义上的"社会密度"（densité des sociétés）的恒定增加。① 于此，如何深入了解不同民族互视的逻辑与机理，以期促进多元文化的和谐互动，也日渐显现出其必要性。在此背景下，以人类学的方法研究法国人对中国的文化想象，既可以为上述关怀提供个案素材，又可以为中国提供知识借鉴。当代中国正以前所未有的方式与世界各个国家和民族开展深入互动，其发展举世瞩目，因此全面了解她在世界范围内的国际形象表现为一种重要的知识需求，以期明晰世界各民族究竟是如何看待和认知中国的。而文化作为一个基础性范畴，文化认知中的中国形象则更有探究的价值。

就当代西方社会而言，中国越来越受其重视，尤其是就经济、政治、安全等方面的战略考量而言——西方视野中的"中国"永远都是与现实利益密切相关的意识形态的产物。当然，浸润西方社会有关中国形象之生产的，并非完全取决于现实利益的博弈，还包括一些更为基础性的要素——在这些社会中广泛沉淀的有关中国的刻板印象，后者多是从文化价值观念的角度生产的有关中国的知识，并深刻地左右着他们对中国的基本印象，甚至包括（重新）认识中国的实践过程。

文化想象中的中国折射出西方社会对不同价值观念的理解，及其在意识形态方面进行利益取舍的文化动机。从文化外交的战略角度来看，研究海外社会对中国的文化认知问题，对于增进中国与国际社会的对话、寻找交流与沟通的基础，加强合作，有着积极的意义。如今，在世界范围内"谈论中国"不仅仅是一种需要，更变成了一种潮流与时尚。在法国，我们能够非常明显地体验到这样一种文化氛围。

法国与中国的人文交流历史悠久，里昂更是最早与中国建立深入的文化互动的欧洲城市之一。在里昂这座人文积淀深厚的文化名城，我们可以发现几乎任何一个历史时代中法文化交流的历史遗存，后者也在当地社会营造了

---

① 涂尔干著、渠东译：《社会分工论》，北京：生活·读书·新知三联书店 2000 年版，第 219 页。

一种浓厚的中国文化氛围。在这样一种文化空间内，法国人想象中的中国文化与文化中国令人回味。

里昂较为集中地凝聚了存在于法国社会中的诸多中国文化元素，也跟中国社会持续开展着较为密切的文化互动，在此意义上，以里昂作为个案研究的对象，具有一定的典型意义。萦绕在里昂的中国文化空间既是里昂的，又是法国的；里昂人在日常实践中对中国的文化想象，既是里昂人自己的，也在一般意义上代表着法国人。同时，里昂的个案研究也恰恰体现出人类学研究在关注人文社会时所拥有的独到的策略与方法，尤其是她"以小见大"的学科关怀。①

"想象"（imaginary，imaginaire）一词，在哲学家萨特（Jean-Paul Sartre）看来，主要是指代一种心理学与现象学范畴内的认知活动。② 在此项研究中，"想象"不是指捏造（fabrication）和虚假（falsity），而是一个中性词，并无褒贬义之分，是要表达对涉及中国的文化层面的理解、认知、再现、表征等含义。而且，文化想象也是涂尔干所言的一种"社会事实"（le fait social），有其自身的实在性。

那么为什么要使用"想象"一词呢？在里昂的田野调查让我更为清晰地意识到，无论是正面或负面，法国人对中国文化与文化中国的理解与认知具有明显的浪漫主义色彩。鉴于此，以"想象"作为关键词，可以生动地

---

① 目前，人类学界尚存有关小社会研究之典型性、代表性的争论。早在 20 世纪 50 年代，就曾有过关于"小型社群的实地考察不足以代表中国的大社会"的批评。实际上，人类学对小社会研究的发展已经证明了自身的重要价值。以社区为视角观察中国社会，曾经被早期社会人类学的中国学派当作方法论的立业之基（参见王铭铭：《小地方与大社会——中国社会人类学的社区方法论》，载《民俗研究》，1996 年第 4 期）。就我而言，人类学关注小社会研究，其"小问题、大视野"的方法论意义是不言而喻的。目前有关中国乡土社会及人口较少民族的人类学研究，生动地揭示了当代中国社会变迁的具体个案，映射出文化多样性与文化变迁的诸多可能性，对于理解整体性的中国社会变迁，具有重要的借鉴意义。《江村经济》（费孝通）、《金翼》（林耀华），以及《缅甸高地的政治制度》（利奇）、《努尔人》（埃文斯－普里查德）等都是研究"小社会"的优秀的人类学作品。而且，人类学有关社会的理论讨论也多是建立在具体的"小社会"民族志研究的基础上的，从而发现有关人类行为与文化的一般规则。利奇（Edmund Leach）在其《社会人类学》（*Social Anthropology*，1983）中所主张的人类学对小社会的研究，其初衷则在于此，不同于费孝通想通过小社会来了解中国大社会的本意。此外，国外人类学者对中国与东亚社会的研究也多是从小社会、小规模社区研究入手的。相关讨论参见北京大学社会学人类学研究所编《东亚社会研究》，北京：北京大学出版社 1993 年版。

② Jean-Paul Sartre, *L'Imaginaire*：*psychologie*，*phénoménologie de l'imagination*，Paris：Éditions Gallimard，1986.

表达出比理解、认知、再现、表征等用语更为形象的看待中国的方式。而且，"想象"一词既突出和强调了法国人看待中国文化与文化中国时所具有的某种"自我中心主义"的倾向，也形象地表达了文化理解与认知中的那种"不真实"①状态。② 换句话说，"想象"一词既表达了认知结果，又描绘了认知方式。

借用人类学的理论关怀与研究方法，就一个民族对另外一种民族文化的想象与认知进行解读，在当代人类学研究中应该算是一种新的尝试。传统的人类学研究所关注的都是某个群体自我文化范畴内的实践，直接研究他们自身的风俗习惯、制度体系、宗教信仰、艺术实践等，而此项研究则关注一个文化群体对另一种文化的想象，其中涉及的文化实践既是他们"自我"的，又关乎他们眼中的"他者"。当全球化日益深入，逾越民族国家边界的跨国、跨族交往成为大多数人之"日常"的时候，这样的议题就应当被重视起来，它可能会为在长远未来的时间里持续进行的文化融合提供一些初期经验与原生解释。

与传统的人类学民族志研究有所不同，此项研究关注的不是传统或典型的人类学社区，而是一个以中国文化为纽带而集结起来的社会群体及其文化实践。其着眼点不是法国人一般意义上的文化实践研究，而是他们日常生活中与中国文化相关的那部分实践与"社会事实"。换句话说，此项研究的民族志文本所描述的是法国人的文化实践经验，但这种经验又不完全是其"自我"文化（法国文化）的经验，而是他们对一种异文化（即中国文化）理解与认知的经验。研究法国人文化想象中的中国，从其学术关怀而言，不是研究中国与中国文化本身，而是法国与法国人——既包括法国人的社会文化实践及其心理机制，又包括他们看待"他者"的文化逻辑，了解人类生活的不同可能性。③ 于我而言，这不但是一个研究领域的拓展，也是一种反

---

① 当然这里的"不真实"也是一个相对概念，那么使用"想象"这一术语则更有意味了。

② 分析法国人对于中国的文化想象，无论其表现形态如何，目的不是要阐明它们对与否，或哪些更客观、更真实，或哪一种更好，哪一种对中国更有利，而是要了解他们在文化想象中所建构的有关中国的诸多形象，及其理解与认知中国的方法，进而研究这种文化想象背后的逻辑与机制，既帮助中国认识自己的国际形象，又进一步提供理解法国社会的知识。

③ 户晓辉在其文章《自我与他者——文化人类学的新视野》（《广西民族学院学报》，2000年第2期）中，引用人类学家彼特·温奇（Peter Winch）的话说，"通过研究其他文化，我们所学到的不仅是不同的做事方式及其他技术的可能性。更重要的是，我们可以学会理解人类生活的不同可能性……"

思性民族志研究的尝试。①

法国人与中国文化接触的社会呈现是非常复杂的。在研究过程中，我试图探寻一种有关"他者"建构的阐释框架，借以更清晰地理解中国文化与文化中国如何在国际社会中被认知，并在理论与方法层面上尝试建立一种有关"他者"之间文化互视的研究范式。

此项研究立足于三种维度。一是历史积淀，借以理解法国历史上有关中国文化想象的主导性话语及其历时变迁。基于田野调查与资料分析的需要，重新梳理自文艺复兴以来，法国社会有关中国及其文化之想象表述的相关文本，分析这种文化想象与时代结构变迁，以及"元叙事"话语结构变化之间的关系，寻找其中结构性与文化性的影响因素，了解法国社会之中国想象的历史及其积淀，为田野调查与民族志资料分析提供背景性知识。二是文化空间，借以分析里昂当地所存在的中国文化元素及其构成的文化空间，以及因各类文化互动延伸到中国而产生的一种粘连性的文化空间。具体探讨法国人是如何在这样的文化空间内与中国文化进行互动的，解读法国人理解与认知文化中国的具体表述，及其内在的文化策略与现实意义，同时还注意到中国文化空间对于法国人之中国文化想象的建构与解构意义。三是话语分析，借以探讨法国人对中国文化与文化中国的一种"景观式"消费与想象。基于消费社会与"景观"社会的相关理论，来观察分析在经济与文化全球化的时代背景下，法国人是如何在其日常实践中把中国文化当成一种商品与"景观"来理解和"消费"的，进而解读这种文化想象与消费的社会机制，讨论法国社会有关中国文化形象与记忆的当代再生产问题。

第二节　理论

在人类学家拉德克利夫－布朗（Alfred R. Radcliffe-Brown）看来，"社会人类学中的田野调查需要的是比描述更多的东西，它需要理论分析"。②

---

① 高丙中认为，中国人类学民族志著述正在经历从写实性到反思性的转变。在他看来，对于越来越多的年轻学人来说，民族志不只是为了记录远方的对象，也是（或者说其实是）为了认识他们自己在选题和论文构思上都是具有反思意识的。参见高丙中：《人类学反思性民族志研究——一个范式的六种尝试》，载《思想战线》，2005 年第 5 期。

② 拉德克利夫－布朗（Radcliffe-Brown）著、夏建中译：《社会人类学方法》，北京：华夏出版社 2002 年版，第 95 页。

人类学虽然见长于田野调查与经验研究，但从来都不缺少理论关怀，它既注重人类学范畴内的理论探讨，也强调从其他学科汲取理论素养。人类学总体上具有综合性的学术取向，① 这不仅表现在该学科所关注的问题领域方面，更体现在它对于其他学科理论的开放性态度上。人类学研究中的理论关怀是不可缺少的，它不但统揽一项研究的问题意识，也指导着田野调查的开展，还是分析田野资料的工具，为展开深入讨论作铺垫。②

作为一项基于人类学方法的经验研究，本书有关法国人对中国的文化想象的研究自然汲取了人类学诸多理论范式的启示，同时也注意借鉴其他学科与研究的理论观点，以求深入推进对事实经验的分析与阐释。综合来看，对此项研究具有启发意义的理论阐述主要涉及以下几个领域："他者"研究、"东方学"、表征与差异理论、消费社会理论、文化资本理论，以及景观社会理论等。

一　"他者"研究

人类学肇始于对西方社会的异文化（其中以西方国家的殖民地文化为主）的研究，也就是说，这门学科从一开始就已经进行着对西方之"他者"（others）的研究。回顾人类学发展的历史可以发现，"他者"一直以不同的形式存在于不同的理论和流派之中。早期的人类学研究资料多半来自传教士、商人、探险者和航海家的笔下，他们对异族生活的记述以所谓的奇风异俗为主，正是对"他者"的了解和认识，或者说西方国家常人所不知晓的人群的独特知识，使人类学得以在 19 世纪社会科学兴起之际抢占了一片独特的学科领域。

人类学研究要么是去理解他人（传统的人类学作品），要么是理解自己（流心的《自我的他性》③），当然也有人关注自我与"他者"的关系问题。

---

① 相关讨论参见王建民：《论人类学研究的综合性取向——从潘光旦先生学术生涯谈起》，载《中央民族大学学报》（哲学社会科学版），2002 年第 3 期。

② 王建民曾撰文指出，在当今中国人类学的发展中，存在一个较为明显的问题，便是民族志田野工作与理论分析没有很好地结合。有时候，我们看到某些民族志文本对一个村寨的问题进行了较为全面的叙述，但通篇似乎很难找到一个明确的理论问题，让人觉得这种论著就是为了写民族志而写民族志。参见王建民：《民族志方法与中国人类学的发展》，载《思想战线》，2005 年第 5 期。

③ 该书是一本以高科技发展为题材的人类学研究专著。在 20 世纪 90 年代后期出现亚洲金融危机而中国经济一枝独秀的背景下，作者通过参与观察，深入考察了华南一家高科技企业的成长过程，以点带面、由表及里地描述了当时中国社会生活的内在张力。　（转下页注）

西方人类学研究的"他者"开始于遥远的异邦，却又逐渐回到本土社会。无论是在哪一个社会中，只要有差异存在，就有"他者"存在的可能与必要。而且，作为试图认识和理解人类文化多样性的学科，人类学研究"他者"已经成为其独特的学科特色和专长，因为人类学家相信通过研究"他者"能够比仅仅研究自己更为深刻地认识自己。

在许多人类学家看来，所谓的"他者"，不仅仅指向与自己不同的人群，更多的是指向与自己不同的文化（other cultures）。换句话说，人类学者所主要关注的不是作为人群的"他者"，而是文化意义上的"他性"（otherness）。① 就此而言，"他者"涵盖非常之广，既可能是客观存在的异族群体及其文化，也可能只不过是被人为构建出来的"他者"或"他性"，即所谓"想象的异邦"，这个异邦既可能真是地处遥远的天边，又可能就近在眼前。迄今为止的西方人类学研究表明，人类学已从研究异邦的"他者"（遥远的异邦），拓展到了以异邦"他者"的眼光来研究自己（内部的异邦），关注内部/本土的"他者"。而未来的研究，也许会强调透过曾经被作为研究对象的"他者"的眼光审视自己。无论研究对象和研究角度经历了怎样的变化，"他者"的角色却一直存在，而人们对自我的认识显然一步步更为深刻。②

自 20 世纪 60 年代后期开始，一些人类学家开始对西方本土社会进行研究。他们吸收了西方人类学有关"异文化"研究的成果，反过来对西方社会的诸多方面（思维方式、社会制度、文化实践等）进行深入的探究与反思，指出了很多涉及西方文化的迷思和成见。其中，美国人类学家萨林斯（Marshall Sahlins）的著作《文化与实践理性》（*Culture and Practical Reason*，1976）对西方的功利主义进行了批判，并提出对文化意义的探讨应优先于

（接上页注③）在理论层面上，作者回应了社会科学中关于亚洲或另类资本主义的讨论，重点探讨了社会/文化资本在高速经济增长中的作用，并以此来重新思考 20 世纪后半叶中国激荡的社会生活，以及人在这种生活中所面临的强烈反差。田野调查与叙事理论是这一重新思考之切入点。在方法论上，作者针对西方社会科学特别是人类学过去二三十年来形成的新批评思潮与挑战，努力探索了现代社会人类学研究的新途径。流心（Liu Xin）著、常姝译：《自我的他性——当代中国的自我系谱》，上海：上海世纪出版集团、上海人民出版社2005 年版。

① Michael Herzfeld, *Anthropology through the Looking-glass*: *Critical Ethnology in the Margins of Europe*, Cambridge: Cambridge University Press, 1987, pp. 1 – 27.

② 相关讨论可参见黄剑波：《作为"他者"研究的人类学》，载《广西民族研究》，2002 年第4 期。

探讨实际利益和物质关注的论点。萨林斯也主张，西方人类学者应回归到西方文化，从中揭示其自身文化的观念形态，为恰当的文化理解提供批评的前提。① 英国人类学家科恩（Anthony Cohen）长期关注英国社会，研究受到英国现代主体文化冲击的边际性社区。这些社区正在经历从生计经济向现代专业化的分工经济的转型，经济的转型致使社区内部成员不得已面对外来社会力量威胁，为了抵制资本主义工业和社会制度对本地社会的侵蚀，他们努力保护了当地传统的认同感并据此建构出一条与外界分离开来的象征界线。科恩认为，当代西方社会中边际性社区象征界线的广泛存在，迫使西方社会去包容传统社会的裂变，故使其一体化成了问题。科恩的研究表明，"异文化"不仅存在于西方之外的社会，也存在于西方社会内部。②

综合来看，他们已经开始在不同程度上采用对西方社会的异文化/"他者"的观察角度和解释体系，来研究西方本土社会。在回归本土社会研究的潮流中，西方人类学家同样强调运用人类学的民族志研究方法对西方社会内部的文化差异、社会分化以及现代性进行解剖与分析，这些研究的共同特点就在于强调西方本土社会存在"异文化"的特质。实际上，任何一种文化都包含着许多来自其他文化的要素，这些"异文化"要素若难以被吸收和同化进更大的同质性整体，则充分表明缺乏一个社会化的整合过程。③

实际上，西方人类学有关"异文化"的研究成果在某种程度上同样也是他们置身其中的西方本土社会与文化观念的表达。比如，施奈德（David Schneider）在研究美国人的亲属制度时发现，西方人类学有关"异文化"的民族志作品中的亲属制度分析，深受西方社会的法权观念的制约。④ 由此，可以说，对"他者"文化的理解实际上是对"自我"文化理解的一种延伸。这种理解是情境性的（situational），其中的事实判断和价值判断都是在特定时空内由特定文化语境中的人做出的，因而都不具有绝对真实性。从批判的立场来看，不存在没有先入之见的知识。为此，"人类学也改变了它

---

① 参见王铭铭：《他者的意义——论现代人类学的"后现代性"》，载《广西民族学院学报》（哲学社会科学版），2000年第2期，第7页。

② 参见王铭铭：《他者的意义——论现代人类学的"后现代性"》，载《广西民族学院学报》（哲学社会科学版），2000年第2期，第7页。

③ 相关讨论参见弗里德曼著、郭建如译、高丙中校：《文化认同与全球性过程》，北京：商务印书馆2003年版，第113页。

④ 王铭铭：《他者的意义——论现代人类学的"后现代性"》，载《广西民族学院学报》（哲学社会科学版），2000年第2期。

的视角,从追求纯客观化的对某一事物的描述,到现在意识到这只是一种关于某物的写作,同时有意识或无意识地,它也总是一种自我建构的行为"。①

对于"他者"这一概念,许多哲学家对之都有论述,其来源可以追溯到黑格尔(Georg W. F. Hegel)的欲望主体理论。在黑格尔看来,"他者"是主体认识、扩张自身的外化疆界。萨特的二元本体论假设"他者"为分裂的主体追求与其世界统一的欲望对象。在拉康(Jacques Lacan)的精神分析理论中,"他者"又成为无意识领域与自我相对立并确认自我的一种象征秩序或象征性的地点,它以话语的形式表现出来,确定主体所缺失的与主体所必须追求的东西,从而引导着主体的欲望与命运。德里达(Jacques Derrida)则假设"他者"向无限"延异",是永远无法认同的异己性。在列维纳斯(Emmanuel Levinas)那里,"同一"与"他者"则构成一对最为基本的概念,"同一"指世界的整体性,"他者"则是不可能被包容到同一中的、高于主体自我的东西。文化研究中的"他者"概念,通常借用福柯(Michel Foucault)与萨义德(Edward Said)的理论,指一种文化通过塑造一个与自身对立并低于自身的文化影像,来确定以自身为中心的价值与权力秩序,并认同自身。②

"自我"与"他者"并非是一种简单的"主体"与"客体"的关系,而是一种辩证关系。在此项研究中,通过文化"他者"的自我表征,以及法国社会的认知来研究法国社会对于"他者"的想象,这样的视角则摆脱了简单的"我"与"非我"的关系、"人"与"物"的关系,而变成了"我"与"你"的对话。更重要的是,这项研究试图站在"他者"的角度来书写当地社会中的"他者"及人们对它的建构。

对于"他者"的认知总是建立在"主观"标准之上的。因此,任何有关"他者"的印象与知识,总是不可避免地带有"想象"的成分。"他者"话语的定型,用法国哲学家卡斯托里亚迪斯(Cornelius Castoriadis)的说法是一个"社会想象的建制"(Institution imaginaire de la société)③,一个我们不可怀疑的现象。西方对于东方的想象,也是一个令人不可怀疑的定性化的结论,这是一种彻头彻尾的想象,同样也是一种"社会想象的建制"。而

---

① 泰特罗著、王宇根等译:《本文人类学》,北京:北京大学出版社 1996 年版,第 46 页。
② 相关文献梳理参见周宁:《历史的沉船》,北京:学苑出版社 2004 年版,第 3~4 页。
③ Cornelius Castoriadis, *L'institution imaginaire de la société*, Paris: Seuil, 1975.

且，对于"他者"的了解和认识，在很大程度上都是通过形象认识来想象地建构的，反映了认识者的自我身份定位和"他者"与"自我"的相互关系，其核心便是以自我文化为中心，判断和确定被塑造的对象。因此，在自我建构"他者"的过程中，常常存在一种二元对立的意识形态的框架。如今，生活在里昂，当我与法国人聊天的时候，他们开头的第一句话，往往便是说中国文化是一种与西方文化截然不同的另一类文化。类似地，人们在各自头脑中还未曾建立起一种真正的多元化的、多向度的审视思维。当人们居于自我的位置来看待"他者"的时候，往往只是注意到了二者间的差异，而忽视或根本看不到在人性（humanité）与人类文化（culture de l'humanité）的一般意义层面上二者所具有的共同点。

现实生活中的"他者"与学术研究中的"他者"，其含义是不一样的。从方法论的角度来讲，现实生活中的"他者"是相对于个体或群体而言的不同于"自我"的"另一个"，而学术研究中的"他者"，是存在于被学术界定型的"主体"之外的"另一个"，是一个学术界公认的"客体"。从实践的角度来看，现实生活中的"他者"是一种"自我认同"的需要，它提供了"区分"的界限，而学术研究中的"他者"，提供了一种关于"另一个"的知识，体现的是知识的"力量与权力"（power）。[1] 而这种"知识"的滥用则会使得这种力量与权力成为一种"武器"。现实生活中的"他者"与学术研究中的"他者"是互动的，既巩固了社会集体性历史记忆中的"他者"形象（比如刻板印象等），又生产了种种有关"他者"的权力话语（萨义德的研究早已表明西方学界的"东方主义话语"着实在很大程度上影响了西方社会对"东方"的认知）。

二　"东方学"

西方学界所说的"东方学"或"东方研究"（Orientalism）是"中世纪末期欧洲教会给为之研究和搜集非西方文化资料的学者所做的'学问'的称号"，后来被明确用于指代"对中近东、东亚等地区的或甚至整个非西方世界的研究"。"Orientalism"作为一个专门学问的总称，其后缀没有

---

[1] 西方语境中"knowledge is power"与"la connaissance，c'est le pouvoir"等表述的翻译在汉语语境中，往往被忽视其中所包含的"权力"之意。在我看来，知识的"力量"处其表层的意义范畴，而"权力"则是其意识形态方面的含义。

使用（o）logy（学），而是－ism（主义），在某种程度上可以这样解释，该术语的发明者知道这一学问与别的学科不同，具有明确的意识形态任务。①

在萨义德的《东方学》（Orientalism）中，"orientalism"一词具有多种含义，在该书的绪论部分，他对此做了详细的介绍。② 第一种含义：东方学指代学术研究的一门学科。这一点也最易于为人所接受。东方学一词带有19世纪和20世纪早期欧洲殖民主义强烈而专横的政治色彩。即使东方学现在并没有过去那么繁荣，它关于东方和东方人的各种教条和学说也足以使其得以继续保持学术生命力。第二种含义：东方学是一种思维方式。在大部分时间里，"the Orient"（东方）是与"the Occident"（西方）相对而言的，东方学的思维方式即以二者在本体论和认识论意义上的区分为基础。在西方，有很多人接受了"东方/西方"这一二元对立的区分，并将之作为建构与东方、东方人、习俗、"心性"（mind）和命运等有关的理论、诗歌、小说、社会分析和政治论说的出发点。这一点即说明，东方学的含义多少具有想象的意味。第三种含义：东方学是西方操控东方的一种方式。这一含义更多是从历史的、物质的角度来进行界定的。以18世纪晚期作为对东方学进行粗略界定的出发点，萨义德将东方学描述为通过做出与东方有关的陈述，对有关东方的观点进行权威裁断，以及对东方进行描述、传授、殖民、统治等方式来处理东方的一种机制。也就是说，萨义德将东方学视为西方用以控制、重建和"君临东方"的一种方式。在萨义德看来，如果不将东方学作为一种话语来考察的话，就很难理解这一具有庞大体系的学科，而在后启蒙时期（post-Enlightenment），欧洲文化正是通过这一学科以政治的、社会学的、军事的、意识形态的、科学的以及想象的方式来处理——甚至创造——东方的。在西方世界的眼中，正是由于东方学的存在，东方过去不是（现在也不是）一个思想与行动的自由主体。在《东方学》一书中，萨义德所要力图表明的是，欧洲文化是如何从作为一种替代物甚至是一种潜在"自我"的东方获得其力量和自我身份的。东方学的意义更多地依赖于西方而不是东方，这一意义直接来源于西方的许多表述技巧，正是这些技巧使东方

---

① 王铭铭：《文化想象的力量——读 E. W. 萨伊德著〈东方学〉》，载《中国书评》（香港）1996 年第 6 期。

② 萨义德著、王宇根译：《东方学》，北京：生活・读书・新知三联书店 1999 年版，第 3~6 页。

可见、可感，使东方在关于东方的话语中"存在"。①

　　就方法论而言，萨义德所进行的有关东方学的研究，既不是做详尽的目录学式的梳理，也不是建立在显然经过精心挑选的文本、作者和观点的基础之上，而是尝试着对东方学的发展做一历史概括。在进行有关东方学的研究之前，萨义德做出了一定的假设——东方并非一种自然的存在。作为一个地理和文化的——更不用说历史的——实体，"东方"和"西方"这样的区分都是人为建构起来的。"东方"这一观念有着自身的历史以及思维、意象和词语传统，正是这一历史与传统使其能够与"西方"相对峙而存在，并且为"西方"而存在。因此，它们实际上是相互支持并且在一定程度上相互反映对方的。

　　对于"东方"的理解，我们至少可以有几个维度。首先，"东方"有着地理的和文化的双重意象；其次，就时间维度而言，西方对于"东方"的理解，有一个历史的渐进过程，"东方"范围的开拓，既是一个地理区域的扩大，更重要的是一个时间政治概念的扩展。② 不过，"东方学并不仅仅是一种学术话语，它还是在各类可能的意义上的一种文化话语，仅仅是所知和被认定为理所当然的东西。从大众文化的角度讲，东方主义无所不在，且十分有效"。③

　　东方学不只是一个在文化、学术或研究机构中被动反映出来的政治性对象或领域，不是有关东方的文本的庞杂集合；不是对某些试图颠覆"东方"世界的邪恶的"西方"帝国主义阴谋的表达和表述。而是地缘政治意识向美学、经济学、社会学、历史学和哲学文本的一种分配；它是对基本的地域划分与整个"利益"体系的一种精心谋划；这是一种话语，这一话语与粗俗的政治权力绝没有直接的对应关系，而是在与不同形式的权力进行不均衡交换的过程中，被创造出来并且存在于这一交换过程之中，其发展与演变在某种程度上也受制于它与政治权力、学术权力、文化权力、道德权力之间的交换。④

---

①　萨义德著、王宇根译：《东方学》，北京：生活·读书·新知三联书店 1999 年版，第 28 ～ 29 页。

②　李文堂：《文化乡愁与文化冲突》，载《批评家茶座》（第一辑），济南：山东人民出版社 2003 年版，第 40 页。

③　Ziauddin Sardar, *Orientalism*：*Concepts in the Social Sciences*, Buckingham：Open University Press, 1999, p. 114.

④　萨义德著、王宇根译：《东方学》，北京：生活·读书·新知三联书店 1999 年版，第 16 页。

三 表征与差异

在霍尔（Stuart Hall）看来，表征（representation）是人头脑中通过言语（language）① 对各种概念之意义的生产。它是诸多概念与言语之间的联系，这种联系使人既能指称"真实"的物、人、事的世界，又能想象虚构的物、人、事的世界。② 意义是被表征系统建构出来的，事物本身并没有意义，是人通过各种表征系统（由各种概念和符号组成）使之构成了意义。表征系统的符号具有物质维度，包括语言、声响、图像、痕迹等。

作为意义生产的表征，具有两层含义：一是状物（to describe or to depict），二是象征（symbolize）。关于意义表征何以通过言语而运作，霍尔给出的解释涉及三种方法，分别是反映论的（reflective）、意向论的（intentional）和建构论的（constructionist）。反映论意指言语反映已经存在的关于物、人和事的世界的某种意义；意向论则指言语反映出表达者想说的东西，表达其个人意向的意义；建构论则强调，意义是在言语中或通过言语被建构出来的。

文化范畴内意义生产的核心包含两个相关的"表征系统"（实际上也是两个过程）。第一个系统使所有类型的物、人、事与人在头脑中所存在的一套概念或心理表象（mental representations）关联起来，这个系统使人能赋予世界以意义。第二个系统所包含的不是单独的概念，而是组织、集聚、安排和归类各种概念并在它们之间建立复杂关系的方法。这个系统在人的概念图（conceptual map）与符号体系之间建构一系列关联，后者被安排和组织进代表或再现这些概念的各类言语之中。③

意义并不内在于事物之中，它是被建构、被制造出来的，是意指实践的产物，即为一种生产意义、使事物具有意义的实践。④ 在某种程度上可这样

---

① 言语（language）是借助于意义符号系统表达思想与交流的能力。在列维－斯特劳斯（Claude Lévi-Strauss）看来，言语具有双重身份，一方面言语是文化的产物，也是文化的组成部分，另一方面言语也是文化的条件，个体以言语作为手段才能习得他所属群体的文化。Claude Lévi-Strauss, *Anthropologie structurale*, Paris: Plon, 1958, pp. 78 – 79.

② Stuart Hall, "The Work of Representation", in Stuart Hall (ed.), *Representation: Cultural Representations and Signifying Practices*, London, California, New Delhi: Sage, 1997, p. 17.

③ Stuart Hall, "The Work of Representation", in Stuart Hall (ed.), *Representation: Cultural Representations and Signifying Practices*, London, California, New Delhi: Sage, 1997, pp. 17, 19.

④ Stuart Hall, "The Work of Representation", in Stuart Hall (ed.), *Representation: Cultural Representations and Signifying Practices*, London, California, New Delhi: Sage, 1997, p. 24.

说，人凭借自己带给各种人、物与事的解释框架赋予它们以意义。事物的意义是通过人的表征与认知系统而形成的，而表征与认知系统的变化则会导致事物意义的变化。

西方世界有关东方的话语，也是一种表征机制。或者，我们可以讲，萨义德的东方学其实就是一种关于"他者"的种族主义化的知识（racialized knowledge of the Other），它深陷于帝国主义式的权力运作之中。[1]

法国人对中国之文化想象的表达/表述，同样也是一种表征。他们通过各种途径接触到与中国有关的文化符号，这些符号在其头脑中与他们所拥有的诸多概念相关联，形成了他们对中国的文化印象。由于对这些文化符号的接触既存在集体共性，也表现出个体差异，而且他们头脑中的诸多概念及其相关的理念认知虽受"法国文化"、"西方文化"的影响，但也存在着明显的个体差异，所以法国人对中国的文化想象也表现出表征的共性与差异。

表征中的意义建构虽与客观存在的符号密切相关，但更多地受制于人对这些符号的理解与表达。甚至，在某些情况下，当一部分人缺乏对客观符号的足够多的接触与认知时，他们则难以形成自己的意义表征系统，故而会受到他人对同一事物的意义表述的影响。由此，当一个人在转述自己文化想象中的中国印象时，文本的读者或会话的接受者会将之当作一种事实的表述，并借以形成自己的理解及与之相关的意义阐释。恰如人类学家拉比诺（Paul Rabinow）所言，"表征就是社会事实"。[2] 这一状况在某种程度上解释了关于中国的"刻板印象"在法国社会中不断积淀的原因，在个体难有足够的机会亲自了解中国的时代，个别人所建构起来的有关中国的意义表征就逐步成为他们眼中的中国"事实"了。

表征是将各种事物、符号与概念等要素联结起来的过程及其结果。霍尔有关表征的理论可以让我们充分地认识到，对法国人有关中国的文化想象及其意义建构进行阐释与分析，离不开对他们所接触到的涉及中国的文化符号的了解，也少不了对法国人头脑中所把持的诸多概念及其代表的观念诉求的

① Stuart Hall, "The Spectacle of the 'Other'", in Stuart Hall (ed.), *Representation*: *Cultural Representations and Signifying Practices*, London, California, New Delhi: Sage, 1997, p. 260.

② Paul Rabinow, "Representations Are Social Facts: Modernity and Post-Modernity in Anthropology", in James Clifford and George E. Marcus (ed.), *Writing Culture*: *The Poetics and Politics of Ethnography*, Berkeley and Los Angeles, California: University of California Press, 1986, pp. 234 – 261.

理解，而后者则就意味着对法国人社会文化心理的探究。

霍尔还特别关注"差异"之表征的问题。在他看来，"差异"是文化意义之根本，既是必需的，又是危险的。① 关注"差异"及其表征，是文化研究的重要范畴。列维－斯特劳斯（Claude Lévi-Strauss）在其《结构主义人类学》中提出人类学的首要目标或者唯一的目标，也是分析和阐释"差异"。②

很多学科关注"差异"问题，并对其重要性做出了阐释。霍尔在其《"他者"的景观》（The Spectacle of the "Other"）③ 一文中对此做了归纳，并列举了四种有代表性的理论阐释，它们分别从不同角度探讨和分析了"差异"的意义。

第一种理论来自索绪尔（Ferdinand de Saussure）及语言学。"差异"之所以重要，是因为它是意义生成的必需；没有它，意义将不会存在。④ 也就是说，恰恰是事物之间的"差异"具有意指的功能，彰显着意义。进一步讲，意义依赖于对立事物之间的差异。正如德里达所表明的，很少会存在中性的二元对立。在二元结构中，将另一方包含进自己的"势力范围"内的一方，通常是处于支配性地位的。差异是意义生成的基本原则，包括一系列的二元对立范畴，……不同的范畴，随着历史语境的变化，可能发生变化，但其最基本的二元对立原则并没有改变，而且变异中亦存在着许多连续性因素。另外，任何一组对立的范畴，又暗示着一系列相关的对立范畴，……这些二元对立的范畴，构成一个总体性的想象世界秩序的基础，一种西方中心的文化秩序，也构成西方的中国形象生成的意义语境。⑤

第二种理论阐释同样来自语言学，但与以索绪尔为代表的学派有所不同。这一学派的观点主要是，我们需要"差异"，是因为我们只能通过与

① Stuart Hall, "The Spectacle of the 'Other'", in Stuart Hall (ed.), *Representation：Cultural Representations and Signifying Practices*, London, California, New Delhi：Sage, 1997, pp. 236, 234.
② Claude Lévi-Strauss, *Anthropologie structurale deux*, Paris, Plon, 1958, p. 19.
③ Stuart Hall, "The Spectacle of the 'Other'", in Stuart Hall (ed.), *Representation：Cultural Representations and Signifying Practices*, London, California, New Delhi：Sage, 1997, pp. 223-290.
④ Stuart Hall, "The Spectacle of the 'Other'", in Stuart Hall (ed.), *Representation：Cultural Representations and Signifying Practices*, London, California, New Delhi：Sage, 1997, p. 234.
⑤ 周宁、宋炳辉：《西方的中国形象研究——关于形象学学科领域与研究范型的对话》，载《中国比较文学》，2005 年第 2 期。

"他者"的对话来建构意义。此派以苏联语言学家及批评家巴赫金（Mikhail Bakhtin）为代表。他认为，意义并不归属于任何一个讲话者，它产生于不同谈话者之间的"授受"之中；意义是通过对话来建立的——它在根本上是对话性的。我们所表示、所意谓的所有事物，都会受到与他人的互动与相互影响而调整。意义产生于在任何对话中参与者之间的"差异"。简言之，"他者"是意义的必需。当然，霍尔也指出了巴赫金理论的负面意义——按照其理论，意义是不可能被固定的，并且一个单独的群体绝不可能完全地享有意义。

第三种理论来自人类学，主要代表人物是杜盖（Paul du Gay）与霍尔。[①] 这种理论认为，"差异"的形成是被我们称为文化的象征秩序的基础，而文化则决定于在一个分类系统中通过对事物指定不同的位置而赋予其意义。借用人类学家道格拉斯（Mary Douglas）有关分类的研究来看，社会群体通过规范和组织，把事物放进不同的分类系统，从而赋予其世界以意义。"差异"也会产生负面的情感与实践。当某个事物出现在错误的范畴内，或者不适于任何类别范畴时，就会干扰文化秩序。"象征性的边界是所有文化的核心。标记'差异'使得我们象征性地靠近阶序、支持文化，以及诋毁和驱逐任何被定义为不洁净、不正常的事物。然而，自相矛盾的是，这也使得'差异'具有某种力量，一种强烈的吸引力，恰恰因为它是被禁止的，作为禁忌而威胁到文化秩序。这样一来，'从社会的角度来看，处于外围的，通常是象征性的中心'。"[②]

第四种理论来自心理学，并且跟"差异"在人们精神生活中的角色有关。"他者"对于自我建构、对于作为主体的"我们"而言，是根本性的。"我们"的主体性（subjectivity）取决于"我们"与其他重要事物的无意识关系。"差异"与"他者"早已扮演着越来越重要的角色。与"他性"（otherness）相关的"差异"是矛盾的，它既是积极的，又是消极的。对于意义的产生、言语与文化的形成，对于诸多社会身份与作为一个性别主体之自我的主体感官而言，是必需的；而与此同时，"差异"又具威胁性，对于"他者"来说，是一个具有危险性、负面情感、断裂、敌意和攻击性的地带。

① Paul du Gay, Stuart Hall et al. , *Doing Cultural Studies, the Story of the Sony Walkman*, London: Sage, The Open University, 1997.

② Barbara Babcock, *The Reversible World: Symbolic Inversion in Art and Society*, Ithaca, New York: Cornell University Press, 1978, p. 32.

四 空间及其社会文化属性

空间是社会文化现象不可或缺的基本要素而又有其独立性或其内在的逻辑。[①] 从直观的经验来看，人类的社会文化空间实际上就是一个聚焦社会文化活动的场域。但人类生活的"空间"所具有的社会与文化属性表现出异常的复杂性。值得注意的是，很多学者对社会与文化空间的研究，尤其关注其间所存在的关系属性。

在列斐伏尔（Henri Lefebvre）有关空间的理论阐述中，空间具有社会与政治属性，从而也存在着社会关系的生产。[②] 存在于里昂当地的中国文化空间，同样表现出特定的社会与政治属性，以及与之相关的社会关系（再）生产的特征。一方面，这一文化空间的外在形貌反映出华裔群体与当地社会的关系，比如他们融入地方社会的情况，以及被法国社会接受的程度等；另一方面，中国文化空间所呈现的族裔他性及其表征，也折射出法国社会对待"他者"的基本态度，法国社会文化的"自我"与"他者"的关系。上述两个层面实际上是具有强烈的权力维度的两种关系。

空间具有生产性，嵌入里昂社会的中国文化空间一方面持续生产着上述两种关系，同时也生产着法国人对中国的文化想象，因为在法国人的一般观念中，作为文化"他者"，当地的华裔群体与中国文化空间并非法国社会的"原生性"要素，而是鲜明地指向中国这个"他者"的文化符号，且象征性极强。尽管有些华裔早已是（甚至出生时就是）法国公民，但这种公民身份并非与文化身份等同，甚至法国人在此问题上的认知立场与其所追求的"共和模式"也有所偏离——诸多华裔虽是法国人，却拥有不一样的族裔文化。对于这一点，囿于"共和主义"意识形态的影响，法国人多少有些缄默不言，但心里很清楚。中国文化空间内的诸多张力给法国人对中国的文化想象增添了不少不容忽视的影响。

在布尔迪厄（Pierre Bourdieu）的观念中，社会空间首先是一个关系体系，表现为具有若干权力关系的空间。他所提出的资本、惯习、场域等概念均是其社会空间理论的组成部分。实际上，社会空间是一个多维的空间，是

---

① 黄应贵：《空间、力与社会》，载《广西民族学院学报》（哲学社会科学版），2002 年第 2 期，第 18 页。
② 列斐伏尔著、李春译：《空间与政治》，上海：上海人民出版社 2015 年版，第 23、37 页。

一个开放的和相对自主的领域，其建构的基本原则就其实在属性而言，是存在于不同领域内的不同类型的权力或资本。①

在里昂的中国文化空间，虽然其建构主体是华裔群体，但当地的法国人同样也是这一文化空间建构的参与者。一方面，一些法国人的生计与生活实践呈现着诸多中国文化元素（中国商品、传统文化实践等）；另一方面，当地中国文化空间一直处于被"涵化"的状态，其变化与调整在很大程度上受限于法国社会文化的形塑及其影响，甚至还包括它对法国人之中国文化想象的回应。

从布尔迪厄有关社会空间的阐释来看，任何社会空间都有其特定的结构。② 在里昂社会中逐步建构的中国文化空间亦有其自身特定的结构，比如华人社区与诸多中国文化元素的空间布局，以及置身其间的诸多经济、文化与社会方面的象征资本的互动及其相互关系等。同时，作为里昂地方社会空间的组成部分，它也受制于更大的社会结构的约束，体现于它在空间布局方面的边界，以及它作为文化"他者"跟当地主流社会与社会文化实践的关系等方面。布尔迪厄认为，社会空间倾向于作为象征性空间而运转，也具有象征性力量。③ 在这层意义上，中国文化空间在里昂的存在也在某种程度上强化了法国人理解和认知中国文化与文化中国的象征意义。

黄应贵也强调空间是一种社会关系的表达。④ 在他看来，空间有其物质属性，并且在此之上存在着依人的各种活动而不断积淀的建构结果，也就是说，在物质性空间上建构的其他性质的空间。在此意义上，黄应贵进一步提出，空间是"某种先验的非意识"的认知结构，明确表明了空间在影响人的认知实践方面所具有的结构性限制。空间不但会被建构为意识形态或政治经济条件，也会被视为文化习惯，包括文化的分类观念与个人的实践（这与布尔迪厄的"惯习"概念存在着对应关系）。不同空间建构是人

① Pierre Bourdieu, "Social Space and the Genesis of Groups", in *Theory and Society*, Vol. 14, 1985, No. 6, pp. 736, 724.

② Pierre Bourdieu, "Social Space and the Genesis of Groups", in *Theory and Society*, Vol. 14, 1985, No. 6, p. 726.

③ Pierre Bourdieu, "Social Space and Symbolic Power", in *Sociological Theory*, Vol. 7, 1989, No. 1, p. 20.

④ 黄应贵：《空间、力与社会》，载《广西民族学院学报》（哲学社会科学版），2002 年第 2 期。

的活动（及其文化意义）与物质基础的"相互结合运作"的结果。关注里昂的中国文化空间，自然要探讨其外在的物理表征，但更为重要的是在此期间发生的社会文化活动，也就是说当地的法国人与中国文化有关的日常实践。

五　消费社会、景观社会与文化资本

人文社会科学领域内有多种理论学说尖锐地指向对当代西方社会的批评。这些理论关怀不但从不同角度揭示了包括法国在内的西方社会的演变及其时代特征，而且折射出浸润其中的法国人所把持的日常文化实践的基本形态，而后者也直接影响到他们对待文化"他者"的态度与认知方式。

"消费社会"是鲍德里亚（Jean Baudrillard）社会批判理论的核心概念，集中呈现于《消费社会》[①]（*La Société de consommation, ses mythes, ses structures*, 1970）一书中。在鲍德里亚看来，现代社会从以生产为主导的时代转型为一个以消费为主导的时代，并不断地形成各种符号系统，时刻标记着消费社会的时代特征。于他而言，消费成为当代社会的内在逻辑，源于它的普遍存在——社会生活中一切都成了消费品，包括物，也包括理念。

鲍德里亚的消费社会理论指出，消费是一个系统，它维护着符号秩序和组织完整，因此它既是一种道德（一种理想价值体系），也是一种沟通体系，一种交换结构。[②]"消费"是当代社会重新形塑社会结构关系的一个重要因素。对于个体而言，消费的目的不再仅仅是满足个人需要的一种手段，更是将"自我"与"他人"区分开来的重要特征，因为从个体层面来观察，消费行为日益"个性化"。但从另外一个角度讲，消费实践在社会层面上呈现出"同质化"倾向，因此消费也模糊了人与人之间的差别。

在全球化与消费社会不断发展的当下，中国文化早已进入法国人日常消费实践的范畴之内。对中国文化的消费，不但重新塑造着法国人对中国的文化想象，也在某种程度上重新塑造着他们自身的社会地位。并不是所有人都对中国文化感兴趣，而且无论喜欢与否，人们对中国文化的具体态度也存在

---

① 鲍德里亚著，刘成富、全志钢译：《消费社会》，南京：南京大学出版社2000年版。
② 鲍德里亚著，刘成富、全志钢译：《消费社会》，南京：南京大学出版社2000年版，第68页。

差异。值得注意的是，在有些法国人那里，中国文化早已成为他们个人文化追求、社会身份的标签。不但有人以拥有某些中国文化物品，或了解一些有关中国的文化知识而产生自我满足的文化情感，并通过社团组织形成一个"志同道合"的社会群体，而且有些人把中国文化经营成了自己获取经济利益的重要凭借，成功地把各类文化物品与文化实践当作商品出售给一部分法国人。消费社会使得中国文化以前所未有的方式进入更多法国人的日常生活实践之中。

有学者指出，消费是一种建立关系的主动模式，消费社会实际上是一个全面的主动的结构，"无意识"是消费社会的共谋者。① 正是因为消费者拥有一定程度的主动性，在其消费过程中，就可以依据个人的实际经验来选择消费品，享受特定的消费过程。具体到此项研究，一部分法国人选择中国文化作为一种商品消费，也是一种个体层面上的"自我"选择，而当地社会所能提供的有关中国文化消费的社会场景，则是一种被社会结构化的具体结果。当然，"无意识"也恰恰说明了消费社会在符号与意义生产、社会关系重塑方面所具有的无所不在的影响，解释了一部分法国人是如何被消费社会"卷入"里昂当地的中国文化空间的。

消费行为不纯然由经济因素决定，而是更带有社会象征和心理意味，并且自身成为一种地位和身份的建构手段，在消费社会中充当了社会地位的标志。② 从某种意义上讲，被消费的"物"都具有文化意义，没有只具有功能的物，更重要的是，甚至物的功能也是由文化决定的。③ "消费是一场仪式，主要功能是让一系列进行中的事件产生意义。"④ 处在消费社会当中，文化商品成为文化想象所指向的欲望与着迷的对象，不完全是受一种所谓的消费意识形态的驱使，还有文化认知层面上的动力。法国人所置身其中的消费社会及其影响结构性地产生了消费"中国文化"的现象，对中国文化的消费实践也持续地生产着他们对中国文化与文化中国的认知与理解。

---

① 仰海峰：《消费社会批判理论评析——鲍德里亚〈消费社会〉解读》，载《长白学刊》，2004 年第 3 期，第 55 页。

② 参见高亚春：《波德里亚对消费社会的研究及其理论意义》，载《同济大学学报》（社会科学版），2004 年第 4 期，第 91 页。

③ 罗钢：《西方消费文化理论述评（上）》，载《国外理论动态》，2003 年第 5 期，第 39 页。

④ 玛丽·道格拉斯、贝伦·伊舍伍德：《物品的用途》，载罗钢、王中忱主编《消费文化读本》，中国社会科学出版社 2003 年版，第 61 页。

鲍德里亚借"消费社会"所批判的当代西方社会与德波（Guy E. Debord）①用"景观社会"这一术语来指代的是同一社会时代，而且作为一种批评，后者出现得要比前者早，只不过目前学界对后者的重视与研究远不如前者。有学者在肯定德波所讲的景观社会是商品社会的完成阶段的同时，也认为这是一个意象统治一切的社会。②

"景观社会"（Société du Spectacle，也有人译作"景象社会"③）是当代法国著名的思想家、当代西方激进文化思潮和组织——情境主义国际（Situationisme International）的创始人德波的重要术语与理论。1967年，他出版了《景观社会》（La société du spectacle）一书，以社会批判和文化证伪为主题，集中体现了作者本人及情境主义国际所提出的"日常生活革命"等变革思想。作者在书中开篇便写道："在现代生活条件无所不在的社会中，生活本身呈现为景观的庞大堆聚。直接存在的一切都全部转化为一种表象。"④全书主体为作者本人所撰写的221段文字，看似零散，但有自己明晰的理论逻辑。⑤

德波并未在书中明确界定"景观"的概念，但在其研究性的分析中，我们可以对之有所了解。"景观"（spectacle）一词，源自拉丁文中的"spectare"和"specere"，原意为一种被展现出来的可视的客观景色、景象，也指一种主体性的、有意识的表演和作秀。作为德波社会批判理论的一个关键词，该词被用来概括他所看到的当代资本主义社会的新特质，即当代社会存在的主导性本质主要体现为一种被展现的图景性，并借以批评当代资本主义社会从资本主义物化时代过渡到视觉表象化篡位为社会本体基础的颠

---

① 1931年12月，居伊·德波（Guy Ernest Debord，1931－1994）出生于巴黎的一个商人家庭，于1957年组建了情境主义国际，试图以各种先锋派艺术的方式，反抗或改变异化了的西方社会现实。情境主义国际是20世纪中后期欧洲非常重要的一波社会文化思潮，在法国1968年的"五月风暴"中，作为一种批判的艺术观念，在西方近现代历史进程中第一次成为所谓的新型"文化革命"的战斗旗帜。参见张一兵：《德波和他的〈景观社会〉》，载德波著、王昭风译《景观社会》，南京：南京大学出版社2006年版。

② 仰海峰：《商品社会、景观社会、符号社会——西方社会批判理论的一种变迁》，载《哲学研究》2003年第10期，第23页。

③ 参见德波著、肖伟胜译：《景象的社会》，载《文化研究》第3辑，天津：天津社会科学院出版社2002年版。

④ Guy Debord, *La société du spectacle*, Paris：Éditions Gallimard, 1992, p.15.

⑤ 本书涉及德波有关"景观社会"的论述，参见以下文献：德波著、王昭风译：《景观社会》，南京：南京大学出版社2006年版；张一兵所做代译序《德波和他的〈景观社会〉》；Guy Debord, *La société du spectacle*, Paris：Éditions Gallimard, 1992。

倒世界。

依照德波的理论，当代西方社会已经发展到了景观阶段。在这一阶段，生活的每个细节几乎都已经被异化成景观的形式，所有的活生生的东西都仅仅成了表征，"景观—观众的关系本质上是资本主义秩序的牢固支座"。① 如同哲学家莫里佐·劳瓦拉托（Maurizio Lawwarato）所言，当代社会的商品生产，其资本已不再以"生产模式"（mode de production）作为特色，而是以"模式/世界的生产"［Production de mo(n)des］作为特色。② "模式"的生产也意味着"世界"的生产，生产模式的变化必然导致世界及其表征的变化。

人类社会发展至当下，"景观社会"并非仅仅存在于西方社会，非西方社会也有鲜明的景观特征，而且"景观"意识也不仅仅存在于人们的日常生活实践中，还渗透进了人的思维中，成为文化认知与想象的一种潜在的主导意识。支配德波"景观"概念的是一种二元性人本主义价值悬设逻辑，其眼中的社会景观与社会的真实存在处于一个对立的"是"与"应该"的批判张力弧之中。③ 在某种意义上讲，景观是人们自始至终相互联系的主导模式。④

在德波所讲的景观社会中，景观是一种由感性的可观看性建构起来的幻象，它的存在由表象所支撑，以各种不同的影像为其外部显现形式。尤为重要的是，景观的在场是对社会本真存在的遮蔽。景观是一种更深层的无形控制，它消解了主体的反抗和批判否定性，在景观的迷入之中，人只能单向度地默从，这也是景观意识形态的本质。⑤ "现实显现于景观，景观就是现实。这种彼此的异化乃是现存社会的支撑与本质。"⑥ 在今天的资本主义社会里，物质生产方式中的决定性结构开始转向以影像方式为主导的景观生产方式，景象成了决定性的力量。基于此，德波也强调：

① 德波著、王昭凤译：《景观社会》，南京：南京大学出版社 2006 年版，第 174 页。
② Maurizio Lazzarato, *Les révolutions du capitalisme*, Paris: Les empécheurs de penser en rond, 2004, p. 96.
③ 张一兵：《德波和他的〈景观社会〉》，载德波著、王昭凤译《景观社会》，南京：南京大学出版社 2006 年版，第 10 页。
④ 德波著、王昭凤译：《景观社会》，南京：南京大学出版社 2006 年版，第 174 页。
⑤ 张一兵：《德波和他的〈景观社会〉》，载德波著、王昭凤译《景观社会》，南京：南京大学出版社 2006 年版，第 15 页。
⑥ 德波著、王昭凤译：《景观社会》，南京：南京大学出版社 2006 年版，第 4 页。

景观自身展现为某种不容争辩的和不可接近的事物。它发出的唯一信息是："呈现的东西都是好的，好的东西才呈现出来。"原则上它所要求的态度是被动的接受，实际上它已通过表象的垄断，通过无需应答的炫示实现了。①

不能抽象地将景观与具体的社会活动相对立，这一划分本身就是分裂的。②

景观呈现的作为永恒不变的东西，其实仍然以变化为基础，并一定随着其基础的变化而变化。③

虽然德波并未明确界定"景观"的概念，但他所描述的"景观"及"景观社会"的特质是明晰的，鲜明地突出了当代人类社会的图景性。处于景观社会中，法国人对中国的文化想象在某种程度上也表现出"景观"特性——他们将中国文化与文化中国当作一种景观来理解，也将之转述为一种景观。此项研究借用德波的"景观社会"理论，意在把法国人对于中国的文化想象纳入这一批判视野，将之作为西方社会所呈现的景观的一部分，表明这一"社会事实"的历史场景。同时，还要表明，法国人不仅处在一个德波所言的景观社会中来想象中国文化与文化中国，而且他们对中国的文化想象也在某种意义上表现为景观性认知。

布尔迪厄的"文化资本"理论代表着另外一种对当下社会文化批判的理论视野。④"文化资本"原本是布尔迪厄在教育领域内提出的一个概念，用以考查学生在校成绩差异的问题，它特别强调文化资源在不同阶层之间分配不平等的问题。但这个概念在学术研究中的应用远远超出了教育范畴。

---

① 德波著、王昭凤译：《景观社会》，南京：南京大学出版社 2006 年版，第 5 页；Guy Debord, *La société du spectacle*, Paris：Éditions Gallimard, 1992, p. 20。

② 德波著、王昭凤译：《景观社会》，南京：南京大学出版社 2006 年版，第 4 页；Guy Debord, *La société du spectacle*, Paris：Éditions Gallimard, 1992, p. 18。

③ 德波著、王昭凤译：《景观社会》，南京：南京大学出版社 2006 年版，第 27 页；Guy Debord, *La société du spectacle*, Paris：Éditions Gallimard, 1992, p. 65。

④ 布尔迪厄认为资本以三种基本形态存在：经济资本、文化资本与社会资本。而文化资本也呈现为三种形式：一是内在形式（état incorporé），即个体通过家庭、教育等获得的内化为其自身组成部分的知识、技能等文化产物；二是物化形式（état objectivé），表现为具体的文化产品；三是制度形式（état institutionnalisé），即将个体的知识与技能予以承认的制度机制。Pierre Bourdieu, «Les trois états du capital culturel», in *Actes de la recherche en sciences sociales*, Vol. 30, novembre 1979, «L'institution scolaire», pp. 3 – 6.

依照布尔迪厄的解释，在特定条件下，文化资本与社会资本可以转化为经济资本。① 实际上，经济资本、文化资本与社会资本之间均可以相互转化。很多经验研究关注的恰是个体或群体如何将其掌握的文化资本转化为经济资本或社会资本的现象。在此项研究中，我同样关注部分法国人是如何将中国文化视作文化资本，来丰富自己的生活实践，甚至借以支撑自己的生计，改变其个人境遇与社会地位，以获取更多的社会资本与经济资本的。而且，在消费社会的刺激下，法国社会普遍存在将中国文化视作经济资本的现象，中国文化被作为商品消费的同时，也创造着某种身份认同。

中国文化在一些法国人那里成为一种文化资本，不仅表现在中国文化器物或文化实践所拥有的经济功能，还在于有人从理念上把中国文化当成一种财富，一种从文化上来区别"自我"、确立"自我"的社会地位的手段。在某种程度上，了解中国文化，在个人的社会交际圈内，就拥有一定的"谈资"，这在当下的法国社会不但是一种时尚，也是一种社会话语结构转型的必然产物。

借助上述三种理论关怀来观察中国文化在法国社会中的表征，我在田野调查中切实体验到，如今中国文化不可避免地被打上了商品、消费、景观与文化资本等诸多印记，这成为当下法国人认知中国文化与文化中国的结构性背景与方式。

六 其他讨论

如何理解文化是一个基本的学科问题，对此项研究而言也至关重要。若要考察法国人对中国文化的理解与认知，需要明确他们眼中的"中国文化"是什么。

被称为人类学之父的英国人类学家泰勒（Edward B. Tylor）对于文化的经典定义，以及英国文化研究的奠基人之一威廉姆斯（Raymond Williams）②

---

① Pierre Bourdieu, "The Forms of Capital", in A. H. Halsey et al. (ed.), *Education: Culture, Economy and Society*, Oxford, New York: Oxford University Press, 1997, p. 47.

② 雷蒙德·威廉姆斯（Raymond Williams）是英国著名的文化研究者和文学批评家。主要著作有《文化和社会》（*Culture and Society*, 1963）、《漫长的革命》（*The Long Revolution*, 1965），以及《交流》（*Communication*, 1962）、《电视：科技与文化形式》（*Television: Technology and Cultural Form*, 1974）、《马克思主义与文学》（*Marxism and Literature*, 1977）、《文化》（*Culture*, 1981）和《乡村与城市》（*The Country and the City*, 1973）等。

对于文化概念发展演变的梳理,至今在学界仍有深刻的影响。对于"文化",格尔茨(Clifford Geertz)则主张一种符号学(semiotic)的概念,"通过具体的分析而论证,以求得出一种狭义的、专门化的,从而也是理论上更为有力的文化概念",他不否认泰勒著名的有关文化是"最复杂的整体"的概念的创新性,但在他看来,"似乎是模糊之处大大多于它所昭示的东西","这种大杂烩(pot-au-feu)的理论方法会将文化概念带入一种困境"。① 卡斯托里亚迪斯则把文化看作社会的各种想象的制度(institutions imaginaires de la société②)。另外,法国思想家托多罗夫(Tzvetan Todorov)在其《我们与他们》(*Nous et les autres*)一书中有关"文化"的表述,值得关注:

> 文化代表着世界的分类,它可以让我们更加容易地适应这个世界;这是对于一个群体过去的记忆,这就意味着它是一种当下的行为符号,甚至是面向未来的整体策略。③

读格尔茨的作品《巴厘的人、时间、行为》④,我们可以得到这样一种启示:对文化(体系)的理解要具有流动性和多样化的观点,将文化视为井然有序、环环相扣的体系,不如将之看作一种复杂的混合物,人类的文化经验,会随着都市化、现代化进程导致的文化和社会变迁而不断改变,因此,人类对于文化(及其实践)的理解不应该本质化,不应该持有将之视为固定不变的观念。

综合上述学说,在此项研究中,被纳入法国人借以认知和理解文化中国之范畴的,是最为综合的"文化",既包括具体可感可知的文化实践与文化符号,又包括中国文化所蕴含的观念体系及其制度表征。更为重要的是,中国文化的表征有其特殊的时间与空间维度,表现为一种动态的呈现,这项研究也注意探讨法国人对中国文化与文化中国的理解在何种程度上回应这样一种动态的文化观念。

---

① 格尔茨著、韩莉译:《文化的解释》,南京:译林出版社1999年版,第4~5页。
② Cornelius Castoriadis, *Le monde morcelé*: *les carrefours du labyrinthe Ⅲ*, Paris: Seuil, 1990, p. 25.
③ Tzvetan Todorov, *Nous et les autres*: *la réflexion française sur la diversité humaine*, Paris: Éditions du Seuil, 1989, p. 336.
④ 格尔茨:《巴厘的人、时间、行为》,引自格尔茨著、纳日碧力戈等译:《文化的解释》,上海:上海人民出版社1999年版,第415~470页。

　　研究法国人对中国的文化想象，"（后）现代"是一个核心概念，它是西方现代性文化的一种自我投射，只有把这种文化想象放进西方社会的现代性叙事的语境中才能将其解释清楚。"现代性"（modernity）一词，最早见于西方文艺复兴后期，被用于指代西方文明史的一个发展阶段，它是在科学技术进步、工业革命以及资本主义经济、社会、文化等现代化变革中的一种时代意识特征。自 20 世纪 80 年代以来，"后现代主义"（postmodernism）成为一个时髦的术语，被用于表示"统一"的丧失和"综合"的缺乏，它意味着彼此不可通约的多重话语、不同的"语言游戏"和生活世界。① "后现代知识并不仅仅是政权的工具。它可以提高我们对差异的敏感性，增强我们对不可通约的承受力。它的根据不在专家的同构中，而在发明家的误构中。"②

　　研究法国人对中国的文化想象，有两种知识立场：一是现代的、经验的知识立场，二是后现代的、批判的知识立场。这两种立场的差别不仅表现在研究对象与方法上，还表现在理论前提中。现代的、经验的知识立场，假设西方的中国形象是中国现实的反映，有理解与曲解，有真理与错误；后现代的、批判的知识立场，假设西方的中国观是西方文化的表述，自身构成或创造着意义，无所谓客观的知识，也无所谓真实或虚构。在后现代的、批判的理论前提下研究西方的中国形象，就不必困扰于西方的中国观是否"真实"或"失实"，而是去追索西方的中国想象，作为一种知识与想象体系，在西方文化语境中是如何生成、如何传播、如何延续的。③ 形象所透露出来的信息不仅包括了文化间的传统差异，也体现了某种形象生成过程中和成型时不同文化的区别。形象符号和所指之间的关系，以及与多种所指的相互关系，在一种文化的传统里、在不同文化的碰撞中都能够展示出来，进而为认识形象的多重意义提供了切入点。④

　　上述诸多理论为此项研究分析法国人对中国的文化想象提供了不同的学术关怀与审视视野，同时也在研究方法上给予很多指导。

------

①　斯特龙伯格著，刘北成、赵国新译：《西方现代思想史》，北京：中央编译出版社 2005 年版，第 599 页。

②　利奥塔著，车槿山译：《后现代状态》，北京：生活·读书·新知三联书店 1997 年版，第 3~4 页。

③　周宁：《西方的中国形象史：问题与领域》，载《东南学术》，2005 年第 1 期，第 101 页。

④　姜源：《异国形象研究中的文化意义》，载《社会科学研究》，2005 年第 2 期，第 67 页。

第三节　方法

这是一项以人类学方法为基础、强调跨学科视野的研究，相关学科的方法论为田野调查与资料分析提供了有益的支持。人类学表现出很强的开放性，而且越来越多的人类学者强调跨学科的研究意识，因为毕竟人文社会科学领域内的许多问题"并不是按照学科配置和安排的"，"在研究中一味拘泥于学科的边界，很可能会束缚研究者的手脚，使研究者的视野受到限制，也无法求得更合理的解释"。① 布罗代尔（Fernand Braudel）也倡导，对于文化现象的研究应采用"多学科的集体研究的形式"，社会科学工作者在对有关的技术知识进行汇总的时候，不能停留在自己独特的领域，不能对其他学科不闻不问，更不能重今轻古。②

人类学擅长于"他者"研究。当我以法国社会之"他者"的身份来研究自己眼中的"他者"（法国社会）对其"他者"（我所归属的中国文化）的认知时，挑战还是前所未有的。一方面，我的田野调查必须要聚焦于可感可知的"社会事实"，而不是仅仅存在于法国人头脑中的有关中国文化与文化中国的印象。另一方面，研究法国所代表的西方社会，对于我这个具有"非西方"身份的年轻学人来说，挑战巨大。因为长久以来，在社会科学知识生产的图谱中，西方中心主义的影响长期处于主导地位，"非西方"世界的知识共同体与西方学界之间在人文社会科学知识生产方面的关系一直是不平等的，这也为在法国开展田野工作带来很多困难。

这项研究所依托的田野调查历时十余年。十多年前，在法国里昂读书期间，我开始田野调查工作。此后十余年间，我又断断续续地在那里做了一些补充调查。十年前后的调查对比，让我更深刻地理解到，进入法国人日常生活实践中的中国文化元素越来越深刻地影响着他们对中国的文化想象。

更为重要的是，这十多年恰是中国在日益深入的全球化背景下全面走向世界的时期，中国以崭新的姿态出现于世界舞台，中国文化也以前所未有的态势逐步深入法国社会，出现在法国人的日常生活里。这十余年的变化，也

---

① 参见王建民：《中国人类学向何处去？——"学科重建以来的中国人类学"学术研讨会综述》，载《中国民族报》，2006年12月8日第6版。

② 布罗代尔著，顾良、张慧君译：《资本主义论丛》，北京：中央编译出版社1997年版，第174页。

让我们有机会观察到，相较于今日中国在世界范围内的角色与作用变化，法国社会对中国的文化认知可谓变化不大，依然传承了历史沉淀下来的诸多刻板印象。于此，我也深切地感受到，文化作为一个根本性要素，它在不同民族之间的相互认知中所扮演的基础性角色，以及一个民族或国家要从文化层面着手其国际形象建构的重要性。

如上文所述，此项研究在综合的层面上理解"文化"的内涵，强调其整体性意义。因此，被纳入田野调查范围的，包括法国人对中国多个层面的"文化"认知，这里的"文化"既代表着一种特定的实践与意义范畴，又代表着一种研究视野与方法。

考察和研究法国人对中国文化与文化中国的理解与认知，不能只停留在对他们基于语言表述的话语分析的层面上，必须要在法国人的社会与文化实践中思考他们具体是如何来看待中国文化的，是如何以文化的方式来理解中国的。而且，被纳入田野调查范畴的诸多实践，不能仅仅局限于那些因时、因事而组织起来的展演性、礼节性、商业性、偶然性的活动，实际上，只有那些沉淀到法国人日常生活中的与中国文化相关的实践，才最为值得观察和分析，最具有研究价值。列斐伏尔在其有关日常生活批判的诸多论述中指出，"日常生活是一个具有无意识特征的基础性的层次"①，法国人有关中国的深层次的文化想象也恰是在这种日常生活的无意识状态中被生产出来。

人类学的田野调查是一个长期的过程，不是数个月的观察与访谈就能做好的，需要研究者去仔细地观察，用心体会。而且，观察和理解法国人对中国文化的想象及其对应的生活实践，更不是一件容易的事情，在短时间内难有深入的了解。

一　田野调查

从学科创建之初，西方人类学就开始关注非西方社会的"非现代性"故事，直到 20 世纪 80 年代，这一取向才开始在学科反思中受到批评。② 在此反思中，人们开始注意到西方和非西方在知识生产中不平等的权力关系，但基本的学科定位与研究取向似乎没有多大的改变，西方人类学仍旧主要是

---

① 郑震：《列斐伏尔日常生活批判理论的社会学意义：迈向一种日常生活的社会学》，载《社会学研究》，2011 年第 3 期，第 191 页。
② 吴晓黎：《民族志与现代性故事——以罗香凝〈另类现代性——后社会主义中国的性别渴望〉为例》，载《思想战线》，2005 年第 1 期。

建立在非西方社会的田野调查之上的。此项研究则是对此主导趋势的一种"逆向回应"。一方面，此项研究关注的是法国人及其与中国文化有关的生活实践，是对法国社会与文化心理的探讨；另一方面，它具体研究法国社会如何在文化层面上想象和建构中国这一"他者"，而作为调查研究实施者的我则是这一"他者"中的一员。相较于传统的人类学研究，这是一项"向上"的研究，而鉴于其研究主题，可资借鉴的田野经验不多。

本研究所关注的"人"是里昂当地以中国文化为纽带而聚集起来的法国人，他们虽然来自各行各业，社会地位各有不同，却因中国文化而形成了一个巨大的社会群体，并在以此为纽带的社会网络中频繁互动。这一社会群体的诸多成员可能在空间上是分离的，并没有单独形成一个具有特定地理边界的"社区"，但他们彼此之间的社会互动保证了人类学参与观察的可操作性。

就此项研究而言，田野调查与民族志描述的焦点从传统的人"自身"的本文化经验，转向对其文化"他者"的认知与相关实践，借以考察文化"他者"的建构问题，也是它有别于其他传统人类学研究之处。而且，它注重的是对事实现象的理解与阐释，而非追究本源性问题。[①]

在此项研究中，田野调查的方法主要以参与观察和深度访谈为主。鉴于研究主题及其定位，田野调查注重的是探寻和理解法国人对中国之文化想象的多样性，及其作为一种"社会事实"的实践形态，并不考虑这些现象就法国人口的整体而言所具有的代表性权重。当然，在田野调查的基础上，此项研究也着力总结和归纳占主导性地位的法国人有关中国的文化想象，分析它们在当下法国社会情境中的意义与影响。同时，田野调查也强调对"客位"（etic）与"主位"（emic）两种研究方法的并重。[②]

无论田野调查有多么深入，人类学者是永远都不可能逾越他（她）与被研究对象之间的"文化距离"的。也正是由于此种原因，我始终对访谈资料持审慎的态度。更为重要的是，在这项"向上"的研究中，我作为研

---

① 人类学的历史一直与对文化或社会的本源性问题的探讨纠缠在一起，人类学家希望通过对"原始社会"的研究，解答他们关于人性本质问题的诸多追问。人类学在此学科关怀下，建立了诸多解释社会的学说与模型。

② 在人类学研究中，"主位"方法强调将在田野调查中所获取的当地人的观念和范畴作为依据，以其描述和分析的恰当性为最终的判断标准；而"客位"方法则把旁观者在描述和分析事件时所使用概念和范畴作为最终的判断依据。

究者的身份与法国社会之间的"文化距离"可能会更大，更容易被田野调查中与我互动的对象贴上一个"非我"的标签，有时候也更难以获得他们的信任。而且，作为法国社会的"他者"，我要研究法国人对我这个"他者"所归属的中国文化的认知与理解，当我就此问题向法国人提问时，当着我的面，他们又怎么可能会完全客观、真实、坦诚地表达自己内心的想法呢？讲求表达技巧、精措辞令，当是最自然不过的反应与应对策略了。鉴于此项研究议题的特殊性（在很多时候会涉及法国人对中国文化与文化中国的评价），接受我访谈者的言语诉说有时候并不一定是其真实想法的表达。为尽可能地避免出现这样的问题，有些访谈我是既不带录音机，又不带笔记本的。这样做的目的，是想确保访谈与交流更加自然，不使自己面前的报道人感觉拘谨，让他们感到不需要在我面前有意识地调整自己的言谈话语，更不需要故意掩饰什么。[①]

此项研究的田野工作是在法国这样一个复杂的"文明"社会中进行的，后者不同于早期人类学研究所关注的那些"部族"社会，有其复杂的文字系统。而且，当地人也习惯于借助文字等诸多言语体系来记录他们的生活实践，表达他们的想法。基于这样的现实，我还特别注意通过"阅读式"田野调查的方法来获取研究资料。

所谓"阅读式"田野调查，意指在田野作业中，搜集相关文本，对之进行解读，作为参与观察与深度访谈的补充。我注意到，出现在具体的田野情境中的文字资料，有时较之访谈对象所讲出来的内容，更有说服力。鉴于落实到文字上的内容是我这个研究者不在场时的诸多想法的表达，更加真实地反映了被研究对象的基本状态。在里昂从事田野调查期间，我挖掘出了不少用以作为补充的文本，它们能帮我更好地在具体情境中理解田野中的所见所闻。实际上，田野调查本身就是在异文化场景中进行的一场阅读，是对"文化实践"这一"表征文本"的在场阅读。

文本对事物某一特征的重复与强调，往往制造出人们所知或唯一能知的东西。鉴于这种认识，田野作业中的文本分析是必不可少的。从文化研究的

---

① 阎云翔在东北下岬村做田野调查期间，跟村里的老乡聊天、访谈时，同样不会拿个录音机，因为他喜欢那种"你知道吗"的感觉，聊家长里短，并从中得知了下岬村保存礼单的习俗，正是在这种"不动声色"的田野访谈中，写出了《礼物的流动》。参见阎云翔著，李放春、刘瑜译：《礼物的流动：一个中国村庄中的互惠原则与社会网络》，上海：上海人民出版社 2000 年版。

角度来看，寻找具体的文本（广义上的文本），才会使研究工作具体可知可感，不显空洞，也只有这样才能够真正地找到尝试从多种视角理解文化现象的途径。有了具体可"读"的文本作为田野观察的补充，可以增强田野资料的可感性。尽管人类学的田野调查可以让研究者以参与观察、深度访谈等亲身实践的方式获得某些特殊的或者说是第一手的材料，但在远离田野地点的民族志文本的阅读者眼中，这些材料在其真实性上有时候会令人质疑。就此而言，在田野调查中，各类文本的搜集与分析是必需的。实际上，文本与观察、访谈相结合，让我拥有更多的解读田野故事的可能性。

当我们谈到法国社会、法国人对中国的文化想象时，往往首先想到的是他们作为一个整体的集体性的想象与文化建构，而忽略了个体层面的内容。集体性的想象与建构无疑是重要的，而且既具有共性又有代表性，但这种集体性的想象似乎早已成为一种陈词滥调——正如长久以来，西方所形成的对东方、对中国的刻板印象一样，它们也掩盖了作为个体的法国人在此问题上的不同见解与表达。在此项研究中，除了要考察法国人有关中国的集体性文化想象及其留存，还要考察个体的想象与实践，以揭示法国人在文化层面上对中国之理解与认知的多样性。同时，通过集体想象与个体想象个案的对比，可以寻找出某种动态的关系。恰如萨义德所言，"东方曾经呈现出（现在仍然呈现出）诸多不同的面目，……然而，却从来不存在一个纯粹的、绝对的东方"。[①] 中国会以怎样的方式与形象出现在法国人的文化认知中，历史沉淀下来的刻板印象所形成的结构性影响与当代法国人在文化实践中的认知能动性又会存在怎样的互动关系？这是我在田野调查中很感兴趣的议题。

布罗代尔认为，"远离故土产生的新奇感是认识的重要手段，它能帮助你更好地理解周围的事物（距离太近看不清楚）"。[②] 深入法国地方社会中研究法国人对中国文化的理解与认知，也有助于我们较为深刻地认识到中国文化的某些特质，以及她在向世界展示的过程中存在的一些问题及背后的原因。"外国人对中国的认识好比是一面历史的镜子，照一照这面西洋镜，从中领略生活于中国本土意识之外的人们对自己的看法，了解我们在西方的形

---

① 萨义德著、王宇根译：《东方学》，北京：生活·读书·新知三联书店1999年版，第30页。
② 布罗代尔著，顾良、张慧君译：《资本主义论丛》，北京：中央编译出版社1997年版，第186页。

象变迁史，无疑将有助于反省和完善自身的民族性格，在现代化建设和国际交往中，增强自我意识，更好地进行自我定位。这也是人们常说的'借别人的眼光加深自知之明'的意思。"①

二　研究范式

被纳入此项研究田野调查之范畴的诸多事象，不但成为观察法国人对中国文化之想象的事实材料，也在方法层面上阐释着此项研究尝试建立的有关"他者"理解与认知的观察视角与研究框架的轮廓。换句话说，诸多研究尝试意在探讨理解"他者"建构、研究文化互视的范式问题。

如今人类学研究进入了一个多范式交叉的研究时代。所谓范式（paradigm）②，是指在特定学科领域内所形成的特定的理论学说、知识结构与推理方式等，或者说是那些从事科学研究的学者所提出的某种思想观点或分析视角与方法。

学科范式更主要的应该是呈现为对学科方法论的建构。尽管人们常常把"理论"与"范式"联起来使用，但这两个概念是有一定区别的。"范式"指的是一般框架或视角，字面涵义就是"看事情的出发点"，它提供了观察生活的方式和关于真实实体特性的一些假设。相比之下，"理论"指用来解释社会生活特定方面的系统化的关联性陈述。因此，理论赋予范式真实感和明确的意义；范式提供视角，理论则在于解释所看到的东西。③ 就理论范式的功能而言，它可以帮助研究者查缺补漏，完善研究工作；它还设定了理性的分析框架，可以帮助研究者理解和解释所观察到的社会现象，它所构建的特定观点学说和分析模式，能够为实证研究指明方向。

---

① 引文参见黄兴涛、杨念群：《"西方视野里的中国形象"主编前言》，载罗斯著，公茂虹、张皓译：《变化中的中国人》，北京：时事出版社1998年版，第5页。

② 学界普遍认为，是哲学家库恩（Thomas S. Kuhn）于1962年在其著作《科学革命的结构》（*The Structure of Scientific Revolutions*）中最早提出"范式"这一概念的。尽管有学者认为，在库恩之前就有人在科学哲学的意义上使用"范式"一词的同义词或近义词，或在科学哲学或科学社会学的意义上直接使用"paradigm"这一术语，但在《科学革命的结构》中库恩把"paradigm"作为一个中心概念引进科学哲学（和科学社会学），赋予它新颖的、丰富的涵义，以此描绘和解释科学发展、科学革命以及科学共同体的生活形式，产生了巨大而深远的学术和思想影响，从而在科学哲学（和科学社会学）的历史中竖立一个新的里程碑。相关资料参见李醒民：《库恩在科学哲学中首次使用的"范式"（paradigm）术语吗？》，载《自然辩证法通讯》，2005年第4期，第107页。

③ 巴比著、邱泽奇译：《社会研究方法》（上），北京：华夏出版社2000年版，第69页。

当下，世界不同民族及其文化之间的互动日益构成“跨文化”（transculturation）的语境，而且“跨文化”本身也早已成为一种观察和研究的视角。人们越来越注意到“跨文化”在审视不同文化互动中的重要性，因为它强调了对不同文化主体性的重视。进入法国社会，探讨法国人对中国的文化想象，远比西方人类学家进入某个“部落社会”做研究更具“跨文化”①的意味。在某种意义上讲，“跨文化”的理念也是兰格（Susanne K. Langer）所讲的“带着强大的冲击力突现在知识图景上”的“大观念”（grande idée）②，

---

① “跨文化”（transculturation）一词是古巴作家、人类学家欧提斯（Fernando Ortiz）在 20 世纪 40 年代发明的，它所反映的诸多观念如今在后现代与全球化时代获得了越来越多的重视。Stephanos Stephanides，《Verbe, Monde et Transculturation》，in *Transtext(e)s Transcultures*，nᵒ 1，Lyon：Université Jean Moulin Lyon 3，2006，p. 20.

② 格尔茨在《文化的解释》一书的第一章“深描说：迈向文化的解释理论”中，开篇便谈及苏珊·兰格（Susanne K. Langer）的著作《哲学新解：动机、仪式和艺术的象征主义研究》（*Philosophy in a New Key*：*A Study in the Symbolism of Reason, Rite and Art*），讲“一些观念往往带着强大的冲击力突现在知识图景上……这些观念解决了如此多的重大问题，……人们都争先恐后地把它们奉为开启新的实证科学大门的秘诀，当作以此便可建构起一个综括一切的分析体系的中心概念”，为什么会有这样一种大观念的突然流行，而一时间几乎排斥了所有其他的观念呢？在苏珊·兰格看来，是由于“这样一个事实：所有敏感而活跃的头脑都转向对这个观念的探索和开发。我们将它试用于每一个方面，每一种意图，试验其严格意义的可能延伸范围，试验其一般原理，以及衍生原理”。格尔茨继续讲到，“然而，当我们熟知了这一新观念之后，当这个观念成为我们的理论概念总库的一部分之后，我们对这个观念的期望便会与它的实际用途趋于平衡，从而它风靡一时的过分状况也就结束了”。这段话给予我们两个层面的启示：首先，代表一种大观念的（学术）词汇（也不一定只是学术词汇，有时候一些流行观念先出现在人们的日常生活实践中，进而才被纳入到学术研究领域，成为主流词汇）的产生和存在，其意义本身大于人文社会科学将之用于进行文化阐释的意义。因为词本身就意味着一种认知范式的出现，作为一种认知范式的符号，人们似乎更倾向于其象征意义，而非立马就能说得清楚这种认知范式的学术内涵。换句话说，也可能是因为这一词语本身的新颖性，决定了人们跃跃欲试的学术心态，想尝试使用它来进行文化的阐释，时间长了，这一概念要么成为一种基本的学术视野，要么由于社会的变迁，变得不再适用或实用。而此时，变化最为明显的则是人们使用这一词语的频率逐渐降低。其次，这一段话让我们意识到学术研究中的一种“元叙事”话语结构的存在。也就是说，在某种观念盛行一时之际，它本身也就限定了人们的思维方式与审视角度，虽然这种认知范式不一定决定了唯一的视野，但其显著性明显地揭示出学术话语的时代结构性特色。我认为，也就是在这一意义上，格尔茨才讲到，在人们意识到某一词语背后的大观念“并没有说明所有的东西”时，才“转向使我们摆脱这些观念在其最初盛极一时之际导致的大量伪科学的缠绕”。就此意义而言，我以为将“跨文化”视角与“景观社会”理论引入此项研究，是一次有意义的尝试。“跨文化”理念倡导平等审视和对待多元文化主体；而“景观社会”理论则向我们呈现出这样一个现实：它集结了很多观念，都以“强大的冲击力”影响着人们对当代西方社会的变化与中国的文化认知。相关引用参见格尔茨著、韩莉译：《文化的解释》，南京：译林出版社 1999 年版，第 3～4 页。

深刻地影响着知识的生产。"自我"与"他者"在跨文化语境中的相遇，既会产生"相互的理解与沟通，也会带来误解、幻影和误读，文化之网的相互过滤、扭曲等"①，这就需要研究者更要增强对田野调查的把握能力，学会在万千复杂的实践表征中获取最为真实的信息。

布罗代尔在他有关资本主义的著述中提出历史和社会科学研究中的"长时段"（longue durée）的问题。"长时段"的理念对于归纳数百年来西方社会对东方，对中国文化想象之话语的变化，有方法论方面的指导意义。它强调的不是时间轴上点与点之间的距离，而是一种社会文化观念上的历史时段。"长时段"的历史时间观念，要求把社会的周期性波动放在研究的首位，着重研究波动的时段，由此视点出发，我们对于西方看中国的变化，也应当放到一个长时段的视角框架下，以变化作为标记历史时间点的符号，而"短时间是最任性和最富欺骗性的时间"。②"长时段"的视野有益于从整体上把握被研究对象，也有利于更客观地剖析其结构。

从"长时段"的视角来看，法国学界有关中国的知识表述与平民百姓有关中国的文化想象之间，似乎表现出某种"结构性与能动性"的关系。有着悠久历史的法国汉学传统对法国普通公众有关中国的文化想象有很大的影响。在不同的历史时代，法国人总会在既有"刻板印象"的基础上创造出新的形象认知与表述，其中有些后来也会沉淀为新的"刻板印象"。如今，我们已无法亲身体验几个世纪以前普通的法国老百姓有关中国的文化想象的表达，但从流传至今的历史记忆的积淀中，多少能看出些遗存。当代法国人对中国的文化认知既表达出对这些"刻板印象"的回应，也体现出对它们的解构。此项研究田野调查历时十余年，自然难以说是已构成布罗代尔所言的"长时段"，但也在一定程度上回应着"长时段"研究的范式要求。

埃文斯–普里查德（Edward E. Evans-Pritchard）认为，"历史学家的问题通常是历时性的，而人类学家的问题是共时性的"③，但是人类学家对共时性问题的理解与阐释始终离不开对其历史维度的考察。任何一项研究，尤

---

① 户晓辉：《自我与他者——文化人类学的新视野》，载《广西民族学院学报》，2000 年第 2 期，第 26 页。

② 布罗代尔著，顾良、张慧君译：《资本主义论丛》，北京：中央编译出版社 1997 年版，第 177 页。

③ 巴纳德著，王建民、刘源、许丹译：《人类学历史与理论》，北京：华夏出版社 2006 年版，第 174 页。

其是对于文化现象的研究，都应该注意现时与过去的相互结合。布罗代尔在批评传统的历史学家与人文社会学者的研究时指出，"现时和过去应该互为说明"，"如果单一地观察狭隘的现时，人们的注意力将转向虚无缥缈的、喧赫一时和转瞬即逝的事件。而要观察社会，就必须注意全部事件，不论这是多么枯燥乏味。人类学家调查波利尼西亚人，只在当地停留三个月时间；工业社会学家交出最后一次调查的结果就算了事，或者用几个巧妙的问题拼凑出打洞的卡片，就以为完全摸清某个社会的结构。社会是个特别狡猾的猎物，这样急于求成是不能把它捕获的"。①由此看来，将研究对象放入尽可能长的时间段内考察有其根本性的必要。

三 民族志

作为专业术语的"民族志"如今已逐渐演变为集方法与文体意义于一体的学术规范。② 也就是说，民族志文本既是田野作业方法的集中体现，又是人类学学科关怀下叙事、阐释与思考的文本创作。田野调查是民族志的基础，但其文本创作亦是研究过程的有机组成部分。"在民族志撰写阶段，人类学家的首要任务是如何将收集来的丰富资料转换成人类学的概念性语言，最终问题是如何将被研究社会的文化范畴翻译为人类学语言，用人类学语言进行描述。"③

后现代主义思潮对人类学的挑战，无论是从方法论上讲，还是在问题意识与理论分析方面，都有较多的表现，其中一点便是格尔茨在分析完埃文斯 - 普里查德、马林诺夫斯基（Bronislaw Malinowski）、列维 - 斯特劳斯、本尼迪克特（Ruth Benedict）等人的田野民族志文本中的想象和比喻之后，所提出的"人类学只是'一种创作'"。④ 尽管有人对此持反对意见，无论格尔茨是否过于强调写作的重要性，他在民族志文本写作方面的实践确实让人类学展示出另一种魅力。

在此意义上讲，人文社会科学研究成果的呈现在很大程度上依赖于文字

---

① 布罗代尔著，顾良、张慧君译：《资本主义论丛》，北京：中央编译出版社 1997 年版，第 187 页。
② 参见《民族志问题反思笔谈二则——兼〈思想战线〉"民族志经验研究"栏目结议》编者按，载《思想战线》，2005 年第 5 期，第 39 页。
③ 王建民：《民族志方法与中国人类学的发展》，载《思想战线》，2005 年第 5 期，第 41 页。
④ 巴纳德著，王建民、刘源、许丹译：《人类学历史与理论》，北京：华夏出版社 2006 年版，第 176 页。

表达。文字表达是否妥当、精准，直接决定着它是否准确地反映了事实，是否准确地表达了作者的观察、思考、阐释及其分析逻辑等。正如安德森在《想象的共同体》中所展现的较强的文字功力一样，他"擅长运用既有历史研究的成果，并将之与理论概念结合，然后以惊人的叙事能力，编织成一个同时观照古今东西的'历史类型'或'因果论证'的文本——谁说社会科学家不需要文学素养和文字能力？"[1]

晚年的埃文斯－普里查德提出人类学是"文化的翻译"，人类学家要做的就是尽可能地贴近所研究的对象人群的群体思维，把异族观点"翻译"成自己文化中等同的观点；这当然不同于语言的翻译，他反对列维－斯特劳斯提出的文化"语法"说，赞成在更微妙的日常话语中寻找文化的"意义"。无论"直译"还是"意译"，翻译的困难是在田野民族志中找到一个确切的对等物。实际上，人类学永远都处于"翻译"的两难境地。[2] 如果对某种观念的描述太"直译"，就容易过滤掉这一观念依附在语言表达形式（比如比喻、对比等修辞）本身中的文化含义，那么特定文化群体之外的人因缺乏情境性的文化常识就难以理解；如果太"意译"，则会过于呈现人类学家自身所属文化的内容，以至于难以捕捉到异文化中某种观念的思想本质。

"文化翻译"的两难境地，同样反映在民族志写作中阐释或是描述两种方法的选择上。有时候，进行客观的描述（尽管不可能完全客观）是必需的，但有时候为了让民族志文本的读者明白被观察对象的社会与文化意义，需要民族志作者以自己在现场的亲身感受为基础进行必需的阐释，前者类似"直译"，而后者则类似"意译"。二者在逻辑序列上的有机结合，恰恰是民族志文本写作的一种表达状态，或者从更技术的角度来说，是一种技巧。无论是一种状态，还是一种技巧，不仅仅意味着民族志文本写作的文体形式，更表现为一种文化写作的意韵。

在这本民族志报告中，付诸文字表述的有关法国人对中国的文化想象的理解与阐释，是我在与他们互动的过程中所获得的，其间既包含着我在田野调查中的所见所闻，也包括我对相关见闻的分析与思考。换句话说，我所呈

---

① 吴叡人：《认同的重量：〈想象的共同体〉导读》，载安德森著、吴叡人译：《想象的共同体》，上海：上海世纪出版集团 2005 年版，第 13 页。

② 巴纳德著，王建民、刘源、许丹译：《人类学历史与理论》，北京：华夏出版社 2006 年版，第 173 页。

现的法国人对中国的文化想象,既是对法国人生活实践的表述,也是我自己作为研究者参与其中的主观介入的反映。

在田野调查中,为人类学者提供信息之人的知识无论如何总是不全面的,因此泰特罗（Antony Tatlow）认为,民族志与文学作品一样需要诠释。[①] 格尔茨也认为,民族志描述本身就是解释性的。[②] 实际上,"当代人类学田野工作的特点之一是在语境化中进行诠释。人类学家通过将所观察的个案材料嵌入一个特定的分析文本中,可能会指出某一部分的细节与更大的语境之意的整体的、广泛的关联性。人们正是根据某些细节与其他观察到的细节之间的关联,用适用于这一语境的概念来解释一系列观察到的现象"。[③]

克利福德（James Clifford）在《写文化》（*Writing Culture*）一书的导言中也明确表示,民族志所表达的真理是不完全的。[④] 这既源于田野调查本身对资料获取与研究对象之理解的不完整性,也出于民族志写作中表达机制的不完整性。这一状况也进一步表明了民族志及其呈现的研究过程、研究成果的主观性。这种主观性是民族志作者与被纳入田野调查范畴之内的其他参与者的"共谋"。

---

① 泰特罗著,王宇根等译:《本文人类学》,北京:北京大学出版社 1996 年版,第 47 页。
② 相关论述参见格尔茨著、韩莉译:《文化的解释》,南京:译林出版社 1999 年版,第 27 页。
③ 王建民:《田野工作与艺术人类学、审美人类学学科建设》,载《广西民族学院学报》（哲学社会科学版）,2004 年第 5 期,第 38 页。
④ 克利福德:《导言:部分的真理》,载克利福德、马库斯编,高丙中、吴晓黎、李霞等译:《写文化——民族志的诗学与政治学》,北京:商务印书馆 2006 年版,第 35 页。

第一章　想象中国：结构性与文化性的 "他者" 想象史

中国人不像其他民族一样，没有任何迷信、任何可以自责的骗术。[1]

——伏尔泰（Voltaire）

中国是一个专制的国家，它的原则是恐怖。[2]

——孟德斯鸠（Montesquieu）

在路易十四时代，人人都是希腊学家，而现在人人都是东方学家。[3]

——雨果（Victor Hugo）

对于种族主义者来说，"他者" 是不可转化的。[4]

——卡斯托里亚迪斯（Cornelius Castoriadis）

法国与欧洲社会对中国及其文化的接触，时间久远，情结深厚，远非一项简单的研究能够说得清楚，而且就其对中国的文化想象而言，更是错综复杂，对于后人来说，确有 "不识庐山真面目" 的困难。那么，如何来梳理这段历史——尤其是一段对 "他者" 之文化想象的表述史，以更好地理解当代法国社会对中国之文化想象的情怀呢？鉴于研究主题的需要，本章围绕对一个问题的追问来梳理这段难以说得清楚的历史，以期能够呈现沉淀于法

① Voltaire, *Les oeuvres complètes de Voltaire* (*62, 1766 – 1767*), Oxford：The Voltaire Foundation, 1987, p. 91.
② Montesquieu, «De l'empire de la Chine», *Oeuvres complètes* (Ⅱ), Paris：Éditions Gallimard, 1951, p. 368.
③ Victor Hugo, *Oeuvres poétiques* (Pierre Albouy, ed.), Paris：Gallimard, 1964, 1：580.
④ Cornelius Castoriadis, *Le monde morcelé：les carrefours du labyrinthe* Ⅲ, Paris：Seuil, 1990, p. 34.

国社会中有关中国之文化印象的历史背景及其传统，这个问题就是：从社会历史结构与民族文化特质的角度来看，是什么决定并不断地改变着法国社会对中国文化想象之表述的基调？

进一步讲，这一章的讨论围绕着对以下议题的探讨而展开：以历史的维度来梳理和研究法国社会有关中国想象的历史，从文化人类学的视角来探讨，哪些想象是由西方历史时代的社会结构造成的，哪些想象是因法兰西文化的影响而致的。"结构性"与"文化性"影响①，分别是我借以重新审视法国有关中国这一"他者"想象的两个基本立足点。在考察被法国人的想象塑造的中国形象之变化的基础上，梳理在一种历史维度下有关"他者"想象的发展变化，借以理解有关中国之文化想象的时代意义与历史功用。与此同时，从某个侧面来管窥，历史是如何表述的，有关"他者"的想象史是如何被建构的，是如何获得其"合法性"的；并在探讨"结构性"想象与"文化性"想象的基础上，进一步探讨人类学研究中有关结构与能动性的问题；反观法兰西社会的文化逻辑，以"他者"的眼光来检视他者眼中之"他者"的表述机制。而且，对法国社会有关中国及其文化之想象史的梳理，可以提供一种历史性的背景参照，也是我们理解当代法国社会之中国及其文化观的知识必需，有助于理解其想象的历史与文化逻辑，并成为本项研究后续分析的知识基础。

第一节　时代与"他者"的建构

几百年来，中国及其文化在西方世界眼中的形象是一条地地道道的"变色龙"，总在不断地变化，对于此种形象，"我们怎样看待它并非至关重要，最重要的在于，它是不以我们意志为转移的客观存在——一种曾影响中西交往且至今仍影响着这一交往的历史文化因子。大凡健全自信的民族都是不会不正视它，不研究它的"。②从这个意义上讲，认识一

①　格尔茨也强调在文化研究中需"竭力澄清社会结构的概念与文化的概念"，以便了解其间的关系性。参见克利福德·格尔茨著、韩莉译：《文化的解释》，南京：译林出版社1999年版，第425~426页；Clifford Geertz, *The Interpretation of Cultures*, New York: Basic Books, 1973, p. 362。

②　引文参见黄兴涛、杨念群：《"西方视野里的中国形象"主编前言》，载罗斯著，公茂虹、张皓译：《变化中的中国人》，北京：时事出版社1998年版，第5页。

个民族及其文化是一件复杂而长期的事情。无论是认识者还是被认识的对象，都会受到历史的和现实因素的种种制约，且自身也并非一成不变。①

西方的中国形象在每一个时代的特殊的表现背后，都有一个既定的原型，即关于"他者"的、东方主义式的想象，它在西方文化历史中积淀而成，为每一时代西方的中国形象的生成、传播提供期待视野。②

一　"元叙事"话语结构与时代划分

在《后现代状况》一书中，利奥塔（Jean-François Lyotard）用"元叙事"（métarécit）意指统摄具体叙事，并赋予知识以合法性的某种超级叙事。③ 比如，启蒙运动构筑的有关现代性的一整套关于理性、自由、进步等主题的宏大叙事，它们不仅确立了知识的规范，也确立了权力的体制。在某种意义上讲，"元叙事"又是"主宰叙事"（master narrative）。"元叙事"实则就是一种社会话语结构，左右着任何时代人文社会科学领域内的"认知范式"。

研究法国历史上"元叙事"话语对法国人在文化层面上理解和认知中国的结构性影响，尝试对这一想象史进行适当的阶段划分是必不可少的一项思考。但在我看来，任何一种这样的尝试都似乎是徒劳的，却又是很有意义的。说其徒劳，是因为不存在任何一种放之四海而皆准的划分标准；言其有益，则是指这样的划分呈现出一种特定的关注视野与研究方法。对于某个问题的研究，有时候方法论的意义，远远大于对被研究问题的结论。

在研读史料、精于思考的基础上，我意欲较为粗线条地把自古至今，法国人对于中国之文化想象的历史结构划分为四个阶段：文艺复兴时期、启蒙

---

① 引文参见黄兴涛、杨念群：《"西方视野里的中国形象"主编前言》，载罗斯著，公茂虹、张皓译：《变化中的中国人》，北京：时事出版社 1998 年版，第 4~5 页。

② 相关讨论参见周宁：《中国异托邦：二十世纪西方的文化他者》，载《书屋》2004 年第 2 期。

③ Jean-François Lyotard, *La condition postmoderne*, Paris: Les Éditions de Minuit, 1979, p. 7; 利奥塔著、车槿山译：《后现代状况》，北京：生活·读书·新知三联书店 1997 年版，第 1~3 页。

运动时期、"百年中国"时期、"多元中国"时期。① "文艺复兴"时期代表着法国与欧洲社会在最初接触中国及其文化时表现出来的极大热情;"启蒙运动"时期则鲜明地体现了中国作为"他者"被纳入启蒙话语的欧洲社会与文化的自我建构,以及中国形象开始趋于负面的转变;"百年中国"时期则总括着自启蒙运动后期,西方社会的帝国主义时代至20世纪末,一百多年间,法国社会对中国总体上趋于负面、刻板的认知模式;"多元中国"时期则意味着20世纪末以来,法国社会对中国之文化想象与认知模式的转变,也是此项研究田野调查的主要内容。

当然,这样的划分是一种非常主观的操作,甚至看起来有些简单、肤浅。不过,它较为清晰地呈现了其中的想象性话语沿着历史发展而不断转化的轨迹,并显现出其历史性的结构特点。社会之历史就是这样演变着,无论从什么样的角度出发,我们似乎无从寻找到更好的方式来剖析这样的结构转换,这也恰恰说明了结构性因素的决定性力量。

这样的划分所揭示的特点,恰恰表达了我的一种研究判断:从时间的角度来讲,有关中国之文化想象的结构性话语的转换,周期越来越短,这也表明中法两大民族文化交流互动之程度逐步加深;从其时代特色来看,想象性话语的变化,愈来愈受到主流意识形态,尤其是社会政治经济之意识形态的影响。当然,这不是一种预设判断,以下的相关分析也绝非那种演绎式的逻辑推理,而是建立在深入思考的基础之上。

二 文化传播与"他者"建构

法国与中国同时拥有悠久的历史和灿烂的文明,作为东西方(文化)

---

① 曾在中国上海从事过新闻工作的美国学者伊萨克斯(Harold Robert Isaacs)在研究美国社会的中国形象时,对这一形象史做了一个编年史,他认为自18世纪以来,主要是在20世纪期间,美国人心目中的中国形象可以分为六个阶段:崇敬时期(18世纪)、蔑视时期(1840~1905)、仁慈时期(1905~1937)、钦佩时期(1937~1944)、幻灭时期(1944~1949)、敌视时期(1949~)(参见伊萨克斯著,于殿利、陆日宇译:《美国的中国形象》,北京:时事出版社1999年版,第86页)。此项研究的继任者莫舍(Steven W. Mosher)沿用类似的逻辑,将1949年至1989年间美国的中国形象划分为四个时期:敌视时期(1949~1972)、二次钦佩时期(1972~1977)、二次幻灭时期(1977~1980)、二次仁慈时期(1980~1989)(参见Steven W. Mosher, *China Misperceived: American Illusions and Chinese Reality*, New York: Basic Books, 1990)。这样的划分,太过拘于政治视角,其间所反映出的是政治、经济利益的冲突,忽视了对美国社会在文化层面上理解和认知中国的考察。因其研究集中于20世纪的中国形象,上述结论与当时中国同西方世界的关系有密切关联,这恰恰说明了"元叙事"话语的支配性力量。

大国的代表，她们之间的第一次"亲密接触"出现在里昂是古代丝绸之路欧洲终点之一的时代，这是一条巨大的商业轴心，通过它亚洲与欧洲实现了文化、知识与商业的交流。

16世纪中叶，因耶稣会士[①]的传教往来，中西文化交流开始频繁和繁荣起来。一方面，中国开始接触西方的一些科学文化知识；另一方面，传教士的通信往来，以及相关译介与著述活动，向欧洲社会介绍了中国的文化，使得中学西渐。尤其是世人熟知的意大利人马可·波罗（Marco Polo，1254－1324），早在13、14世纪就借描述自己中国远游之行的《马可·波罗游记》而让欧洲社会开始接触到一个遥远异域邦国的存在。

但是，欧洲社会对东方及中国的真实发现，则是在地理大发现时代，也就是文艺复兴前后实现的。而在此之前，东方神话的小范围传播也成为地理大发现的驱动因素之一。同时，地理大发现带回的有关东方的表述，也更加丰富了有关东方的神话。在中世纪的西方社会，他们所持有的中国形象是模糊不清的。地理大发现不仅促进了政治、经济领域内的拓展，也推动了知识与思想的扩张，东方与中国也日渐广泛地进入西方社会的知识生产之中。

几百年来，西方社会关于中国的记述或著述，无论是带有文化色彩的偏见也好，还是建立于认真观察、深切体会之上的"客观"表述也罢，其作者大多是在中国生活过多年的精英人士，从外交官、传教士，到商人、律师，再到学者和作家等，其角色繁多，他们接触中国社会的范围广、层次深，"正是通过这些形形色色的观察者所写下的为数众多的著作，从而建立起了当时的西方世界里关于中国的形象。而这种形象，又构成今日西方人心目中中国形象的历史底板，并反复不断地被现实冲洗出新的照片"。[②]

---

① 耶稣会（Les Jésuites，拉丁原名Societas Iesu）是天主教的一个男性教团，成立于1534年，主张反对宗教改革。一般认为，耶稣会是最早进入中国的西方团体之一，为中国学界所熟悉的汤若望（Adam Schall von Bell）、利玛窦（Matteo Ricci）都是其成员。

② 参见黄兴涛、杨念群：《"西方视野里的中国形象"主编前言》，载罗斯著，公茂虹、张皓译：《变化中的中国人》，北京：时事出版社1998年版，第4页。"西方视野里的中国形象"是一套介绍西方的中国观的译丛，这些作品在西方曾经轰动一时，在中国却长期鲜为人知。该译丛包括《中国乡村生活》、《穿蓝色长袍的国度》、《中国人生活的明与暗》、《变化中的中国人》、《中国变色龙》、《十九—二十世纪西方的中国观》等著作。对于这些著述，译丛主编黄兴涛、杨念群对之持一定的肯定态度，"这些具有不同文化背景的人们对于中国的观察记述，确有中国人习焉不察的独特之点，相当一部分基层社会的记录，多系亲见亲闻，显得别致细腻，足以成为可补中文记载之阙的正史资料，尤其是对方兴未艾的近代社会史研究，具有不容忽视的史料价值"。引文参见《"西方视野里的中国形象"主编前言》，第4页。

从现实意义的角度来看，那个时代的中国与其说是一个在地理上确定的现实的国家，不如说她是西方社会在自己的文化想象中存在的某一个具有特定意识形态意义的"异邦"，一个西方文化眼中的"他者"的空间。西方在不断描述中国的过程中，逐步建构起一个"自我"的"他者"，并通过这面"他者"的镜子来确认"自我"，为着自己在社会、文化、思想乃至心理等诸多方面的需求而所做的种种有关中国的表述，其间杂糅着各种以其"自我"文化为基础的想象，而中国的形象则正面负面兼而有之。

借用萨义德的理论来看，每一种文化的发展和维持都需要某种对手即"他者"的存在，某种身份——无论是东方还是西方——建构时都离不开确立对手和"他者"，每个时代、每个社会都在创造它的"他者"，因为西方对东方的再现"有助于欧洲（或西方）将自己界定为与东方相对的形象、观念、人性和经验"。[①] 从这样的角度来理解，萨义德所揭示的"东方学"身后的本质，正是几个世纪以来西方看东方的意识形态。

萨义德对东方主义者再现东方的真实程度非常怀疑，认为东方的意象群通过感官感应在东方主义者的头脑中，这一认识过程与东方主义者的愿望、思想、霸权和知识密切相关，在很大程度上，东方被东方主义者扭曲而失去其真实性，这种扭曲导致了真实东方与重现东方之间的差异。在《东方学》中，萨义德所讲的研究对象正是"论说东方"的话语而不是东方本身，用他自己的话说，一个文化体系的文化话语和文化交流通常不包括"真理"，而只是对它的一种表述。[②] 在这种表述话语中所隐含的内容则令人回味良久。

三　典籍译介——想象之始

自 17 世纪起，不远万里来到中国的欧洲传教士，基于传教的需要，努力研习儒家经典，适应中国文化，尽己所能，将中国的哲学思想通过译作或著述，传播到法国，乃至整个欧洲。

在西方来华传教士当中，有相当一部分人是非常优秀的汉学家，他们把

---

① Edward W. Said, *L'Orientalisme*: *L'Orient créé par l'Occident* (édition du Seuil, traduit de l'Américain par Catherine Malamoud), Paris: Seuil, 1980, pp. 13 - 14.

② 萨义德著、王宇根译：《东方学》，北京：生活·读书·新知三联书店 1999 年版，第 28 ~ 29 页。

很多中国古典文献翻译成欧洲语言。① 比如，意大利传教士利马窦（Matteo Ricci）早在 1593 年就将"四书"（《大学》、《中庸》、《论语》、《孟子》）翻译成拉丁文。除了研读并向西方社会推介中国的经书典籍外，诸多传教士还自己写书，著有多种汉学研究作品。值得注意的是，金尼阁（Nicolas Trigault）所著《基督教远征中国史》最早的法文版于 1616 年在里昂出版，这一作品的问世，与里昂跟中国源远流长的经济、文化交流史密不可分。

17 世纪后半叶，法国的耶稣会士大量涌进中国，随之则出现了对中国"五经"（《诗》、《书》、《礼》、《易》、《春秋》）研究的繁荣。其中，较为知名的有白晋（Joachin Bouvet，1655 – 1730）、刘应（Claude de Visdelou，1656 – 1727）、马若瑟（Joseph de Prémare，1666 – 1736）、雷孝思（Jean Baptisde Régis，1663 – 1738）、宋君荣（Antonius Goubil，1689 – 1759）、孙璋（Alexander de la Charme，1695 – 1767）、蒋友仁（Micheal Benoist，1715 – 1774）等。②

---

① 在此意义上的"汉学家"，并非完全等同于法文中的 sinologue 和英文中的 sinologist，他们可能在语言上有着惊人的娴熟能力，但在文化上的理解并非客观，因而，称之为"汉学家"有失公允，但就其语言能力而言，通常是当之无愧的。

② 白晋是法国科学院院士，精于天文历法。1687 年，他奉法国国王路易十四之命到中国。在华期间，曾为康熙皇帝教授几何学。历时六年撰成《易学总旨》一书，又著有《诗经研究》，后者稿本现藏于巴黎的法国国家图书馆。由于曾为康熙近臣，白晋借此机会撰写了《康熙皇帝传》（*Histoire de l'Empereur de la Chine*）一书。此外，他还著有《中文研究法》等。刘应于 1687 年与白晋同时到中国，对中国典籍研究广泛，著有《易经概说》，编入宋君荣所译《书经》之中。马若瑟于 1699 年访华，喜好研究中国文物，并乐于探讨中国古籍，曾节译《书经》、《诗经》，著有《经传议论》，以及《书经以前时代及中国神话研究》（*Recherches sur les temps antérieurs à ceux dont parle le Chou-King et sur la mythologie chinoise*），此外还著有《汉语札记》（*Notia Linguae Sinicae*）和《中国语文》（*Arte de L'Idioma Sinico*）。雷孝思亦于 1699 年到中国，曾参与绘制康熙王朝的地图，对中国古籍多有研究。在他人帮助下，曾将《易经》译为拉丁文，取名为《中国最古之书〈易经〉》（*I-King antiquissimus Sinarum Liber*）。宋君荣 1722 年到中国，文理兼通，曾有译作《书经》出版，其底本则是康熙年间印行的孔安国古文《尚书》满译本。他还编译了《诗经》，并于 1749 年将译文寄回欧洲，但一直藏于教堂，未曾付梓刊印。宋君荣对《易经》和《礼记》也颇有研究。孙璋于 1728 年来华，曾以拉丁文翻译《诗经》、《礼记》，1830 年，他将所译《诗经》取名为《孔夫子的诗经》，由德国一家出版社出版，这是《诗经》全译本在欧洲首次刊行。蒋友仁 1744 年来华，曾用拉丁文翻译《书经》，亦尝试翻译《孟子》，但未能卒业。上述资料参见以下文献：李喜所主编，林延清、李梦芝等著：《五千年中外文化交流史》（第二卷），北京：世界知识出版社 2002 年版，第 397 ~ 417 页；李晟文：《明清时代法国耶稣会士来华初探》，载《世界宗教研究》1999 年第 2 期；Shenwen Li，*Stratégies missionnaires des jésuites français en Nouvelle France et en Chine*，Paris：Editions L'Harmattan，2001。

很多法国传教士是奉国王之命远赴中国的，他们对中国的考察较为全面，不仅涉及文化、文学、历史、政治，还包括天文、地理、工农、医学、理化等。这些传教士在中法文化交流方面的努力，极大地促进了法国乃至欧洲社会对中国文化的初步了解，同时也孕育了西方对中国的文化想象，既为之奠定了文献基础，又提供了知识动力。

值得注意的是，18 世纪的欧洲出现了很多百科全书性质的文集，多有对中国历史的介绍，其中包括被称为 18 世纪欧洲汉学"三大名著"的《耶稣会士书简集》（*Lettres édifiantes et curieuses*）、《中华帝国全志》（*Description géographique，historique，chronologique，politique，et physique de l'Empire de la Chine et de la Tartarie Chinoise*）（1735）、《北京传教士报告》（*Mémoires concernant l'Histoire，les Sciences，les Arts，les Moeurs，les Usages des Chinois par les Missionnaires de Pékin*）（本书共计 16 册）。在这一时期，法国传教士对中医做过很多细致的考察，其研究结果多收录在杜尔德（Jean-Baptiste du Halde）所著《中华帝国全志》和《北京传教士报告》中。其中，《中华帝国全志》第三卷介绍了中国医药学，辑有《脉经》、《脉诀》、《本草纲目》、《神农本草》、《名医必录》、《本草》、《医药汇录》等中医书典的法文节译本，并开列了一些药方。冯秉正（Joseph de Mailla）所著《中国通史》（*Histoire de la Chine*），在 18 世纪欧洲人撰写的有关中国的文献中影响较大，社会上普遍认为其材料来源可靠，真实性强。1737 年，这部共计 12 卷的《中国通史》完稿，1773 年手稿在里昂大学图书馆被发现，1777 年至 1783 年该书在巴黎陆续刊出，书名为《中国通史》，当时天主教教士格鲁贤（Jean-Baptiste Grosier）将自己所编《中国志》作为第 13 卷附录其后。[①] 宋君荣精通汉学，译著丰富，被誉为"18 世纪最伟大的汉学家"、"耶稣会中最博学的教士"，其史学研究着重于中国上古史和边疆民族史，著有《成吉思汗与蒙古史》（*Histoire de Gen-tchis-Canet des Mongou*）、《大唐史风》［*Histoire de la grande dynastie des Thang*（618－907）］、《西辽史》（*Notice sur les Liao occidentaux*）、《中国纪年论》（*Traité de la chronologie chinoise*）等。同时，他还对中国天文学颇有研究，在此领域内著有《中国天文学简史》（*Histoire abrégée de l'astronomie chinoise*）和《中国天文学》（*Traité de*

---

① 参见李喜所主编，林延清、李梦芝等著：《五千年中外文化交流史》（第二卷），北京：世界知识出版社 2002 年版，第 417～418 页。

l'astronomie chinoise）等。①

从文艺复兴到启蒙运动，欧洲汉学的发展既丰富了欧洲人对中国及其文化的了解，也加速了西方社会（尤其是在法国）对中国之文化想象的多元化。在此期间，汉学研究（甚至是整个"东方学"研究）最显著的特征不是选择性的日益增强，而是范围的日益扩大。② 萨义德认为，东方研究最关键的一步首先是在英国或法国实现的。③ 法国是第一个设立"中国事务"研究机构的欧洲国家。早在1814年，法国就率先在法兰西学院设立了汉学研究席位，后于1843年在东方语言学校（Inalco）设立了现代汉语的教授席位，讲授汉语和同时代的中国文明。④ 18世纪中叶，汉学家在东方学研究队伍中已经有了明显的地位；到19世纪中叶，"东方学"已经成为一个几乎无所不包的巨大的学术宝库。

到19世纪，欧洲出现了许多编年史式的著作，正是这些著作夯实了欧洲人有关东方与中国的认知及其主导性话语。比如，朱尔·莫勒（Jules Mohl）的《东方学研究之二十七载》（*Vingt-sept ans d'histoire des études orientales*）、古斯塔夫·迪加（Gustave Dugat）的《12世纪至19世纪欧洲东方学专家史》（*Histoire des orientalistes de l'Europe du XIIe au XIXe siècle*）等。

从上文所提到的传教士对中国书经典籍的译介中，我们即可看出，当时他们对于中国儒家学说甚是重视。但是，他们对中国儒家学说的介绍是有选择性的，比如他们虽然赞成孔子学说，却对宋儒理学持批判态度。⑤

第二节　文艺复兴时代的"中国风"

文艺复兴是地理大发现的时代，启蒙运动则是文化大发现的时代；地理

---

① 参见李喜所主编，林延清、李梦芝等著：《五千年中外文化交流史》（第二卷），北京：世界知识出版社2002年版，第418页。

② Edward W. Said, *L'Orientalisme*：*L'Orient créé par l'Occident*（édition du Seuil, traduit de l'Américain par Catherine Malamoud），Paris：Seuil，1980，p. 67.

③ Edward W. Said, *L'Orientalisme*：*L'Orient créé par l'Occident*（édition du Seuil, traduit de l'Américain par Catherine Malamoud），Paris：Seuil，1980，p. 31.

④ 德特里著，余磊、朱志平译：《法国—中国：两个世界的碰撞》，上海：上海世纪出版集团、译文出版社2004年版，第50~51页。

⑤ 参见李喜所主编，林延清、李梦芝等著：《五千年中外文化交流史》（第二卷），北京：世界知识出版社2002年版，第450页。

大发现绘制了世界地图，文化大发现确立了地图的价值。① 在地理大发现时代，中国被西方确认为"最遥远的东方帝国"，但此时她还未曾被蒙上"专制、愚昧、落后、停滞"等意为劣等的意识形态标签，彼时的中国形象在西方社会那里模糊不清。

实际上，在西方世界开始更为广泛地接触中国之际，作为"他者"，中国的形象无论是正面的，还是负面的，对于当时的欧洲而言都有现实意义。中国这一"他者"的存在，在一定程度上帮助西方确认了自地理大发现以来有关地缘文明的"观念秩序"。② 西方对于这一观念秩序的追求，既体现出它对地理疆界不断拓展的世界的把控欲望，也折射出他们在面对不断被发现的"他者"时所表现出来的某种焦虑。

在欧洲，文艺复兴标志着中古时代与近代的分界，是现代欧洲历史的序幕。此时，在包括法国在内的欧洲社会中，有关中国之各类文献资料的推介，成功地奠定了关于这一文化"他者"的知识基础，也为后来的启蒙运动提供和酝酿了着实丰厚的思想资源。

一 蒙田与中国文化

在文艺复兴时代，就西方社会对中国及其文化的关注而言，代表人物首推法国作家、思想家蒙田（Michel de Montaigne，1533 – 1592）。③ 以"我知道什么"（Que-sais je?）为座右铭的蒙田，是启蒙运动以前的知识权威和批评家，也是社会人类学兴起以前对其他民族文化和西方社会进行冷静研究的学者。

蒙田在其著作中提到中国及其文化的地方可能仅有两处，但他已经开始明确地提及中国的强大，中国历史文化的悠久与繁荣，并有意识地将之与自己的国家相比，并借助这个强大的远方王国来表达自己对于法国社会与文明的思考。

---

① 周宁：《历史的沉船》，北京：学苑出版社 2004 年版，第 2 页。
② 相关讨论参见周宁：《历史的沉船》，北京：学苑出版社 2004 年版，第 3 页。
③ 蒙田出生于法国西南部的波尔多（Bordeaux），其三卷本《随笔》（*Éssais*）（有人译为《尝试集》）使他后世留名。该书前两卷初版问世于 1580 年，第三卷于 1588 年出版。相关资料参见 Marie-Luce Demonet, *Michel de Montaigne. Les Éssais*, Paris：Presses universitaires de France, 1986；Madeleine Lazard, *Michel de Montaigne*, Paris：Fayard, 2002。

在中国，这个与我们没有经济往来，对我们了解不多的王国里，其政府体制与艺术在一些杰出的领域内超越了我们，其历史让我们懂得，世界之大、之丰富，是我们的祖先和我们自己所无法深刻了解的。……①

……我们惊呼于自己发明火炮与印刷术的奇迹；但已有其他的人，在世界的另一端——中国，于一千年前就已享有之。如果我们能够看到尽可能多的我们所没有看到的世界，应该相信，我们可能会察觉到各类事物永远在不断增加和更迭。②

上述文字，可能几乎是蒙田在其《随笔》中谈论中国绝无仅有的文字，却表现了这位西方知识巨子对东方古国的一种"陌生感及其对中国古老文明的神往之情"。③

"'自知'与'知人'是东西方圣哲执着探究的哲学命题"，"'自知'能更好地'知人'，因为'每个人都是整个人类状况的缩影'，而'知人'反观自我，更准确地认识自己，两者是相辅相成的"。④在蒙田看来，无论是认识"自我"，还是认识"他人"都是一种"对话"，认识"自我"就是与"自我"对话，认识"他人"就是与"他者"对话。这种"对话"之所以能够进行，是因为"你中有我，我中有你"，两者存在着共性；这种"对话"需要进行，是因为"我不同于你，你不同于我"，两者有着相异性。⑤蒙田能够如此清醒地认识到与其他民族文化开展对话的重要性，而且如此正面地看待中国文化与西方文化的差异，在当时难能可贵。

如今，当我们来分享和分析蒙田所表达出来的这种陌生感与神往之情

---

① Michel de Montaigne, *Les Essais. Livre III / Montaigne*；*édition conforme au texte de l'exemplaire de Bordeaux... par Pierre Villey*；*sous la direction et avec une préf de V. – L. Saulnier*，Paris：Presses universitaires de France，1999，p. 1071.

② Michel de Montaigne, *Les Essais. Livre III / Montaigne*；*édition conforme au texte de l'exemplaire de Bordeaux... par Pierre Villey*；*sous la direction et avec une préf de V. – L. Saulnier*，Paris：Presses universitaires de France，1999，p. 908.

③ 钱林森：《光自东方来——法国作家与中国文化》，银川：宁夏人民出版社2002年版，第42~43页。

④ 钱林森：《光自东方来——法国作家与中国文化》，银川：宁夏人民出版社2002年版，第19页。

⑤ 钱林森：《光自东方来——法国作家与中国文化》，银川：宁夏人民出版社2002年版，第20页。

时，不难理解，此种情感产生于当时东西方开始文化交流之初东西方两大文明之间的差异对比。遥远的东方文明的强大，足以能够唤起某些法国人对她的向往之情，并激发诸多想象。他们已经意识到远在东方的异域文明的存在，这面"他者"之镜开始让他们有机会审视自己。从整个社会之意识形态的角度来看，这份热情其中的核心不是远方的中国，而是他们自己。也就是说，他们关注的虽然是中国，但其真正的意指中心并非中国。立足这样的视点，我们就可以客观地来看待这一想象中的中国形象，对其褒贬有着客观的判断，更不难理解其后在启蒙运动时期，法国社会对中国及其文化理解存在两大"刻板印象"范畴的原因。

二 "中国风"及其历史见证

文艺复兴运动后期，法国兴起了对中国文化风物的追求，到路易十四时代发展到极致。后来，这一风尚直接影响到 18 世纪法国及整个欧洲社会所出现的对中国文化（尤其是其艺术作品与风格）的推崇。[①] 法国社会对中国的这一文化热情，不仅出现在学者的著述之中，在艺术领域内也表现得相当强烈，后面这种表现被后人称为"中国风"（Chinoiserie，也有人将之译为"中国热"）。18 世纪，从法国开始并在欧洲各地盛行的讲究华丽、烦琐的建筑装饰与艺术风格"洛可可"（rococo）[②]，就伴随着当时中国文化元素在欧洲的风靡。直到 19 世纪，法国著名的浪漫主义诗人古提郁（Théophile Gautier）还写过一首名为《中国风》（*Chinoiserie*）的诗，字里行间无不显现出诗人对中国充满异国情调的想象。[③]

欧洲艺术的中国风格出现于 17 世纪后期，源于传教士对于中国器物的研究与介绍，以及东印度公司在商贸往来中从中国运回的各类文化艺术品，尤其是各类瓷器。同时，中国的建筑园林艺术也给欧洲社会带来了具有强烈异国情调的文化体验。彼时的法国社会深受中国文化影响，在路易十四时代表现尤甚。自 18 世纪初，法国开始派驻商团与领事到中国各地，全面展开与中国的商贸往来，这也极大地推动了当时法国社会各阶层对中国文化与中国器物的了解。"茶叶于 17 世纪被引入法国，起初被当作万灵药使用，到

---

① Henri Cordier, *La Chine en France au XVIIIe siècle*, Paris：H. Laurens, 1910, pp. 23 – 28.

② Rococo 一词源于法文 rocaille，意为假山或装饰用的贝壳。

③ Théophile Gautier,《Chinoiserie》, *Oeuvres poétiques complètes*, Édition établie par Michel Brix, Paris：Bartillat, 2004, p. 315.

18 世纪成为了一种日常饮料。"① 到 18 世纪后半叶，拥有一座中式亭子在法国则是非常时尚的事情。② 1783 年至 1786 年间建于凡尔赛的玛丽安托耐特村（Marie-Antoinette）就是当时对中国园林风格追求的一个完美展现。③

在欧洲，对中国建筑园林的推崇，最先兴起于英国，随后在欧洲大陆蔚然成风。法国对中国园林的了解，最先得益于传教士。1743 年，传教士王致诚（Jean-Denis Attiret）在从中国写给巴黎友人的一封信中，极力赞美当时的圆明园：

> 这是人间的天堂。人工的淋漓不像我们那样对称均匀地安排，而是布置得如此自然，仿佛流过田野一样，沿岸两旁镶着一些凹凸的石场，自然而无雕琢。河流的宽窄不等，迂回有致，如同萦绕天然的立石，两岸种植鲜花，花枝从石缝中挣扎出来，就像天生如此……④

这完全是一种猎奇的笔调，回应的是法国人对中国园林艺术所表现的"异国情调"的好奇。其实，圆明园在建筑风格上深受欧洲建筑艺术影响，这位传教士对此似乎并未注意。

在田野调查中，我依然能够明显地体验到法国历史上曾经广泛存在的"中国风"在里昂当地保存下来的遗迹。在里昂第二区一条狭窄小路的 34 号，有一处 18 世纪时曾经被用作旅馆的楼房，规模不大，里面却坐落着两个非常有名的私人博物馆——丝绸博物馆（Musée des tissus）⑤ 与装饰艺术博物馆（Musée des arts décoratifs）⑥。这里展示着自文艺复兴以来，里昂纺

---

① 德特里著，余磊、朱志平译：《法国—中国：两个世界的碰撞》，上海：上海世纪出版集团、译文出版社 2004 年版，第 28 页。

② 相关资料参见 Henri Cordier, *La Chine en France au XVIIIe siècle*, Paris：H. Laurens, 1910, pp. 23－28。

③ 德特里著，余磊、朱志平译：《法国—中国：两个世界的碰撞》，上海：上海世纪出版集团、译文出版社 2004 年版，第 25～26 页。

④ 许苏民：《比较文化研究史》，昆明：云南人民出版社 1992 年版，第 119 页。

⑤ 该博物馆前身为里昂工商会（la Chambre de Commerce et d'Industrie de Lyon）于 1864 年所建的艺术与工业博物馆（Musée d'Art et d'Industrie），自 1946 年以来，落户于现址。18 世纪时，此地原为一家名为 Hôtel de Villeroy 的旅馆，建于 1739 年，由法国建筑师苏夫洛（Jacques-Germain Soufflot）设计建造。后来，1919 年被买为私人财产。

⑥ 该博物馆建于 1925 年，原先在 Hôtel Lacroix-Laval，1947 年迁于现址。馆内展示着古代法国贵族的家居装饰，其中有很多来自中国的或是中国题材的艺术品。

织业的悠久历史与辉煌，以及在其不同的发展阶段，里昂与中国以丝绸为中介而进行的文化与经济交流的历史。馆内还陈设着许多几百年前在文艺复兴时代就已被法国人私家收藏的中国艺术品，它们生动地反映出当时"中国风"在法国的流行，以及法国民众对中国文化的热情。

2006年5月初，一个晴朗的周日，我第一次来到这两个博物馆参观。走进装饰艺术博物馆，离入口处不远，有两件艺术品，引起了我极大的兴趣。

第一件是一幅由皮勒蒙（Jean Baptiste Pillement，1728－1808）创作的题为"中国风"的油画。上面画有中国式亭榭楼阁、流水小瀑，还有一位留着些许长胡子的老翁正在垂钓。老翁戴着斗笠，旁边是一位穿着漂亮的妇女，不知是其何人，此女身体微微倾向老头，貌似一位中国女性，却又些许像法国人。亭子旁边有一棵看似椰树的植物。此画未注明创作时间，但从作者的生卒年份来看，很可能创作于18世纪中后期，最晚也是在19世纪初。整幅画作形象地描绘了18世纪"中国风"的影响下，法国人对中国的文化认知及热情。画中二人模糊的族裔形貌也生动地表达出法国人想将自己带入画作之中的那份遐想，及其对中国文化之异国调情的渴望。

还有一件来自清代康熙年间（1662～1722年）的瓷花盆。盆口呈菱形，周边画有花卉，上过釉彩，主色调是绿色。在旁边的桌签上，诸多信息描述了其工艺特征。在我仔细端详那件艺术品的时候，博物馆的一位工作人员走过来问我"是否想回中国再造一件"。我笑了笑，没作回答，倒是反过来问他那件瓷器是否为私人藏品。他肯定了我的猜测。而且，他还告诉我说，在17、18世纪，很多法国人都以拥有来自中国的艺术品而自豪，他们喜欢收藏来自中国或中国题材的艺术品，不仅仅是因为这些艺术品所展示的与众不同的文化风尚，而且收藏此类物品还是财富与身份的象征。

在丝绸博物馆，有一面很大的墙简明地呈现了里昂丝绸业发展的历史。其中，清晰地标记着里昂丝绸业发展的四个基本历史源头，包括法国的阿维翁（Avigion）和意大利，以及中国与丝绸之路。早在1420年夏尔七世（Charles Ⅶ）时代，里昂举办第一届丝绸交易会时，中国与里昂的丝绸交流就已经相当成熟了。博物馆中还有一间专门用来展示远东丝织品的大厅，展出的主要是中国和日本的丝绸制品。有一部分还是1882年里昂与中国某些城市（如上海）丝绸贸易往来中的样品，并用中文标注了诸多信息。展室里还挂着四幅用以解释蚕丝制作工艺过程的画，配有中法文的解释。19 世纪末，中国在欧洲的形象基本上是负面的，唯有像丝绸文化这样真正展现中国文明实力的文化遗产使中国在一部分欧洲民众那里赢得了尊重。

18 世纪法国画家布歇尔"中国风"作品《梳妆》

引自德特里著，余磊、朱志平译：《法国—中国：两个世界的碰撞》，上海：上海世纪出版集团、译文出版社 2004 年版，第 28 页。

在这样的博物馆里参观，总可以追寻到中国文化留存在法国历史中的遗迹。循着博物馆标记的参观顺序走下去，除了不时赞叹那些众多的给我很大视觉冲击的丝织品与神奇的手动纺织机械之外，双眼扫去，看到的往往是些那时自己不曾熟识的法文专业术语——法语中涉及丝绸技术的专业术语众多，也映衬了法国丝绸工业的发达。由于注意到有一个不认识的词频繁出现，我就小心翼翼地轻声向旁边一位女士请教。她较为费劲地为我解释了一番那个术语的含义之后，问我是从哪个国家来的，得知我是中国人，便非常高兴地提议领我去看一幅刚才我已经看过的展品。要不是她，我可能就会因为跳跃式地浏览而忽略了那幅丝绸作品。在这件展品一旁的解释文字，清楚地说明这是一件以法国画家瓦特（Jean Antoine Watteau）的油画为原型而制造的丝绸织布，正是这位画家首先在法国开创了华丽的"中国式"洛可可风格，提升了18世纪法国社会对中国风物的推崇。① 这幅展品的解释文字还写道：

> 这些被里昂画家皮勒蒙（Jean Pillement，1728–1808）经常用来当作其画作主题的"中国风"，常常伴有岩洞、贝壳、假山，以及其他一些变化莫测、过于矫饰、不对称的题材等。

不可否认，这样的画作形象地说明了当时法国人对中国式异国情调的想象，以及他们对于中国文化之民族特征的确认。

在17~18世纪的法国艺术家队伍中，除了瓦特之外，还有相当一部分人推崇并实践着"中国风格"，比如倍兰（Jean Béran，1673–1711）、欧德兰（Claude Audran，1658–1734）、拉儒（Jeacques de Lajoue，1686–1761）、蓬巴杜（Madame de Pompadour）、布歇尔（François Boucher，1703–1770）等。布歇尔是一位热心的中国文物收藏家，据说其画室里曾藏有相当数量的中国绘画，他最著名的杰作是给位于博韦（Beauvais）的某家作坊设计的一套由九幅画面组成的中国主题壁毯，分别为《中国皇帝的召见》、《中国皇帝的宴飨》、《中国婚礼》、《中国捕猎》、《中国渔情》、《中国舞蹈》、《中国市场》、《中国风俗》和《中国花园》。这套壁毯是参照曾供职于清朝的传教士王致诚在北京所创作的画稿设计的。1764年，路易十五将这套壁毯赠给了中国的乾隆皇帝，乾隆帝为其开辟专室保存在圆明园中，后被八国联军焚毁，但这套壁毯的设计稿仍保存在法国贝尚松（Besançon）博物馆中。② 法国艺术家们表现中国题材的创作在欧洲享有盛誉，被嵌入其中的中国文化元素以及他们对中国文化的理解、想象与再造，也随着作品的流传成为中国文化印象的代表。

---

① 早在1708年装饰巴黎一座城堡的工作中，瓦特就开始在绘画中展现一些具有中国文化风情的场景。1731年的《米尔基尔》杂志上又刊载了他的一套铜版画《中国人物画帖》，共计20幅，是他在拉米埃特城堡所画而由波桑等几个版画家镌刻后出版的。这些画作还用拉丁文拼译了"医生"、"宫妃"、"尼姑"等题目。他的名作《发舟西苕岛》用墨色勾出画面轮廓，那远近朦胧的重峦叠嶂，在用色、构图及所表达的意境中都带有非常明显的"中国风"气息，极易使人想起宋代山水画。相关资料参见：李喜所主编，林延清、李梦芝等著：《五千年中外文化交流史》（第二卷），北京：世界知识出版社2002年版，第441~442页。

② 相关资料参见：李喜所主编，林延清、李梦芝等著：《五千年中外文化交流史》（第二卷），北京：世界知识出版社2002年版，第441~442页；以及André Michel：*François Boucher*，Paris：Librarie de l'Art，1889。

上文提及的皮勒蒙是一位影响很大的里昂画家，他与另一位名叫雨埃（Jean-Baptiste Huet）的画家，因创作的“中国式”装饰图案集而闻名，很多法国装饰艺术家都从他们的图案集中找到了灵感与启发。①

18世纪上半叶，中国丝绸因法国本土新出现的织物而日渐受到挑战，丝织品里的“中国制造”因价格原因市场份额有所减少，但当地丝绸文化中的“中国风格”一直广受推崇。

甚至，有些织布以其在中国的初创地命名，比如“北京布”实际上是在离里昂南部不远的一座小城市瓦朗斯（Valence）生产的一种丝织品；此时按照中国的样品生产的彩色墙纸也取得了一次巨大的飞跃。帷幔、挂毯、家具布、壁画、家具、彩陶、服装等，渐渐地所有装饰艺术都被这股中国风征服，争先恐后地仿制起那些最为著名的画家和装饰艺术家创制的花样与图案。②

这两座博物馆的藏品从不同角度向我们展示了17～18世纪法国人对中国文化的热爱与崇尚。作为对这一时代的总结，我们可以引用下面一段话：“由东印度公司输入法国的中国产品和传教士所传布的信息渐渐影响了18世纪法国人的日常生活和品味。法国人醉心于所有的‘中国货’：很快，他们的目标不再仅仅局限于从中国进口的商品，也指向了仿制中国商品的物品，甚至更为广泛，包括了一切具有能使人联想起精致、豪华、轻巧和新奇等被认为是中国这个遥远国度所特有的品质的东西。在巴黎，中国商品专卖店出售各种各样的中国小摆设，不管是从中国进口的还是仿制的都同样抢手。‘中国浴场’出现于18世纪末，其装饰也许并不是真正的中国式样，但的确具有东方风格。”③

第三节　启蒙运动的双重想象

18世纪的欧洲，正值启蒙运动时期，随着西方社会科学思想的发展，

---

① 相关资料参见：Henri Cordier, *La Chine en France au XVIIIe siècle*, Paris：H. Laurens, 1910；Jacques Guérin, *La chinoiserie en Europe au XVIIIe siècle*, Paris：Librairie centrale des beaux-arts, 1911；德特里著，余磊、朱志平译：《法国—中国：两个世界的碰撞》，上海：上海世纪出版集团、译文出版社2004年版，第29页。

② 德特里著，余磊、朱志平译：《法国—中国：两个世界的碰撞》，上海：上海世纪出版集团、译文出版社2004年版，第28～29页。

③ 德特里著，余磊、朱志平译：《法国—中国：两个世界的碰撞》，上海：上海世纪出版集团、译文出版社2004年版，第27～28页。

一些社会达尔文主义者将生物科学中的"适者生存"的观念移植到人文社会科学的研究与解释当中,把"进步"观念替换成了"进化",其意识形态意味则更加强烈了。这股思潮与以前主宰整个欧洲的宗教神学思想格格不入,恰恰在这时,中国哲学思想的传入,大大地启发了部分启蒙思想家的思想变革。启蒙运动是西方现代文明自我意识自觉的阶段,西方资本主义文明的世界观念则奠定于那个时代。达尔文"进化论"也为西方社会确认自己的优越意识,贬低其他民族提供了知识上的合法性依据,甚至也滋养了他们种族主义的意识形态。

一 再谈"结构"

东方与西方二元对立的世界格局,以欧洲为中心、以进步与自由为价值尺度的世界秩序,是一种知识秩序——每一个民族都被归入东方或西方,停滞或进步、专制或自由的范畴;也是一种价值等级秩序——每一种文明都是据其在世界与历史中的地位,被确定为文明或野蛮,优等或劣等,生活在东方、停滞在过去、沉沦在专制中的民族,是野蛮或半野蛮的、劣等的民族;还是一种权力秩序——它为西方资本主义经济政治扩张准备了意识形态基础,野蛮入侵与劫掠就成为正义的进步与自由的工具。①

在启蒙运动时期所确立的西方现代性"元叙事"中,"进步"与"自由"是居其中心地位的核心概念,而处于这两个概念之对立面的,则是作为"他者"的非西方形象,其中中国以其文明古老却"停滞"与"专制"的形象格外受到欧洲的关注。启蒙运动巩固了"二元对立"的观念体系,比如在社会发展范围内的进步与愚昧、文明与野蛮、低级与高级,在时间范围内的古代与现代,在空间甚至政治范围内的西方与东方,"这些二元对立的范畴,建立了以差异为基础的西方文化秩序,也构成西方的中国形象生成的意义语境"。②如同道森(Raymond Dawson)在《中国的遗产》(*The Legacy of China*)中所言,"欧洲和亚洲、西方和东方之间的对立,是我们借以思考这个世界和调整我们对世界的认识的重要范畴之一,所以毫无疑问,哪怕对东方研究有特殊兴趣的人,也难免在思

---

① 周宁:《西方的中国形象史:问题与领域》,载《东南学术》,2005 年第 1 期,第 105 页。
② 周宁:《历史的沉船》,北京:学苑出版社 2004 年版,第 1~3 页。

想上受其影响"。①

然而，在后现代主义思想影响深远的今天，当人们开始反思启蒙时代所确立的进步观念，以及欧洲中心主义的世界秩序时，当时所确立的负面的中国形象，也应受到怀疑。这种怀疑应有两个层面的含义：一是"史实"层面的认知怀疑，也就是说，对于在当时特定文化观念下产生的"史实"认知的怀疑，他们是否真实地了解到了中国当时的现实？二是思想范式层面的怀疑。受到特定的社会现实，以及特定的"元叙事"的话语权力等结构性因素的影响，启蒙时代的思想范式是否客观公允？中国在西方社会中的形象，究竟是真实中国的现状，还是他们自身的想象？树立中国形象的"他者"意义，究竟是来自现实的中国，还是出于构建启蒙理想下新的世界秩序尤其是文化秩序的需要？是在更深一步地理解中国（发现），还是在创造中国（发明）？当然，对于这种反思的两个层面，我们不可能孤立地将其锁定在某个特定的方面，各方面因素的综合影响必然有之。只不过，在反思思潮中，最重要的一点是要做出重新审视的努力。

就当时的欧洲而言，中国的社会现实是否停滞、是否野蛮并不重要，重要的是启蒙运动的那些先驱思想家们找到了一面镜子，来映照着他们的启蒙理想，中国很幸运地被他们固定在了那面贴满"他者"面孔的墙上，反衬着他们对于启蒙主义自由精神的渴望；西方文明的进步，甚至墙上的那幅形象，究竟是一幅来自遥远之东方的中国的照片，还是思想家们的杰出画作，也都不重要，至少人们看到了他们所需要的，找到了他们想看到的东西。

对于观念中的形象和现实中的国家是否一致，那些启蒙思想家们并没过多地关心，他们自豪的是他们完成了一种可以支持其启蒙理想的"现实"形象的建构，找到了建构自我认同的对立面，这样一来，便可容易地确立"自我"。这可能就是启蒙运动时代，法国社会乃至整个欧洲社会，想象和建构"中国"的现实意义所在。

每一个历史时代的"元叙事"结构决定了人们思考问题的框架与视野，这样的限制不仅仅体现在普通人身上，即便那些知识渊博者也难以幸免。萨

---

① 参见张隆溪：《非我的神话——西方人眼里的中国》，载史景迁（Jonathan D. Spence）著，廖世奇、彭小樵译：《文化类同与文化利用——世界文化总体对话中的中国形象》，北京：北京大学出版社 1990 年版，第 169 页。

义德在论述其东方学思想时，就曾提到：

> 当一位学识渊博的东方学家到他所研究的国家去旅行时，他对其所研究的"文明"总抱有一种抽象的自以为是普遍真理的固定看法……①

像法国学者夏多布里昂（François-René de Chateaubriand，1768－1848）这样一位来到东方的朝圣者，也曾傲慢地声称他的东方之行完全是出于自身的目的："我寻找的是意象；仅此而已。"

> 我旅行根本不是为了把它们写出来；我有其他的目标：我将之放进了《殉难者》（Les Martyrs）一书中。我寻找的是想象；仅此而已。②

可以肯定地讲，历史时代的结构性影响所产生的后果，便是如同萨义德所言，"不管特定的例外事件有多么例外，不管单个东方人能在多大程度上逃脱在他四周密置的樊篱，他首先是东方人，其次才是一般意义上的人，最后还是东方人"。③

二 伏尔泰 VS 孟德斯鸠

考察启蒙运动时期法国人对中国及其文化的认知与想象中所隐含的结构性与文化性影响因素，有两个人是不能忽视的，一个是伏尔泰（Voltaire，1694－1778），一个是孟德斯鸠（Montesquieu，1689－1755）。他们二人眼中的中国形象代表了当时的中国被法国乃至欧洲圈定的两种范型，也体现了推崇中国与反对中国两种态度的对立。

（一）伏尔泰与中国

在 18 世纪的法国，声势浩大的启蒙运动以及进步的思想家们，无不受

---

① Edward W. Said, *L'Orientalisme*: *L'Orient créé par l'Occident* (édition du Seuil, traduit de l'Américain par Catherine Malamoud), Paris: Seuil, 1980, p. 69.
② François-René de Chateaubriand, *Oeuvres romanesques et voyages* (Ⅱ), in Maurice Regard (ed.), Paris: Gallimard, 1987, p. 702.
③ 萨义德著、王宇根译：《东方学》，北京：生活·读书·新知三联书店 1999 年版，第 133 页。

到中国文化的熏陶和影响，有人还怀着惊喜的心情赞美中国。他们对于中国的了解，渠道多样，但大多是来自传教士从中国带回的消息，涉及领域甚为广泛，包括中国的政治、经济、文化、地理、资源等。作为被法国甚至整个欧洲社会推崇备至的启蒙思想家与权威，伏尔泰持有的自然神论，成为启蒙运动挑战神权思想的重要武器。在他看来，神是一种不可动摇的自然规律。正因为中国儒家思想可以使士人获得对神最纯真的认识，而无须求助于神的启示，他极为推崇中国的儒家思想。在当时，伏尔泰有"法国孔夫子"的美称。据统计，在其著作中，完全论述中国或部分涉及中国的地方有 70 处之多，与朋友通信时谈及中国的信件则达 200 余封。[①]

1. 伏尔泰赞美中国的言论

1741 年，为了批评欧洲的自我中心主义，伏尔泰杜撰了这样一个以中国人为主角的道德故事：

> 1723 年，一个侨居荷兰的中国人，兼文兼商，在几个西方学者的陪同下，到一家书店购买一本书，"有人向他推荐译得极差的博恕埃（Bossuet）的《世界史论》。一听到'世界史'这个气势不凡的词，中国人说：'我非常荣幸，想拜读一下作者到底是如何介绍我们的大帝国，介绍我们拥有五千多年的历史的民族，以及多少世纪以来统治我们的历代皇帝的……我想，本书作者肯定不了解两万两千五百五十二年前我们同东京（Tonquin）及日本（Japon）等好战民族进行的战争，也一定不了解那个庄严的使团，强大的蒙古皇帝曾在创世 50000000000007912345 年通过派遣使团向我们询问法律事务。'——'遗憾。'——一位学者对他说，'这本书不只是写你们的历史；你们算不了什么；书中的内容差不多都围绕着世界第一民族，唯一的民族，即伟大的犹太民族'"。[②]

伏尔泰之所以编撰这一道德故事，是想借一个中国人的口气，来鞭挞欧洲社会的自我中心主义，想让欧洲能够认识到，在遥远的他方依然存在着值

① *Dictionnaire général de Voltaire*, publié sous la direction de Raymond Trousson et Jeroom Vercruysse, Paris：Honoré Champion Éditeur, 2003, p.198.

② 钱林森：《光自东方来——法国作家与中国文化》，银川：宁夏人民出版社 2002 年版，第 84～85 页。

得尊重的其他民族与文明。这恰好体现了他作为启蒙思想家的勇气。

在伏尔泰眼中,中国多有值得赞美之处。中国历史"几乎没有丝毫的虚构和奇谈怪论,绝无埃及人和希腊人那种自称受到神的启示的上帝的代言人;中国历史从一开始起便写得合乎理性"。① 伏尔泰认为中国的法律是合乎理性和自然法则的,因为在中国,"根本的法律是:帝国是一个家庭,因此,公共事业被视为首要义务","父亲的权威从未受到削弱……官员被当做一城一省之父,国王被当做帝国之父。这种深入人心的思想把幅员辽阔的国家组成一个家庭"。② 对于中国的政治制度,他则毫无掩饰地赞扬道,"人类的思想肯定不能再设想出一种比一切均由互相依赖的部门决定的政府更好的政体了。这些部门的成员都是经过几场严格的考试之后而录取的……在这样一种政府机构中,皇帝不可能武断地行使权力"。③ 毫无疑问,伏尔泰对中国的科举制度推崇有加,且十分赞赏由此为基础而形成的政府与治理体系。

让我们再来看一下,他是如何给中国人下结论的:

> 中国人不像其他民族一样,没有任何迷信,任何可以自责的骗术。至少在四千多年以前,中国政府就已经向人们证明,现在还在向他们证明着,可以支配他们,但不欺骗他们;他们并不是通过谎言来为真理之神服务;迷信不但毫无用处,还会对宗教有害。从不崇拜上帝对中国来说是如此的纯洁和神圣(*à la révélation près*)。我不是讲人民的派别,而是讲君王的宗教,讲所有司法人员的宗教,所有非下等之人的宗教。这么多世纪以来,中国那所有诚实的人的宗教是什么呢? 这就是:天道、正义。没有哪一个君王不这样。④

---

① 李喜所主编,林延清、李梦芝等著:《五千年中外文化交流史》(第二卷),北京:世界知识出版社 2002 年版,第 455~456 页;又参见 Voltaire, *Oeuvres complètes de Voltaire*, Vol. III, Paris: Librairie E. A. Lequien, 1986, p. 76。

② 李喜所主编,林延清、李梦芝等著:《五千年中外文化交流史》(第二卷),北京:世界知识出版社 2002 年版,第 456 页;又参见 Voltaire, *Oeuvres complètes de Voltaire*, Vol. III, Paris: Librairie E. A. Lequien, 1986, p. 79。

③ 李喜所主编,林延清、李梦芝等著:《五千年中外文化交流史》(第二卷),北京:世界知识出版社 2002 年版,第 456 页;又参见 Voltaire, *Oeuvres complètes de Voltaire*, Vol. III, Paris: Librairie E. A. Lequien, 1986, p. 251。

④ Voltaire, *Les oeuvres complètes de Voltaire* (*62, 1766 - 1767*), Oxford: The Voltaire Foundation, 1987, p. 91.

伏尔泰热衷于赞美中国的道德与法律，在其言行著述中，极力地推崇中国，推崇孔子及其学说，他把孔子看作"理性"和"智慧"的"阐释者"，有时候甚至故意曲解中国的历史和现实，依照自己的想法任意地加以阐释。

作为一名进步的思想家，伏尔泰对于当时中国思想文化的推崇，绝非出于猎奇的好奇心，而是他与中国的"接触"，跟当时的启蒙思想运动所倡导的思想解放有不谋而合之处，产生了共鸣，使之从中汲取了思想营养，满足了当时他寻找某种思想以反对当时法国的宗教思想及其势力，反对封建主义的思想武器。伏尔泰正是借用了中国和其他东方国家的思想文化，才拓展了自己的思想视野，逐步形成了自己的启蒙思想体系。

伏尔泰还拿孔子的儒家学说来批评基督教的虚伪和迷信之处，他特别推崇"己所不欲，勿施于人"的道德法则，却以相反的逻辑方式来表达。他是如此描述孔子的：

> 他劝说人们忘记恶，只记住善。
>
> 要不断地自省，纠正过去的错误。
>
> 要克制冲动，培养友谊；要不铺张地施予，并只接收最基本的需要，且不卑不亢。
>
> 他根本不讲不要拿我们不希望别人对我们自己做的去对待别人（即"己所不欲，勿施于人"——作者）；这只是在为恶辩护：他走得更远，并提倡善：要像你希望别人对待你的样子去对待别人。
>
> 他不仅教授人们要谦虚，还要谦恭；他倡导所有的美德。[1]

伏尔泰将孔子视作理性的化身，认为他对人世间有极大的教育意义。如果非得把儒家学说视作某种宗教的话，在伏尔泰眼里，它就是道德化的理性宗教。

2. 从《赵氏孤儿》到《中国孤儿》

当伏尔泰看到传教士马若瑟翻译的元杂剧《赵氏孤儿》法文译本

---

[1]　Voltaire, «De Confucius», *Les oeuvres complètes de Voltaire*（62, 1766 - 1767）, Oxford: The Voltaire Foundation, 1987, pp. 91 - 92.

后，立即肯定"《赵氏孤儿》①是第一流的作品，它有助于了解中国人的心理，超过所有过去以至今后关于那个广大疆域的著述"②，遂决定改编。伏尔泰在"孔子的教导下"，把这一原本发生在晋灵公时代的元曲故事改编成了元朝初年成吉思汗攻入燕京追杀先朝遗孤，后来在道德感召下幡然悔悟的故事。在情节上，伏尔泰改编了很多，把故事背景从公元前5世纪的春秋战国时期，后移至13世纪的宋末元初；将诸侯国内部的文武不和，改编成两大民族之间文明与野蛮之战；还特意把西方人认为最不开化的成吉思汗作为该剧的主要人物之一，并使之受到了中国文化的感化。该剧多次在巴黎等地上演，获得了巨大的成功，在当时的欧洲影响甚广。

伏尔泰《中国孤儿》（*L'Orphelin de la Chine*）的副标题是"五幕孔子的伦理"，可见他所要表达的主要是自己对中国伦理文化的理解，其更深层的目的是要用儒家道德来治疗欧洲社会的弊病。1755年夏初，伏尔泰曾写信给卢梭（Rousseau），驳斥其"文明否定论"和"回到自然去"的主张，后来当《中国孤儿》出版时，伏尔泰把这封信放在剧本的前面，足见其创作该剧的真正用意。1755年8月20日，当《中国孤儿》在法兰西喜剧院首次上演时，立即在民众中引起巨大轰动，一连演出了很多场。

就《中国孤儿》戏剧创作的艺术成就而言，伏尔泰对中国传统戏剧的理解不是很深，把握也不是很到位，他只能借用欧洲的古典主义法则来改造中国的艺术，但他敢把中国故事搬上法国的戏剧舞台，并借以表达自己的启

---

① 1732年，马若瑟将纪君祥的元杂剧《赵氏孤儿》译成法文，取名为《中国悲剧赵氏孤儿》（*Tchao-Chi-Cou-Euih, ou L'Orphelin de la maison de Tchao, tragédie chinoise*），并于1735年刊印在巴黎耶稣会士杜赫德编著的《中华帝国通志》中。随着该书先后被译成英、德、意等多种文字，《赵氏孤儿》在欧洲得以广泛传播。《赵氏孤儿》是第一部传入欧洲的中国戏剧，欧洲的"中国文学热"也由此蔚然成风。在同一时期，法国社会还出现过无数通俗的描写中国人和中国文化的书籍，有的有出处，如《中国小说情史集》（里昂，1712年），大概来自冯梦龙的《情史类略》；有的是迎合法国人的中国情趣的胡编乱造，如所谓《中国间谍欧洲侦察记》之类等，都只是借用"中国"这一异域的"他者"形象或概念，而实际上言说的全是法国人自己的情调思想。这实则为一种"启蒙"的手段。相关资料参见许苏民：《比较文化研究史》，昆明：云南人民出版社1992年版，第121页。

② 李喜所主编，林延清、李梦芝等著：《五千年中外文化交流史》（第二卷），北京：世界知识出版社2002年版，第444页。

蒙思想，这一点是难能可贵的。①《中国孤儿》的上演成功，为当时法国乃至整个欧洲的思想启蒙运动带来的新鲜刺激，更激发了法国与欧洲其他各国对中国文化、思想、文学、艺术等方面的浓厚兴趣。

在官僚制度方面，18 世纪的欧洲实行的仍然是贵族世袭制。相比之下，早在 17 世纪之初，被派往中国的传教士们发现，中国的科举制度有许多优越之处。启蒙运动时期，当新兴的资产阶级力量渴望打破政治垄断，进入国家权力体系时，中国以科举为特色的文官制度恰好为他们提供了理想的蓝本。伏尔泰还赞美当时中国的康熙、雍正皇帝，其目的当然是想让法国当时的皇帝效仿他们，也是为自己的开明君主制的政治理想提供依据。

3. 借"他"己用

伏尔泰的做法，很明显体现出他借用中国伦理观念来表达自己启蒙思想的目的。这种"借他为己用"的做法，充分地折射了中国这一"他者"存在的现实意义。也就是说，伏尔泰对中国文化的研究与赞美，无论关注的是什么，也不管如何评价，都是着眼于让"他者"为"自我"服务的目的。可是，伏尔泰所选择的"他者"为何是中国呢？对此问题，艾田蒲（Réné Étiemble）的一段话可以作为解答：

> 任何有思想的人，都必须参考从中国历史、风俗和思想中发现的东西。您为什么偏要这位以其独特方式充当时代的"响亮回声"的伏尔泰，对其所处社会环境中那些有关中国的事情闭目塞听、不闻不问呢？②

艾田蒲的这句反问也非常恰当地点明了伏尔泰所受历史时代之结构性影

---

① "相反，在 18 世纪大量存在的其他受到中国影响的戏剧（喜剧、歌剧、笑剧或芭蕾舞剧）中，如《中国国王》（Le Roi de la Chine，1700）、《受法国教养的中国人》（Le Chinois poli par la France，1754）和《中国婚礼》（Les Noces chinoises，1772），却把一个个凭空想象出来的中国人搬上了舞台，他们的那些令人难以置信的奇遇，只是为了找机会炫耀一下迷人的布景和奢华的服装罢了。"参见德特里著，余磊、朱志平译：《法国—中国：两个世界的碰撞》，上海：上海世纪出版集团、译文出版社 2004 年版，第 30 页。

② Réné Etiemble, L'Europe chinoise（II）: de la sinophilie à la sinophobie, Paris: Editions Gallimard, 1989, p.208. 译文转引自艾田蒲著，许钧、钱林森译：《中国之欧洲》（下），郑州：河南人民出版社 1994 年版，第 202 页。

响的事实。在伏尔泰时代，法国于 1702 年至 1776 年间分卷出版了先前远赴中国的耶稣会传教士与欧洲学界大量的往来书信《耶稣会士书简集》，使法国社会逐渐熟悉了中国文明的方方面面。中国在这些论述中的形象基本上是正面的：处于清王朝时代的中国是一个强大而繁荣的王国，君主开明，贤臣众多；中国人正直有德，社会文明开化；儒家学说因其一神论原则，不掺杂任何道教和佛教所鼓励的迷信和偶像崇拜而备受推崇，后两者则受到指责。借用德特里（Muriel Détrie）的话来说，"这一理想形象的首要目的是表明耶稣会士福音传教政策成功的可能性，然而反常的是，它实际上却为哲学家们做好了再次向天主教和君权神授提出质疑的准备"。① 不过，在 18 世纪中后期，耶稣会传教士向法国社会所提供的有关中国的各种信息，已经开始受到远赴中国的航海家们之见闻的异议，他们表示，中国远没有原先认为的那么好。

当然，伏尔泰也看到了中国停滞的一面，"这个国家已有 4000 多年光辉灿烂的历史，其法律、风尚、语言乃至服饰都一直没有明显的变化……"，在他看来，其原因在于：一是中国人崇古守旧，"认为一切古老的东西都尽善尽美"；二是难以驾驭的文字体系造成了前进中的极端困难。但这并不妨碍他通过对中国的赞美来表达自己的启蒙理想。②

在这一历史时期，法国社会对中国的理解，或者说，关于中国之文化想象的权威（权威人物和权威思想），仍然存在于法国的精英学者阶层。普通人缺乏对中国的切身接触与了解，即使是像伏尔泰这样的大学者，其知识来源也仅仅局限于远游东方的传教士写回的关于中国的文化散记，在品评这些类似于我们今天所讲的民族志文本的基础上所抛出的相关言论，其客观性的大小与想象的成分可想而知，尤其是其中的理性思考所占的分量是不言而喻的。换句话说，此时的中国，在法国的启蒙思想家眼中，是他们论说自己理想建构的一枚棋子，充当论据的工具。伏尔泰的这种中国情结是时代所然，也恰恰是其中的结构性因素。

（二）孟德斯鸠与中国

启蒙时代的伏尔泰是一个近似于全盘接受中国的中国迷，看似他可以在

---

① 德特里著，余磊、朱志平译：《法国—中国：两个世界的碰撞》，上海：上海世纪出版集团、译文出版社 2004 年版，第 31 页。

② 伏尔泰著、梁守锵译：《风俗论》（上册），商务印书馆 1995 年版，第 207 页；周宁：《历史的沉船》，北京：学苑出版社 2004 年版，第 27 页。

中国及其文化那里找得到表达自己启蒙思想的各种论据。与其同时代的另一位启蒙思想家孟德斯鸠却对中国持几乎完全否定的态度。

尽管孟德斯鸠认为，"要想认识中国，必须从摆脱先入为主的仰慕开始"。[①] 但实际上，他同样也陷入了"先入为主"的泥淖。他把那个时代其他人对于中国的赞美认定为一种"先入主"的认知，予以否定，主张以另外一种方式来认识中国，并强调自己的视角是客观的。由此来看，在认识中国的问题上，他对其个人主观意识的偏执，不言而喻。皈依天主教而移居法国的黄嘉略成为孟德斯鸠有关中国知识的主要来源。孟德斯鸠从黄嘉略那里获得的有关中国的知识，明显带有黄嘉略的个人色彩，因而也使之在某种程度上陷入了"个人知识"的偏狭之中。黄嘉略不仅告诉了孟氏有关中国的具体知识，还为之限定了一种"尺度和方法，即否定的负面的审视方法，这对孟德斯鸠中国观的形成无疑是具有十分深远的影响"。[②]

在孟德斯鸠所构建的自由法治思想中，中国被用作一个恰好的反例。在他眼中，中国与西方的差别，不仅是法律的优劣之别，甚至中国的道德与西方的道德也是不可比拟的。他铁了心地认为，"各方面的报道证明，中华帝国是专制帝国"：

> 中国是一个专制的国家，它的原则是恐怖。[③]

而与他同时代的保罗·蒂里（Paul Thiry，1723 – 1789）则认为：

> 中国是唯一一个以其政治、法律与道德紧密相连而知名的国家。[④]

孟德斯鸠论证了人世间的三种政体：共和政体、君主政体、专制政体，

---

① 许明龙：《孟德斯鸠与中国》，北京：国际文化出版公司1989年版，第95页。
② 钱林森：《光自东方来——法国作家与中国文化》，银川：宁夏人民出版社2002年版，第124页。
③ Montesquieu, «De l'empire de la Chine», *Oeuvres complètes*（Ⅱ），Paris：Éditions Gallimard, 1951, p. 368.
④ Paul Thiry, *Système social*（Ⅱ, chapitre 7），in Pierre Oster（dir.），*Dictionnaires de citations françaises*，Paris：Le Robert, 1978, p. 608.

并一一做出了界定。[①] 他相信自己提出的政体原则与区分是正确的,在为这三种政体寻找实例的时候,他把中国固定在了专制政体的范畴内,并以自己的原则来推翻传教士们从中国带来的活生生的信息:

> 我们的传教士告诉我们,那个幅员广漠的中华帝国的政体是可称赞的,其政体的原则是畏惧、荣誉和品德兼而有之。那么,我所建立的三种政体的原则的区别便毫无意义了。
>
> 但是我不晓得,一个国家只有使用棍棒才能让人民做些事情,还能有什么荣誉可说呢?[②]

在孟德斯鸠这段话里,那种一厢情愿的固执体现得淋漓尽致。就此,我们还能说,西方社会关于中国形象的话语,是一种客观现实的反映吗?他们主观建构的意味远远大于对客观现实的认知,是一种对自身优越性进行确认的主观建构,因其先入为主的想法而放弃了事实。

《论法的精神》在谈到三权分立的时候比较激进,这也是欧洲的神学家们所批判的。当孟德斯鸠谈到欧洲的自由、亚洲的专制体制及其地理环境决定论时,又是保守且偏执的,受到哲学家的批判。其实,孟德斯鸠的地理环境决定论既激进又保守。[③] 他在建构其法哲学理论体系时,不得不考虑到几个世纪以来,西方社会越来越多地接触到的中国问题,他参阅过大量的有关中国的资料,从传教士的书简到旅行者的散记[④],但其结论并非客观地来自上述资料,只是基于其立论的需要,拿中国来充当例证而已。正如法国在华传教的迪耶尔·马夏尔·西博(Dierre Martial Cibot,1727 – 1780)在读过

---

① 孟德斯鸠认为,"政体有三种:共和政体、君主政体、专制政体。用最无学识的人的观念就足以发现它们的性质。我假定了三个定义,或毋宁说是三个事实:共和政体是全体人民或仅仅一部分人民握有最高权力的政体;君主政体是由单独一个人执政,不过遵照固定的和确立了的法律;专制政体是既无法律又无规章,由单独一个人按照一己的意志与反复无常的性情领导一切"。参见孟德斯鸠著、张雁深译:《论法的精神》(上卷),北京:商务印书馆1994年版,第107页。

② Montesquieu,《De l'empire de la Chine》,*Oeuvres complètes*(Ⅱ),Paris:Éditions Gallimard,1951,pp. 365 – 366. 中文译文参见孟德斯鸠著、张雁深译:《论法的精神》(上卷),北京:商务印书馆1994年版,第127页。

③ Montesquieu,《De l'empire de la Chine》,*Oeuvres complètes*(Ⅱ),Paris:Éditions Gallimard,1951,pp. 365 – 368.

④ 相关论述参见周宁:《历史的沉船》,北京:学苑出版社2004年版,第148~150页。

《论法的精神》后所言：

> 那位《论法的精神》的著名作者也许是想把中国的法典纳入他的理论体系，抑或并未进行深入探讨，只是泛泛而论，总之，凡涉及中国这个大帝国的方方面面，他几乎都是用小说的方式加以表现。与法兰西和西班牙国王相比，中国帝王并不更专制。[①]

西博对孟德斯鸠的这种批判在 18 世纪中后期难能可贵，可惜的是在那个西方"元叙事"话语所塑造的中国形象日渐负面的年代，这样的声音甚是微弱，处于劣势。这一状况也向我们展示了西方解构中国形象的任意性、时代性和结构性。当中国形象被定格在专制帝国这样一个位置上的时候，中国也就彻底被纳入了西方的东方主义传统之中。

（三）其他启蒙思想家与中国

1. 重农学派

启蒙时代的法国，在经济领域内，最有名的当数重农学派。他们把中国传统思想推广到政治经济领域，崇尚中国传统思想的"道"。重农学派主要的代表人物是魁奈（François Quesnay，1694 – 1774）和杜尔哥（Jacques Turgot，1727 – 1781），前者著有《中国专制政治论》、《经济表》，其著述的主要资料来源则是《中华帝国全志》、《耶稣会士书简集》等。

在《中国专制政治论》这部著作中，魁奈表示，"自然法"不仅是中国伦理道德的基础，也是中国政治制度与社会制度的基础。在该书序言里，魁奈还公开为中国的专制政治辩护，认为中国的专制是依于国法行使主权的合法的专制，同法国压制人民的非法专制不同。中国"合法的专制政治"（despotisme légal）是世界上最好的政治形式。[②] 这也是对中国政治理想化的一种表现。魁奈还对中西文化做了一番比较，认为当时中国的自然科学不及人文科学发达，而欧洲正好相反，因此，他主张西方人效法中国，弥补其在

---

① Réné Etiemble, *L'Europe chinoise*（Ⅱ）: *de la sinophilie à la sinophobie*, Paris: Editions Gallimard, 1989, p. 50. 中文转引自艾田蒲著，许钧、钱林森译：《中国之欧洲》（下），郑州：河南人民出版社 1994 年版，第 24 页。

② 李喜所主编，林延清、李梦芝等著：《五千年中外文化交流史》（第二卷），北京：世界知识出版社 2002 年版，第 458～459 页。

人文科学方面的不足。杜尔哥是重农学派政治上的领袖，其经济思想直接受惠于中国经济思想，并影响了亚当·斯密（Adam Smith，1723－1790）的思想。前者的《关于财富的形成和分配的考察》与后者的《国富论》有许多相似之处。

启蒙运动时期，还有些法国学者曾采用其他的方法来表达自己对于中国及其文化的认知。比如，德布瓦耶（Jean-Batriste de Boyer）曾撰写过名为《中国人信札》（Les lettres chinoises，1755）的著作①，里面构想了一个名为谢宙的中国人到法国游历，以此为参照，借一个中国人的眼光，来表达他对于中国的想象，以及对法国社会现状的思考与审察。在《中国人信札》中，作者借其笔下的中国人谢宙之口，旗帜鲜明、十分尖锐地指出，"假若上帝创造了物质，他是从哪里取来物质的呢？从他身外取来的吗？这不可能，既然在他之外什么也不可能有，而且若他被某物所限，他就不再是无穷的了"。② 书中所设想的中国人具有很好的文化修养，作者借之张扬中国文化，批判基督教文化，这种"反其观之"的文化视角，在当时可谓十分难能可贵，这是一部文化游记，也是一部很好的文化人类学作品。

18 世纪法国和欧洲各国的哲学家，之所以对中国文化尤其是中国哲学宠爱有加，主要是在于他们看上了中国哲学思想中朴素的唯物主义思想，将之视为批判欧洲的神学与基督教思想的有力武器，以及否定上帝神权的理论来源和论据。

我们该如何看待这种现象呢？一方面，我们看到了中国文化对于法国文化及其社会的（深刻）影响，以及后者对前者的重视（无论是支持还是反对）；另一方面，我们也注意到当时的中国文化热给了法国与欧洲社会一次"反照自我"的机会，借助中国这一"他者"来远距离地审视自己。

分析 18 世纪欧洲社会及法国思想启蒙的历史背景，我们可以发现，法国人对中华文明的热情并非偶然。传教士们从中国带回欧洲有关这个遥远帝国的种种知识与见闻，激发了欧洲人想要了解她的兴趣，同时也培育了欧洲

---

① 该书初版问世于 1739 年，1755 年在荷兰海牙又有六卷本的新版发行，全名为 Les lettres chinoises, ou ecorrespondance philosophique, historique et critique entre un Chinois voyageur et ses correspondants à la Chine, en Moscovie, en Perse et au Japon. 参见钱林森：《光自东方来——法国作家与中国文化》，银川：宁夏人民出版社，2002 年版，第 136 页。

② 德布瓦耶所著《中国人信札》第二卷第 38 信，参见钱林森：《光自东方来——法国作家与中国文化》，银川：宁夏人民出版社 2002 年版，第 151 页。

启蒙的"火种"。就当时中西方的通信、交通状况与文化交流程度而言，18世纪的法国与欧洲对中国的了解是不全面的，从某种意义上说，中国只是一个供其猎奇与遐想的异己符号。但是，中国呈现给西方的新奇与富饶培育了他们对中国垂涎欲滴的贪婪，比如一部分法国人对中国器物尤其是中国瓷器与圆明园的溢美，倒也不妨将之理解为西方八国联军贪婪的前奏。① 如今，法国各地收藏着大量的中国文化艺术品，有些甚至是绝世之作，堪称中国的文化国宝，这些艺术品中有相当一部分便是被以各种野蛮的方式带回法国的。

2. 孔多塞

在启蒙运动后期，中国的负面形象进一步得到了法国社会乃至整个欧洲的广泛认同。作为最后一位启蒙哲学家，孔多塞（Condorcet，1743–1794）以另外一种方式呈现着他眼中的中国经验。在法国大革命时代，孔多塞遭到刽子手的追捕，在四处逃难的过程中，他完成了自己的著作《人类精神进步史表纲要》（*Esquisse d'un tableau historique des progrès de l'esprit humain*，1795）②，其中有论及中国的内容：

> ……如果我们想知道这类体制——即使是不乞灵于迷信的恐怖——能够把它们那摧残人类的能力推向什么地步，那么我们就必须暂时把目光转到中国，转到那个民族，他们在科学、艺术方面曾经领先于其他民

---

① 1860年10月，法国的孟托班（Cousin de Montauban）带军队占领了圆明园。园中满眼的奇珍异宝使之眼花缭乱，如痴如醉，无法克制自己贪婪的士兵们对圆明园进行了抢劫。为了威胁清政府，孟托班还下令将之烧毁。一年后，大文豪雨果（Victor Hugo）就此野蛮的洗劫，向报界写信讲到："我们欧洲人是文明的，而中国人对于我们而言则是野蛮的。看，这就是文明对野蛮的所作所为。"19世纪下半叶，在巴黎举办的多届万国博览会上，经常出现一些来自中国的文化艺术展品。当时人们的情感很是复杂，既有被中国艺术所吸引的崇尚，又有对中国的无知和蔑视。参见德特里著，余磊、朱志平译：《法国—中国：两个世界的碰撞》，上海：上海世纪出版集团、译文出版社2004年版，第45~47页；Victor Hugo，«Lettre au capitaine Butler»，in *Le Monde diplomatique*，octobre 2004，p. 18。

② 孔多塞将人类历史分为10个时代，描绘出了以进步为核心的线性发展的人类历史图式，并试图确定停滞在历史的过去的中国在人类文明史上的位置。这10个时代分别是：一、人类结合成部落；二、游牧民族；三、农业民族的进步；四、人类精神在希腊的进步；五、科学的进步；六、知识的衰落；七、科学在西方的复兴；八、从印刷术的发明到科学与哲学挣脱了权威束缚的时期；九、从笛卡尔到法兰西共和国的形成；十、人类精神未来的进步。中国被冻结在第三个时代。转引自周宁：《历史的沉船》，北京：学苑出版社2004年版，第14页。

族，然而又眼看着自己最终被别的民族——超过；火炮的发明未能避免这个民族被蛮族征服，在那里，科学在众多学校中向所有公民开放，仅靠学校传授的科学就可以使人登上所有的显位要职；然而，由于种种荒诞的偏见，科学已永远沦为权力的卑微的奴仆；在那里，甚至连印刷术的发明，也全然无助于人类精神的进步。[①]

在孔多塞眼中，当时中国现实的破败与停滞已然无法自救，中国早已被西方超越。在这种对中国现实的描述与中西双方的对比中，我们看到的是西方进一步确认的"自我"的优越性所在。

在同一时代，英国的马戛尔尼（George Macartney，1737－1806）于1793年率领400人的庞大使团访华，他遭遇的文化冲突，至今仍是一个热门的话题。实际上，马戛尔尼使团在中国所遇到的不仅仅是一个礼仪之争[②]，在他看来，更重要的是，他们的所见所闻"都——证实了半个世纪以来，欧洲渐渐流行开来的关于中国的反面形象：中国是一个腐朽僵化的专制帝国，文明的发展在那里早已陷入停滞，欧洲几个世纪以来流行的关于优越的中国文明的传说，是传教士们别有用心编造的一个骗局"，或者说，那辉煌的一切都已经成为过去。马戛尔尼在自己的日记中写道："中华帝国只是一艘破败、疯狂的战船。如果说在过去的150年间依旧能够航行，以一种貌似强大的外表威慑邻国，那是因为侥幸出了几位能干的船长。一旦碰到一个无能之辈掌舵，一切将分崩离析，朝不保夕。即使不会马上沉没，也是像残骸一样随波逐流，最终在海岸上撞得粉碎，而且永远不可能在旧船体上修复。"[③] 马戛尔尼对中国的评价与孔多塞有不谋而合之处。

在西方现代文化构筑的世界观念秩序中，中国形象的意义就是表现差异，完成西方现代文明的自我认同。中国是进步秩序的"他者"——停滞的帝国；中国是自由秩序的"他者"——专制的帝国。孔多塞没有去过中国，他是在观念中的历史时间里漫游，从时间（历史）里体验空间（中

---

① 孔多塞著，何兆武、何冰译：《人类精神进步史表纲要》，北京：生活·读书·新知三联书店1998年版，第36～37页。

② 早在康熙年间，天主教传教士曾在中国引发了"礼仪之争"。所谓礼仪之争，开始时只是天主教内部两派就天主教与中国文化传统之关系展开的争论，主要涉及两个问题：一是天主的名义问题，二是祭祖祀孔仪式问题。相关资料参见张海林：《近代中外文化交流史》，南京：南京大学出版社2003年版，第69页。

③ 参见周宁：《历史的沉船》，北京：学苑出版社2004年版，第22页。

国）；作为英国的访华使团首领，马戛尔尼是在现实的空间中漫游，从空间（中国）中体验时间（历史）。① 孔多塞与马戛尔尼看到的中国都是停滞与衰败的景象，并坚定地认为其停滞与衰败的原因是政治专制。时至启蒙运动末期，中国在西方的形象已几乎被全盘负面化。

三　启蒙思想与"他者"建构

在法国社会对中国的诸多想象中，中国形象的恶化源于对中国政体及其社会状况的观察与批判，而这种批判视角则源于对进化论思想的接受。中国作为文明停滞的形象，始于18世纪末、19世纪初，出现于启蒙运动后的法国和英国，其语境是启蒙主义以欧洲进步为核心的世界史观。②

启蒙运动所呈现的进步神话为资本主义的世界性扩张提供了思想武器，但并没为它提供必然的意识形态，也就是说，并无法为其帝国主义行径提供具有"合法性"的理由。但是，黑格尔为西方的帝国主义、殖民主义的野蛮扩张找到了"历史哲学"意义上的"正义"的根据：如果进步是人类历史的绝对原则，那么，西方先进的文明入侵、消灭停滞腐朽的东方帝国，就是绝对的正义之举。③ 在启蒙运动时代，西方社会有关东方专制主义的话语几乎"收编"了所有的有关中国的认知。前有孟德斯鸠在其《论法的精神》中断定，从各方面看中国都是一个专制的国家；后有黑格尔总结到，中国政体是东方专制政体中最坏的，中国是"十足的、奇特的东方式国家"。④

一个世纪间，西方文化视野中的中国形象，反面的、文明停滞的特征逐渐掩盖了早期发现的"文明古国"的正面意义。最后，西方人认为，中国文明的启示意义不在于其肯定性的历史悠久，而在于其否定性的历史停滞。⑤ 将元杂剧《赵氏孤儿》翻译成法文介绍到西方社会的马若瑟神父一到中国，发现的便是中国的赤贫：

> 我且不说几年来别人在信中经常提到的这个国家的辽阔富饶，它所出产的丝绸、瓷器等等。我只谈一件事，而且这又是千真万确的事实。

---

① 周宁：《历史的沉船》，北京：学苑出版社2004年版，第1、6、5、23页。
② 相关资料可参见张海林：《近代中外文化交流史》，南京：南京大学出版社2003年版。
③ 参见周宁：《历史的沉船》，北京：学苑出版社2004年版，第6页。
④ 参见黑格尔：《历史哲学》，上海：上海书店出版社，1999年版。
⑤ 参见周宁：《历史的沉船》，北京：学苑出版社2004年版，第30页。

这个世界上最繁荣富饶的国家，在某种程度上又是最贫穷最悲惨的国家。尽管它有广阔肥沃的土地，但却养不活它的老百姓。还需要四倍于它的土地才能养活这些人口。……极度的贫困导致无穷的残酷。置身于中国就开始亲眼目睹中国的事情。母亲们杀死或抛弃她们的亲生儿子、父母为了一点点钱卖女儿是司空见惯的了。……不幸的中国穷人们承担的劳动简直令人不可想象。一个中国人每天都靠臂力来翻地，他经常要下到齐膝深的水田里，晚上回来吃一碗米饭、喝一碗汤就心满意足了。……贫困使父母们把小孩抛在城市街头或乡村田间，被野狗吞食。好多中国人认为这些无辜死亡的孩子对于减轻国家负担是必要的，谁也不花工夫去收尸，或把他们从死神手中拉回来…… ①

启蒙时代的欧洲，各国启蒙思想彼此影响深远。德国哲学家赫尔德（Johann G. Herder，1744－1803）在《关于人类历史哲学的思想》（1787）中回顾了这一过程："中国人这种优越的国家政体主要经传教士介绍，在欧洲家喻户晓、尽人皆知。不仅那些喜爱思辨的哲学家，甚至就连政治家们也都几乎称赞它为安邦治国的最高典范。由于人们在立场、观点上存有分歧，终于有人对中国那高度发达的文化产生怀疑，有人甚至不相信它的那些令人惊叹的特点。欧洲人的某些异议不幸在中国本身得到了印证，尽管这种印证几乎都是中国人自己的作为。"②赫尔德的结论也非常耐人寻味，"这个帝国是一具木乃伊，它周身涂有防腐香料、描画有象形文字，并且以丝绸包裹起来；它体内血液循环已经停止，就如冬眠的动物一般"。③这句话，可以视作当时西方社会对于中国的集体性认知与想象的典型代表。

与伏尔泰同时代的两位启蒙思想家狄德罗（Denis Diderot，1713－1784）与霍尔巴赫（Paul-Henri Ditrich d'Holbach，1723－1789）因三人曾

---

① 朱静编译：《洋教士看中国朝廷》，上海：上海人民出版社1995年版，第25~26页；Joseph de Prémare, *Lettre inédite du Père Prémare sur le monothéisme des Chinois*，publiée avec la plupart des textes originaux accompagnés de la transcription d'un mot-à-mot et de notes explicatives par G. Pauthier, Paris：B. Duprat，1861。

② 《在北京的传教士关于中国人的历史、科学、艺术以及风俗习惯的回忆录》（巴黎，1776）第二卷，第365页，转引自周宁：《历史的沉船》，北京：学苑出版社2004年版，第30页。

③ 夏瑞春编、陈爱政等译：《德国思想家论中国》，南京：江苏人民出版社1995年版，第84~85页。

经共同编纂百科全书，而得名"百科全书派"。后两位是 18 世纪法国著名的唯物主义者，受中国文化影响较深。狄德罗推崇宋代理学，由一个早期自然神论者发展成为一个公开的唯物主义无神论者。① 狄德罗也曾批评中国的停滞与落后，究其原因，他认为，"中国人不缺乏聪明与智慧，但缺乏欧洲人的那种创造性的天才，其原因是'东方精神'腐蚀了中国人的头脑"。在他看来，"'东方精神'是贬义的，它是一种寻求安逸怠惰，囿于成规旧俗，只求眼前利益，没有远大目标，不思进取的精神。这种精神扼杀了中国民族的创造力量，使他们的科学艺术始终停留在原始状态"。② 霍尔巴赫既是一位唯物论者，又是一位中国文化的热情赞扬者，著有《自然体系》、《社会之体系》等。《社会之体系》的创作明显受到中国儒家思想的影响，在该书中，"他主张将政治与道德相结合，认为中国是世界上唯一的将政治和伦理道德相结合的国家，中国哲学充满理性主义色彩"，并宣称"欧洲政府非学中国不可"。③

中国哲学思想对于 18 世纪欧洲的启蒙主义者来说，是他们用以攻击欧洲封建的基督教思想的有力武器，是其资产阶级思想萌芽的催化剂。但是，无论歌颂也好，批评也罢，从我们今天的学术立场来看，当时的中国只是一个他们借以诉说自己的"他者"，尽管当时的人还未曾清楚地在理论上认识到，中国是一个"他者"及其现实。但从实践的角度来讲，他们找到了一面可以用来衬托自己的"镜子"。在这面镜子中，可谓"仁者见仁，智者见智"，褒贬不一。中国是什么样的形象，并不是特别重要，重要的是她作为一个与当时的欧洲不一样的国家、民族、文化的存在。法国历史学家勒南（Ernest Renan）也讲："从某种意义上说，中国就是一个无法臻于完美的欧洲：自其童年时代，她就一直从未两样过，这也是其处于次等地位的原因。"④ 中国的存在，以及欧洲对中国社会、文化、历史、政治、经济等方面的了解，满足了当时建构新的欧洲社会意识形态与秩序的需要。而且，无论是通过文艺作品、艺术器物，还是哲学思想来感知和想象中国，彼时欧洲

---

① 李喜所主编，林延清、李梦芝等著：《五千年中外文化交流史》（第二卷），北京：世界知识出版社，2002，第 454 页。

② 忻剑飞：《世界的中国观》，北京：学林出版社，1991 年版，第 212～213 页。

③ 朱谦之：《中国哲学对于欧洲的影响》，福州：福建人民出版社 1985 年版，第 275 页。

④ Tristan d'Huriel, *La Chine vue par les écrivains français*, anthologie, Paris: Bartillat, 2004, p. 98.

人都习惯于把中国想象为与西方不同的"文化构想物",幻化为一种"他性"。①

启蒙具有"认识你自己"的含义。对于 18 世纪的法国来说,启蒙运动不仅担负着对传统进行反叛消解的思想解放使命,还需要重新审视原有的文化,寻求新的文化路径。无论前者还是后者,都需要有别于传统"自我"的一个参照或一面镜子——"他者",只有这样才能更好地"认识你自己"。时值启蒙运动的法国,对于中国文化的接受,仅仅是作为启蒙"理性"、宣扬"他性"的工具来加以利用的。史景迁(Jonathan D. Spence)认为,"我相信日本、印度、中东都没有如此强烈地吸引过西方,你可以说它们对西方也产生了影响,但中国四百年来对西方所具有的却是一种复杂的魅力","西方被中国迷住了"。②

18 世纪的欧洲,正处于即将走出漫长的神学一统天下的历史阶段,遥远的中华文明所体现出的人文精神,作为"他者",对于启蒙时期的法国社会甚至整个欧洲社会,有着特殊的意义,尤其是中国的"仁政"理想在法国启蒙思想领域内具有相当大的魅力。无论是肯定还是否定,无论是褒扬还是贬低,启蒙思想家们的中国文化观都是正解与偏见共存的,对中国的一知半解和启蒙思想立论的需要是造成这种现象的根源。不过,无论是对于伏尔泰来说,还是就孟德斯鸠而言,对中国文化的兴趣实际上是他们对欧洲文明之缺憾的兴趣,他们看到的中国文化,只是他们希望看到的部分,而非全面的中华文明。

伏尔泰与孟德斯鸠针对中国文化的立场,鲜明地体现出两种认知倾向。他们二人虽基本上生活在同一历史时代,但彼此的生命经历不同,由此导致的价值取向也有所不同。他们"不约而同"地以中国当作自己阐发启蒙思想的工具,是受到了那个历史时代的结构性影响,即启蒙时代的"元叙事"话语带给他们的影响;而二人对于中国"现实"的取舍及评价各有各的标准,则体现出其生命历程中不同文化因素的影响。

---

① 钱林森:《光自东方来——法国作家与中国文化》,银川:宁夏人民出版社 2002 年版,第 12 页。

② 史景迁:《文化类同与文化利用——世界文化总体对话中的中国形象》,北京:北京大学出版社 1997 年版,第 15 页。

第四节　百年中国的想象与表述

> 我们用喉咙倾听自己的声音，却用耳朵听他人的声音，更为严重的是，我们用一种方式去理解别人，却用另一种方式来理解自己。[1]
>
> ——马尔罗（André Malraux）

伴随着启蒙运动的结束，法国与欧洲社会进一步明确了自己的文化身份。当欧洲各国逐步走向帝国主义之际，他们眼中的中国及其文化则变得似乎更加不可救药。19世纪中后期，"中国文化热"在西方处于退潮时期，一度进入文化史家所说的"中国摒弃期"。[2]

一　时代结构的变迁

自19世纪中期鸦片战争前后，到20世纪末，百余年的时间，中国形象在法国社会的文化认知中可谓形色多样，但总体上始终未能走出被置于（极端）负面的境地。19世纪末，被鸦片战争敲开大门的"开放的"中国，依然是一片狼藉，破败不堪；这一时期，中国也成为法国为其正处于飞速发展中的工商业寻求销售市场所瞄准的目标。不断出现的贸易冲突使两国互相对立而对其文化交流几乎毫无益处。当法国自认为在中国完成了一次"传播文明的使命"时，中国却只在法国对其实施的暴行中看到了"野蛮"的表现。[3]

19世纪中后期，法国的汉学家只停留在对中国书本式的研究上，而大量远赴中国游历的"普通法国人、传教士和军人在中国进行着'实地考察'"。[4] 他们带回法国的有关中国的知识与见闻进一步证实了中国的破败与

---

① André Malraux, «La Condition humaine», in André Malraux, *Oeuvres complètes*, tome 1, Paris: Gallimard, 1989, p. 540.

② 史景迁著，廖世奇、彭小樵译：《文化类同与文化利用——世界文化总体对话中的中国形象》，北京：北京大学出版社1997年版，第68页。

③ 第一次鸦片战争后，英国逼迫中国签订了中英《南京条约》，并未参战的法国从中看到了可乘之机。1844年，法国威逼中国签订了中法《黄埔条约》，为法国在中国沿海一带打开了五个通商口岸。第二次鸦片战争中，法国联合英国，从中国获得了更大的利益，扩大和巩固了其在亚洲的势力范围。相关资料参见德特里著，余磊、朱志平译：《法国—中国：两个世界的碰撞》，上海：上海世纪出版集团、译文出版社2004年版，第35～37页。

④ 德特里著，余磊、朱志平译：《法国—中国：两个世界的碰撞》，上海：上海世纪出版集团、译文出版社2004年版，第52页。

落后，也滋养了他们相对于中国的优越性。20世纪上半叶，处于频繁战争时期的中国，到处给远赴东方的西方人留下黑暗、阴霾的可怕印象；而1949年新中国成立后，在西方对共产主义持某种本能的惧怕的意识形态下，总体上中国再次被他们塑造成为一个极端的"他者"，而且政治诋毁的意味越来越强。在参阅和整理相关文献资料的过程中，我意识到，随着法国与西方社会对中国及其文化的广泛接触与了解，人们对于中国的想象越来越趋于意识形态化。尽管对中国的评价带有明显的政治贬低，但是对其眼中的中国形象的阐释，他们似乎更乐于从所谓的中国文化之根本方面去理解。在这样的情势下，中国及其文化被进一步嵌套上了一系列新的"刻板印象"。

百余年间，法国社会想象中的中国之形象是有很多变化的，而且变化的节奏越来越快。这恰恰与这一时期整个世界结构与"元叙事"话语的变化有着大致的相似之处。换句话说，中国形象的变化，仍旧受到不同历史时段"元叙事"话语的结构性影响。史学家史景迁的话，准确地道出了这一百余年间西方对中国之文化想象的情势：

> 西方国家终于或早或晚地实现了与中国的联系，而这一接触是由商人、传教士、外交官、军人或海员、医生、教师或技术人员建立起来的。他们的报告有助于博学之人与理论家更好地在世界史中确立中国的位置，并试图预测其未来，总而言之，是他们到处搜集来的证据，将其融合进一个更加全球性的系统中。对于作家来说，他们依据各自的倾向与商业野心，从这一套现实与见解中获益不少。在这越来越多的对中国感兴趣的人中，几乎没有人曾经是真正地中立或客观的。不管他们在中国待了多少年，也不管他们只是在中国有过短暂的居留或他们压根就没有到过中国，这并没有多大区别。他们表现出一拨又一拨的激情，从畏惧到消遣，从愤怒到迷恋。
>
> 19世纪末，在我们可以称之为"新的异国情调"的现象中，法国人从这些错综复杂的主题中，提取了一系列相互建构、相互融合的形象与感知。……①

---

① Jonathan D. Spence, *La Chine imaginaire*：*La Chine vue par les Occidentaux de Marco Polo à nos jours*（traduction de l'anglais：*The Chan's Great Continent*，*China in Western Minds*，par Bernard Olivier），Montréal：Les Presses de l'Université de Montréal，2000，p.161.

难怪萨义德认为，在与东方有关的知识体系中，东方与其说是一个地域空间，还不如说是一个被论说的主题（topos）、一组参照物、一个特征群，其来源似乎是一句引证、一个文本片段，或他人有关东方著作的一段引文，或以前的某种想象，或所有这些东西的结合。① 他甚至这样总结到："……有理由认为，（19 世纪的）每一个欧洲人，不管他会对东方发表什么样的看法，最终都几乎成为一个种族主义者，一个帝国主义者，一个彻头彻尾的民族中心主义者。"② 西方社会帝国主义意识形态的扩张，不但未改变自启蒙运动以来对中国文化想象的"底板"，反而进一步加剧了中国的负面形象，强化了其作为"他者"的负面意义。甚至，帝国主义意识形态的扩张滋生了一种"救世主"的心态，他们眼中的中国，需要西方的帮助，以便跟西方一样可以"进化"到"现代"文明。

很明显，现代文明只能用坚船利炮在中国开辟道路，也只有这样，才能阻止这个庞大帝国的衰落，虽然它下滑的速度缓慢，却是确定无疑的，因为在我们的这个时代，停止不就是意味着倒退吗？那就是这个中华帝国在此现状中沉睡的 3000 年。应该猛烈地摇其臂膀，使这一庞然大物动起来。③

中国古老、灿烂的文明与广袤的缓冲地区，不但没有赢得西方人的尊重，反而激发了他们疯狂征服她的欲望。学者里罗 – 布里（Leroy-Beaulieu）曾经讲到，"当一个社会自身已达到高度成熟的状态并且拥有巨大的力量时，它就会走向殖民"，"殖民是一个民族的扩展力，它的繁殖力、它在空间上的扩大和激增，就是将宇宙或宇宙的一部分完全纳入这一民族的语言、习俗、观念和法律之中"。④

---

① 萨义德著、王宇根译：《东方学》，北京：生活·读书·新知三联书店 1999 年版，第 229 页。原文参见 Edward W. Said, *Orientalism*, New York, Vintage Books, 1979, p. 177。

② Edward W. Said, *L'Orientalisme: L'Orient créé par l'Occident* (édition du Seuil, traduit de l'Américain par Catherine Malamoud), Paris: Seuil, 1980, p. 234；萨义德著、王宇根译：《东方学》，北京：生活·读书·新知三联书店 1999 年版，第 260 页。

③ Ninette Boothroyd et Muriel Détrie, *Le Voyage en Chine: Anthologie des voyageurs occidentaux du moyen âge à la chute de l'empire chinois*, Paris: Éditions Robert Laffont, 1992, p. 579.

④ 萨义德著、王宇根译：《东方学》，北京：生活·读书·新知三联书店 1999 年版，第 279 页；Edward W. Said, *Orientalism*, New York, Vintage Books, 1979, p. 219。

在这一时代,法国与欧洲各国对于中国甚至整个东方的关注,在相当大程度上是着眼于他们地缘政治尤其是经济得益方面的考量,他们将自己国家的繁荣富强与综合实力的提升等建立在对东方的征服与剥夺之上。夏尔姆(Gabriel Charmes)于 1880 年写下的这段文字就淋漓尽致地表达了这一野心:

> 到我们不再出现在东方,我们在东方的位置由其他欧洲强国所取代的那一天,我们在地中海的商业,我们在亚洲的未来,我们在南部港口的贸易,都将彻底终结。我们国民收入最丰富的源泉之一将会枯竭。①

时代的结构性影响决定了大多数法国人,尤其是那些商人、政客、外交官等眼中的中国,越来越成为一个具有实在的政治与经济利益的"他者"。从文化的角度来看,中国的异国情调仍旧左右着法国社会对中国的总体想象。史景迁在《想象的中国》(La Chine imaginaire)一书中总结到,在法国创建新的艺术形式与在法兰西学院从事中国语言与历史之研究的动力,源于自路易十四时代以来,法国社会对于中国异国情调的热情。这也是西方汉学传统的巨大源头。② 作者在书里就 19 世纪法国对中国文化异国情调的热情进行了归纳:

> 回顾以往,十九世纪法国对于中国异国情调的狂热看来基于四个领域的热情:首先,我们注意到的是对于中国风物之趣味与优雅精致的欣赏,这是一种对于映衬与织造的敏感,受启发于丝绸、瓷器和建筑的关联,后来演变成了一种审美情趣;二是法国人对于中国情欲的意识,这种意识最初与这样的审美有关,但很快便掺杂了一些更加粗鲁、绝对、不可知、危险和令人极度兴奋的东西,一些夹杂着芳香与汗水、夜晚空气潮湿的气味的东西。另外,法国人感觉存在一个充满暴力与中国式的野蛮、隐藏着残暴、具有不可抵抗的诱惑力与不可控制的冲动的世界,

---

① 萨义德著、王宇根译:《东方学》,北京:生活·读书·新知三联书店 1999 年版,第 278 页。

② Jonathan D. Spence, *La Chine imaginaire*:*La Chine vue par les Occidentaux de Marco Polo à nos jours*(traduction de l'anglais:*The Chan's Great Continent*,*China in Western Minds*, par Bernard Olivier), Montréal:Les Presses de l'Université de Montréal, 2000, p. 162.

它与其他所有与之不可阻挡地连接在一起的世界截然不同。最后，中国似乎是一个忧郁的王国，一个一直失落的王国——对于西方来说，因其麻木的物质主义，它是失落的，对于中国而言，因其历史与积贫积弱的重负它是失落的。最后这一范畴自然的代表性伙伴则曾经是忧郁与怀旧的鸦片与毒品。①

19 世纪末 20 世纪初，以帝国主义扩张为主要特征的世界格局框定了西方看待中国的方式与结论，无论是欧洲还是北美，大同小异。② 这时的西方关注中国乃至整个东方的方式，已经为他们后来对东方明目张胆的帝国主义用心做好了准备。也就是说，如何看待中国，既反映了他们在文化心理上对待"他者"的心态，也折射出他们想利用"他者"的理性算计。

二　社会改革学派与中国

值得注意的是，尽管从 19 世纪中后期开始，中国几乎被法国的主导性舆论话语贴上了甚是负面的标签，但依然有人对之喜爱如初，保持一种积极的认知态度。

作为 19 世纪法国重要的人类学与社会学流派，具有明显重农色彩和自由主义倾向的社会改革学派（École de la réforme sociale，也称勒·普雷学派），对中华文明也崇尚有加，惊叹于中华文明的历史悠久和中国社会的相对稳定。该学派创始人弗雷德里克·勒·普雷（Frédéric Le Play，1806 – 1882）主张借鉴中华文明的优越性提出法国社会与政治改革的具体举措，

---

① Jonathan D. Spence，*La Chine imaginaire*：*La Chine vue par les Occidentaux de Marco Polo à nos jours*（traduction de l'anglais：*The Chan's Great Continent*，*China in Western Minds*，par Bernard Olivier），Montréal：Les Presses de l'Université de Montréal，2000，p. 162.

② 19 世纪，美国作家爱默生（Ralph Waldo Emerson）曾经这样诅咒当时的中国："一系列严肃的没完没了的穿襻儿鞋的皇帝，他们生是一样的生，死是一样的死，他们统治着无数的动物，在欧洲人眼里，这些动物并不比同样多的绵羊的脸更好区分——没有一起有趣的事件，没有豁出去的革命，没有多变而丰富的行为和人物，统治者和被统治者，代复一代，表现出同样恼人的单调，就和他们的瓷器画一样平淡无奇"；"中华帝国享有的纯粹是木乃伊的名声，将世界上最丑陋的特征小心翼翼地保留了三四千年之久。我没有这种天赋能在这个非凡民族古老呆板的生活方式中看到任何意义……中国，可尊敬的乏味！古老的白痴！""这个天朝帝国——吊死这天朝帝国！我恨北京。我不会去喝黄海的水。"这段文字传递出对中国所持有的一种怎样的蔑视与贬低，怎样的种族主义偏见，显而易见，且赤裸野蛮。引文参见周宁：《历史的沉船》，北京：学苑出版社 2004 年版，第 99 ~ 100 页。

并试图探索一种普适的人类社会基础结构。他们曾经创办两份杂志《社会改革》（*La Réforme sociale*）和《社会科学》（*La Science sociale*），均在其发行的全盛时期着重刊登了一系列关于中国的专题研究文章。社会改革学派"对中国进行研究的目的是非常明显的，除了寻找人类社会发展的一般规律之外，还试图借鉴族长制家族社会的经验，改变当时欧洲特别是法国因个人主义思潮泛滥而使社会动荡的状况，'消除祖国的苦难'"。勒·普雷将中国社会的稳定和文明的悠久归因于父权的强大，以及对他所提出的人类社会基础结构的有效实践。在他看来，中国农民具有强烈的家族观念，保证了社会的稳定，文人则提供了道德保障，使整个社会具有高度的凝聚力。[①] 社会改革学派在文化上如此描述、理解和阐释中国，对于当时渴望稳定的欧洲社会来说，影响力很大。更为重要的是，在19世纪的法国，如此旗帜鲜明地强调正在理解与认知中国，实在是难能可贵。

几百年前，在西方世界开始接触和了解中国之际，来华传教士所做的研究工作多是在中国进行民族志式的调查，同时将中国典籍翻译成各国语言，中国也因此曾经以最经验的方式进入西方世界的知识生产体系中。从启蒙时代一直到19世纪末，西方学界一直有人主张基于中华文明的经验与智慧对西方社会进行改良，知识生产中的"中国主体性"也一度得到特别重视。可是，这股风气却最终被同时存在的习惯于以负面方式对中国进行知识建构的另外一股力量取代，西方乃至世界对中国的"刻板印象"也从此沉淀成疾。

三 新东游的文化想象

从文化的角度来评析，远至中国的法国旅行家，以自己切身的文化感受，营造了一个有着特定的文化意味的中国，尽管其笔触与眼光总也摆脱不掉时代话语的影子。在此期间，法国诸多作家，如洛蒂（Pierre Loti，1850–1923）[②]、谢阁兰（Victor Segalen，1878–1919）、马尔罗（André Malraux，1901–1976）、米修（Henri Michaux，1899–1985）、戈蒂埃（Judith Gautier，1845–1917）等人的作品流传广泛，对于普通法国人对中国文化之想象的影响较大。

---

① 郭丽娜：《法国勒·普雷学派的中国研究及其影响》，载《世界历史》，2016年第5期。
② 洛蒂原名Louis Marie Julien Viaud，曾为法国海军军官，他的诸多作品多受启发于自己的旅行经历。

19 世纪末 20 世纪初，新一批法国知识分子跟随着法国的商船、军队等来到中国，他们有了亲自接触中国、体验中国社会与文化的机会，也记录下了更多切身的中国经验。在中国各地，他们看到了遭受西方侵略的中国现实。在那个西方侵略东方的时代，在被西方践踏过的中国土地上，他们感受到了另样的中国。1867 年来到北京的法国人德·博瓦尔伯爵（Comte de Beauvoir），记忆中原先充满了马可·波罗关于中国的奇异描述，然而他的亲身游历却使其对自己眼前看到的景象感到厌恶。这两种情感在其脑海中纠缠在一起，相持不下。他在自己的《环球游记》中，对中国做出了一个非常明确的结论："这一文明很久以来就已停滞不前。"①

西方种族主义的兴起深刻地影响到了他们对待中国的态度。在当时的通俗文学、报道、小说和戏剧中，中国和中国人的形象多以远赴中国的旅行家的记述为依据，而这些旅行家对中国的看法往往受到殖民主义、种族主义偏见的局限和歪曲。种族主义将自然科学上的"种族"概念借用到人文社会科学领域内，将之视作一个社会问题，并成为一个政治工具。这是一种民族自我中心主义的极端形式，认为人种的差异决定人类社会历史和文化的发展，依据自我的优越感而行种族歧视、种族隔离，甚至种族灭绝之事。种族主义明显地表明了一种文化敌意。② 正如卡斯托里亚迪斯所言：

> 自种族主义定型的那一刻起，"他者"便不再只是被排除在外的和次等的；他们，无论是个体也好，集体也罢，变成了支持一种辅助性的想象性思想结晶的观点，这些想象赋予其一种象征性，以及在这些象征性背后一种邪恶的本质，正是这一本质证实了此前他们所遭受的一切。③
>
> 种族主义不想转化"他者"，而是要他们死。④

总体上，这一时期在法国大众的文化想象中，中国人粗鲁、奸诈、虚

---

① Comte de Beauvoir, *Voyage autour du monde*, Paris: Plon, 1868, p. 611.
② 有关种族主义的论述，可参见威廉·A. 哈维兰著、王铭铭等译：《当代人类学》，上海：上海人民出版社 1987 年版。
③ Cornelius Castoriadis, *Le monde morcelé: les carrefours du labyrinthe Ⅲ*, Paris: Seuil, 1990, p. 32.
④ Cornelius Castoriadis, *Le monde morcelé: les carrefours du labyrinthe Ⅲ*, Paris: Seuil, 1990, p. 34.

伪，他们沉溺于吸食鸦片，只讲究酷刑和吃喝。凡尔纳（Jules Verne）在其《八十天环游地球》（*Le Tour du monde en quatre-vingts jours*，1873）中，唯独选取了一个抽大烟的病夫作为中国人的典型来加以描写；他的另一部作品《一个中国人在中国的苦难》（*Les Tribulations d'un Chinois en Chine*，1879）的主人公如果可以算作是英雄的话，那也是因为在接受了西方教育后，他已不再完全是中国人了。这种对中国人形象的极力贬低内在地拔高了法国人的自我形象。而且，当时在法国社会中，鲍毕诺（Joseph Arthur de Bobineau[①]）等人提出的"种族不平等"论更强化了人们对法国和中国两个民族之优劣的划分。[②]

　　同时，西方社会中"黄祸"论在这一时期的兴起与蔓延，更加恶化了中国在法国社会文化想象中的形象。"黄祸"（Yellow Peril，Yellow Terror，le Péril jaune）是19世纪处于殖民时代的西方社会煽动对亚洲民族尤其是对中国的偏见的一个用语，源于对此时涌入西方社会尤其是美国的中国及亚洲其他国家移民浪潮的贬低，它用亚裔移民的皮肤颜色来代指西方社会对自身以为的来自亚洲移民的潜在"威胁"的恐惧。大部分资料显示，这种恐惧直接受启于德国皇帝威廉二世（Kaiser Wilhelm Ⅱ）请人于1895年所作的一幅油画《世界各民族，保护好你们最宝贵的财产》，画中一个佛骑着龙腾云驾雾从亚洲飞向欧洲，欧洲各民族的代表则不安地注视着他。这幅油画也明确地显示出当时的西方社会对欧洲"他者"的恐惧。最早使用"黄祸"一词的则是希尔（Matthew Phipps Shiel），1898年他发表了系列短篇小说集，名为《黄祸》（*The Yellow Danger*），内容强烈地表达了作者对中国的反感。1904年，当利上尉（Capitaine Danrit）的流行小说《黄祸的入侵》（*L'Invasion jaune*）则极大地推动了这种负面言论在法国的广泛流传。20世纪末，当中国与亚洲经济力量迅速崛起的时候，这个充满种族主义歧视与贬低色彩的词再次频繁地出现在西方话语当中。19世纪末20世纪初，西方"黄祸"论的出现是对中国肆意的种族主义式的诋毁，而时至20世纪末21世纪初，"黄祸"论在西方社会再次泛滥则是他们面对中国和平崛起所表现

---

① 有关 Joseph-Arthur de Gobineau（1816－1888）的种族主义议论，可参见其散论 *Essai sur l'inégalité des races humaines*，载 Joseph-Arthur de Gobineau，*Oeuvres Ⅰ*，Paris：Gallimard，1983。

② 德特里著，余磊、朱志平译：《法国—中国：两个世界的碰撞》，上海：上海世纪出版集团、译文出版社2004年版，第48页。

出来的种族主义式的恐惧。

（一）洛蒂（Loti）

作为"八国联军"中法国的海军军官，洛蒂曾于 1900 年和 1901 年两次出征北京。其间，他写了一些有关在北京逗留的散记，于 1901 年 5 月 9 日至 12 月 30 日，先后在法国《费加罗报》（*Le Figaro*）上连载，后来卡尔曼 - 列维（Calmann-Lévy）出版社于 1902 年将之结集出版，名为《北京末日》（*Les derniers jours de Pékin*）。书中，洛蒂的文人气质显而易见，他作为文人的那种感触，把当时法国人对中国现状以及作为一个文化大国的印象与想象，表现得淋漓尽致，其中不乏对中国的成见。

作为法国海军军官，洛蒂在世界各地的游历相当丰富，文学创作相当多产。他的文学作品之所以在法国能够享有盛名，大多是因为他所描述的种种异国情调。洛蒂作品中有关中国"现实"的描述通常给人以生动、逼真的印象，让读者对中国充满强烈的好奇心。但是，他在中国逗留的时间并不长，对中国社会的观察也是有限的，那么显而易见，他笔下的中国会有很多内容是他对这一文化"他者"的想象，是他主观上对中国式异国情调之想象的表达：

> 当联军撤离中国时，那曾一度被我们打开的陵墓，对于欧洲人来说将再次变得不可入侵，人们将长时间地对它一无所知，可能要到又一次新的入侵。那将会把这古老的黄色巨人彻底推翻……除非这巨人从千年睡梦中醒来，尚能够造成威胁，除非他最终拿起武器进行一场人们无法估量的复仇……我的天，当中国换下微弱的雇佣兵和强盗武装去全民总动员进行一次最后的暴动时，当它那正如我所见到的成千上万的朴实、残酷、精瘦但结实、熟谙各种操练、视死如归的年轻农民手中握有我们的现代武器时，这个国家将拥有怎样可怕的军队！[1]

面对一个有可能"置于死地"而后生的中国，这位曾经亲自参与过侵略中国的法国作家的情感是复杂的。洛蒂看到了现实中国的破败，也深知潜

---

[1] 中文引自钱林森：《光自东方来——法国作家与中国文化》，银川：宁夏人民出版社 2002 年版，第 213 页。原文参见 Pierre Loti, *Les derniers jours de Pékin*, Paris: Balland, 1985, pp. 249 - 250。

藏在中国社会内部的某种强大的反抗力量有朝一日突然爆发的可能。跟其他作家一样，他因中国的衰败、落后、沉睡而贬低她，却也害怕她的觉醒。面对中国这个拥有古老文明与灿烂文化的东方"他者"，洛蒂的情感是复杂的，既有发自心底的鄙夷，也有外在虚伪的怜悯，更有潜藏心间的恐慌。这种恐慌不仅来自他对西方践踏中国的某种"后怕"，更来自他所看到的中国潜藏的巨大反抗甚至是重生的力量。实际上，借助于记录自己在中国亲身见闻的那些文字，洛蒂真正所关心的似乎并不是中国现实的样子，而是想说在西方之外的中国这个"他者"是如何在印证西方之优越的。在中国的切身体验，让洛蒂认识到，"欧洲人的胜利只不过是一种对现实先存的破败状况的认同"。①

实际上，洛蒂这位军官作家同样也是一个贪婪异国情调之财富的人。很多资料都表明，他在北京短暂逗留期间，曾经运回法国十箱中国物品，就其获取途径与来源而言，则似乎是一桩疑案，难以查证。②

（二）谢阁兰

中国的古老，在很多法国人眼中，早已在历史的演变中，积淀为一种"非我"的神话，神秘与差异，使得"他者"的标签在中国及其文化身上，不曾脱落，却不断翻新。中国，对于谢阁兰来说，同样是一个充满"异性"的国度。③借中国的存在，谢阁兰不断地完善着自己有关"审美价值多样化"的思考。中华文明的古老永远代表着时间上的久远，加之现实地理空间上的遥远，时空的距离所造就的差异，吸引着无数的法国人。在中国那片土地上，既有一个真实的国家，又有一个"理想"的世界。④

身为译员、医生、民族学家、考古队领队的谢阁兰游历过中国许多地方，每到一处，他就把自己的感受以信件的形式记录下来，寄给其远在法国的夫人。中国之旅，对于这位文人来说，是时空上的神秘之旅，他曾经这样告诉妻子，"生活在中国是古怪的，因为人们在那逝去的千年历史中穿行"。⑤一句话便鲜明地表达和印证了所有人理解中的中国的停滞，同时也

---

① 钱林森：《光自东方来——法国作家与中国文化》，银川：宁夏人民出版社 2002 年版，第 213 页。
② Alain Quella-Villeger, *Pierre Loti : le Pèlerin de Planète*, Paris : Aubéron, 2000, p. 290.
③ Marc Gontard, *La Chine de Victor Segalen*, Paris : Presses Universitaires de France, 2000, p. 1.
④ 理想的世界，有可能是美好的世界，也有可能是邪恶的，这种理想是指合乎自己的精神与思想追求之意。
⑤ 转引自钱林森：《谢阁兰的〈中国书简〉》，载《中华读书报》，2007 年 3 月 21 日第 19 版。

带出了中国“他性”之神秘。

在他实地旅行中留存于头脑之中的有关中国的文化想象，满足了谢阁兰对其个人理念，尤其是审美观的追求，时间上的久远、空间上的异样，让他在精神上饱浸着中国想象带来的美好感觉；从其创作的角度来讲，在中国想象中那时空交织的神秘感，满足了他诗情画意之表达的需要，现实空间中的远游，同时也是其“自我内心深处的远游”。[①]

谢阁兰与中国文化的对话，可以称得上是精神对话。对于中国的落后，他虽然没有摆脱时代的成见，但也没有绝对的种族偏见，对中国和中国文化的爱好，完全出自本能的文化情感。他爱好的是中国古典文化与造型艺术，第二次遨游中国时，专事科学考古，发现了霍去病、秦始皇的陵墓，以及南京梁代的石兽等。这位文人感兴趣的，不是中国的命运和变化，而是远古时代的中国，是一个在历史维度上文化保存完好的中国。对他来说，能在这块土地上远足，就是自我实现，因为探险正是发生在“自我”存在的层次上的。而探险的结果就是他傲人的作品，其中多以古代文化为主题。谢阁兰在中国遨游，最敏感的似乎不是一个物质的有形的空间，一个地理的或人文的巧合的结果，而是空间的一种特定的理念。[②] 谢阁兰作品在法国的广泛传播，在很大程度上使法国人对中国的文化想象锁定了一种美好——那就是中国古代文化的完美与令人钦佩，甚至就连中国本身也只是“古代中国”才是他们所认可的。直至今天，法国社会中依然广泛地存在着这样一种印象。在他们眼里，文化中国似乎只属于过去。这可能是沉积下来的最为结构化的“刻板印象”。

谢阁兰与其所处时代前后的很多作家、文人一样，他们的作品既是一种文化游记，又是非常好的近似于人类学民族志的文本。他对中国的描述，集于对中国那纯美的山水风情的赞美之中，不同于伏尔泰、孟德斯鸠等人那种直接的说教，他笔下的中国是唯美意境中的异国情调。1909 年，谢阁兰第一次到中国时，由北京至华中探险的游历被收录在《砖与瓦》（Briques et tuiles）中；1914 年第二次中国之旅的感受，收入散文集《出征》（Équipée）

---

① 钱林森：《光自东方来——法国作家与中国文化》，银川：宁夏人民出版社 2002 年版，第304 页。

② 程抱一语，引自程抱一、钱林森：《借东方佳酿，浇西人块垒——关于法国作家与中国文化关系的对话》，载钱林森：《光自东方来——法国作家与中国文化》，银川：宁夏人民出版社 2002 年版，第 10 ~ 12 页。

一书中。这位大作家总是处在自己的想象世界与现实的中国之间："真实"是对平常的中国现实的描述；而"想象"既是指作家个人的观念世界，又指对中国那种异国情调的隐喻。在他《古今碑录》（Stèles）中，异国情调既不只是一种手段，也不是一种目的，其间隐喻的中国文化被用来表达"自我"，而非阐明"他者"。[①] 除了那些讲述自己的亲身游历的散文，谢阁兰也写过很多中国题材的小说，比如说《天子》（Le fils du ciel）和《勒内·莱斯》（René Leys）等。[②]

研究法国人对中国的文化想象，我们在关注事实的同时，不能忽视文学，这是一种在更广泛的程度上影响人的认知的文本形式，其表现方式是生动的。那么，我们如何来看待这些描述遥远的"他者"中国的作品呢？在此，我们不解读作为文学的小说，而是作为"想象"的小说。比如说，谢阁兰的《勒内·莱斯》就建立在他本人可靠的"所见"（但反映在头脑中的观念则是十分主观的）和不可靠的"所闻"之间的纠缠之上，人们对于其中所描述的现实，态度如何呢？道理很明显，"中国人很可能会因其荒诞无稽而一笑置之，西方人却完全可能因其神秘离奇而心醉神迷"。[③] "谢阁兰身后得名，并非依仗于中国地位的提高，亦非凭借着东方的遥远和神秘，实因他对'异国情调'提出了迥异于同时代人的独特的观念。"[④] 当年的马可·波罗同样也是充分利用了自己的想象。1916 年 1 月 6 日，谢阁兰从北京写信给一位好友说，"实际上，我来这里寻求的既不是欧洲，也不是中国，而是梦幻中的中国。我抓住它，一口咬住"。[⑤] 他梦幻中的中国是什么样子呢？是他所向往的与古代中国文化密切关联、数百年来在欧洲社会所流传的有关

① Victor, Segalen, *Oeuvres completes*（Ⅱ），édition établie et présentée par Henry Bouillier，Paris：Fobert Laffont，1995，p. 14.

② 《天子》是以中国光绪皇帝为题材的历史小说。《勒内·莱斯》是谢阁兰在中国所见、所闻（主要源于其年轻的汉语老师 Maurice Roy）与文化想象的基础上而产生的一部作品。小说中的物理场景是真实地源于作者的所见，但在这些场景中所发生的故事，则是不真实的。这部作品创作于 1913 年前后，故事是围绕着 1911 年中华帝国覆灭前后宫墙内的梦幻与秘密而展开的。

③ 郭宏安：《评〈勒内·莱斯〉——中译本代序》，载谢阁兰著、梅斌译、郭宏安校：《勒内·莱斯》，北京：生活·读书·新知三联书店 1991 年版，第 6 页。

④ 郭宏安：《评〈勒内·莱斯〉——中译本代序》，载谢阁兰著、梅斌译、郭宏安校：《勒内·莱斯》，北京：生活·读书·新知三联书店 1991 年版，第 1 页。

⑤ 钱林森：《光自东方来——法国作家与中国文化》，银川：宁夏人民出版社 2002 年版，第 305 页。

中国的文化想象所描绘的中国，是一个与早已变化了很多的现实格格不入的中国。1913 年 1 月 26 日，在写给另一位朋友的信中，谢阁兰讲到，"我在中国所极力寻找的不是思想，也不是主题，而是形式，鲜为人知、变化多端、高高在上的形式"。①这种形式自然是他文学创作的表达方式，实际上同样也是他想象和描述中国这一"他者"的方式。

在法国历史上，对于"异国情调"的态度，有的是赞美的，有的是纯属猎奇、猎艳的，有的则表现出对异国文明的麻木不仁或不屑一顾，还有的就是以蒙田为代表的倡导"文明"与"野蛮"共处的态度。②谢阁兰与后者则持相同的论调，只不过，二人时隔三百年之久。谢阁兰对于"异国情调"的追求，既表现在空间的转移里，又表现在时间的变化中。因此，无论是从空间还是时间上来说，都是与法国十分"遥远"的中国。

（三）马尔罗与其他知识分子

作为同样在中国有过亲身体验的作家，马尔罗是一个有别于其他法国作家的"行动着"的作家。对于瓦莱里（Paul Valéry）所提出的"为什么要到亚洲去"的问题，他是这样回答的："这是基于对其他民族文化的关注，我的素养乃至我的生命都因此而不同凡响。"③马尔罗对中国文化的认知与追求，同样充满浓重的异国情调和文化冒险的色彩，具有认识历史、"警世"后人的意义。在他涉及中国题材的小说中，我们可以注意到，东方与西方的关系在两次世界大战的间隙得到了前所未有的关注。

马尔罗的"亚洲三部曲"④把自己有关中国的想象淋漓尽致地表现了出来。无论就故事情节，还是语言风格，以及作品所表达出来的另样的有关中国的看法而言，他都赢得了法国人的喜爱，尤其是那个时代的法国青年人。

---

① 郭宏安：《评〈勒内·莱斯〉——中译本代序》，载谢阁兰著、梅斌译、郭宏安校：《勒内·莱斯》，北京：生活·读书·新知三联书店 1991 年版，第 11 页。

② 相关讨论参见钱林森：《光自东方来——法国作家与中国文化》，银川：宁夏人民出版社 2002 年版；周宁：《历史的沉船》，北京：学苑出版社 2004 年版；姜源：《异国形象研究中的文化意义》，载《社会科学研究》，2005 年第 2 期；等等。

③ 钱林森：《光自东方来——法国作家与中国文化》，银川：宁夏人民出版社 2002 年版，第 256 页。

④ 这三部作品分别是《王家大道》（La Voie royale，1928）、《征服者》（Les Conquérants，1931）、《人的状况》（La Condition humaine，1933）。

在这三部作品中,《征服者》和《人的状况》有着浓厚的"中国情节",故事场景完全是在同一时代的中国土地上,主人公也是中国人,他们身上体现出来的各种文化、道德因素,完全是作者对当时的中国人之对应理解的具体写照。《征服者》描述的是"我"在广州期间对当地革命的亲身见闻。小说的时代背景,正是同时代的中国现实社会的反映。《人的状况》则把故事场景放到了20世纪二三十年代的上海,在杂糅了当时上海革命运动的基础上,展现了1927年前后的中国革命斗争。小说中"贫困、肮脏、混乱、疯狂、仇恨、令人毛骨悚然的屠杀,已经把中国的这座城市涂抹成世界上最黑暗的地方。对于没有去过远东的西方读者来说,地狱般的上海既是一个现实的城市,又是一个想象的场景"。① 其中,中国人的"邪恶"恰恰表现出当时的中国社会令这位法国作家及其读者对之产生某些厌恶、恐惧情感的原因之一。

在《西方的诱惑》(La Tentation de l'Occident,1926)一书中,马尔罗虚构了一个在法国巴黎的中国青年梁某,同时还塑造了一个到中国访问的法国青年,通过他们之间的书信往来中呈现的"互看互识",马尔罗表达了自己对于当时中西文化的诸多看法,尤其是关于文化的价值危机的问题。在这部作品中,"中法两个青年的书信交流,着力揭示了东西方文化遭遇着同样骇人的价值危机,各自的文明都处于焦虑无着、没落衰亡的状态"。②

在很多人都极力表达中国之衰败及其文化之危机时,马尔罗能够借中法两个青年人之口表达出西方文化同样遭遇价值危机的观点,着实鲜见,也难能可贵。但是,他作品中有关西方社会的反思并没有远离对中国文化认知的负面看法。

20世纪初法国文人笔下的中国,仍然是他们表达"自我"的依托。20世纪30年代,马尔罗成为法国新一代小说家的代表。跟其他同时代的作家一样,他所关注的,并不是怎么"使读者得到消遣娱乐","只是企图去影响他们的思想,他们在其作品中倡导一种生活方式,小说中的文化与道德内容占据了首要的位置",③ 他们企图在与世界剧烈的斗争中表现"自我"的愿望,他们把自己的价值理想放进自己的作品中,使之通过小说中的人物表

① 周宁:《永远的乌托邦:西方的中国形象》,武汉:湖北教育出版社2000年版,第11页。
② André Malraux, La tentation de l'Occident, Paris:B. Grasset,1984;钱林森:《光自东方来——法国作家与中国文化》,银川:宁夏人民出版社2002年版,第270页。
③ Michel Raimond, le Roman depuis la Révolution, Paris:Armand Colin,1981, pp. 192 – 193.

达出来，让文学作品成为一种行动，而不是描写。马尔罗笔下的中国，不仅是用来表达自己，他还想表达人类的境遇。读者从中读到的不只是一个作为"他者"的中国，还是对于自己、对于人类的写照。

让我们再来看一看，与马尔罗一样描述20世纪二三十年代的上海①的朗德（Albert Londres，1884－1984）②是如何向西方人描述这座东方城市的：

> 有人告诉我说在上海只讲英语。其实这是一个非常危险的谎言。在那里，字母表是未知的。这个国家的语言不是字母语言，而是数字语言。人们不是这样交流："您好，您怎么样？"而是"88.53－19.05－10.60"。要想成为百万富翁，会识字是没有用的，只要会数数即可。
>
> 这是一头肥硕的金牛。
>
> 如果列宁见过上海，他是可以原谅的。
>
> 这是在中国，而不是一个中国的城市。她监禁着一百万中国人，这还是不能说明什么。这一百万中国人让上海变得不再是上海，如同一匹小种马身上的上千条虱子让其变得不再是一匹马一样。③

朗德作为新闻记者的身份在某种程度上强化了法国民众对其笔下的中国社会之真实性的信任，可是他文字表述中所透露出来的滑稽调侃却是对中国之鄙夷态度的真实表达，继续迎合且滋养了多数远在欧洲的法国人对中国的文化想象。在这样的表述中，直接激起法国人对中国产生诸多兴趣的，在很大程度上可能不是那种人道主义的关怀，不是对中国革命的同

---

① 1848年，法国人夏尔·德蒙蒂尼（Charles de Montigny）来到上海开始筹建法国领事馆，几十年后，这里诞生了一座典型的城中城，有大量的法国商人、文人、技术人员、艺术家、建筑师、教师、医生等各界人士来到这座被誉为"东方巴黎"的城市。借这一"根据地"，许多法国人开始更多地了解到中国人的日常文化生活，但如同德特里所言，"对于中国，大多数法国人眼中只有异国情调的装饰而已"。相关资料参见：德特里著，余磊、朱志平译：《法国—中国：两个世界的碰撞》，上海：上海世纪出版集团、译文出版社2004年版，第37～39页。

② 朗德是法国著名的新闻记者，1922年作为当时非常知名的日报《小报》（Le Petit Journal）的记者，从日本转至中国。他有关中国的见闻报道结集于《疯狂中国》（La Chine en folie）。朗德去世后，法国于1933年设立了以其名命名的新闻奖。

③ Tristan d'Huriel，La Chine vue par les écrivains français，anthologie，Paris：Bartillat，2004，pp. 235－236；Albert Londres：La Chine en folie，Paris：Serpent à plumes，2001.

情，不是对处于水深火热之中的中国人的怜悯，而依然是对中国式异国情调的好奇。这个时代的中国式异国情调，不同于此前历史上的中国形象，也不同于同样遭受法国与西方社会践踏的其他民族与社会。一个近百年来早已停滞不前的东方国家，在经历过西方文明的"洗礼"之后，究竟会是一幅怎样的景象？对此遥远的"他者"，法国人依旧充满了好奇与渴望。

在 1928 年至 1935 年间，担任法国巴黎亚洲研究会会长的西尔万·列维（Sylvain Lévi），曾于 1925 年对东方与西方之关系问题的急迫性进行过认真的思考：

> 我们的职责是理解东方文明。当我们面对我们在亚洲的殖民地时，在知识的层面上做出同情而明智的努力，以理解异域文明的过去和未来这一人文主义的课题，以一种特殊的方式摆到了我们法国人的面前〔尽管英国人也许表达了同样的认识：这是一个全欧洲的问题〕。……
>
> 这些民族具有悠久的历史、艺术和宗教传统，他们并没有完全丧失对这一传统的意识，而且可能急于让它一直延续传承下去。我们已经承担了干预其发展的职责，有时是单方面的强行干预，有时则是回应他们的请求。……我们声称，不管正确与否，自己代表着一个更优越的文明，并且因为这一优越地位所赋予我们的权利——我们不断满怀自信地确认这一权利，以至对当人地而言，它已成为一个无可置疑的事实——我们对他们所有本地的传统都提出质疑。……
>
> 于是，每当出现来自欧洲的干预时，当地人对自己总会产生一种绝望情绪，这是一种极为痛苦的情绪，因为他们感到自己的幸福和安乐——更多地是在精神的层面而非物质的层面——不但没有增加反而实际上已经减少。
>
> 这种失望在广袤的东方大地上被转变为怨恨，这一怨恨现在即将转化为仇恨，而仇恨正在等待着合适的时机爆发为行动。
>
> 如果由于懒惰或缺乏理解导致欧洲没能做出其利益要求它做出的那些努力，那么这出亚洲悲剧将日益临近其最后爆发之关口。
>
> 正因如此，那种作为一种生活形式和政治工具——也就是说，当我们的利益受到威胁的时候——的科学就将下面这一点视为自己的任务：秘密地渗入当地的文明和生活，以发现其基本价值和持久特征，而不是

用欧洲文明一下子窒息当地的生活。我们必须使自己服务于这些文明，正如我们在对待我们在当地交换市场上的其他产品一样。……①

列维的这段话"自信而明确"地表达了西方文明的优越性，甚至还认为干预亚洲各国的发展（实则是侵略）是他们难以推卸的职责（以强行干预或回应请求的方式）。在他那里，西方不但是"先进文明"，而且具有绝对的"道德优势"。另外，列维也清楚地意识到，为了能够维持西方相对于东方的优势，就必须要深入了解东方。深入了解西方的"他者"本是一种值得倡导的知识生产，可是在列维看来，这样做的目的却是为了维护西方的利益。在此知识生产情势下的中国，何以能够得到西方真正的尊重呢？

萨义德如此评价列维的这段话，他"毫不费力地将东方学与政治联系在一起"，"尽管他的人道关怀是显而易见的，尽管他对人类同胞的关心值得尊敬"，"却是以一种不那么令人愉快的方式来想象眼前的这一充满危机的关头的"。② 此外，我们还可以理出这样一种逻辑：在那个历史年代，西方社会已经开始将东方当作"市场"，是一个经济与商品的市场，更是一个文化与意识形态的市场——其间消费的是对东方异国情调的想象，及其自认为的"道德优势"。

（四）中国与东方是一种需要

20 世纪初，中国改良主义和革命运动的高涨、西方帝国主义野心的衰退，以及第一次世界大战在法国所产生的价值危机，促使中法两国在 20 世纪上半叶建立了一种基于合作和交流的新型关系，虽然在知识和政治方面有着明显区别，但彼此相互促进了艺术的创作。③ 20 世纪前后赴华的法国文人、作家，作为"东游探索"的新一代，"他们选择中国，多半出于对自身文明的怀疑和绝望，他们来到中国，是为了寻求根治西方文明危机的'药方'"，"他们对中国文化精神的求索，就带有更多的文化历险和精神探魅的

---

① Frédéric Lefèvre, «Une Heure avec Sylvain Lévi», in Jacques Bacot（ed.）, *Mémorial Sylvain Lévi*, Paris：Paul Hartmann, 1937, pp. 123 - 124；萨义德著、王宇根译：《东方学》，北京：生活·读书·新知三联书店 1999 年版，第 317~318 页。

② 萨义德著、王宇根译：《东方学》，北京：生活·读书·新知三联书店 1999 年版，第 318~319 页。

③ 德特里著，余磊、朱志平译：《法国—中国：两个世界的碰撞》，上海：上海世纪出版集团、译文出版社 2004 年版，第 59 页。

色彩"。①

此项研究对于这些作家及其作品的探讨,并不是像文学研究那样,去理解作家情感及文本的互文性,去探讨那些表达技法,而是去追寻其间表达出来的一种作为文化认知的想象踪迹,分析其结构性与文化性的影响因素。

在这一时代,法国学者对于中国的关注,形象地解释了法国汉学的发展轨迹。② 相较于法国而言,中国及其文化所具有的那种异质性,始终吸引着无数的法国人。比如在对于中国文化的兴趣方面,克洛岱尔(Paul Claudel,1868 – 1955)曾这样说道:"在汉字中,我们可以看到一种图解的生命,一个书写的人,像一个活着的人一样具有自己的性格和行为方式,固有的举止和内在的德行,身体结构和外形容貌。"③他是法国文学史上一个真正和中国有过直接接触并受到中国思想文化影响的重要作家,从 20 世纪 20 年代起,先后翻译过 40 余首中国古典诗词。

1925 年 3 月 27 日,法国刊物《月鉴》(Les Cahiers du mois)在其第9—10 期合刊中,刊登了在著名的知识分子中间进行的一项名为"东方的召唤"(Les Appels de l'Orient)的调查,被调查的作家包括东方学家及文学家。问

---

① 钱林森:《光自东方来——法国作家与中国文化》,银川:宁夏人民出版社 2002 年版,第 208 页。

② 到 20 世纪初,法国对中国及其文化的学术研究已经发展到了相当高的水准,其代表人物包括著名的社会学家和汉学家葛兰言(Marcel Granet, 1884 – 1940)。他于 1911 年到北京留学,运用社会学理论及分析方法研究中国古代的社会、文化、宗教和礼俗,而且主要致力于中国古代宗教的研究。葛兰言先后出版过专门研究上古时代中国原始宗教思想的专著《古代中国的节庆与歌谣》(Fêtes et chansons anciennes de la Chine)、以古代中国《诗经》时代"媵"的婚姻制度为研究对象的《古代中国的婚姻制度和亲缘关系》(Polygynie sororale et sororat dans la Chine Féodale)、《古代中国的舞蹈和传说》(Danses et legendes de la Chine ancienne)、《中国人的思想》(La Pensée chinoise:vie publique et vie privée)、《中国人的宗教》(La Religion des Chinois)、《中国的文明》(La Civilisation chinoise)等。此外,后人还整理了他的相关著述,编撰成册,如《中国的封建制度》(Féodalité chinoise)、《关于中国的社会学研究论文集》(Études sociologiques sur la Chine)等。葛兰言有关中国及其文化的著述,主要集中在汉学及社会学、民俗学、人类学的学术讨论上,鉴于此项研究的主题,本书未对之多着笔墨。相关资料参见杨堃:《葛兰言研究导论》,载王铭铭编《西方与非西方》,北京:华夏出版社 2003 年版;葛兰言著,赵丙祥、张宏明译:《古代中国的节庆与歌谣》,桂林:广西师范大学出版社 2006 年版;王铭铭:《西学"中国化"的历史困境》,桂林:广西师范大学出版社 2005 年版;刘正著:《海外汉学研究:汉学在 20 世纪东西方各国研究和发展的历史》,武汉:武汉大学出版社 2002 年版;阎纯德主编《汉学研究》(第三集),北京:中国和平出版社 1998 年版。

③ 钱林森:《光自东方来——法国作家与中国文化》,银川:宁夏人民出版社 2002 年版,第 421 页。

题涉及东西方之间的关系，提出问题的方式尽管比较冒昧但合乎时宜，体现出这一时期的文化氛围。其中有一个问题问的是东方与西方是否无法相互渗入，一个问题是关于东方的影响是否对法国思想构成"严重威胁"，还有一个涉及西方文化中使西方优越于东方的领域。[1]　其中，瓦莱里的回答值得关注：

> 从文化的角度来讲，我并不认为目前我们对于东方的影响有多么恐惧。它对我们来说并不陌生。我们所有艺术和知识的起源都受惠于东方。我们可以很好地接受现代东方给我们的东西，如果确有新的东西从那里产生的话——对于这一点我有所怀疑。这一怀疑正是我们的保障和我们欧洲的武器。
>
> 此外，这类问题关键仅仅在于理解领会。而这正是不同时代欧洲精神的重要特征。因此，我们的任务是继续保持这种选择的力量、总体把握的力量，以及将所有东西转化为我们自己的东西的力量，正是这些力量使我们成为现在的我们。希腊人和罗马人为我们树立了如何操纵亚洲妖孽、如何对之加以理性分析、如何吸取其精华的榜样。……地中海盆地对我们来说就像一个封闭的容器，广袤东方的精华一直流归这里，在这里得以凝炼。[2]

从上面的话中，我们可以看到的不仅仅是他对东方根深蒂固的偏见，瓦莱里并不认为"落后"的东方同样可以使"先进"的西方得到什么东西，更重要的是让我们看清楚了当时的法国乃至整个西方社会是站在什么样的立场上来看待东方的。东方世界的崛起，使得西方国家与亚洲国家的关系发生了改变，他们不得不了解东方，学会在一种有利于相互促进的关系中与他们相处。但是东方与中国始终是一种需要。此时的中国，也同样关联着他们在东方的各类利益。中国被想象与理解的方式，永远也逃脱不了历史时代的整体影响。

---

[1]　Paul Valéry, *Oeuvres II*, édition établie et annotée par Jean Hytier, Paris: Gallimard, 1960, pp. 1556 – 1557.

[2]　Paul Valéry, *Oeuvres II*, édition établie et annotée par Jean Hytier, Paris: Gallimard, 1960, p. 1558.

四 "中国狂热"与文化想象

20世纪下半叶初期，在法国曾产生过一股对中国充满"狂热"情怀的社会思潮和运动。大部分在20世纪五六十年代到过中国的法国知识分子，如哲学家萨特等，在中国的社会主义建设成就面前兴奋不已，并且回到法国后毫不犹豫地创作和出版了为社会主义歌功颂德的作品。[①] 这一时期，法国有大量的关于中国的作品问世，如米歇尔·莱里斯（Michel Leiris）[②] 的《中国手记》（*Journal de Chine*，1955年写就，1994年发表）、马尔罗的《反回忆录》（*Antimémoires*，1967）、皮埃尔－让·雷米（Pierre-Jean Remy）[③] 的《火烧圆明园》（*Le Sac du Palais d'Été*，1971），以及广为人知的阿兰·培勒菲特（Alain Peyrefitte）[④] 的《当中国醒来的时候……世界将会颤抖》（*Quand la Chine s'éveillera... le monde tremblera*，1973）等。在这些作品中，我们同样可以看到法国知识分子对新的中国"现实"的描述、阐释与想象。

中国的"文化大革命"让那些亲华的激进的法国知识分子产生了一种强烈的政治乌托邦的激情，他们理想中的新中国演变成一种政治神话与幻想。这是法国社会中有关中国乌托邦想象的延承。1960年创刊的《原样》（*Tel Quel* [⑤]）杂志，有代表性地反映出当时部分法国人对中国政治的狂热情怀，它聚集和团结了很多亲华作家，其领军人物是索莱尔（Philippe Sollers）。该刊在连续出版22年后，于1982年戛然而止，共发行94期。[⑥] 刊物中有关中国的报道，不仅明显地表现出法国众多左翼知识分子对新中国建设的热情，甚至表现出一种为新中国代言的意味。在这一历史背景下，有

---

① 德特里著，余磊、朱志平译：《法国—中国：两个世界的碰撞》，上海：上海世纪出版集团、译文出版社2004年版，第79页。

② 米歇尔·莱里斯是法国著名的作家与民族学家。

③ 作者于1971年凭此书获得雷诺多文学奖（Prix Renaudot），此后还分别于1990年、2004年出版过《中国》（*Chine*，由Albin Michel出版）、《北京黑屋》（*Chambre noire à Pékin*，由Albin Michel出版）等有关中国的作品。

④ 阿兰·培勒菲特（1925~1999），法国政治人物，多年担任政府部长。20世纪70年代初，培勒菲特以国民议会议员的身份多次访问中国，并写就了《当中国醒来的时候……世界将会颤抖》等多部在法国影响较大的作品，1997年又发表一部上述著作的姊妹篇《中国已觉醒》（*La Chine s'est éveillée*）。此外，1990年还发表过散论集《中国悲剧》（*La tragédie chinoise*）。

⑤ *Tel Quel*，亦有人将之翻译为《如此即彼》、《泰尔盖尔》、《太凯尔》等。

⑥ 自1973年9~10月号即第21期开始，该刊采用套色印刷，还在封面中加上了中文名字《今日中国》。

一些人特别推崇毛泽东思想。直至今天，还有人珍藏着翻译成法文的各式版本的毛主席语录。《原样》杂志也时常在封面上引用毛主席语录，或者刊载其手迹。同一时期，在法国还有一份报纸，即后来改成杂志的《今日中国》（*Aujourd'hui la Chine*），同样也颇有影响力。

作为一份专门报道中国的双月刊，《今日中国》所关注的主要是有关中国政治、经济方面的内容，主办者是法中友好协会（Association des amitiés franco-chinoises）。这家社团组织所聚拢的众多致力于推进法中友好的人士，虽然在政治上不完全赞同中国政府与共产党的主张和政策，但对于新中国在各个方面的建设成就，及其相关的社会运动与变化，似乎是持肯定态度的，至少是保持着积极的热情。这份刊物很多文章的基调大多是在阐释撰稿人对于中国社会的各种认可，甚至可以说，这是一份用法文出版的中国杂志。在 1968 年法国的"五月风暴"运动中，某些法国人对中国的那份独有的狂热，尤其是政治上的态度，便是《今日中国》存在的一个重要的政治、社会与文化背景。①

自创刊初期，《今日中国》就开始明确提醒人们要关注中国，尤其是在政治与经济方面。1971 年 12 月出版的第 15 期刊登了一篇题为《中国进入联合国：全世界人民的共同胜利》（*La Chine populaire à l'O. N. U. : victoire commune de tous les peuples du monde*）的文章，以法中友好协会的名义，对这一胜利做了分析：

> 中华人民共和国在联合国合法席位的恢复，标志着她在世界格局中的地位发展演变的重要一步。这一事件在法国，同样也标志着这样一种情形的演变：
> ——我们越来越多地在谈论中国，谈其思想、谈其（在各个方面的）建设；
> ——中国越来越多地引起广泛的好奇、兴趣与热情。
> 不过，如同我们早已强调过的，中国的敌人越来越奸诈、越来越狡

---

① 有一部名为《中国人在巴黎》（*Les Chinois à Paris*）的电影，以虚构的故事，呈现了当时法国人对于中国或狂热或敌视的态度。故事大意为：中国人占领了整个欧洲，没有使用武力，只凭一本红宝书（livre rouge）和人多势众，法国的"合法"政府逃难美国，中国军队在巴黎强制要求做两件事：禁欲和汽车充公。最后，中国军队以失败而结束了他们在巴黎甚至整个欧洲的"统治"。电影表现了 20 世纪 60 年代末 70 年代初，西方社会对中国尤其是中国政治的复杂认知。导演为让·亚纳（Jean Yanne），1975 年出品。

猎，常常利用一些断章取义、曲解和偏离其社会背景的信息。

我们应该考虑到这种新的情形，在这多样的情势下调整我们的工作。目前的问题是，比以往任何时候都需要知道，谁要谈论中国，又是怎么谈论她的。社会主义的中国将会全面地在经济、政治、意识形态等方面得以展示，还是会被冠以断章取义的见解和曲解？

我们的协会应当尽到传播有关中国的全面的、准确的知识的责任。恰是在这一前景展望下，12 月 12 日在巴黎召开了一次全国委员会会议，我们将在下一期中对此做一介绍。①

纵览《今日中国》的内容可知，这份刊物基本上是跟着当时中国国内的形势走的。对于中国的政治运动、经济建设有着大致相同的步调。中国国内的政治热点，也是这份报刊报道的重点。比如，在 1972 年 2 ~ 4 月刊中，它谈到了中国的"五七"干校（école du 7 mai），谈到了阶级斗争（lutte de classes），还谈到了大庆油田的建设等②，对于中国"文化大革命"也抱有相当的热情。1972 年夏天，法中友好协会还派人到中国学习社会主义建设的经验。③ 该刊曾在第 21 期（1973 年 9 ~ 10 月号）中，对上文提到的培勒菲特所著《当中国醒来的时候……世界将会颤抖》一书做了推荐和书评，表示此书令人着迷，充满智慧、令人敬佩。文章对培勒菲特有关中国的热情，给予了肯定，但对他对于中国"文化大革命"的批评态度持有异议，文章引用卡洛（K. S. Karol）的话说，"培勒菲特先生，您喜欢中国，却不喜欢革命"。④

尽管在个别的政治观点上与中国政府和共产党的意见不一致⑤，但《今

---

① 《Nouvelles de l'Association des amitiés franco-chinoises》，*Aujourd'hui la Chine*，Paris：Association des amitiés franco-chinoises，décembre 1971，No. 15，p. 7.

② 《Visite à une 'école du 7 mai'》（p. 8，p. 7），《mener la lutte de classes》（p. 4），《Le champ pétrolifère de Taking》（p. 5），*Aujourd'hui la Chine*，Paris：Association des amitiés franco-chinoises，février-avril 1972，No. 16.

③ 《65 personnes envoyées par les AFC：L'ÉTÉ 72 EN CHINE》，*Aujourd'hui la Chine*，Paris：Association des amitiés franco-chinoises，4è trimestre 1972，No. 17，p. 1.

④ *Aujourd'hui la Chine*，Paris：Association des amitiés franco-chinoises，Septembre-octobre 1973 No. 21，p. 3.

⑤ 比如，报纸上曾出现过批评中国政府对西藏实行"共产主义奴役"（joug communiste）的言论。参见 《Visite à l'Institut Central des Minorités Nationales》，*Aujourd'hui la Chine*，Paris：Association des amitiés franco-chinoises，janvier-février 1973，No. 18，p. 4。

日中国》在很多方面反映着当时中国官方的意识形态，它几乎是以中国官方的口吻来报道和反映中国的现实情况。虽然很多报道的出发点立足于中国的经济建设，但报纸也较多地谈及政治，因为他们以为中国当时的政治状况很好地适应了经济社会发展的需求。从某种程度上讲，这些由少数亲华且与中国有着很好的关系的法国人创办的刊物，实际上是复制了中国官方的宣传与话语。在那个年代，普通法国人对于中国及其文化的了解，大多只能通过创办这些刊物的精英们的宣传与报道来了解。他们可能感受到了与中国人一样的那种建设社会主义的热情，但这份热情是突如其来的，与长期以来在法国社会中所积淀的对中国的印象有着鲜明的不同。从理论上讲，这种"不同"的存在，有可能成为转变人们有关中国的看法、改变某些"刻板印象"的契机。但随着中国社会现实的变化，法国人逐渐认识到新中国的另一面，中国社会的不稳定使得法国人对中国的兴趣与关注逐渐发生了位移，因为他们再无法从中国现实中找到任何兴奋点，对于中国社会主义建设的热情也随之慢慢地冷却下来，变成另外一种面孔，针对中国的批评同样也在政治层面上表现得异常猛烈。后来，《今日中国》看待中国之基调的转变也证实了这一点。

或许恰是因为之前法国社会曾经出现赞美中国的"狂热"，在热情冷却后，曾经的支持者对中国的批评才会更加猛烈，甚至出现对中国现实的全盘否认，再一次塑造了一个想象的中国。但这段历史在法国所产生的影响是不容忽视的，直到今天，我们还时常能够寻访到当年的法国"红卫兵"，他们仍旧多少保留着年轻时代有关中国的那份热情。

认识卓塞特（Josette）是因为她对中国绘画的喜爱，但在后来的接触中，我发现原来她及其丈夫都曾是法国"68一代"中毛泽东思想的坚定支持者。1965年，即中法建交的第二年，卓塞特与丈夫先后来到北京。此前，他们同时获得两个出国工作的机会，一个是去英国，另一个是去中国。虽然去英国工作工资高，交通也方便，但他们最终选择了中国。因为他们觉得在毛泽东等中国革命家的领导下，中国这个东方古国发生了翻天覆地的变革，他们非常想目睹新中国到底是什么样子。这一年的8月底，卓塞特的丈夫先行抵达中国，应聘到当时的北京外国语学院法语系任教。随后，她于当年12月来到北京，去《北京周报》社当法文编辑。在北京工作的三年间，他们充分地感受到了一个与法国不同的中国，在那个年代，他们不仅惊叹于自己所发现的中国文化的奇妙，也深刻地体验着一种对于中国的政治热情。打小就喜欢美术的卓塞特，对中国绘画的喜爱，以及精湛的技艺，就是在她于北京工作期间逐渐培养起来的。

自 1968 年工作期满回国后，他们一直通过不同渠道关注着中国——一个直到今天在其外孙看来他们还经常挂在嘴边的国家。按照她的说法，她青年时代中最重要的 3 年是在中国度过的，是他们最重要的一段经历，无论如何是难以割舍的。后来他们有过几次赴中国的短期旅行，尽管眼前的中国已不再是原来的中国，但每回都会激起他们的怀旧情绪。我应邀去他们家中做客时，她丈夫刚刚应聘到中国人民大学短期工作（此前他曾于 2002 年到该校工作过两年），因此未能见到这位在卓塞特看来更加支持毛泽东思想的法国人。她给我讲述了一段自己丈夫的故事。1965 年 9 月 30 日，她丈夫刚到中国不久，便作为外国专家应邀出席周恩来总理在人民大会堂举行的国庆招待会，亲眼见到了毛泽东、刘少奇、周恩来等中国领导人。当时，他落座的席位离毛主席只有 30 米，周总理致辞后，他热烈地鼓掌，把手都拍疼了。因为他认为毛泽东、周恩来等人胸怀改造民族命运的伟大抱负，是一代伟人，令人敬佩；同时，他也坚信新中国给全世界带来了新希望。卓塞特告诉我，时至今日，有很多法国人都无法理解她那一代人对于中国的政治热情。

对于大多数法国人来说，虽然他们具有这份政治上的中国热情，但从文化的角度来看，他们仍然难以改变长久以来对中国异国情调的着迷。1972 年，法中友好协会曾派代表团到中国访问，学习中国社会主义建设的经验，其中有人想了解一下中国少数民族的准确情况，便提出要利用本次机会，访问位于北京西郊的中央民族学院。① 虽然时值暑假，他们仍见到了一部分留在学校的学生。见到这些学生，除了他们所着各式民族服装吸引了代表团成员的注意外，"我们一下子就被他们各种各样的相貌所震惊了。有些人让人更多地想起地中海人的容貌类型，而非亚洲的"；甚至，当他们看到中国的文字时，对有些文本那自上而下、从右至左的书写顺序都惊诧不已。② 政治上的热情，是其时代的话语结构所致，而文化上的认知与了解，则依然较多地处于文化猎奇的层面。

---

① 法国人对"中央民族学院"（Institut central des minorités nationales）校名的翻译也颇有意思，汉语中的"民族"一词是指中国所有的民族，并非仅指少数民族，而法文中的名字，则仅是少数民族之义。

② «Visite à l'Institut Central des Minorités Nationales», *Aujourd'hui la Chine*, Paris：Association des amitiés franco-chinoises，janvier-février 1973，No. 18，p. 4.

　　这一时期，在法国人有关中国的文化想象中，政治话语的味道愈益浓厚，其中的主导因素，已不再是异国情调（尽管依然存在），而是对毛泽东领导下的中国政治与社会的崇拜。面对社会上某些反华的言论，《原样》杂志会毫不犹豫地站出来为中国说话。1974 年，法国共产党借用一部关于中国的电影取笑中国，该刊则在编者按中对之加以批驳："一股反华的种族主义臭气开始在西方弥漫开来，其目的并不是要我们改变观点，正相反……欧洲中心论，自称老子天下第一的西方文化，又可以开始它们的毒化工作，散发臭气了，在那儿，'左派'和右派乱七八糟地、不自觉地结成内在的联盟——政治和玄学的聚集。"①

　　但是，1974 年 4～5 月，《原样》杂志组团的中国"朝圣"之旅，却让他们意识到了自己对中国的认知曾经只是一种乌托邦式的幻想。1974 年秋，《原样》第 59 期对他们的中国之旅进行了总结报道。此后，在 1976 年秋第 68 期杂志上，借一篇题为《关于"毛泽东主义"》的文章，承认中国的真正现实让他们终于看到了真相，"睁开了眼睛"。同年 12 月 22 日，索莱尔在《世界报》上称："据我看来，目前的中国形势，不是什么'疑惑'或'忧虑'的事，而是真正的悲剧。"② 他们自觉地扭转了看法。"'原样'派作家 1974 年的'中国之旅'，原本是'朝圣革命'，但'文革''横扫'的狂潮并没有激起他们'参拜革命'的热情，倒使他们捕捉到了所熟悉的西方'投影'，寻觅到了属于自己的'乌托邦'理想，发掘出的只不过是他们建构自己理论的参照，而使中国成为西方语境中一个永远的'他者'。"③

　　我们这个社会的时代结构，似乎限定了这样一种理解"他者"的框架，即政治介于经济与文化之间，而又高于二者。20 世纪下半叶，在 80 年代以前，中国政治格局未发生根本性改变的时代，法国社会对中国社会主义建设的热情，仅仅是法国人对于技术和经济理性的崇拜，而在文化领域内，并没有在根本上影响他们对民族文化层面的"中国特性"的认知，少数人在法国社会上所营造的有关中国的印象，远远没有文化互识的基础。

---

① 《Éditorial: Nouvelles contradictions, nouvelles luttes》, *Tel Quel*, No. 58, p. 4.

② *Le Monde*, 22 octobre 1976.

③ 钱林森：《光自东方来——法国作家与中国文化》，银川：宁夏人民出版社 2002 年版，第 393 页。

五 多元中国的结构转型

20 世纪 80 年代末,法国出版了一部比较文化巨著《中国之欧洲》(*L'Europe chinoise*),作者为著名的汉学家艾田蒲(René Étiemble,1909 – 2002)。这部巨著分为两卷,先后出版于 1988 年、1989 年,很快 1992 年就有了中译本。这一大部头的著作是在作者对中国文化的尊重与理解的基础上写就的,他本着与欧洲中心论彻底决裂并将之扬弃的心态,以及对"异质文化的理性求证精神"与平等交流的原则,"精辟地论证了中国文化对自罗马帝国至法国大革命时期的欧洲的影响,生动地再现了古老中国文明的昔日辉煌,其目的不是为了要重塑'中国神话',而旨在以独立平等的文化心态,力戒伏尔泰式的'高调'评论和孟德斯鸠式的'低调'观点,为西方人重塑中国形象——一个真实的中国形象"。[1]

自 20 世纪七八十年代以来,世界格局的变化,使得后殖民主义和后现代主义作为相互关联的话题频繁出现于学术话语之中。后殖民研究最令人感兴趣的一个发展是,对经典的文化作品进行重读,其目的并非试图贬低这些作品的价值,而是对它们的某些假定前提进行重新审察[2],对它们在新的历史时代、在新的话语结构下的意义予以阐释。尤其是 20 世纪 90 年代以来,中国社会的巨大变化,逐步引起了西方社会的另一种关注,中国经济的飞速发展和政治体制改革,以及全球化的加速与深化,使得西方社会开始把中国纳入另外一种话语体系当中。20 世纪末 21 世纪初,是西方正在重构一种关于世界、关于中国的宏大叙事的时期,对于这一时期有关中国的文化想象,我们难以在一般意义上做出定性的判断,但田野调查可以帮助我们通过现实生活中法国人的文化实践,去观察他们有关中国文化想象的实际形态与地方传统,为我们进一步理解当代法国社会对于中国的理解与认知提供了具体的个案资料。这将是此项研究田野调查所关注的具体内容。

第五节 历史记忆中的文化表述

无论法国与西方社会将中国或东方置于文化想象的何种位置,其功能是

---

[1] 钱林森:《光自东方来——法国作家与中国文化》,银川:宁夏人民出版社 2002 年版,第 404 页。

[2] 萨义德著、王宇根译:《东方学》,北京:生活·读书·新知三联书店 1999 年版,第 452 页。

建构一个文化上的"他者"，一个表现差异的"他者"，法国与西方从这种差异中来确认"自我"。法国社会眼中的中国形象，作为一种需要，是法国社会文化的集体想象物，并不完全等同于现实，是文化建构的产物，其功能便在于强化自我认同。这样的事实既造就了也决定于时代的"元叙事"话语结构。于此，法国社会历史上的中国形象不只是法兰西文化的派生，更是社会结构演变的产物。

1750 年前后，当西方启蒙主义者开始讨论中国停滞的时候，中国社会正处在帝制历史中的最后一个盛世。从孟德斯鸠于 1748 年出版《论法的精神》到 1793 年孔多塞写就《人类精神进步史表纲要》，中国在西方社会中的形象逐步定型，作为"他者"的意义已经调转。在伏尔泰的《风俗论》中，百分之九十五的篇幅是讲欧洲及其扩张，亚洲只占其中的百分之五，而非洲根本就未曾被提及。很明显，这是一种欧洲中心主义的文化情结。把握着以自我为中心的重心，来看待世界、看待其他民族，其结果必然是有失偏颇的。伏尔泰和孟德斯鸠二人"具有认知中国双重价值的'两极'观照，既体现了'18 世纪欧洲与中国'的一种主导倾向，又标示着 18 世纪法国作家与中国文化关系的一种深化"。[①] 伏尔泰曾这样批评孟德斯鸠，《论法的精神》的作者曾在著作中撒下了无数美妙的真理，但在证明他提出的真理——含混的荣誉感是君主专制的基础，道德是共和国的基础的时候，却大错特错了，他在谈到中国人时指出，"我不知道在一群受棍棒驱使的民众间有什么荣誉感可言。当然，在中国用棍棒驱赶群氓，对无耻的流氓、无赖动以棍棒，这并不说明中国不是由一些互相监督的司法部门统治的，也并不说明这不是一种极好的统治方式"。[②]

尽管伏尔泰也能看到中国的不足之处，但他想方设法确保中国的完美与优越，并为其辩护："跟其他地方一样，中国也存在各种不良行为，但这些行为肯定会因法律的约束而有所抑制，因为他们的法律始终如一。《海军上将安森回忆录》博学的作者因广州小民想方设法欺骗英国人，便鄙视和讽刺中国人。但是，难道可以根据边境群氓的行为来评价一个伟大民族的政府吗？假如中国人在我们沿海遇到船难，根据当时欧洲国家的法律可以没收沉

① 钱林森：《光自东方来——法国作家与中国文化》，银川：宁夏人民出版社 2002 年版，第 81 页。

② 伏尔泰：《关于犯罪与刑法学一书的评论》，转引自艾田蒲著，许钧、钱林森译：《中国之欧洲》（下），郑州：河南人民出版社 1994 年版，第 214 页。

船的财富，而按照习惯又允许杀死货主，那么中国人又将怎样评论我们呢？"①

孟德斯鸠的很多判断都是来自其理性的思想建构，完全出于他对自己启蒙理想的需要。他有关中国是专制政体的定论，结论方法不是归纳，而是先定性，尔后再搜寻证据。产出这样的结论，"显然是由他先验地构架的原则、模式和他的主观偏见所致"。② 比如说，在《论法的精神》中，他曾经这样写道："我们的商人从没有告诉我们教士们所谈的这种品德……是不是我们的教士被秩序的外表所迷惑了呢？"③ 孟德斯鸠特别强调以自己主观的思辨与先入为主的偏见来审视中国。虽然孟德斯鸠十分怀疑"耶稣会士对中国的正面描述，反对他们对中国大唱赞歌，但并没有由此导致对中国礼仪这一极富实际意义的道德的反对，还使他'在哲学家的阵营中占据了一席地位'"。④

中法比较文化史专家艾田蒲在其《中国之欧洲》中也曾对孟德斯鸠的武断进行了批判。"最近法国一家法庭对出版商鲍韦作出了判决，罪名是他出版了萨德侯爵的某些作品。如果哪个中国社会学家得知这消息后写道：'法国政体只有依靠禁书才能维持'，那么，这种评价的客观性，您又会作何感想呢？"⑤ "孟德斯鸠根据建构自己政体理论的需要所设想的中国形象，虽然'支离破碎并且自相矛盾'，他对中国的关照虽然冷峻而充满偏见，但作为西方启蒙思想家的一种中国文化观，在 18 世纪中西文化交流史上，还是具有典型意义的。"

孟德斯鸠与伏尔泰有关中国的论述，是结构性因素与文化性因素相结合的产物。在启蒙运动时期，同样的社会结构性因素落实在不同的思想家身上，产生了不同的认知模式，产生出不同的形象，二者的社会意义是不可否认的，既是片面、虚假的，又是部分真实的。从今天的视角来看，这两种形

---

① 伏尔泰著、梁守锵译：《风俗论》（上册），北京：商务印书馆 1995 年版，第 216～218 页。

② 钱林森：《光自东方来——法国作家与中国文化》，银川：宁夏人民出版社 2002 年版，第 129 页。

③ 孟德斯鸠著、张雁深译：《论法的精神》（上卷），北京：商务印书馆 1994 年版，第 127 页。

④ 钱林森：《光自东方来——法国作家与中国文化》，银川：宁夏人民出版社 2002 年版，第 129～132 页。

⑤ 艾田蒲著，许钧、钱林森译：《中国之欧洲》（下），郑州：河南人民出版社 1994 年版，第 30 页。

象恰恰体现出中国对于法国启蒙运动的双重价值。

18 世纪的欧洲社会正在向往着美洲新大陆。在那里，空间上的未来，对于未来的追求与向往，恰恰是启蒙运动时期所推崇的进步思想。而在那遥远的东方，中国则代表着过去，与落后同名。启蒙思想塑造的停滞的中华帝国之形象，在鸦片战争前后进入中国的传教士与汉学家那里得到充分的证实。此时二元对立的"元叙事"结构，确认了东方与西方、进步与停滞的对立，西方社会意欲肯定"自我"、肯定西方的进步，就必须否定东方，否定东方的社会发展。"中国形象的变化，与其说是中国现实的变化，不如说是西方文化思潮的变化。中国形象是西方文化的'他者'，任何时候西方人都是在自己的视野内构筑中国形象的。……只有在西方文化思潮的变化中才能找到中国形象变化的真正原因。"[①] 在不同的历史时期，法国社会对中国的想象，有着不同的动机与演变过程，其存在的意义也与具体的社会语境有着密切的联系。西方各国有人在中国的停滞中看到了欧洲自身的危险，批判中国停滞可以鞭策西方不断进步。恰如上文提及的，伏尔泰在《风俗论》中表示，中国停滞的原因主要在于中国认为古老的东西已经尽善尽美，无须改善，以及语言的复杂性阻碍了人们学习其他科学知识。

黑格尔认为，"世界历史的历时性发展阶段可以共时地展开在世界不同的文明区域或国家中"，于是人类历史的时间序列也就对应上了人类文明的空间秩序。在他看来，世界历史有三种主要的形态，欧洲基督教式的、伊斯兰式的、亚细亚式的；从时间上看，这三种形态表现出人类社会"高级阶段"与"低级阶段"的差异，体现为进步演化的阶梯；在空间上，这三种文明形态则表现为欧洲、近东、远东，这一地理空间上的推移延展。[②] 也就是说，黑格尔将身处远东的中国，定格在人类历史的"起点"上。这种认识是西方思想家在接受了进化论思想以后，审视现实世界的一种主观性结果，进一步强化了启蒙运动时期所逐渐形成的结构性的"元叙事"话语。甚为荒唐的是，日出东方、日落西方，也成为西方思想家们借以解释人类社会阶梯式演变发展的一个很好的例证。在他们看来，太阳的东升西落，恰是人类社会由初至终，由低级阶段向高级阶段的发展过程与次序。西方学者在

---

① 参见周宁：《历史的沉船》，北京：学苑出版社 2004 年版，第 39 页。
② 黑格尔著，贺麟、王太庆译：《哲学史演讲录》（第 1 卷），商务印书馆 1981 年版，第 132 页。

这样的自然现象背后，在对进化论思想的理性接受当中，看到的恰恰不是说东方较早地经历了人类社会发展的各个阶段，拥有人类社会物质进步过程中的各个文明阶段的历史，而是将其永远地定格在人类社会的起点上。在这种想象性话语中，其主观性地任意解读的意味表现得异常明显。

启蒙运动所树立的价值标准是崇尚进步与自由。西方社会在肯定自己的同时，就是肯定进步，人类社会的进步，因为他们毫不犹豫地接受了进化论思想的影响，认为欧洲社会处于人类社会发展的最高阶段。而在空间上处于东方的各国文明，因为他们被认定在时间上处于人类社会的过去，自然而然地就成为被西方社会否定的对象。这也就是那个时代西方社会对中国之文化想象的学理逻辑。社会达尔文主义将生物科学中“适者生存”的观念植入社会科学，解释历史的发展，“进步”变成了“进化”；在社会进化论的背景下，西方人越来越多地从中国人的人性或民族性格方面寻找文明停滞的原因。停滞的原因一旦成为民族性，停滞也就成为不可改变的宿命。[1] 斯宾塞（Herbert Spencer）将文明的进步理解为从不明确的、无凝聚力的同质体向明确的、有凝聚力的异质性的进化，它不仅涉及所有文明的进步，还表现在每一个部落、民族的进步中。[2] 停滞的中国形象一旦定性、定型，就逐渐趋向积淀为“刻板印象”的演变，后来的人首先是接受了这一种关于中国的“事实”，然后再通过各种途径寻找证据。

西方在文艺复兴时代将中华帝国确认为“最遥远的东方帝国”，但在文化内涵上并未将其认定为东方专制帝国。这一形象是随着启蒙运动的兴起而逐渐被人们创造和接受的。英国发动的鸦片战争，由于其深远的影响，在很大程度上影响了整个西方社会民众对中国的想象。两次鸦片战争分别造就和巩固了一种“神话”——鸦片战争是一场正义之战，文明的西方以此来改变愚昧、专制的东方，是人类文明的正义之举。在这样一种话语结构下，任何人眼中的中国，都会千篇一律。在西方人看来，这是再正常不过的，一个专制的帝国没有理由存在，一个沉浸在鸦片毒品中的民族不值得同情，这样一种话语结构，巩固了西方帝国主义扩张与侵略的意识形态。

---

① 参见周宁《历史的沉船》，北京：学苑出版社 2004 年版，第 108 页。

② Herbert Spencer, *Éssais de morale, de science et d'esthétique* (traduit de l'anglais *Essays: Scientific, Political and Speculative*), Vol. I, Paris: Librairie Germer Baillière et Cie, 1879, p. 17.

西方对于中国专制帝国之形象的定论性话语，在黑格尔那里有了明确的表述，"中国是十足的、奇特的东方式国家"，这一结论的得出，似乎是建立在不争的事实基础上的，"在中国，实际上人人是绝对平等的，所有的一切差别，都和行政连带发生，任何人都能够在政府中取得高位，只要他具有才能。中国人既然是一律平等，又没有任何自由，所以政府的形式必然是专制主义"。① 很多启蒙时代的哲学家、思想家都乐于拿中国作为其表述的一个参照物。黑格尔"在《历史哲学》中对东方与东方之中国的分析，既是古希腊以来西方的东方专制主义神话的终结，也是东方式的中华帝国的专制主义神话的终结"；周宁认为，西方社会中的中国形象，既是一种"原型"，又是一种"神话"，因为它既具有符码意义，又具有构成性和虚构性，"中国形象一旦形成，就具有一种意义确定与规范作用，它可以在本土文化语境中按固定原型迅速生成各种关于特定异域的信息，或夸大或简单化，或遮蔽或发明，生成一种固定的、示差性的异域形象。在从大中华帝国到孔教乌托邦的中国形象时代，所有关于中国政体的信息进入西方视野，都按这种原型被'修剪、编辑'，反面内容或可能构成矛盾的信息被清除、遮蔽或忽视了，只有开明的道德政治方面的素材被夸大与发扬。而在中华帝国的东方专制主义形象中，明暗显隐的关系又被倒过来，有关中国政体的反面素材被刻意显露，过去曾经被夸张的信息被压抑或清除了。中国形象的某些特征被保留下来，如地域广阔、人口众多、家庭式政治，但它们都被赋予相反的意义。这是我们所理解的历史中生成的西方的中国形象"。②

从鸦片战争结束一直到 20 世纪初叶，我们看到的似乎是这样一种情形，进入中国的西方人士，不再像以往那样怀有一种"发现"的心理，而是一种"确证"的心理。他们到中国来寻找的是他们想象中的现实，而非一个对之不曾有过什么确定性假设的（prédisposition）中国形象。③

① 黑格尔著、王造时译：《历史哲学》，上海：上海书店出版社 2001 年版，第 131 页。
② 周宁：《历史的沉船》，北京：学苑出版社 2004 年版，第 185～186 页。
③ 法国学者巴柔（Daniel-Henri Pageaux）认为，"形象即为对两种类型文化现实间的差距所作的文学或非文学且能说明符指关系的表述"。在文学和哲学领域，形象所透露出来的信息不仅包括了文化间的传统差异，也体现了某种形象形成过程中和成型时不同文化的区别。这一认识，有别于国与国之间的实体，更深入到文化以及人类文明史的探索。这是认识形象符号和所指之间的关系，以及与多种所指的相互关系。这些关系在一种文化的传统里、在不同文化的碰撞中都能够展示出来，进而为认识形象的多重意义提供了切入点。参见姜源：《异国形象研究中的文化意义》，载《社会科学研究》，2005 年第 2 期，第 67 页。

……西方心目中的中国是在历史过程中形成的形象，代表着被认为不同于西方的价值观念，这不同可以是好，也可以是坏。在不同时期，中国、印度、非洲和中东都起过对衬西方的作用，或者是作为理想化的乌托邦、诱人和充满异国风味的梦境，或者作为永远停滞、精神上盲目无知的国土。我们在理解"非我"之中无论有多少变化的进步，我们的理解总得通过语言，而语言本身就是历史的产物，并非处于历史之外。然而，一旦认识到我们已到某一限度或疆界，即便是我们生活于其中的文化的界限，我们同时也就处在至少有可能超越那个界限的关键时刻。如果我们想越出直接生活环境狭隘的范围而多所了解，如果我们决定扩大自己文化视野的疆界而认识人类的根本——我认为这正是不同文化比较研究的目的——那就绝对有必要打破作为想象的对立面的那个"非我"的神话。在文化上相对的东方和西方不过是文化的构想物，与它们所代表的实际上的东方和西方有很大的差距，对我们来说，认识到这一点十分重要。[1]

纵观历史，我们可以发现，在法国社会甚至整个西方社会中（我们需要关注到整个西方社会的相关历史），一直存在着两种关于中国的想象，一种是存在于学者圈内所谓的学术想象，一种是流传于市井间的大众想象。前者是精英圈内思考中国的过程与结果，而后者可能更多地关注那些来自中国的文化器物，从中生发出对于中国文化的喜好，或者从那些关于中国的奇闻趣事、通俗游记、虚构小说中满足自己文化猎奇的需要，而后逐步积淀为一种有关中国的知识储备。

尽管从学术研究的立场上，我们也清醒地意识到，任何对于这些想象话语的梳理都存在着一种简单化、类型化的危险（如同当时的法国乃至整个西方社会对于中国的想象一样，因为我们无法穷尽所有的文献资料，更不可能寻遍所有的法国人及其欧洲同胞），但毕竟我们能够看到其中的主流变化。20 世纪以前，西方社会关于中国的信息来源的途径狭窄，社会上有关中国知识的传播，存在着一种自上而下的，由精英圈子掌控的灌输式的话语

---

① 张隆溪：《非我的神话——西方人眼里的中国》，载史景迁著，廖世奇、彭小樵译：《文化类同与文化利用——世界文化总体对话中的中国形象》，北京：北京大学出版社 1997 年版，第 170 页。此文为该书附录。

生成机制。那时，有关中国的知识权威停留在传教士与社会上层的部分精英圈内，普通老百姓缺少真实接触中国的手段与途径。随着鸦片战争后进入中国的西方人数量的增多，尤其是各类技术的进步，西方人了解到的有关中国的知识越来越多、越来越广、越来越深，后者开始在社会各个阶层内真正地"繁荣"起来，呈现出多样性。而在各类信息传输手段更加发达的今天，随着大众阶层对中国了解的日益增多，有关中国的文化想象更加广泛地体现出今日法国社会对于中国的文化认知，以及这种文化想象背后的法兰西文化情结。

第二章 中国文化在里昂：文化空间与社会网络

不了解中国，就再无法理解世界。①

——布兹（Alain Bouzy）

载《中国时代》（*Match en Chine*）2002 年

中国当代文化的西方消费者寻求购买的，仍旧是"充满异国情调的他者"。②

——利大英（Gregory B. Lee）

里昂③与中国的经济文化交流历史悠久，可追溯至古代丝绸之路时期，而且里昂闻名世界的丝绸工业与中国有着源远流长的关系。自 20 世纪以来，中国文化以多种形式逐步融入里昂当地，凝聚了一种浓厚的中国文化空间。如今，中国文化元素也广泛地存在于里昂"大都会"辖区内的众多市镇。

---

① Alain Bouzy, *Match en Chine*, février-mars 2002, p. 23.

② Gregory B. Lee, *Troubadours, Trumpeters, Troubled Makers: Lyricism, Nationalism, and Hybridity in China and Its Others*, Durham, North Carolina: Duke University Press, 1996, p. 11.

③ 里昂坐落于法国东南部，是一座拥有 2000 多年历史的城市。这里曾经是古代罗马帝国时期高卢人（Les Gaules）的首都，如今是奥弗涅 - 罗纳 - 阿尔卑斯（Auvergne-Rhône-Alpes）大区与第 69 省罗纳省（Rhône）的首府。今日的里昂，一个集文化与诸多优势产业于一体的城市，是法国乃至欧洲重要的经济文化中心。里昂的城市建设既保留了历史的厚重感，又不乏现代化大都市的特色，处处散发着迷人的文化气息，城区内有很多始建于公元前的历史古迹被联合国教科文组织（UNESCO）列入世界文化遗产名录。从行政区划的角度来说，里昂市下辖 9 个行政区（arrondissement），全部为城区。长久以来，里昂与其周边市镇早已形成一个深入互动的城市共同体"大里昂"（Grand Lyon）。在法国行政区划改革的背景下，自 2015 年 1 月起，里昂与周边 59 个市镇共同组成了里昂"大都会"（Métropole de Lyon），常住人口有 120 余万。

想象、理解、感知与认知，自然都是心理活动，是产生于人的大脑中的一种文化映象，但作为一种主观见之于客观的东西，它必然有其客观的参照物。置身里昂街头，我们可以通过街区景貌、店铺招牌等从视觉上感受到中国文化元素的日常存在；在里昂生活久了，更能从当地社会与文化生活的日常延续中发现中国文化元素的存在，比如与中国文化有关的社团组织、中国电影展、媒体报道等，它们为里昂人的生活源源不断地注入活力。

在里昂进行田野调查期间，我对当地社会逐步形成的中国文化空间的探究，是以当地人的日常生活作为基础的，只有那些融入当地人日常生活的中国文化元素及其构建的文化空间与社会网络，才最具有典型意义、最值得研究。

从日常生活的消费来看，遍布城中各处的中国餐馆并非仅仅当地华人常去之处，法国人也经常在这些餐馆中用餐。即便有些餐馆名称中没有"中国"的影子，以亚洲或越南、老挝、日本等字词命名，其经营人也多是中国人，而且在其菜单上也能发现中餐的影子，甚至一些经典的中国菜名。主要集中于第七区、第八区两处"华人社区"（"中国城"）的亚洲食品超市，也是很多法国人采购日常生活之食材的地方。从中国或东南亚地区进口的具有中国特色的食品是他们的最爱，比如豆腐、速冻饺子、调料，以及亚洲产的各类多叶蔬菜等。此外，中国制造的各类日常生活用品，早已在各大商店与超市中成为"中国制造"的代言。尽管法国人对全球化多抱有负面态度，对中国向法国出口商品日益增多也视作一种经济威胁，但中国元素在当地法国人日常生活中的存在早已成为一种常态。

就日常生活的其他方面而言，打太极、看中医等，业已成为某些法国人的生活方式。他们喜欢来自中国文化的养生之道，认为中医比西医更懂得尊重人性及其生命体。也有一些法国人喜欢从影像里了解中国文化，引入法国电影院线的中国电影，以及通过各种途径非正式放映的其他中国电影，都成为他们透视中国的一种方式，而且还成为一部分人日常生活中不可或缺的内容。当然，在互联网日益发达的今天，通过浏览网站、使用社交媒体等了解中国的人也越来越多。空间距离早已在网络时代被压缩为零，但是不同文化之间的距离依然存在，法国人通过互联网所产生的有关中国的认知，同样也与真实的中国存在着很大的差距。

如今，不但在法国寻常老百姓家里可以看到中国绘画、书法作品与其他家居饰品，而且在一些影视作品中经常会看到这样的中国文化物品，也时常能够在收音机里听到中国音乐，远赴中国的文化之旅当然更是很多法国人休闲度假的期待之选，可见中国文化风物在法国人生活中流行的普遍性。会讲几句中文都已经成了时尚，走在路上经常会有些热情的人，对着一个长着一副中国面孔的人用不太流利的汉语讲"你好！"

存在于里昂当地的中国文化空间，就法国人对中国文化的理解与认知来说，既有建构的作用，又有解构的影响——这种解构既意味着对法国社会中沉淀下来的既有"刻板印象"的重新审视，又包含着在另外一个层面上的建构。每一个法国人都有一个"自己"的中国形象，及其表征之物与意义体系。

第一节　华人社区

"华人社群"（Communauté chinoise）是法国人对长期生活在法国的中国人及其他具有华裔血统之群体的称呼，它更多地是指代这个群体的族裔身份。从空间区域的角度来讲，华裔群体聚居的地方，法国人习惯于用"华人社区"（quartier chinois）来表示。

华人社区是最为直观的中国文化空间，多数法国人正是通过华人社区及其构建的生活实践与文化氛围，来接触和了解中国文化的。不过，他们通过这种途径所了解到的中国文化实则是早已被华人的移民经历过滤、被法国本土文化涵化了的中国文化。生活于自己的族源文化（culture d'origine）与居住国的本土文化之间，当地华人实际上持续制造着新的文化形态，即所谓的"中间文化"（la culture de «l'entre-deux»①）。这种"中间文化"依然表现出强烈的族裔属性，并被当地人贴上中国文化的标签。②

中国与法国的首次接触大约发生在里昂作为古代丝绸之路之欧洲终点的时代。早在18世纪，法国就曾通过传教士接待过来访的中国人。对于最早来法的中国人，无确切翔实的资料记载，但据史学家史景迁考证，第一个来到法国的中国人，应该是于1684年辗转到巴黎的一位沈氏男子，他为当时的法国教会做了很多语言方面的工作。③ 此外，福建籍男子黄嘉略在一些法

---

① Philippe Dewitte, *Immigration et intégration：l'état des savoirs*, Paris：Édition la Découverte, 1996, p. 248.

② 有意思的是，生活在里昂当地的华裔群体中有相当一部分人，早已是祖上几代前就移居海外甚至在多个国家生活过的侨民，他们依然被视为华人，而他们祖先曾经居住过的国家及其文化在他们身上留下的烙印并不多。

③ 史景迁：《有历史记载的最早赴法国的中国人》，载《跨文化对话》，2001年第7期，第170页。

国传教士的影响下改信天主教后，于 1702 年随他们移居巴黎，并在那里从事翻译工作，为法国国王服务。同时，他还编纂法汉词典，为当时的许多启蒙思想家如孟德斯鸠等，提供了很多有关中国的知识。①

一　华人在法国

自 19 世纪末开始，法国社会的多元化特征日益明显，尤其是在第二次世界大战之后。由于大规模外来移民的出现，法国人在日常生活中接触到外来不同族裔文化的机会越来越多。中国文化正是这一多元文化表征的组成部分。不过，对于法国人而言，诸多外来族裔文化基本上处于从属地位。来到法国的众多移民基本上形成了族裔聚居的居住格局，华裔群体的聚居则表现得更为明显。华人社区以最为直观的方式呈现了中国文化空间的存在。

百余年来，从中国至法国的文化迁移异常活跃，尤其是数量众多的中国常住侨民所组成的华人聚居社区，更是把中国文化全方位地搬到了法国。整个 20 世纪，法国华人聚居区的形成和发展经历了好几股浪潮。第一次世界大战期间和战后来到法国并最终定居下来的中国劳工和勤工俭学的学生形成了法国华人社群的雏形。后来，中华人民共和国成立前后，法国又迎来了一批数量不多的中国侨民。1976 年美国在越南战争的失败，导致西贡中国城堤岸的成千上万华人来到法国。1978 年又有众多柬埔寨华人为躲避 "红色高棉" 而移居法国。② 最后一股浪潮是伴随着 20 世纪 80 年代初中国的对外开放出现的，最初人数不多，但时至今日，从中国各地到里昂学习、交流和工作的人员数量大幅增加，其中有很多人已经扎根于此。无论出于何种原因移民法国，华人社群总体来说很好地融入了法国社会，但也没有抛弃他们原有的中国文化，他们不但在日常生活中继续践行与传承，而且也善于通过多种途径在法国社会中传播和宣扬中国文化，成为法国社会了解中国文化与文化中国的中间人。③

长期以来，华人在法国的分布相对较为集中，有一半以上集中于巴黎及其周边地区，主要是在法兰西岛（Île-de-France）大区，其中多数人在巴黎

---

① Lynn Pan, *Encyclopédie de la diaspora chinoise* (traduit d'en anglais), Paris: Les Éditions Du Pacifique, 2000, p. 311.

② 德特里著，余磊、朱志平译：《法国—中国：两个世界的碰撞》，上海：上海世纪出版集团、译文出版社 2004 年版，第 88～89 页。

③ 其中，来自中国台湾省的中国人在法国也很多。他们同样以各种不同的方式在当地传播中国文化。

工作。这种向巴黎地区集中的现象也呈现在其他移民（尤其是非裔和亚裔）的地理分布上。[①]

19 世纪末 20 世纪初，在早期旅法的中国人中，除留学生与驻外使节外，来自浙江青田和湖北天门的旅法群体较为特殊，前者以经营石品为主，后者以贩卖纸花为营，这两地人几乎大多同时由陆路到达欧洲。他们知识水平有限，当时的移民心态是随遇而安，一切唯命是从。他们对欧洲各国的诸多情况不甚了解，对将赴之地的风俗、语言，更难以谈及有所了解，完全是一副冒险家的样子。[②]

在此时期，由于居法的华人数量很少，中国人留给法国社会的深刻印象大多以其个体的存在为主，法国人对他们"族裔属性"的认知并不清晰。法国社会还没有认识到，在法国社会中会存在这样一个与之有着巨大的文化习俗与传统差异、后来不断壮大的"少数族裔"。

华人较大规模地出现在法国领土上，始于第一次世界大战时期。当时进入欧洲的中国人基本上是以工人的身份被招募至法国和英国去工作的。[③] 战

---

① Jean-François Doulet et Marie-Anne Gervais-Lambony, *La Chine et les Chinois de la diaspora*, Paris: Atlande coll. «Clefs concours», 2000, p. 221.

② 在这一时期，华人移居法国的规模小，且没有组织性，远远落后于美洲、大洋洲等地。华人社团组织在此后数十年内才鲜有显露。第一次世界大战之前，华人在法国主要以经营小本生意为主，且在法国社会中留存的形象也不好，后来逐渐有部分人进入工厂工作或开设洗衣店。战争爆发后，法国经济不景气，社会动荡，中国驻法使馆不得不筹款将华人依次遣回，但仍有人继续留在法国。相关资料参见张宁静著：《法国华侨概况》，台北：正中书局，1988 年版，第 42 ~ 43 页。

③ 第一次世界大战爆发时，中国最初采取中立政策，随后在英、法等国家的压力下对以德国为首的"同盟国"宣战。但民国初年，中国本身并不稳定，而且以当时之国力，也无力派兵，所以虽然宣战却并无实力支持。当时，英国、法国等"协约国"都已是拥有发达工业的国家，在战前人力资源就已不足，故时常向他们自己的海外殖民地征调人力，战事爆发之后，这些国家更感人力不足。为解决这一问题，法国除了加紧向殖民地征调人力外，也想到使用外国劳力来补充由于参加战争而缺乏的本国劳动力，并将主意打到中国头上，向中国提出劳工赴法的提议，后来得到中国政府的支持。"华工"一词也就是在这一时期出现的。1916 ~ 1918 年，法国政府雇用的华工约为 4 万人，而英国则达 10 万人左右。中国决定派华工出国的目的，除了当时中国社会上有大批多余人力外，还有其他考虑：一是扩张生计。民国初兴，列强虎视，民生凋敝，派遣华工出国可以解决部分社会问题。二是输入实业知识。华工在外习得一技之长，返国后或可影响社会。三是改良社会。中国民俗多有与社会不合的地方，华工在外耳濡目染返国或可裨益民风，改良不习俗。远赴法国的中国工人被雇用于各种各样行业——建造防御工事、清洁道路、装卸港口货物、生产军需品，甚至包括掩埋战死于前线的士兵尸体等，华工并不直接从事战斗任务，但工作区域遍布全法国，多在矿场或承担运输任务，即便是工作岗位在战争前线的，也多为挖掘战壕及托运辎重，所以直接死于战事的甚少。相关资料参见张宁静著：《法国华侨概况》，台北：正中书局1988 年版，第 44 ~ 45 页。

争结束以后，由法国招募的华工绝大多数被遣送回国，只有大约 3000 人留在了法国生活，他们大部分来自山东、河北、湖北和安徽等地，其中约有 2000 人被雇用在冶金行业工作，其他人则在巴黎郊区在机械与飞机制造行业中工作。[1] 华工留欧是当时中国人规模最大的一次向欧洲移民。由于留在法国的华工总体数量不多，而且就业、居住等较为分散，当时在法国还是很难见到中国人的。在法国的许多档案中，对当时法国人对华工的印象多有描述，其中相当一部分是很负面的。彼时，被雇用在法国工作的中国劳工不但报酬低，也时常受到当地法国人的歧视。[2]

中国知识分子进入法国，当以第一次世界大战后在中国兴起的"赴法勤工俭学运动"为最，规模亦大，他们也提高了中国人在当地的形象与地位。20 世纪 20 年代初，大约有 2000 名勤工俭学的中国年轻人来到法国。[3] 实际上，早在 20 世纪初，就已有人到过欧洲其他国家尝试半工半读的特殊生活。比如，1904 年至 1906 年，吴稚晖在英国、蔡元培在德国柏林、李石曾在法国等。到 1912 年时，"勤工俭学"体制趋向成熟，中国政府决定在北京设立一个官方机构，取名为"赴法勤工俭学会"。从史料记载来看，"勤工俭学"并非完全是中国方面的意思。在第一次世界大战后，法国人很快就明白了，对于一个西方国家来说，确保东方学生的培养与训练，尤其是对之进行工业方面的培训，会在多大程度上有利可图。因此，战争一结束，着眼于上述目标，法国人便向很多中国学生提出为他们到法国学习提供帮助。"法国的这一创举，反映了来自法国方面的一种意识的兴起——一个发达国家通过向一个显然正在经历工业化的国家出口工业技术，能够获得诸多利益，对于经过挑选且有限制的移民的需求，可能会成为经济与技术辐射的一种完美的政策工具。"[4]

---

[1] Lynn Pan, *Encyclopédie de la diaspora chinoise* (traduit d'en anglais), Paris: Les Éditions Du Pacifique, 2000, p. 311.

[2] Nora Wang, *Émigration et Politique: Les étudiants-ouvriers chinois en France (1919 – 1925)*, Paris: Les Indes Savantes, 2002, p. 22.

[3] 鸦片战争以后，"洋务运动"在中国的兴起，以及受"中学为体、西为学用"、"师夷长技以制夷"等思想的影响，清廷政府开始有意识地派国人出洋留学。光绪初年（1875 年），李鸿章派学生 7 人赴德国学习陆军，次年又有 30 余人由福州船政学堂被派往法国和英国学习造船。这些举措，在客观上加速了由官方组织而实现的中国人向外移民的浪潮，此后并在一定程度上形成了风气。相关资料参见张宁静著：《法国华侨概况》，台北：正中书局 1988 年版，第 40～41 页。

[4] Nora Wang, *Émigration et Politique: Les étudiants-ouvriers chinois en France (1919 – 1925)*, Paris: Les Indes Savantes, 2002, p. 19.

在法国期间，大部分勤工俭学的中国学生并不把自己仅仅看作正在接受技能培训的劳工，而更倾向于把自己当成正在走向没落的帝国所提供的奖学金的受益者。他们把很多勤工俭学的举动仅当作政治需求，尤其是对于受过教育的中国年轻人而言，是一种将"工作"与"学业"连接起来的潮流，并抱有通过劳动来资助学业的想法，跟在中国一样把劳动与作为知识分子的活动联合起来。①

第二次世界大战以后，很多早年在法国居住的中国人（其中包括很多商人）又选择携家带口地回到了中国。尤其是在新中国成立以后，很多知识分子、教师及工程技术人员，为了建设新中国而回到中国。20 世纪 50 年代中期以后，法国的华裔人口开始相对较为稳定。1964 年中法两国正式建交后，法国允许那些已在法国定居的中国人的家人移民法国，此后又有很多中国人来到法国。20 世纪 70 年代末，中南半岛政局变动，很多生活于此的华侨因政治问题纷纷远走他乡，有十二三万中国人冒着九死一生的危险，用尽了各种办法从中南半岛来到法国。他们的到来，繁荣了法国的华侨社会，也繁荣了法国的商业活动。② 自 20 世纪 80 年代初中国对外开放以来，先后有不少中国人来到法国，尤其是近些年以留学生为主体的来法新一代越来越多。

新一代华人总体来说很好地融入了法国社会，但也没有抛弃他们原有的母文化，更是有意识地借助于多种机会和场合来宣扬和传播中国文化，促进了中法双方的互相认知。③ 法国社会对中国人的认识原本是很模糊的，但随着华人社区的逐渐壮大，他们开始有机会以更近距离、更真实的方式来感知和体验中国文化。

---

① Nora Wang, *Émigration et Politique*：*Les étudiants-ouvriers chinois en France* (1919 – 1925)，Paris：Les Indes Savantes，2002，p. 23.

② 这批新到法国的华侨人数众多，在思想及能力上都与早期移入法国的华侨很不相同。有些人在原居地已经有很大的事业，或者已经具备了谋生的专长。同时，在受教育的程度及视野方面，都比早期的华裔侨民要好，所以这批新来的华裔迅速地融入法国社会各行各业。法国华侨把早期移入的华侨称为"老侨"，后来的称为"新侨"。但实际上"新侨"、"老侨"都是一样的，只不过移入法国的时间有早有晚而已。"新侨"的生计可以说五花八门，几乎每一种行业都有人参与，有人投资成衣业、贸易、印刷业，以及其他生产事业，也有人从事商业或自由职业，但大多数人仍然以餐饮业为主。直到目前，餐饮业仍旧是法国华人谋生的重要行业。相关资料参见张宁静著：《法国华侨概况》，台北：正中书局 1988 年版，第 49～50 页。

③ 德特里著，余磊、朱志平译：《法国—中国：两个世界的碰撞》，上海：上海世纪出版集团、译文出版社 2004 年版，第 88～89 页。

如上所述，法国的"华人社群"具有多元来源，其成员在背景、语言、习俗、观念等方面，表现出很大的差异。不同代际的华人先后出现在法国社会中，是一个有着深刻的历史背景的长久过程，这一过程既与中西方（尤其是法国与中国）间的历史文化交流有关，又与世界格局的变化相连，既有个体的移居，又有群体的迁移。

对于早年移民法国的华人来说，教育是延续其民族文化的根本办法。不论中国人走到世界什么地方，大家都会一致关心文化的延续，以及海外华人的文化认同问题。在法国人看来，华人社区里的"中国人"始终把持着自己独有的文化认同，并将之作为自己的文化遗产。[①] 也正是因为这样，他们的文化实践，成为法国老百姓认知中国文化的重要来源之一。

值得注意的是，老一代华人移民及其子女早已成为法律意义上的法国公民，是"法国人"，但他们对"自我"的族裔与文化认同仍然是"华人"。在其他法国人眼中，他们虽是"法国人"，但更直观的认知也是将之视作"华人"、"中国人"。不过，在那些旅法学习、工作、生活的新一代中国人眼里，他们又是"法国人"。而且，新老代际之间的华人在对中国文化的表达方面各有不同，既呈现了中国文化的多元形态及其时代变迁，也影响了法国人对中国文化与文化中国的理解与认知。

二　里昂的华人与华人社区

作为著名的"丝绸之都"，数个世纪以来，里昂与远东有着长期的贸易往来。里昂是最先与中国这个东方大国建立经贸、文化联系的欧洲城市之一。自 16 世纪起，里昂从未间断过与中国的交流，尤其是自 19 世纪中期以来，与中国的文化和知识交流更是异常频繁。从那时起，中国就成为里昂丝绸业最大的原料供应地之一，当地很多商人在法国培养起了一种有关东方、亚洲和中国的商业需求与文化品位，他们在亚洲市场上购买了大量优质的生丝或丝制品。[②] 在此期间，里昂工商会（Chambre de commerce et d'industrie de Lyon）在这一交流过程中起到了主导性作用。据记载，在各地区工商会一致同意下，里昂工商会还曾派出由皮拉（Ulysse Pila）率领的里昂特别使

---

①　François Laplantine et Alexis Nouss, *Le métissage*, Paris：Flammarion, 1997, p. 46.

②　Arthur Kleinclausz, *Histoire de Lyon*（tome Ⅲ, de 1814 à 1940）, Lyon：Librairie Pierre Masson, 1939, pp. 279 – 297.

团于 1895 年至 1897 年间访问过中国南部。①

早在 20 世纪初，就有中国人大规模地出现在里昂社会中，如今这段历史已有百年之久。华人在里昂聚居区的形成也已近半个世纪。

（一） 里昂"中法大学"

谈到里昂的华人社群，还有一段不得错过的历史，即"中法大学"（Institut franco-chinois）在里昂办学的 20 余年。中法大学成立于 1921 年 7 月 8 日，1921 年至 1946 年设在位于里昂第五区的圣依雷内（Saint-Irénée）城堡内。② 中法大学停办后，整个城堡被里昂大学收回作为学生宿舍。③ 2014 年，里昂中法大学博物馆在此院中的一座独立建筑内落成。

里昂中法大学旧址

19 世纪末 20 世纪初，西方列强的侵略，以及因种种原因而受到的战争创伤，让当时闭关锁国的中国清醒地意识到了自己危险的现实处境，觉悟到

---

① Annick Pinet, Danielle Li, *L'Institut franco-chinois de Lyon*（《里昂中法学院今与昔》）, Institut franco-chinois de Lyon, 2001, p. 6.

② 圣依雷内城堡主要是学生们的生活居所，但也有部分课程安排在这里，更多的专业课程需要到城中其他院校选学。学校也配备了图书馆、实验室、会议室等辅助设施。

③ 如今，这里是由法国政府下设机构 CROUS 管理的大学生宿舍，名为阿里克斯公寓（Résidence André Allix），住着包括中国留学生在内的里昂各高校的在校生。

向西方学习的必要性与紧迫性。与此同时，中国国内"西学中用"思潮的高涨，使得探索寻找西方现代化教育体制模式，成为当时部分知识分子紧扛在肩的任务。从在上海最先创立传授西方语言及科学技术的学校，到意识到"知识救国"的捷径是直接派遣青年学生去西方国家，领悟其"科学"的真正内涵，诸多先贤进行过很多有益的尝试。

鉴于上述背景，在留法勤工俭学运动期间，蔡元培、李石曾、吴稚晖等知识分子产生了要推动建立一所由中法两国共同主持的大学的想法，而且他们还主张要求法国政府使用一部分庚子赔款来办这所大学。1919 年，在华法教育会①的建议下，李石曾、张继、蔡元培等人赴里昂考察选址。最后，里昂被选定为建校之地。时任中国驻法国公使陈箓曾这样写道："选择里昂这座美丽的大城市是完全正确的。里昂是法国的第二大城市，但在中法贸易交流方面却首居第一。"② 当时选择里昂的原因主要有：里昂与中国的文化和经济交往历史悠久；地域文化环境独特，自 1900 年起，里昂大学就开设了中国语言文化课程③；里昂高校体制完善，学科种类齐全，师资良好；政治环境有利，里昂较少有革命的政治气候，学生在那里可以摒弃所有与学习无关的活动。④

1921 年 8 月 9 日，法国通过政府公报刊登了中法大学正式成立的公告。⑤ 根据法国的相关制度规定，中法大学由中法大学协会（Association

---

① 华法教育会（Société franco-chinoise d'éducation）于 1916 年 6 月 22 日在巴黎成立，是一家中法学者文化教育学术团体。由蔡元培、李石曾与数十位法国学者等共同创建，首任会长为蔡元培与索邦大学教授欧乐（Alphonse Aulard）。该会宗旨为"发展中法两国之交通，尤重以法国科学与精神之教育，图中国道德、智识、经济之发展"。相关资料参见张允侯、殷叙彝、李峻晨：《留法勤工俭学运动》（一），上海：上海人民出版社 1980 年版，第 76 页。

② *Letter de CHEN Lu*, Ministre de Chine, publiée dans les *Annales Franco-chinoises*（《里昂中法大学季刊》），no. 1, p. 8, mars 1927. Consulté à la Bibliothèque municipale de Lyon.

③ 在里昂工商会的合作和支持下，里昂大学早在 1900 年就开办了中文教学，并于 1913 年设立了第一个教授中国语言和文化的大学教师职位。但是，当时的汉语教学是被纳入所谓的"殖民地教学"（enseignement colonial）计划当中的。

④ 根据里昂中法大学博物馆相关文字说明，时任华法教育会副主席穆泰（Marius Moutet, 1876 – 1968）和时任里昂市长埃里奥（Édouard Herriot, 1872 – 1957）在选址里昂的决定中起到了重要作用。

⑤ 1918 年第一次世界大战结束后，法国士兵逐步复员，军工厂先后关闭，法国社会失业率不断上升。到 1921 年，留在法国勤工俭学的学生面临的生存困境越来越大，勤工俭学运动被迫彻底中断，可是他们仍然想继续学习。此时，旅法勤工俭学的学生听闻创办中法大学的计划，曾经希望能够进入该校学习，并于 9 月到里昂请愿。但法国方面拒绝接受那些已经在法国的学生，坚持中法大学只从中国进行考试和招生，还关押了请愿的中国学生，并将之遣送回国。

universitaire franco-chinoise）具体管理。在建校之初设立的章程中，第一条就明确规定，里昂中法大学的校长由中国人担任。[①] 同年 9 月 24 日，第一批经过考试录取的 127 名新生抵达马赛（其中，女学生 13 名，男学生 114 名），次日到达里昂正式成为里昂中法大学的首届学生。我在里昂市立图书馆里，找到了刊登在里昂《进步报》（*Le Progès*）1921 年 9 月 26 日头版右侧的一篇文章，题目为《欢迎你，中国朋友!》（Hoan yin ni ! Amis chinois !），欢迎的就是首批到达的中法大学的学生。

经济和意识形态方面的考虑，似乎永远都是一种动机和目标。里昂中法大学的设立，就中国而言，是为了培养人才。作为一所建在海外的中国大学，中国希望能让年轻的中国学生接触西方文化和教育，掌握现代科学技术以填补中国在这些方面的空白。[②] 而法国人对此也有自己的"小算盘"，他们是要向中国输送现代化的科学知识与技术，把目标定位在有利可图的经济发展上，甚至是政治谋略方面，并希望这些中国学生回到中国后，能够进入中国的管理阶层，成为联结中法之间的"连字符"。[③] 这样的目标不但折射出上文提及的法国向外输出工业与技术并培养人才能为之带来的巨大利益，而且也反映出法国人认知中的中国一直是落后的形象，并以为她永远都需要帮助。[④] 对于法国来说，当时的里昂中法大学是一个巨大的文化教育合作工程，她承载着很多的想法。借用时任里昂中法大学的秘书总干事、里昂大学的第一位中文老师库朗（Maurice Courant）的话来说，"我们在播种未来"。[⑤]

[①] «Règlement de L'Institut franco-chinois de Lyon», in Yann Philippe, *l'Institut franco-chinois, un exemple réussi de collaboration en éducation*? mémoire de maîtrise, sous la direction de Mme Christine Cornet, Université Lumière Lyon 2, 1998, p. 252.

[②] Annick Pinet, Danielle Li, *L'Institut franco-chinois de Lyon* （《里昂中法学院今与昔》）, Institut franco-chinois de Lyon, 2001, p. 5.

[③] Maurice Courant, «L'institut franco-chinois: suite et fin», dans *Bulletin des soies et des soieries* (*BSS*), 12/03/1921, in Yann Philippe, *l'Institut franco-chinois, un exemple réussi de collaboration en éducation*? mémoire de maîtrise, sous la direction de Mme Christine Cornet, Université Lumière Lyon 2, 1998, p. 23.

[④] «L'Amitié franco-chinoise», A. Vicard, in *La Vie Lyonnaise* (*VL*), 3è année, no 67, 10 décembre 1921, p. 22, in Yann Philippe, *L'Institut franco-chinois, un exemple réussi de collaboration en éducation*? mémoire de maîtrise, sous la direction de Mme Christine Cornet, Université Lumière Lyon 2, 1998, p. 22.

[⑤] «Par dessus la grande muraille de Chine: coup d'oeil sur les intérêts français en Chine», dans *Sud-Est Répulbicain*, 28/11/1921, in Yann Philippe, *L'Institut franco-chinois, un exemple réussi de collaboration en éducation*? mémoire de maîtrise, sous la direction de Mme Christine Cornet, Université Lumière Lyon 2, 1998, p. 22.

　　由于政治、资金等诸多问题，1946 年为里昂中法大学最后一个注册学年。从 1921 年至 1946 年，该校先后录取了 473 名学生（其中包括 51 名女性）。① 里昂中法大学停办后，一直有人想重办。在各方面的积极配合下，自 1978 起，对中法大学深有感情的一部分人开始酝酿筹备重建里昂中法大学。经过一番努力，1980 年 2 月，"里昂中法交流学院"（Institut lyonnais d'échanges franco-chinois）以社团组织的名义正式成立。新机构被命名为"里昂中法交流学院"也是为了区别于当年由两国共同主持的中法大学。鉴于新旧两个机构负有相同的文化教育使命，学院在成立第二年便更改了名字，法文名称重新采用具有历史意义的称谓"Institut franco-chinois"，而中国名称则为"中法学院"。② 此时，这位沉睡了长达 30 年之久的中法文化教育使者再换新颜，其目标和任务一如既往：帮助培训中国青年使其成为国家骨干力量。③ 但新机构已与往昔的中法大学不同，作为一个民间的协会组织，她再无过去那般动员能力，只是着重于两国间地区性的交流，其经费来源则主要是个人捐款。曾经参与中法学院重建并出任学院秘书长多年的李尘生老师④告诉我，重建之初，学院主要接待到里昂访问的医学学者，每年大约有 30 名，后来专业领域逐步扩展到理工学科及人文社会科学等。

---

① 里昂中法大学的学生在里昂各大院校中学习理科、农科、文科、工科、医科、法科、商科、电科，以及实业、纺织、化工、飞机制造、音乐、美术等诸多专业。大多数学生通过论文答辩、获得学位，完整地结束了学业，其中有 125 人完成了博士学位论文。相关资料参见李尘生编《里昂中法大学海外部同学录》，里昂市立图书馆藏资料，1987 年；Jean-louis Boully, *Catalogue des thèses de Doctorat des étudiants de l'Institut franco-chinois*, Bibliothèque Municipale de Lyon, 1987。

② Annick Pinet, Danielle Li, *L'Institut franco-chinois de Lyon*（《里昂中法学院今与昔》），Institut franco-chinois de Lyon, 2001, pp. 50, 52.

③ Parole de professeur J. -F. Cier, Doyen Honoraire de la Faculté Mixte de Médecine et de Pharmacie de Lyon, in Annick Pinet, Danielle Li, *L'Institut franco-chinois de Lyon*（《里昂中法学院今与昔》），Institut franco-chinois de Lyon, 2001, p. vii.

④ 李尘生老师 1927 年出生于北京，父亲为早年中法大学音乐学专业的学生，母亲为法国人。在她 30 岁时，几经周折，全家迁往法国，同其外祖父母住在一起。47 岁时，她进入里昂第二大学教授汉语，后又成为里昂第三大学中文系的负责人。里昂中法大学的重建是 1978 年 11 月在武汉召开的第六届中华医学会外科年会上提出来的。当时，来自里昂的医学教授马来基（Pierre Mallet-Guy）与范秉哲（北京）、刘崇智（昆明）、石毓澍（天津）、曹清泰（合肥）等几个早年中法里昂大学的学生表达了希望能够重建里昂中法大学的愿望，马来基教授回国后便开始与相关部门联系此事。李老师参与了当时所有的重建工作，并任秘书长多年，全面负责中国交流学者的进修事务，包括法语培训、相关行政手续办理等。

里昂中法大学的中国学生应当算是第一批大规模出现在里昂社会里的中国人。作为年轻的知识分子，他们拥有强烈的与法国当地社会交往的愿望，与法国当地社会在所谓的“知识”领域内有着很好的沟通与合作，而且他们比较成功地融进了法国部分知名的知识分子圈内。[①] 中国学生和里昂人相处融洽，他们对法国社会与文化的方方面面表现出很大的兴趣，也乐意跟里昂人分享自己的文化习俗。总体而言，中国留学生给里昂人留下了很好的印象。

尽管中法大学的中国学生作为一个群体并没有在里昂社会中持续存在下去，但是他们在中法之间尤其是里昂与中国之间的人文交流中是永不能被遗忘的。直到今天，中法里昂学院依然持续推动着里昂与中国之间的学术交流，并通过双方之间的人员与业务往来，不断地更新着法国人对中国的文化认知。

（二）里昂“中国城”

里昂的华人社区壮大于 20 世纪 70 年代，第一代大规模的华人移民是 1975 年从越南来此定居的华裔。[②] 他们主要聚居在位于第七区的 Guillotière 地铁站附近，在罗纳（Rhône）河的左岸，法国人喜欢用“quartier chinois”来称呼，而生活在当地的华人则喜欢称之为“中国城”。直至今天，里昂“中国城”的华人依然以这批老一代移民及其后代为主。后来移居里昂的新一代华人基本上没有形成聚居区。

“中国城”延展于马塞路（Rue de Marseille）、牧师路（Rue Pasteur）、巴塞路（Rue Passet）等街道两旁交织辐射的街区，其中有 50 余家华人经营的各类店铺。几乎所有的中餐馆或华人超市[③]、杂货店、旅行社、影像店等商铺招牌上，都写有几种语言，比如中文、法文，有的还包括越南语、泰语等。在里昂，华人经营的商铺大多集中在这一区域。另外，在第八区及与里

---

① 比如，张若名的博士学位论文以作家纪德（André Gide）为研究对象，他们二人之间也形成了比较好的关系；戴望舒离开里昂到巴黎以后，跟那里很多法国有名的知识分子都比较熟，马尔罗还为他提供过经济上的帮助。这些都可在里昂中法大学的档案中找到当时的通讯信件，可以作为佐证。Yann Philippe, *L'Institut franco-chinois, un exemple réussi de collaboration en éducation?* mémoire de maîtrise, sous la direction de Mme Christine Cornet, Université Lumière Lyon 2, 1998, pp. 126 – 127.

② 相关资料可参见：《L'Asie au coeur du 7ème», *Lyon Quartiers*, décembre 2000, pp. 24 – 25。

③ 比如协兴、金塔、大金塔、新金塔、坤记士多等。其中，金塔、大金塔、新金塔等超市由同一家族的兄弟姐妹经营，彼此相隔不远。

昂紧密相邻的市镇韦尼雪（Vénissieur）西北部街区一带，还有一个以几家中国食品超市、杂货店和中餐馆为主的华人聚居区。其中，"巴黎超市"（Paris Store）是整个里昂地区规模最大的亚洲食品超市。在"中国城"之外，也有很多中餐馆遍布里昂城区各处，而经营中国与亚洲食品的超市则在华人聚居区之外几乎看不到。

里昂华人社区的中国超市

"中国城"的诸多商业活动并非仅仅面向华裔群体，还包括当地的法国人。很多法国人会在这里采购日常生活的食材，以及其他一些生活用品，也会通过这里的旅行社报名参加远赴中国的旅游，等等。

里昂还有一部分华人商店主营中国的一些工艺品与家具装饰物等，它们散落在华人社区以外的地方。比如，位于第二区的中艺家居装饰（ChineArt）主营各类家居装饰品，店中商品可谓琳琅满目；位于第四区的博园（Comptoir Chinois）经营范围除家具装饰品外，还有各类服饰、书画作品、武术器械、中医器具、茶具，以及很多法国人喜欢的中国传统游戏"麻将"等。

在里昂的华人社区中，活跃着多个华裔群体自己的社团组织。其中，成立时间最长、规模最大的是里昂华裔联谊会（Association des Chinois d'Outremer①，成立于 1979 年），它既作为互助团体服务于社区内的诸多华裔，又肩负着促进年轻一代华人接受中国文化教育、传承族裔文化的责任。恰如库什（Denys Cuche）所言，着眼于团结与互助关系的维系与再造，离散群体（diasporas）通常会在地方或区域层面上建立社团、宗教或文化机构。② 在法国这样一个公民结社十分活跃的社会里，华人社团组织也成为他们参与社会互动的重要凭借。

三 中餐馆在里昂

饮食文化向来是每一个民族文化最值得引起注意的名片之一。人们对一种民族文化的了解也往往是从其饮食开始的。同样，中餐是法国人了解和认知中国文化的重要凭借。③ 遍布城区各处的中餐馆则是法国人体验中国文化存在的重要符号。

恰如移居世界各地的华人华侨，生活在法国的新老一代华人同胞都有人以餐饮业作为主要的营生。在里昂及其周边地区，中餐馆到处都是，在街头漫步，不经意间就会在某个拐角处或街道旁边，发现一家中餐馆或快餐店。实际上，有些所谓的中餐馆，虽然饭馆名称保留了中文表达与中国特色，但所提供的饭菜早已不是真正的中餐，而是被多种饮食文化"改良"后的产物。

作为在空间与感官上最为直接地表达中国文化之存在的符号，中餐馆在外显的文化表征方面具有两大特色，很容易让人辨识其身份。

一是中餐馆的颜色。观察所有的中餐馆，不难发现，其店铺招牌、门面

---

① 在法文中，"Outre-mer"（海外）的含义是指本土在大海或大洋之外延伸的部分，意即本土在海外的延伸，其本质是强调"作为本土的组成部分"。尽管里昂华裔联谊会的中文名称未使用"海外"二字，但其法文名称 Association des Chinois d'Outre-mer 使用了"Outre-mer"一词，似乎是保留了上述含义。由于社团组织法文名称的表达，作为社团组织成员的诸多华裔会被视作当代中国在法国的延伸。由此，也会影响他们在法国社会中被接纳的程度。

② Denys Cuche, *La notion de culture dans les sciences sociales*, Paris: La Découverte, 1996, p. 139.

③ 在法国社会中，流传着一个"所有中国人都特别喜欢吃狗肉"的说法，在视狗为家庭宠物乃至重要家庭成员的法国人看来，这种风俗实在是难以接受的。不过，显而易见，这不是事实。尽管很多到过中国的人也会现身说法对此谣言予以否认，但这种想象性话语就那么真实而又自然地在社会中蔓延着。其实，对于那些切身接触过中国的人来说，他们个人的中国经验，可以有效地在个体层面上解构他们所了解到的有关中国的"刻板印象"，却难以在社会上改变更多人对中国的"刻板印象"，更难以改变一部分人对中国根深蒂固的偏见，及其先入为主的审视立场。

设计等外在形象的主色调基本上为红色与金黄色。在典型的中式招牌设计中，红色多为底色，金黄色则用于餐馆名字的书写。餐馆内的装饰也常见这两种颜色。这在很多人眼中即为中国文化的代表色组合。有时候，在街头远远寻见一处红色的招牌，走过去十有八九便是一家中餐馆。这样一种形象设计中的颜色呈现，对于华人而言是对自己母文化传统的敬意及表达，而对于法国人而言，却似乎是在提醒着人们自 19 世纪末以来西方社会所流传的有关"黄祸论"与"赤祸论"的种族主义歧视的论调。红色与金黄色是中国文化的代表性符号，而西方社会却将之用于表达污蔑、诋毁之意。

位于里昂 Part-Dieu 商业中心的中餐馆

　　这两种颜色形成了两套反差极大的意义表征系统，一方借以表达自己的文化认同，另一方却用来表达对"他者"的负面态度。在某种程度上，红色和金黄色始终呈现在法国社会对中国之文化想象的底片上，是"想象中国"的基本色调。置身于这样一种日常的文化空间内，中国负面的文化形象又何时能够得以扭转呢？但问题不在于华裔群体自身，总不能让他们放弃对自己传统文化的传承吧？而对一部分习惯于负面地看待中国的法国人来说，他们更不会放弃对这一文化符号的利用。

　　二是中餐馆的名字。在中餐馆的招牌上，往往标记着至少两种语言的名字，其中以中文和法文的组合为多。就中法文名字来说，大部分中餐馆两种语言的名字在语义上没有一致性，而且差别很大。在我看来，中文名字表达了餐馆主人所寄托的中国文化意韵，而法文名字则是为了适应法国传统，甚至是为了取悦于法国人，展示了中国文化的异国情调。比如说，有一家中餐馆中文名字为“皇城酒楼”，而法文名字则为“Palais du sourir”，意即“笑宫”；还有餐馆取法文名为“Royal Jean Jaurès”，意思是说“Jean Jaurès 路上的皇家酒馆”，但中文名字则为“食为先酒家”；名为“Jardin Indochine”（意为“印度支那花园”）的餐馆，同时也叫“一路发大酒家”；“法国里昂金华园酒家”的法文名字则为“金宫”（Le Palais d'Or）；“汉朝酒店”的中文名字则对应着在法文中人们熟知的“Au Mao”（意即毛氏酒家）；“La Chine”餐馆则叫“新华酒家”，等等。

位于里昂第三区的中餐馆

在里昂第七区，有一家名为“金山快餐”（La Colline d'or）的中餐馆，主人姓杨，是早年从柬埔寨移民到法国的华人。杨先生的父亲5岁时随其父辈从中国到了柬埔寨，后又来到法国。金山快餐的内外装饰跟其他人家一样，非常中式：红色与金黄色的主色调，用中法文写就的招牌；走进餐馆，墙上挂着很多中国绘画作品，柜台旁边供着财神，环境幽雅，古香古色。餐馆的名字是杨先生的父亲定下的，源于他在文化上的"根"，是他对自己中国故土的怀念。在商定餐馆的法文名字时，他们没有另择他名，而是依照中文意思，直接取了翻译后的名字。受其父亲影响，杨先生想把餐馆经营得很"中国"，不但要做尽可能地道的中国菜，更要以餐馆为介向当地社会展示一种地道的中国文化礼仪。在诸多法国食客眼中，从杨先生的言谈举止和待人接物的礼节上看，他很是"中国"。由于种种原因，杨先生曾在各类身份证件上，继承了母亲的姓氏，而非父亲的"吴"姓，这使得他那位中国传统文化观念十分强烈的父亲很不高兴。为此，杨先生尝试着改成"吴"姓，但因手续太过复杂、漫长，且未必有结果，终而作罢。

尽管出生在柬埔寨，但每当有人问起他的祖籍，杨先生从来都是说自己是中国人。在法国，华裔群体的文化身份是非常复杂的。像杨先生这样出生在东南亚，成长在一个传统的中国家庭里、工作生活在法国的华人非常多，尤其是那些 20 世纪 70 年代移民来到法国的人。在自己的内心深处，他跟父亲一样，认同着自己的中国"根"；但对于自己的出生地柬埔寨来说，那也是自己在文化上的一种归属。如今在官方身份上已是法国人的他，处于中国文化、柬埔寨文化和法国文化三种文化身份之间，其文化认同是很复杂的，虽然中国文化身份总是占主导地位——这一点，在他父亲身上体现得更加明显。

杨先生一家在文化认同方面的三种倾向也体现在餐馆印有三面国旗的名片上。居于名片底层的是法国的三色旗，成为整个名片的背景图案，左上角印有中国国旗，右上角则是柬埔寨国旗。从"左为上"的中国观念来看，在这一家人心目中，其文化上的中国"根"还是非常强烈的。但毕竟人在法国，眼前的一切都是法国，这种心态从法国国旗在名片中的位置来看，一目了然。这也正是杨先生所说的，虽然他打内心深处认同自己的中国"根"，可是这最多也就有百分之九十的分量。不过，这比起很多同样开中餐馆的越南裔和柬埔寨裔来说，他自己已经很"中国"了，那些人最多只有百分之二十的"中国"，因为他们没有中国"根"。虽然他们的餐馆叫"中餐馆"，其实毫无中国文化的根源在其中，只能说是他们可以提供些在法国人看来叫"中餐"的食物。据我了解，"金山快餐"是里昂仅有的两家中西文名字相一致的中餐馆之一。另一家餐馆名叫"中国城"（Chinatown），在里昂地区共有 3 家分店（其中一家分店取外文名为 New China）。

中餐馆主色调集中以红色与金黄色两种颜色为主，既是华人自我文化认同的一种自发性的表征，又在某些程度上回应了法国人对于中国文化的想象，凝固了他们的想象性表征。而中餐馆名字的差异，则阐释着华人在文化认同上的一种错位与差异认同的趋向。这也表现为本源文化与离散文化的一种差异。

从中餐馆落户法国开始，中餐文化面向法国人饮食习惯的本土化就随即开始了，其中变化的很多都是烹饪方式和进食方式。诸多中餐馆在维系基本的中国元素之后，以更适应于法国人饮食习惯为目标，在口味、用餐方式等方面进行了诸多改良。这一层面的本土化适应尤其出现在老一代华人移民身上。而如今，新一代（尤其是 20 世纪 70 年代末以后在中国出生、后移居法国的一代）所经营的中国饭馆，虽然也会进行本土化适应，但变化的可能更多地表现在用餐方式方面（比如提供刀叉等餐具），就其菜品的口味而言，他们更希望的是保持中国饮食的"原汁原味"。甚至，有些餐馆还会进一步区分和突出中国饮食文化的地方特色。比如，有的主打以麻辣为主的川菜系饮食，还推出火锅系列，有的则突出北方的饮食文化，专攻饺子、面条等特色面食。[1]

即便是这些从事餐饮业的新一代华人也非常愿意做法国顾客的生意，但他们更愿意让法国人以中国人的方式进食，让他们体验地道的中国饮食文化。从某种意义上讲，他们强调的是让法国人了解真正的中餐及其背后的饮食文化，而非牺牲中国饮食文化的一部分本真性，去迎合法国社会的需求。前者是一种"自我展示"，而后者则是一种"自我改变"。

在这样一种情境中，中国饮食文化保留了自己的主体性特色。当然，我们还应当看到的是，新一代中餐馆目前主要的顾客群是当地的中国留学生和毕业后留在当地工作的中国年轻人，满足了他们对家乡味道的思念。这个群体庞大，足以能够支撑得起那些饭馆的生意。而大多数法国人一时间还适应不过来。尽管他们也非常喜欢中国饮食，甚至到中国旅游期间会尽可能地尝试各种美食，但若从日常生活的饮食实践来看，他们更倾向于"法国化"了的中餐。也正是出于这样的习惯，越来越多的法国人会去"中国城"采购中国食材，然后在家里照着菜谱或根据自己在中餐馆就餐的经验，做（发明）自己的"中国菜"。可以说，中国饮食文化正在以另外一种方式重

---

[1] 还有人专门做饺子外卖生意，并以微信、推特、脸书等社交软件作为推广工具与销售渠道，市场潜力也非常大。

新进入法国社会，改变了老一代华人移民在当地构建的中国饮食文化的形象。很多人在品尝了新一代中餐馆的饭菜后表示，他们开始重新认识中国餐饮文化。而且，由于中餐普遍物美价廉，很多法国人愿意在那里就餐，甚至是宴请宾朋。

以中餐文化为代表的中国文化在法国社会中的本土化，既是华裔群体面向法国社会的主动适应，又有法国社会对他们所把持的中国离散文化的"内化"。①

第二节 以中国文化为纽带的社会网络

在里昂，人们并非只有在华人社区或中国食品超市、中餐馆等场所能够接触到中国文化，也并非只有远赴中国才能够近距离地"发现"中国。活跃在当地的以中国文化为纽带而结成的社会网络成为法国人了解中国文化的另外一种凭介。

一 社团组织

法国是一个拥有众多社团组织（association）的国家。早在1901年，在瓦尔德克-卢梭（Pierre Waldeck-Rousseau）的努力推动下，法国在其本土及海外殖民地的几乎绝大部分地区（Bas-Rhin，Haut-Rhin，Moselle三个省除外），颁布施行了《非营利社团法》（Association Loi de 1901，又译为《协会组织法》）。根据这项法律，社团组织（或协会组织）作为在两人或多人之间自由建立的一种常设性社会组织，其本质表现为一种社会契约，各成员所认可的组织使命及其共同开展的活动均以非营利为目的。社团组织可以有一定的盈利，以维系其自身的运转，并在税收方面享受一定的优惠政策，但

---

① 阎云翔在全球化与本土化的双向互动中探讨了麦当劳在北京的适应性发展。他指出，若干年后麦当劳"美国化"的形象必然会成为北京老一辈居民脑海中逐渐淡忘的记忆，新一代的北京人会将巨无霸汉堡、薯条和奶昔作为再普通不过的本土饮食［阎云翔：《麦当劳在北京：美国文化的本土化》，载詹姆斯·华生（James L. Watson）主编、祝鹏程译：《金拱向东：麦当劳在东亚》，杭州：浙江大学出版社2015年版，第51～88页］。这一展望与判断揭示了作为美国文化标签的麦当劳在"全球化＋本土化"的背景下逐步"内化"为中国社会与文化组成部分的变化过程及其结果。同样，我们也有理由相信，很多中国文化元素，尤其是在饮食方面，也会日渐在法国进一步深入地本土化，这也就意味着这些文化元素原本具有的"中国标签"日益褪去。当然，这一变化的过程，或许没有麦当劳在中国本土化与"去美国标签化"来得那么快。

绝不能为其成员谋利。

1919 年成立的里昂中法大学就是在"社团组织"这一体制下建立的，是一个非营利性、非商业化、不从属于任何政治、宗教组织团体的独立机构。作为其管理机构的中法大学协会就是在认定中法大学应以"协会"形式为其法律基础的共识上建立的，在成立之初的章程中有明确的规定，协会内部相关职务均设中法双职。① 此前，在中国青年学生赴法勤工俭学期间，就已有许多由中法双方人员组建成立的社团组织，致力于在教育、择业等方面帮助远道而来的年轻的中国人，使之更好地融入当地社会，比如中法互助委员会（Comité franco-chinois de patronage）、中法互助友好协会（Association amicale et de patronage franco-chinoise, 1906），以及上文提到的勤工俭学运动直接的推动者法华教育会，等等。②

现如今，中法两国在文化、教育、经济等领域内的合作与交流日益丰富，其间活跃着不少协会组织，单在里昂就为数众多。这些社团组织所开展的各类文化活动，成为很多法国老百姓了解中国、熟悉中国文化的重要窗口与途径，推动了中国文化在当地的传播。其中，较有代表性的协会组织有：里昂地区法中友好协会（Association des amitiés franco-chinoises Lyon et Région）③、法中交流协会（Association d'échanges franco-chinois）、中事协（Association Chine Services）、中国电影俱乐部（Club Cinéma Chinois）等。此外，还包括很多旨在推广中国文化（汉语、气功、太极拳、中医、绘画、音乐等）的协会。比如，位于第二区的里昂气功协会（Association lyonnaise de Qi Gong）——该协会常年组织一些气功与中国传统医术讲座和学习班，会员众多，还推出专门面向女性的气功课等特色活动。当然，在华裔群体内部也有很多协会组织，比如上文已经提及的里昂华裔联谊会等。

坐落于里昂第五区的冲绳少林功夫学院（Okinawa-Shaolin），实际上也

① «Statuts de l'Association universitaire franco-chinoise», in Yann Philippe, *L'Institut franco-chinois, un exemple réussi de collaboration en éducation?* mémoire de maîtrise, sous la direction de Mme Christine Cornet, Université Lumière Lyon 2, 1998, p. 248.

② Geneviève Barman et Nicole Dulioust, *Étudiants-ouvriers chinois en France 1920 – 1940: catalogue des archives conservées au Centre de Recherches et de Documentation sur la Chine Contemporaine de l'École des Hautes en Sciences Sociales*, Paris: École des Hautes en Sciences Sociales, 1981, pp. xi – xii.

③ 该协会是法国法中友好协会联盟（Associations de la Fédération des Amitiés Franco-Chinoises）的成员。目前，该联盟在全法国共有 23 家协会会员。

是一家协会组织，旨在向那些喜欢中国武术、气功、太极拳，以及某些日本健身术的法国人提供相应的培训课程。[①] 冲绳少林功夫学院成立于1991年，创建者是华裔可亚（Kea）先生及其法国妻子。每年来这里注册学习武术、气功、太极拳的人很多，学院也经常组织一些中法两国之间的交流活动，比如把中国的武术师傅请到里昂授课，或是带领法国学员到中国参加培训、见习等。在田野调查期间，我还曾同一些气功爱好者在那里参加过两次专门的气功学习班。

法中友好协会在里昂的影响较大，历史也比较悠久，其会员中有不少是当地知名人士，他们常年致力于中法友好交流与合作。作为一家获得法国政府许可的社团组织，法中友好协会经常成为当地政府组织一些官方活动时邀请或指定参与的民间合作伙伴。该协会的宗旨定位于发展中法两国间的友谊，推动和加强两国在所有领域尤其是文化、艺术、人文与科学领域内的交流与互动，并与里昂所在大区议会与里昂市政府等机构密切配合，发展与中国的合作关系，同时也会给里昂地区所有意欲与中国建立合作与交流关系的企业、社会组织等提供帮助。

法中友好协会主张要更好地了解中国、了解中国文化，甚至包括中国的诸多"问题"，因为在其众多会员看来，这些"问题"也有可能成为法国问题的一部分。相互交流、相互借鉴、相互学习才是中法之间文化互动的使命所在。该协会的文化活动基本上面向会员[②]，主要集中于以下几个领域：汉语课程（分5种水平授课）[③]、中国书法与绘画课、组织各类文化观展活动（如中国节日、中国文化旅游、展览、文化讲座等）、提供翻译服务，以及提供有关中国电影、演出与展览等方面的各类信息、接待里昂中国留学生，还出版与中国文化相关的信息简报等。

社团组织是法国人参与社会的重要凭介，也是社会动员的重要力量，对

[①] 在法国人的观念中，中国文化时常被纳入亚洲文化的范畴之内，甚至有些人对中国文化和日本文化也存在一些模糊不清的认知，比如弄不清楚太极拳和跆拳道分别是哪个国家的文化特色。

[②] 法中友好协会组织的众多活动中，有些是向所有人开放的，有些则仅限于会员参加。尽管有些收费的课程也招收非会员参加，但价格相对较高，而注册成为会员，则可享受优惠力度很大的会员价，因此，很多人都是注册成为会员后再参与各类活动的。此外，协会诸多课程的收费也会考虑参加者的年龄（是否学生）、工作状态（是否失业）、家庭负担（是否来自多子女家庭）等情况，适当给予优惠减免。

[③] 自2009年至2013年期间，由中山大学和里昂第二、第三大学合办的里昂孔子学院（Institut Confucius de Lyon）曾在当时组织过汉语教学、文化讲座等系列活动，促进了当地居民对中国文化的了解。里昂孔子学院也是以社团组织的身份成立的。

于法国社会的意义重大。综合来看，目前法国在各个领域内活跃着一百多万家社团组织。[①] 众多致力于中法文化交流的社团组织的存在，极大地促进了法国人对中国的文化认知。

二 出版与公共文化机构

法国人普遍有爱读书的习惯。时常看到有人在等候或乘坐公共交通工具时，手里拿着一本书在看。法国人有关中国的知识，有相当一部分来自各类读物。[②] 甚是发达的出版业对中国的兴趣越来越深厚，现如今有关中国的著作数目大得惊人，可谓卷帙浩繁，它们在一定程度上表明法国社会对中国的了解越来越多，且益愈重视。在众多书店、图书馆中，有的还特别设立了中国图书专架。涉及中国题材的各类图书到底有多少，实在是一个难以统计的数字，即便是在法国国家图书馆内，也无法得到一个准确的说法。

在中法文化年（2003～2005）期间，法国思想传播协会（Association pour la diffusion de la pensée française）曾编辑出版了一本荟萃人文社会科学领域内以法文出版的有关中国的书目总集，名为《法国—中国：以中国为研究对象之法文图书》（France-Chine：Des livres en français sur la Chine），此书不失为一本很好的有关中国的文献总集，生动地反映出法国出版了大量有关中国的图书。无论如何，这些书在建构一种有关中国之文化想象的话语体系过程中，其影响是不可忽视的。在图书馆或书店的书架上，常常看到新进的有关中国的译著或法文原著被摆放在突出的位置，尤其是那些中国作家的作品，更是非常受欢迎。中国老一辈现当代作家比如鲁迅、老舍等大家们的作品，在法国拥有广泛的声誉，"粉丝"读者众多。当代作家高行健以其作品《灵山》获得诺贝尔文学奖（2000年）、华裔女作家山飒以其《围棋少女》获得法国龚古尔中学生奖（Prix Goncourt des lycéens，2001）[③] 后，先

---

① Insee, *Insee Première*, n°1587, Mars 2016.

② 可以举出不同年代的出版物，比如：Sonia Fourner, *Poupée de Chine*, Paris：Éditions Jules Talladier, 1953；Claude Rank, *Le camarade*, Paris：Fleuve Noir, 1966；Gérard De Villiers, *Les trois veuves de Hong-Kong*, Paris：Plon, 1968；Pierre Nemours, *Yung Ho s'est mise à table*, Paris：Fleuve Noir, 1970；Michel Brice, *Les poupées chinoises*, Paris：Plon, 1980；Susan Napier, *Rêve de Chine*, Paris：Harlequin 1990；Gérard De Villiers, *Shanghaï express*, Paris：Vaugirard, 1991；Jacques Venuleth, *La boutique du vieux Chinois*, Paris：Hachette jeunesse, 2002。

③ 山飒，现居法国的华裔女作家，原名阎妮，生于北京。2001年，她的作品《围棋少女》（*La Joueuse de go*）获得法国龚古尔中学生奖，是一本深受欢迎的畅销书。龚古尔中学生奖是一项文学奖，设立于1988年，其评审委员会由遍及全法国的1500名中学生组成。

后在法国引发较大反响。阅读中国逐渐地在法国百姓中间形成一股风气，因此"令法兰西大大小小出版商家纷纷闻风而动，竞相紧盯中国作家之新作，唯恐错失良机也"。[①]

里昂市立图书馆不但藏有大量的用法文及西方其他语言印刷的有关中国的图书杂志，还订有中国的《光明日报》《大公报》等中文报刊，并与上海图书馆、广州图书馆保持着密切的合作关系。最为重要的是，该图书馆拥有一个藏书量可观的中文书库（Fonds chinois）——它不但是法国外省唯一一个由地方政府设立的专业性中文书库，而且也是目前欧洲最大的中文书库。中文书库现有藏书5万余册，其中包括近800册期刊，以及长达25米的线装档案等，其中有很多是古籍，也包括大量20世纪初出版的中文著作。该书库面向所有对中国感兴趣的公众开放，也有很多研究人员从欧洲各国及美洲远道而来，查找资料。书库建于20世纪70年代，当时接收了原里昂中法大学图书馆的藏书；到90年代末，原先法国尚蒂伊（Chantilly）天主教图书馆的中文文献（大部分为André d'Hormon的私人藏书）又并入该库；后来，又有很多早年在中国居住过的人士捐赠了自己的私人藏书，里昂市立图书馆特意将之列入以捐赠人命名的独立书库中，如外交官、历史学家纪业马将军（Jacques Guillermaz），以及汉学家鲁阿（Michelle Loi）与苏远鸣（Michel Soymié）等都先后捐献了自己的私人藏书。

图书馆还会经常在总馆或各区分馆组织一些面向公众的公益讲座，其中以中国为主题的讲座，不但是周期性的，而且几乎场场听众众多。在田野调查期间，我曾参加过时任中文书库负责人意大利籍汉学家德蒙特女士（Valentina De Monte）组织的关于中国"笔、墨、纸、砚"的文化讲座，虽然她就同一主题曾前后举行过好几场，但总是满足不了公众的需求，注册人数远远超出物质资料设备所能提供的最大服务限度。市立图书馆是里昂人日常生活实践中不可缺少的公共领域的组成部分，那里同样营造着一种涉及中国的文化氛围，很多人通过阅读、观看诸多图书、影像或实物来感知中国，建构自己的中国形象。

在法国期间，每逢到里昂第七区位于 Jean Macé 广场附近的分馆借书

---

① Jean-Pierre Angremy, «Préface», in Marie Laureillard, Jean-Claude Thivolle, Thierry Sanjuan, *France-Chine：Des livres en français sur la Chine*, Paris：ADPF, Association pour la diffusion de la pensée française, 2004, pp. 10 – 11.

时，一位知道我正在做研究的管理人员，总是非常热心地向我推荐新进的有关中国的图书。中法文化年期间，这里还专门举办过中国图书展。那个时候，来自图书馆周边社区的老百姓"阅读"中国的兴趣非常高，从相关图书的借阅中即可窥见一斑。2005 年，常驻中国的法国记者兼作家梅耶（Éric Meyer）① 出版了介绍他在北京工作期间所见所闻的书《鲁滨逊在北京》（Robinson à Pékin），第七区分馆藏有此书。据我观察，在不到一年的时间内，这本书竟被借阅 12 次。也就是说，这本书几乎是在不同读者之间接续借阅的，可能有的读者还没归还到图书馆，就已经有人预约借阅了。此书以异样的眼光描述了正在经历飞速发展的中国社会，各种以见证者的身份来表达的中国变革，着实吸引众多法国人的阅读兴趣。正如法兰西学院院士、中法文化年法方主席安格勒米（Jean-Pierre Angremy）所言，"有关中国之图书昔日仅为专家学者所专有，而今亦已遍布于整个文化市场矣"。②

作为一个公共文化机构，图书馆在传播知识的同时，也担负着一定的社会教育功能，蕴含着一定的知识权力，它在塑造公共文化体系方面具有巨大的潜移默化的力量，同时在形塑文化想象方面的作用也是不可估量的。③ 萨义德在《东方学》一书中也讲到，有关东方的想象正是通过各种各样的途径，比如各类著作等，进行传播，以达到"以讹传讹"的效果；从某种意义上说，东方学正是一种引述其他著作和其他作家的体系。④

---

① 梅耶是一名法国记者，自 1987 年起与家人常住北京，为法国各大媒体及其他国家的法语媒体撰写有关中国的新闻报道，如法国国际广播电台（France Inter）、加拿大广播公司（Radio Canada）、《法国西部报》（Ouest-France，Sud-Ouest）、《阿尔萨斯时报》（Les Dernières Nouvelles d'Alsace）、《日内瓦论坛报》（La Tribune de Genève）等。他出版了不少关于中国散论集，比如《致富、闭嘴》（Sois riche et tais-toi，Robert Laffont，2002）、《马上看中国》（Voir la Chine du haut de son cheval，Éditions de l'Aube，2003）、《青龙之子》（Les Fils du dragon vert，Ramsay，2004）、《舞者帝国》（L'Empire en danseuse，Le Rocher，2005）、《鲁滨逊在北京》（Robinson à Pékin，Robert Laffont，2005）等。从这些出版物的标题中即可窥测到，作为时政记者，作者拥有一双怎样的观察和审视中国的眼睛，以及又是借用怎样的表达方式与修辞手法来报道中国的。

② Jean-Pierre Angremy，«Préface»，in Marie Laureillard，Jean-Claude Thivolle，Thierry Sanjuan，France-Chine：Des livres en français sur la Chine，Paris：ADPF，Association pour la diffusion de la pensée française，2004，pp. 10 - 11.

③ 相关资料参见陈素《社会中的图书馆》，载《图书馆学研究》1991 年第 2 期。

④ Edward W. Said，L'Orientalisme：L'Orient créé par l'Occident（édition du Seuil，traduit de l'Américain par Catherine Malamoud），Paris：Seuil，1980，p. 37.

三　官方的文化交流

自 20 世纪 80 年代以来，法国与中国之间官方的文化交流活动不断，且日益丰富。2003 年 1 月，中国在西欧国家开设的第一个中国文化中心在巴黎正式成立。此外，还有众多的中法城市缔结了友好姐妹城市关系，并在"友城"合作的框架下进一步推动了中国文化在法国的传播，使当地法国人增加了对中国及其地方社会的了解。比如，早在 1986 年 11 月，里昂所归属的罗纳—阿尔卑斯大区（Région Rhône-Alpes）就与上海市建立了"姐妹"关系；1988 年 1 月，广州市与里昂市缔结了友好城市关系。如今在里昂，人们对广州的了解越来越多，两地间的文化往来频繁，里昂市立图书馆与广州图书馆的合作也非常密切。

早在 1999 年，中国就在法国举办过"巴黎中国文化周"；2000 年 11 月，该活动又升级为"中国文化季"。从那时起，官方组织开展的众多文化交流活动就已在法国老百姓心中刮起了一阵又一阵的"中国风"。自 2003 年 10 月至 2004 年 7 月，在法国举办的"中国文化年"，则让法国人在更大范围内、更深层次上了解了中国。这样大型的文化活动，以具体的文化项目，展现了在不同意识形态、社会制度与文化传统之下，不同民族之间深入交流与沟通的可能，并进一步创造了机会让法国百姓更深入地在文化上认知中国。

"中国文化年"确立了三大主题——古老的中国、多彩的中国、现代的中国，旨在向法国社会展示中国悠久、灿烂的古代文化，绚丽多彩的民族民间传统和艺术，以及不断创新发展的当代文化精神，借大文化的视角诠释中国，以期反映中华民族的精神。"中国文化年"展示了中国的文化遗产、中国的多元化以及中国的创造性和现代性。[①]

具体到里昂，在"中国文化年"期间，当地政府及相关文化机构、社

---

① 在此期间，官方组委会安排了 61 项重点文化活动：一是以"古老的中国"为题，策划了"三星堆"文物展、"神圣的山峰"文物展、孔子文化展、康熙时期艺术展、中国敦煌艺术展、古乐精华——中国乐器展、燃烧的辉煌——景德镇陶瓷精品展、中国旧石器时期展、中国丝绸展等 10 项展览；二是以"多彩的中国"为题，组织了中央民族乐团音乐会、中华民族服饰表演、《今夜星光灿烂》杂技晚会、中国旅游推介会、中国武术表演、少数民族服饰展和歌舞表演、中国茶文化展、中国水墨风情画展、中国戏曲展演等 24 个文化艺术展演活动；三是以"现代的中国"为题，开展了中国当代艺术展、走近中国——中国当代生活艺术展、东方既白——二十世纪中国绘画展、中国图书展、中国当代文学系列讲座、东方花园——中国当代雕塑展、时尚中华——当代中国优秀时装设计师作品展示会、"外国摄影家眼中的中国"摄影展、中国电影展映、吴作人画展、中国数码美术作品展等 27 项活动。

会团体等同样组织了丰富多彩的文化交流活动，其中主推重点活动达 48 项，包括中国舞剧表演、茶艺表演、音乐会、诗歌朗诵会、焰火晚会、中国旅游推介会、书画展、电影巡映，以及当代中国文化系列讲座等，里昂人算是真正地在自己的家门口近距离地接触到了中国文化。那段时间，在里昂的大街小巷以及各类公共文化场所，人们总可以看到无所不在的中国元素，一时间中国文化在里昂的存在呈现得异常突出，也时常进入公共舆论的讨论之中。

综合各方面的资料，以及我个人的亲身体验，在"中国文化年"期间，很多法国人都表现出了对中国文化的浓厚兴趣。作为中法两国政府间的一项官方的文化交流活动，其组织动员方面的力量是不可忽视的。不过，没有法国人对中国的那份热情，"中国文化年"的举办难以获得成功。在田野调查中，我有这样一种察觉——法国人对中国了解的变化在于，从 20 世纪 90 年代开始人们谈论中国的次数多了，有关中国的话题多了，但至于他们是否真正地了解中国，以及在多大程度上了解中国，是一个需要时间来回答的问题。中国文化的自我展示是一回事，法国人的理解与想象又是另外一回事。

"中国文化年"在法国的举办，有着深厚的政治与经济背景。在官方看来，这是两国文化交流的一个里程碑，也是两国政治、经济、文化合作向纵深发展的标志，或者说是一种寻求合作的"文化对话"。而在田野调查中，我却同时看到了这样一种趋势："文化"走向消费时代，成为"景观社会"的"旗手"。

在里昂，官方组织的各类中法文化交流活动持续存在。尤其是，2009年底中国驻里昂总领事馆成立后，此类活动更见增多。诸多活动作为一种具有明显"正式"身份的符号，增加了中国文化元素在当地自我呈现的某种本真性。

四 新闻媒体

新闻媒体在造就社会集体性文化想象的过程中，所发挥的作用是不容忽视的，甚至在有些时候起着决定性的作用，充当着引导政治意识形态的工具。比如，早在 19 世纪中叶，美国的新闻媒体所鼓吹的有关华人移民的某些所谓的"种族污点"的话语言论，便"奠定了此后长达 140 多年来，美国和欧洲有关华人和东方人的主流印象"，"在 19 世纪美国反华的种族主义偏见中，广泛发行的报纸真正地变成了制造和宣传这种特别的种族主义，并使之在法律上成为制度化的首要工具"。①

我在法国学习、工作期间，感觉到新闻媒体有关中国的介绍一年比一年多，主题一年比一年多样。在里昂第二区经营一家中国家具店、当时旅法已经近 20 年的徐先生告诉我，20 世纪 90 年代末以前，在法国的电视节目中，几乎看不到有关中国大陆的内容。那时候，法国普通老百姓对中国的了解不是很多，直到 20 世纪 90 年代末中国才"热"起来。我的一位法国朋友也讲到，20 世纪 90 年代中期，中国很少出现在法国的电视上，而从 2000 年开始，众多媒体纷纷开始关注中国，似乎是一夜之间，法国人看到的是"满眼的中国"。当然，相较于报纸、期刊等纸质媒体，法国电视台对中国的时政报道较少，但经常以新闻纪录片的方式来报道和记录中国的社会与文化。在法国国家电视台 3 台和 5 台，以及 ARTE 电视台的节目中，经常可以看到一些有关中国的新闻纪录片，题材多样。有一次，我还曾观看过一部讲述上海房改故事的法文纪录片《房东王先生》。此外，也有不少旅游类专题节目介绍中国各地的风俗与文化，甚至有时候还会播放一部分法国人自助到中国游览时自拍的 DV 影像等。

法国的报纸与大众杂志数目众多，在《世界报》（*Le Monde*）、《观点》（*Le Point*）、《新观察家杂志》（*Le Nouvel Observateur*）、《国际通讯》（*Le Courrier International*）等发行量大且影响广泛的媒体上，也经常可以看到关于中国的报道。深受大家喜爱的《国家地理杂志》（*Geo*）上，有关中国的旅游文化报道比比皆是。《巴黎竞赛周报》（*Paris Match*）这份历史悠久、影响力大的周刊，不但经常报道中国，还自 2001 年起于中法两国互办文化年前，就开始出版特刊《中国时代》（*Match en Chine*），共计 6 期，这是该杂志第一个以一个国家为主题的号外特刊。自 2005 年以来，他们又推出了《世界专刊》（*Match du Monde*），至 2006 年底先后出版 12 期，其中以中国为主题的就有两期（第 3 期与第 11 期），中国是在这 12 期当中唯一一个主题重复的国家。

法国民众通过报纸杂志阅读关于中国的报道，反映出他们意欲了解中国的愿望，而众多媒体选择从多个层面和角度来报道中国，尽管有政治、经济等诸多原因，但回应读者阅读中国、了解中国的需求也是很重要的参考标准。

---

① Gregory B. Lee, *Troubadours, Trumpeters, Troubled Makers: Lyricism, Nationalism, and Hybridity in China and Its Others*, Durham, North Carolina: Duke University Press, 1996, pp. 180 - 184.

从媒体呈现的内容来看，它们实际上也在面向受众群体传播一种观察中国的眼光和表达中国的话语，或者说建构法国社会有关中国的"景象"——无论是传统的平面媒体，还是技术不断更新换代的多元立体媒体，在报道中国时，总会借助于大量的图片或影像来更加"直观"地呈现他们所要表述的内容。也正是在媒体的影响下，法国人对中国的文化想象才越来越具有"景观"认知的意味，并透过"景象中国"来建构自己的"中国"形象。

五　影视文化

影视文化的繁荣是当代社会的一个重要特征，也代表了当下的一种知识生产方式与消费时尚。在诸多影像生产与消费背后，隐藏着一股强大的文化力量，其生动、形象的表现方式，让人们在无形间体验着所谓的"文化消费"中各类意识形态之渗透的权力表征。

法国人喜欢电影，其中对中国电影感兴趣的甚多。作为世界电影的诞生之地，里昂不但拥有浓郁的电影文化氛围，而且城中众多影院里，经常有中国电影上映。至今我还清晰地记得，2003 年 9 月，初到法国之日，里昂的大街小巷上贴满了中国电影《英雄》的宣传海报。以中国电影为纽带所形成的社团组织聚集了很多中国文化的关注者和爱好者。

里昂有一家非常活跃的中国电影俱乐部（Club Cinéma Chinois），其活动基地位于里昂东侧与之紧邻的小城镇布隆（Bron）辖区内的"信风影院"（Cinéma Les Alizés）。这家中国电影俱乐部由舒玫爱（Catherine）联合一些志同道合的中国电影爱好者于 1999 年组建。长期以来，俱乐部每月都会至少推荐一部中国电影在此上映，同时也会不定期地放映日本、韩国、菲律宾、柬埔寨等其他亚洲国家的电影。中国电影俱乐部的众多成员，不只是中国电影的爱好者，他们更希望透过电影来了解中国的社会与文化，因此基本上每次在影片结束后，都会组织一个小型的观影讨论会，甚至还会邀请部分电影的导演、演员等主创人员参与，有时候也会邀请当地从事中国文化与电影研究的学者参加。当然，在一些比较特殊的场合下，俱乐部还会提供一些中国美食供大家品尝，也有会员自愿提供一些自己做的中式食品。

此外，还有一家名为"亚展"（Asiexpo）的亚洲文化俱乐部，从 20 世纪 90 年代中期就开始在里昂组织"亚洲电影文化节"，而中国电影占据了很大的分量，在当地拥有非常庞大的观众群体和支持者。

当然，不同的人对中国电影的兴趣与喜好不同。以"中国功夫"为题材的一系列电影，成了中国电影走向世界的敲门砖，它们之所以能够在西方赢得广泛的喜爱，在一定程度上是因为回应（同时也滋养）了西方社会有关中国文化的想象。法国社会对电影里的中国功夫更是好奇，李小龙、成龙、李连杰等影视明星在法国享有很高的知名度，几乎是家喻户晓，很多法国人还以为所有的中国人都懂且常习"武术"。

　　前些年间，在数字技术还没有那么发达的时代，在里昂"中国城"内的音像店中，可以随时购买或租到在法国人看来比较传统的有关中国及亚洲文化的各种影像作品，它们题材丰富，且租（售）量很大。当时以卡带为主，慢慢则就常见以 DVD 为载体出版发行的影视作品了。在"中国城"，有一家亚洲音像店（Asian Vidéo），建于 1985 年，初创人祖籍常州。该店老板告诉我，到其店中寻找中国功夫电影的人很多，不仅包括亚裔群体，还有法国人，尤其是年轻人。

旧货市场"易物岛"出售的中国功夫电影 DVD

自 2011 年开始，作为一个在法国举办的中国电影节——"法国中国电影节"（Festival du Cinéma chinois en Franc）每年开展一届，时间基本上安排在春夏之际。电影节的设立不仅丰富了法国人了解和观看中国电影的选择，也有利于中法两国众多电影人之间的交流。该电影节具有官方背景，是在中法人文交流与合作的框架下设立的，由巴黎中国文化中心和法国百代电影公司（Groupe Pathé）组织举办，同时也得到中国广播电视总局与电影局、中国文化部、法国文化与交流部、中国驻法国大使馆，以及巴黎市政府等机构的支持。举办地不仅局限于巴黎，还包括里昂、马赛、斯特拉斯堡、戛纳等城市，甚至包括法国的海外省区。在电影节期间放映的中国电影基本上都是新近制作并且首次在法国发行的电影。① 另外，很多资料显示，法国是引进中国电影最多的欧洲国家。

影视作品无论多么能够反映"社会事实"，毕竟是一种艺术创作的产品。当法国人带着本就好奇的眼光与其头脑中早已接受的"刻板印象"去观看这些影视作品时，里面那些文化差异、那些异国情调，甚至是对现实的扭曲则就越发显得"真实"。值得注意的是，在那些涉及中国标题的影像作品中，有大量是西方社会的产品，而非出自中国。里面经过几番过滤、改写的中国文化也就变得更加非中国化和西方化了，它们所表达的内容当然有中国文化之"形"，但其"神"似是而非，更多是充斥着各种西方的观念及其认知中国的态度。

萨义德在其《东方学》一书中曾就有关东方主义的观念群与文本作品的影响做过讨论，从其分析来看，上述两类要素在塑造西方人的"东方观"时是互动与互构的。② 从文化想象的角度来看，对中国及其文化的认知，带有中国色调的物品及其相关文化产品（文学、影视作品等），与超越于物质之上的一般观念群有着非同一般的互动关系。而且，影视作品所营造的那种文化想象的空间，更加生动、有"质"感，在许多人看来更加"可感"。尽管有些人在理智上不完全相信其中被当作现实反映的信息，但他们无法拒绝将之作为一种文化想象的可能性。

正如法国思想家德波所言，作为"被解放了的娱乐活动"，在影视作品

---

① 此外，在法国同样还活跃着一个具有官方背景的"巴黎中国电影节"（Festival du cinéma chinois de Paris），从 2004 年开始举办，自 2009 年第四届开始，每年举办一届。

② Edward W. Said, *L'Orientalisme: L'Orient créé par l'Occident*（édition du Seuil, traduit de l'Américain par Catherine Malamoud），Paris: Seuil, 1980, p. 20.

中，视觉表象化已经篡位为社会本体基础的颠倒世界，"在真实的世界变成纯粹影像之时，纯粹影像就变成真实的存在——为催眠行为提供直接动机的动态虚构的事物"。[1] 在某些展现中国的影视作品中，法国人去寻找和体验着对中国的文化想象，而与此同时，他们也发现了一个"作为景观社会"的中国。

六　商业体系与互联网

如今，在里昂很多家工艺品商店里，都可以见到有中国文化特色的器物。在里昂市政府广场附近有一家专门经营"迷你"模型的商店 Coté Déco，我无意间发现，里面售卖的物品中有很多中国器物和中国人物形象，如各式茶壶、茶碗，太极图扑克、中国元宝、中国古装人物等，还有一只坐在铜钱上的青蛙，上面印有"道光通宝"字样。从偶然间在这样一个不起眼的街头角落处发现的商店中，我们不难窥测到，全球化的商业运作为中国文化器物的鉴赏、收藏与传播提供了极为便利的条件。商业活动让众多法国人能很容易地接触到中国文化产品，透过那些作为商品出售的器物，人们可以在一定程度上感知中国文化的某些方面，了解文化中国的某些形象。

处于一个商品社会与全球化的时代，中国商品几乎可以出售到世界的任何地方，但这些商品在表达中国文化方面却存在"能力"与"优势"差异。现代工业制造品虽然贴着中国制造的金牌，除了体现技术文化方面的内容外，却难以表达其他层面的文化内容，而众多文化器物和手工艺品等（尽管有些可能也是工业化生产的）却带有明显的中国文化气息与民族特色。在里昂的各类商店中，我们不但能够见到中国品牌的工业产品（尤其是电器类产品）[2]，也能找得到那些明显地带有中国文化色彩的器物。比如说，人们可以在"世界之家"（Maison du Monde）这样的知名商店里，买到做成中国灯笼式样的灯罩，以及各种各样的中式家居与室内摆设用品，也可以在"易物岛"（Troc de l'île）这样的旧货市场上淘到二手的中国家具。[3] 此外，中国大白菜、酱油等食材和调味品也早已进入法国超市，甚至标明为中国特

---

[1]　德波著、王昭凤译：《景观社会》，南京：南京大学出版社 2006 年版，第 174 页。

[2]　"中国制造"一度被视作"劣质"的代名词，但现在来看，喜爱中国品牌的法国人越来越多，"中国制造"也日益被赋予一定的文化色彩。

[3]　我曾在旧货市场"易物岛"遇到一位法国女士，她很自豪地告诉我，1998 年自己花近 1 万法郎在那里买到了一套非常漂亮的中国家具（主要是衣橱），做工精细、美韵十足，如同一位打扮得非常漂亮的女子，让人喜爱。她认为，那套家具应当是在 20 世纪初从中国被带到法国的。

色的成品汤料包也成为法国超市货架上的寻常之物。如同圣诞节、情人节等西方节日在中国受到某些商家的着意包装与推销，以及某些群体的推崇一样，如今也有些商业组织在当地社会打起中国"春节"的主意，推销中国商品和以文化为载体的文化生意。有一些致力于中法交流的协会组织，也有意与中国开展商贸活动。比如，法中交流协会（Association d'échanges franco-chinois）自成立之日起，即致力于法国与中国之间的贸易、文化往来，以及其他方面的交流，协会目前主要从事中国果脯以及新鲜水果的欧洲代理等项目。

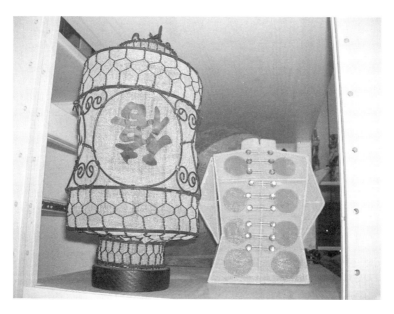

"世界之家"商店里出售的中国灯笼

当下时代是一个以网络为鲜明特色的时代，人们可以从网络上了解到几乎所有自己想知道的一般性知识。网络不但充当着法国人获得有关中国之文化想象的知识资源，而且也为他们提供了一个与中国深入互动的平台。① 类似这样的网络平台，尽管参差不齐，但它们都为法国人了解中国搭建了一定的网络空间。

---

① 值得注意的是，诸多网络平台的持续性不强，有些虽然曾经红火一时，却也很快就面临难以维持的困境，以致倒闭。比如，由诸家与中国相关的法国协会、企业，联合部分中国的组织机构曾经建立过一个交流网站——"欧博网－中法互动"（Amitié franco-chinoise－www.obopo.com），旨在为所有对法国感兴趣的中国人，以及对中国感兴趣的法国人，提供一个良好的交流与互动的平台。目前，该网站已经不存在。

旧货市场"易物岛"出售的中国家具

在互联网时代，网络上有关中国文化的各类资源，多得很、杂得很，每一个法国人都可以在自己相对独立的个人空间内，充分享受网络里的中国印象。网络空间既是虚拟的，又是"现实的"，内容极为复杂。当网络越来越成为法国人了解中国的主要手段，网络自媒体越来越标榜以独特、亲身经历之视角来观察和表述中国之际，法国人对中国的认知与想象就更趋于复杂多元了。而混杂其间的对中国的误读、误解也时常被作为"真实的存在"在法国人中间广泛散播。

田野调查期间，我注意到，如今但凡与中国存在某些联系（比如，曾经在中国工作生活过、有家人或朋友在中国，或在工作上时常跟中国有往来等）的法国人，越来越习惯于使用中国人自己发明的社交软件，从先前的QQ到今天的微信，已经成为他们联系中国的重要凭借。通过这些看似具有

法国超市出售的中国汤料包

强烈的技术色彩的社交软件本身,他们也可以在文化层面上了解中国,因为软件的功能、设计、应用与服务等所体现的都是文化。一些法国人从中感受到了中国文化所表现出来的灵活性与适应能力。一位曾经在上海工作过 5 年的朋友告诉我,当她于 2017 年初回到里昂时,感到最为不适的就是日常生活的便利性与在中国工作时的差距甚大。在中国的大多数地区,网购早已成为人们的生活方式,可以满足日常生活的各种需求,出门逛街或在城市中休闲散步,只要带着手机,基本上可以实现手机支付,而不必带现金或银行卡。而回到里昂,她却时常因为出门没有带钱包而数次遭遇窘境。从这层意义上讲,互联网与商业体系的发展,也为法国人重新发现和了解中国提供了绝好的机会。

第三节　涵化的文化空间

存在于里昂当地的中国文化空间具有强烈的"涵化"属性。其间呈现的中国文化元素大多不再具有"完全"的中国特色，而是被当地社会与文化涵化了。这一涵化过程，既是中国文化对法国地方社会的适应，亦是法国社会与文化对中国文化元素的某种规制。

涵化（acculturation）是文化变迁理论的一个重要概念。人类学家用以解释不同文化由于相互接触而发生的彼此间的渗透性影响，既包括变化的过程，又包含其结果。与美国人类学家喜欢使用"涵化"一词不同，英国人类学界则倾向于用"文化接触"来指代同一文化现象。人类学家对文化涵化现象的研究已有百余年历史，"涵化"作为一个学术术语进入人类学领域，最早是由美国首任民族局局长鲍威尔（John Wesley Powell）使用的，1880 年在其《印第安语言研究导论》中，鲍威尔谈到了在百万"文明人"压倒之势的情形下，涵化的力量造成土著文化巨大的变迁。博厄斯（Franz Boas）在 1896 年写就的《美洲神话学的成长》一文中，讨论北太平洋沿岸印第安人民间故事的散布时指出，不同部落的涵化，其结果使他们大多数的文化特征变得一样。1938 年，赫斯科维茨（Melville Jean Herskovits）出版《涵化——文化接触的研究》，专论文化涵化现象，对当时已有的相关研究成果进行了述评，涉及涵化研究的方法论，涵化研究对文化动力问题，以及有关个人与其文化之间的关系问题等。[1]

一　中国文化在法国的本土化

人类学家早就注意到，涵化不是一个孤立事件，与文化传播有着密切的关系，是一种文化从另一种文化中获得文化元素，对新的生活条件的适应过程；而且，文化涵化从来都不是单向发生的，也正是基于此，罗格·巴斯底德（Roger Bastide）提出了"相互嵌入"或文化"交错"（entrecroisement）的概念，用以强调文化涵化过程中实际存在的相互性影响。[2] 接受、适应或

---

① 相关资料参见黄淑娉、龚佩华：《文化人类学理论方法研究》，广州：广东高等教育出版社 1998 年版，第 215 ~ 220 页；John Wesley Herskovits, *Acculturation：The Study of Culture Contact*, Gloucester, MA：Peter Smith, 1958。

② Denys Cuche, *La notion de culture dans les sciences sociales*, Paris：La Découverte, 1996, p. 66.

者排斥①，都有可能出现在文化的涵化之中。文化涵化既是有意识的，又是无意识的。在田野调查中，我能够明显地感觉到，中餐馆在当地社会的适应，明确地体现出一种有意识的和无意识的涵化。

正如人类学家张光直先生所言，了解一种文化，首先需要从饮食文化开始。在田野调查的诸多访谈中，有关中国文化的话题，也常常是从中国的饮食文化开始谈起的。作为中国文化的一个重要元素，中式饮食确实吸引了很多法国人。甚至有人这样告诉我，如今在西方社会，如果没有吃过中餐的话，就如同没有吃过麦当劳一样"老土"。中国饮食倒也帮了我不少忙，每逢与访谈对象见面，或是去法国朋友家里做客，带一盒在"中国城"买的中式点心（有些是从东南亚国家进口的），就是非常好的礼物。我也经常邀请朋友到自己狭小的住处，做几个家乡菜，让他们品尝一下中餐馆外的中餐。从某种程度上讲，中国食品，于我而言，也成了一种"文化资本"。

中国文化在法国的本土化最明显也最直观地体现于当地的中餐文化。无论是从菜品的口味变化，还是进食方式的变化来看，都可以发现中餐文化出于适应法国人的饮食习惯而做出的调整。从口味变化的角度来看，中餐馆会在菜品的烹饪过程中适当地增加或去除某些调料，以适应法国顾客的要求。就此而言，不同餐馆的做法不同，老一代华裔经营的中餐馆在口味上的变化调整最大。从进食方式来看，西餐里的刀叉等餐具是中餐馆里所必备的，餐馆同时向客人提供筷子、勺子和刀叉基本上是一种标准化的服务。而且，食材的处理方式与烹饪手法，以及餐具的使用等，也要适应顾客使用刀叉进食的需要。另外，鉴于法国人的饮食习惯，中餐馆的套餐也提供可供多选的三道菜——开胃菜、正餐和甜点，其中甜点系列中的"中国特色"最弱。有意思的是，在中餐馆里的菜单上，往往也跟法国餐馆的菜单一样，不但要有菜名，而且一定要在每一道菜的后面尽可能地写清楚菜里使用的食材和配料。这样的呈现方式，在法国人那里是一目了然的，他们可以清楚地知悉菜里究竟包括哪些东西。

有一次，里昂中法友好协会借某个汉语学习班学期结业之际，举行了一个小小的总结晚宴，除了当期学员外，协会还邀请了包括里昂市立图书馆中

---

① 有关涵化三种反应的论述，参见孙秋云主编《文化人类学教程》，北京：民族出版社2004年版，第46～47页。

文部负责人德蒙特女士和我在内的协会友人。地点选在了位于里昂第二区卡诺广场（Place Carnot）附近的一家名为"新华酒家"（法文名字为"La Chine"，即"中国"）的中餐馆。餐馆面积不大，其外部装饰是典型的中国阁楼样式，主色调为红色，从远处一看就知道是中餐馆。里面的装饰也同样富有中国特色，完全是一种中国古香古色的味道。据协会会长介绍，这是他们最喜欢的一家中餐馆，不但环境宜人，而且餐馆的大师傅是从北京来的，做得一手地道的中国菜。

那天是周四，当我匆匆赶到时，众人已经在商量着点菜了。服务员问大家谁要用筷子，很少有人应声，只有几个人说是想尝试一下。而坐在我旁边的一位老先生则小声嘀咕道，自己是永远也学不会用筷子的。他拿起自己眼前盘中的那套刀叉，跟同桌的各位讲道，"还是我们的这些东西用着方便"。随后向我笑笑，问我用什么。我示意服务员用筷子，但同时也保留了手边的刀叉。打眼一看，每个人眼前的餐具就已经几乎占满了整个桌子。有些人拿到筷子以后，难以驾驭，就照着包装纸上的说明来操作。对于中餐馆里筷子包装纸上印有使用说明，我早注意到了，但这一天倒是第一次见人认真地"按照说明来操作"。不过，那些说明文字把筷子的使用讲得既过于复杂，又过于简单了。[1] 第一次使用筷子的人，如若只照此说明来做，是绝对不得要领的。我还跟法国朋友就这些解释的清楚程度或正确与否有过争论，后来的经历也多少证实了我的看法。打那以后，我也逐渐地养成了在法国收集筷子使用说明的习惯。

菜是由协会的几位负责人在征求大家（在我印象中，女多男少）意见的基础上点的。遵循法国的饮食习惯，他们按照开胃菜、正餐和甜点的顺序点了三道菜，每一道都有多个菜品。应几个人的要求，点了两道以豆腐为主料的菜。近些年来，豆制品越来越常见于一部分法国人的日常饮食中。很多追求中国式养生的人时常宣传说，豆制品是一剂万灵药，对身体健康极为有益。习惯于进餐时有饮品相伴的法国人，自然也点了来自中国的饮料。绿

---

① 筷子包装纸多数为白色，文字颜色以红色为主，同时还用金黄色印刷着双"喜"字，以及"福、禄、寿、禧"等代表幸福和吉祥的字词。有些使用说明，除文字描述外，还配有简单的图示。上面示意的筷子使用方法是：一、拿第一根筷子的样子如同您拿一支铅笔；二、将第二根筷子放于中指与无名指之间；三、第二根筷子保持不动，只动第一根。与此同时，还有一句话鼓励大家使用筷子品尝中国饮食。在里昂的某些中餐馆里，也经常见到印有英文使用说明的筷子包装纸。这在某个侧面传递出中餐文化产业化、全球化的发展趋势——无论是在原材料供应还是在形象表征方面，都体现出全球性网络化运作的特征。

茶、红茶等各类茶饮，都是法国人所喜欢的。喜欢饮酒的人，对中国白酒（尤以二锅头最为知名）、青岛啤酒等也情有独钟。

在等菜的时候，他们依旧照着自己的习惯，要喝点东西。有人点了青岛啤酒，也有人点了红酒。会长问我喝什么酒，我说是红酒，他们便开玩笑说，中国人不喜欢自己的啤酒。当大家举起杯子的时候，都习惯性地用各种语调的汉语讲道"干杯"，并且照旧如他们法国人的习惯，碰杯的人彼此用眼睛对视，以示尊重。开胃酒的时间不算很长，其间所有的人都在谈论他们在中国的经历，他们对中国及其文化的印象。有人谈得很起劲，尤其是讲到在中国享用美食的时候，那眉飞色舞的样子，着实让人羡慕他们的切身经历。他们也向我问起一些有关中国人饮食习惯的问题。当然，作为一个法国人，席间非正式地讲些政治方面的话题，是其家常便饭。这回，他们彼此间也多有交流自己从各种渠道获取的有关中国的消息。坐在斜对面的一位女士，见我对他们的话题多少有些不知所云，就探过头来告诉我，他们用的法语词汇"土"得很，她也有些不明白，但每回聚会，谈谈中国，那是他们的乐趣，对于有些人来说，也是一种享受。

法国人的饮食文化讲究分餐制，而中国人注重集体分享。那天晚上的聚会，则是"中法合璧"。多数菜品是为所有人点的，大家共享，也有人出于个人口味的原因或是不太习惯在同一个盘子与他人共食而单独点了一人份的菜品。

菜上来的时候，每一个盘子都配有一套公用的刀叉。主菜点了很多，口味确实很地道，他们也想以我这个中国人的品评，来印证一下他们的判断。有人在比较了多家中餐馆的菜和自己在中国吃的菜后，觉着这家餐馆的中国菜还是很地道的。到了吃饭的时候，实际上只有我自己不时地用一下筷子。

吃过甜点，餐馆的老板娘过来问大家是否要 Baki（音），我当时不明白，没有要。其中有两位女士和一位先生要了，端上来一看，原来是在一种特制的酒杯里盛上白酒给大家喝。瓷酒杯底部有玻璃，下面有小图片，只在有酒的时候，图像才能看得见。酒没有了，也就看不见了。两位女士拿的酒杯底部画的是健硕的裸男，而那位先生的则是裸女。难怪刚才服务员绕了个圈子把酒杯放在了那位先生面前，原来是要对号入座的。看到这一情景，当时我的第一反应便是：异国情调的"文化展示"。我悄悄地跟旁边的一位女士讲，这不是中国传统，也不是什么新近的习惯。见我有些吃惊的样子，她告诉我说，尽管餐馆名为"La Chine"，但大家都知道这不是中国传统，是越南特色。早期，里昂中餐馆的经营者多为越南来的华裔，他们也把越南的文化带进了他们在当地呈现的中国文化之中。在我的观察中，那天在座的诸位友人倒是满享用这样的饮食特色的。"酒足饭饱"，大家免不了向老板道谢，夸赞一番这里的中国菜。

在这家中餐馆，菜品的口味是很地道的中国特色，那是因为主厨师傅来自北京。但就其提供的用餐方式及其附加服务而言，却夹杂着多种文化元素，尤其表现出向法国人饮食习惯的靠拢。这就鲜明地体现出了中餐文化在当地的本土化倾向。与此同时，当地人在享用中国美食时，为了能够有更"地道"的体验，也会尝试一些中国人的进食方式，这就是餐馆也保留了筷子的原因。

在里昂，无论饭菜口味如何地道，没有一家中餐馆不提供法式刀叉餐具。不管中餐馆里的装饰与陈设多么中国化，但餐桌上的餐具是绝不可以只有中式的。从中国文化的角度来看，这是中国文化在当地的本土性适应；就法兰西文化而言，这是法国人文化接受的一道门槛，无论中国菜多么可口好吃，使用筷子是大多数法国人都难以成功做得到的事情。也就是说，在接受中国文化方面，法国人还是有一些文化、习俗方面的界限的。

"使用筷子"并不是一个简单的技术问题，而是一个文化问题。有些人是能够使用筷子吃饭的，但他们"习惯性地"使用刀叉吃中餐，这样"吃得自在"。首先，享受中餐的美味，是一种普普通通的饮食欲望。在田野调查中，我似乎从未听到过对于中国饮食的厌恶。不过，对某些地方性饮食的辛辣口味，能够接受者不多。但凡能够吃得了辣椒的人，对于"辣椒饮食与辣椒文化"喜欢得要命。其次，使用"自我"文化传统里的饮食餐具，其目的是确保自我的舒适；这些餐具象征着一种文化审视的工具，也就是说，用"自我"的"适意"标准来"规制"外来文化的本土适应，或者说，对"他者"文化进行"整形"。这只是就饮食工具而言，如若讲到中餐的口味，其本土性适应可就是千差万别、更加复杂的事情了。再次，享受中国饮食，就是在享受中国文化。作为一种文化象征，中餐的复杂谱系，口味多样，非常自然地落入某些法国人有关中国文化"异国情调"的想象当中。有些没有去过中国的人，去中餐馆用餐，是想真切地寻找一下异国情调的滋味；而对于那些去过中国的人来说，在中餐馆里，可以让自己找回在中国的感受。尽管他们知道，在中餐馆里很少能够吃到真正的中餐，但适合自己的“口味”（饮食习惯、文化口味），中餐馆是可以让自己体验到一种所谓的中式“原生态”文化的场所。

中餐文化的自我表征，在展示中国饮食文化特色的同时，又在解构着自己本来就有的多种面貌，因为它掺和了众多的外来文化因素。上文提到的“裸体酒杯”一事，本身是外在于中餐饮食文化的，但出于种种商业性目的，它的存在无形中为法国人的中国之文化形象增加了异国情调的色彩，尽管有人知道这不是中国的特色，但作为整体去想象中国的时候，又会有谁在意地排除这样的细节呢？

在田野调查中，我也注意到，在日常生活中，随着一部分法国人与中国文化元素的接触日益加深，诸多文化符号代表中国的象征意义就会变得越来越弱，甚至完全内化为自己日常生活实践的一部分。由此，他们也模糊了某些行为所应对的源文化属性，忘却了是从中国文化那里习得而来。

十年多年前，我在里昂结识了一位时年已届古稀的老先生，年少时期因某个偶然的机会，他接触到并喜欢上了日本文化，后来他又逐渐发现日本文化的很多传统都源自中国，于是开始接触和了解中国文化。在几十年的漂泊人生中，他先后积攒了很多关于中国哲学、文学、历史、文化等方面的书籍。他非常喜欢中国的烹饪文化，经常以炒、煎、蒸、煮等方式做些经他自己改良的中法混合式的菜肴，并对自己的饮食创新津津乐道。最令人感到有意思的是，他特别喜欢用筷子吃饭，即便是吃西餐，只要能用筷子，他必用之。筷子早已成为他日常饮食中不可或缺的组成部分。在我刚认识他时，他坚持使用筷子已近六十年的时间。筷子于他而言，早已不再是中国文化符号，而是他自己的一部分。这位老先生告诉我，跟他一样，在日常生活中养成某些与中国有关的惯习者不少。比如，有人坚持每天早起练习太极拳，有人坚持以中医养生，等等。由此来看，进入到法国社会中的中国文化，并非只是中国文化受所在社会的影响，而出现一些适应性的改变，同时也包括中国文化对地方社会中个体乃至群体的影响。这也恰是文化涵化现象中所存在的相互嵌入。在不同民族的文化互动中，相互交流的并不是文化本身，而是浸润其中的个体。个体对诸多文化形式的吸收或变革，在集体层面上表现为文化的涵化。

二　"罐头文化"与传统的延续

法国人通过华人社区所观察和体验到的中国文化，明显是一种"杂糅"①的形态，不但不再"原汁原味"，而且即便是其中的中国元素在很多情况下也表现为一种"罐头文化"。②也就是说，他们在异国他乡所实践的所谓中国文化传统，是在一代代海外华人群体间所流传下来的有关其本源文化（original culture）或"母文化"的集体记忆。这一点尤其体现在老一代华人移民身上，如今他们依然是海外华人社区的主体。

对于任何移民而言，不容否认的是，他原本所属的本源社会（家乡）始终经历着持续的变迁与转型。如果有一部分人想在异国他乡保留其本源文化实践，那么这些文化实践实际上只能指向于他们在离开家乡之际留存于他们记忆之中的文化实践，而这些实践形式大多与后来的变迁与转型存在一定的差距。③也正是在这层意义上，我们可以说，华人社区里的中国文化实践与现实中国存在诸多差异，它们也为法国人理解和认知中国提供了具有迟滞性的素材。法国人通过它们所理解到的中国文化必然与中国现实存在差距。

每逢春节，里昂"中国城"的所有商家都会集中在一起组织一些庆祝活动，其中舞狮表演与放鞭炮是必不可少的项目。第一次去"中国城"参加春节活动，是 2004 年春节。那年大年初一下午 2 点左右，当我匆匆赶至

---

① 在《文化的定位》中，霍米·芭芭（Homi K. Bhabha）提出"杂糅"理论，认为对于移民而言，"时空的跨越产生了复杂的身份：它既是差异，也是趋同；既是过去，也是现在；既是包容，也是排斥"。Homi K. Bhabha, *The Location of Culture*, London, New York: Routledge, 1994, p. 4.

② "罐头文化"最常见于离开故土时间较长的离散群体与移民群体之中。当今世界，遍及世界的华人华侨，在客观上推进了中国文化的全球化影响，但在各地的华人社区中，却慢慢地保留了很多中国文化中某些"过去时"的内容。在此借用的"罐头"一词至少包含两层含义：一是时间与空间层面的含义。随着时间的流逝，"罐头文化"中保留了很多在离散群体或移民的本源社会中已经演变、消逝的某些文化特质。二是文化方面的含义。罐头作为食品工业革命的产物，延长了食品储存期，方便了运输，但与新鲜的食材相比，其新鲜程度却差得很远。"罐头文化"与其本源地的文化形态相比，"原汁原味"远远谈不上，是一种呈现为"过去时"的文化。但正是由于"罐头文化"的存在，还可以让我们了解到在另外的时空中所存在的某些文化形态。当华人离开自己的故土，远走他乡的时候，他们就把对自己故乡文化的诸多表征装进了自己的记忆中，在这样一种"罐头记忆"里，他们几十年不变地代代延续和传承着自己的本源文化，尽管遥远的故乡社会与文化传统早已发生了很大变化，甚至在全球化时代变得面目全非。

③ Denys Cuche, *La notion de culture dans les sciences sociales*, Paris: La Découverte, 1996, p. 133.

"中国城"的时候,老远就听到了噼里啪啦的鞭炮声。位于"中国城"中心的一条街道上,满是闻声赶去的人群,看面孔,中国人不是很多。鞭炮过后,接着是喧闹的锣鼓声,随之欢快起舞的两只狮子,在人群中律动前行。走近刚才放鞭炮的那家中餐馆门前,两只狮子跃跃欲试,想摘下悬挂在门口上方的一棵 salade(生菜)。尝试几次未果后,一只狮子决定站在另一只肩上,终于将那棵绿色的生菜吞吃在口中,将之咬碎后又吐出散向大家,于是便赢得众人齐声喝彩。随后,两只狮子走进餐馆,在里面舞动了有一阵子,之后在锣鼓队的追随下前行至隔壁的一家中国超市。人群也跟着移动起来。

里昂华人社区春节舞狮表演

位于"中国城"的中餐馆和超市大多分布在两条交叉的街道两旁,因而舞狮队表演也就在那里转了个圈。在每家商店或餐馆门前的表演几乎是大同小异的,只不过,鞭炮与生菜的数量,以及悬挂生菜的高低不等,狮子摘取的难度也不同。当然,不是所有的商店都准备了鞭炮和生菜,但家家都多少有所装饰,喜庆的节日气氛浓厚。在有些商店门口,一串串的鞭炮连着响个不停,有些震耳欲聋的感觉,害得人们手捂双耳,退避三舍。舞狮表演是由里昂华裔联谊会组织的,招募了不少志愿者,每一家商店或餐馆为了图个吉利,都要给个红包的,有的还会将红包跟生菜一起吊起来,让狮子自取。

挤在人群中，我听到有些法国人不解地自言自语，"狮子为何要登高摘取生菜？"作为一个北方人，我也是第一次亲历此种习俗，还私下里思考过这个问题，觉着商家大概是取"生财"的谐音，也认为这就是南方人春节期间"舞狮采青"的传统。恰在这时，听到人群里有人喊我，原来是刚刚结识不久的一位朋友的朋友，他在里昂电视台工作，就住在"中国城"街区里。在场的还有他扛着摄像机的同事，他不是来采写新闻报道的，但同事问其是否了解这些舞狮活动的文化象征意义。他不太清楚，恰巧在人群中看到了我的身影。我便把华人商家意欲借之企盼来年发财的想法告诉了他。不一会儿，他带着扛机器的同事又来找我，说是想让我对着镜头讲一下"狮子登高摘取生菜"这一习俗的文化含义。此时围过来很多人，听了我的话，他们似乎恍然大悟地点着头，说是非常有意思。在第二天晚上的新闻节目中，播放了采访我的那一段，于是我猜想，可能还会有更多的法国人第一次闻悉"舞狮采青"这一习俗的文化喻义吧，尽管华人社区在当地已有几十年的历史。

后来，一位来自广东的朋友告诉我，"中国城"春节期间的"舞狮采青"虽然看似与中国南方社会的传统一样，但实际上在诸多细节方面还是存在很多差异的，至少缺少了中国南方习俗中不断加入的折射社会变迁的一些现代性要素与文化气息。春节组织"舞狮采青"活动，是留存在华人头脑中的有关其故乡文化传统的记忆，从第一代移民起就被储存于他们关于故乡的文化记忆之中，变成为一种"文化罐头"。尽管其文化本源地的习俗实践已经有所变化，但远离文化故土，这种"罐头"式的文化传统则难于在其对传统的传承与实践中有所改变。时间越长，与中国故乡的现实差异就越大，并且会衍生出与当地文化习俗的"涵化"。"文化罐头"的现象表现在当地华人日常生活实践与价值观念中的很多方面，尤其是老一代华人移民身上。

"罐头文化"的存在，生动地折射出华人社群对其原有传统的强烈的"依恋情感"，以及与其故乡"保持联系的意愿"。[1] 但是，这种"怀旧式"的文化实践并不足以使之在异国他乡确保其文化传承的连续性。随着时间的推移，他们所谓的传统实践越来越脱离原来的文化与社会情境，日常重复的

---

[1]　Denys Cuche, *La notion de culture dans les sciences sociales*, Paris: La Découverte, 1996, p. 137.

文化实践不再是其本源文化传统的再生产。或者说,由于身处不同的社会与文化背景,华人社群的这种文化再生产的延续也与其本源文化在中国故乡的传承大不一样。

文化传统是一定的社会秩序与社会关系的表达,"尊重传统"的话语总是赋予一定的社会秩序以合法性的话语。对于华裔群体而言,中国文化传统的延续与再生产,并不是为了要在法国社会中呈现自己独特的族裔文化,而是其族裔群体自身再生产的需要。

在里昂,华人社区的主体多是从东南亚移民至此的华裔。尽管有一部分法国人知道这一情况,但如同他们只用"Chinois"一词来指代这一群体一样,在他们眼中——那些不了解"中国城"华人历史的人更是如此——"中国城"的一切文化实践都是"中国的"或"有中国文化特色的",忽视了东南亚文化对他们的影响。鉴于如此状况,法国人在里昂当地的中国文化空间内所感知的中国文化其实已被多次涵化,在原本的中国文化要素之外,还附着了华裔移民群体所经历的不同的文化环境的影响。他们借此想象中的中国文化自然也就与其真实面目大相径庭。

如果说,华人社区的各类华商店铺,最初面向的只是华人或亚裔群体的话,那么很快他们就明白了其商业前途还同样建立在法国人这一消费群体上。为了吸引这些顾客,他们便很快地在"文化与习俗"上适应了当地的文化传统。在我看来,这是诸如中餐文化面向法国顾客进行本土化适应等中国文化实践在当地社会涵化的基本动因,从而也就逐步建立了一种"杂糅"式的混合餐饮文化。换句话说,是法国人对中餐文化消费的想象性期待,促使中餐文化发生了这样的转变。

列斐伏尔有关空间生产的理论认为,社会空间具有强烈的表征性,"表现为形形色色的符号体系,有时被编码,有时未被编码,与社会生活的隐藏面或秘密面相关联,也与艺术相关联"。① 这也就意味着,社会空间的生产在某种程度上表现为它所拥有的诸多表征体系的生产,及其意义象征与渗透。存在于里昂社会的中国文化空间不断地生产着与中国文化有关的意义表征体系,并在法国人的日常实践中,持续孕育着他们对中国的文化想象。

---

① 列斐伏尔著、刘怀玉译:《空间的生产》(节译),载中国中外文艺理论学会、四川大学中文系编《中外文化与文论》,2016 年第 3 期,成都:四川大学出版社 2016 年版。

第四节　文化空间的拓展

就文化空间而言，其组成部分不仅包括体现为"物"的文化景观①，还包括体现为"场"的文化实践。作为一个聚集文化活动的场域，一种"社会事实"，文化空间在塑造和争夺民族与文化身份中起着重要的作用。② 尤其是对存在于法国社会中的中国文化空间来说，它不但呈现和塑造着华人社群的文化与族裔身份和自我认同，也成为法国人认知这一族裔群体，以及与之永远密切关联的中国及其文化的一种凭借，形塑着他们的中国文化观。

在法国，我们所能观察到的中国文化空间，既包括在当地社会中人们所能够接触到的华人社区及其中国文化景观的自我表征，以及诸多中国文化元素与当地社会所形成的一系列社会网络，还包括法国人通过各类文化互动延伸到中国而产生的一种粘连性的文化活动空间，远赴中国亲身体验的文化之旅是普通百姓最为熟悉的感知这一空间的方式。

在这样一种文化空间中，中国文化的自我表征，以及法国人对她的认知与了解，从中华文明的悠久历史、高深玄妙的中国哲学、中国的"传统"，到中国的瓷器、丝织品、茶叶、园林艺术，再到当代中国的电影、美食等，都可以在法国人的生活中寻觅得到。很多人对于中国的兴

---

① 王星、孙慧民、田克勤所著《人类文化的空间组合》一书认为，文化景观是地球表面文化现象的复合体，它反映一个地区的地理特征，每一种文化景观都是特定文化的反映，形象地反映了人类最基本的追求，也包含着有关文化起源、传播和发展方面的许多有价值的证据。文化景观的研究内容既多又杂，可以说人类所从事的任何活动都会在地球表面留下可直接观察到的印记，通过这些印记，我们可以透视文化的内涵，揭示文化史的本来面目，进而了解文化的地域性和民族性如何随着历史的发展而发生演变的。他们认为，文化景观可以分为两大部分：一是直观的文化景观，即不含人类精神因素的聚落和土地利用的格局；二是可领悟的文化景观，意指那些可以反映某一文化群体的文化精神、审美观、世界观的景观。此外，该书还论述了文化地域的时间变迁与空间分布，文化扩散与文化合流，世界文化综合体，以及文化区的概念，并对作为"第三空间"的流行文化地理进行了考察。其中的相关论述，亦对此项研究多有指导意义。以上内容，也恰是旨在研究世界各地文化在空间上的组合与分布，以及各种文化的差异和变化与地理环境之间的关系和表现的文化地理学所研究的主题及其主要观点。参见王星、孙慧民、田克勤著：《人类文化的空间组合》，上海：上海人民出版社1990年版。

② 相关论述参见 Elain Baldwin, Brian Longhurst, Greg Smith, Scott McCracken and Miles Ogborn, *Introducing Cultural Studies*, Beijing: Peking University Press, 2005, pp. 133 - 180。

趣，始于满腔热情地在异域中寻找某种文化异质的情趣。在与中国接触的过程中，法国人在文化上所获得的种种新奇感与满足感是他们所津津乐道的。

法国人远赴中国旅行的历史由来已久，而且能有条件和机会到访中国的人在经济、社会和文化等方面的背景差异很大。如上文所述，早期那些旅行者从中国带回了他们的见闻感观，丰富了法国社会对中国的文化想象。如今，远赴中国交流、学习和工作，尤其是旅行的法国人越来越多，他们都在梦想着亲自去"发现"和体验中国，去寻找和发现一个"未知"的中国，一种"熟悉"的想象。

在我看来，如今来到中国的法国人与20世纪80年代以前的上几代法国游客有所不同。现今到中国旅游的法国人表现出更多的平民性特征，他们在旅行体验中所要探寻的不仅是沉淀于法国社会中的各种有关中国的"刻板印象"，还包括在全球化背景下正在重塑和改写的中国形象。即便同样是在文化层面上看待中国，他们与中国互动的深度及其体验也与其前辈们大有不同。当然，从另外一个层面来看，中国之旅中所发现的中国的变化也足以成为他们酝酿新的文化想象的资源。无论是就制度上的便利性而言，还是从经济实力上来讲，法国人到中国旅游向来是非常简单的。难怪早在几十年前，萨义德在写其《东方学》一书时便讲到，"西方人士意欲了解东方，他们凭借自己在经济、技术等方面的优势，想去就去，想如何考量就如何考量，几乎没有什么阻力"。[1]

据国家旅游局《2004年中国旅游业统计公报》数据，2004年我国共接待入境外国游客1693.25万人次，比2003年增长48.5%，其中欧洲游客来华数量增长45.4%，法国居16个主要客源国之列，入境旅游人数达28.11万人次，比2003年增长80.1%。[2] 如此明显的增长，在某种程度上得益于当年开展的"中法文化年"活动。此后十余年间，情况发生了更大的变化。我们可以通过统计数据来感知法国人与中国之互动日益加深的程度（见表2-1）。

---

① 萨义德著、王宇根译：《东方学》，北京：生活·读书·新知三联书店1999年版，第10页。
② 数据来源：中国旅游年鉴编辑部、国家旅游局：《中国旅游年鉴》2005年版，第175~214页。

表 2 - 1 2006 ~ 2015 年入境中国的法国游客数量统计（按目的分）

单位：万人

年份	会议/商务	观光休闲	探亲访友	服务员工	其他	合计
2006 年	9.6914	22.7617	0.2646	2.6826	4.8171	40.2174
2007 年	12.8405	25.4824	0.0637	2.7045	5.2481	46.3392
2008 年	0.5307	1.4532	0.0035	0.2191	0.4634	2.6699
2009 年	8.85	22.86	0.05	2.84	7.87	42.47
2010 年	11.07	26.75	0.07	2.89	10.49	51.27
2011 年	12.50	22.07	0.11	3.17	11.46	49.31
2012 年	13.13	21.68	0.13	3.43	14.11	52.48
2013 年	12.47	19.76	0.3	3.57	17.25	53.35
2014 年	9.50	16.91	1.11	3.55	20.62	51.69
2015 年	9.29	15.43	1.49	3.71	18.78	48.7

资料来源：原国家旅游局网站：http://www.cnta.gov.cn。

从上表数据来看，以游客身份进入中国的法国人，除 2008 年外，自 2006 年至 2015 年的十年间，数量都非常多。2008 年入境中国的法国游客数量少，与当时中法关系因"涉藏"问题与"奥运火炬巴黎站传递"事件而跌入低谷有关。此后，在 2009 年两国关系恢复正常后，来华的法国游客数量又迅速攀升。如此大规模的人员交流与互动，自然在很大程度上影响着法国人对中国的文化理解与认知。

外出旅游、休闲、度假等，早已成为当代法国人的生活方式。由此，法国的旅游产业也非常发达，组织境外旅游的旅行社到处都是，而几乎所有的大型旅行社都会常年组织到中国及亚洲各国的文化旅游。同时，他们也早已开发了众多较为成熟的旅行套餐，因旅游线路与参与体验的内容不同而存在价格差异。从诸多旅行社安排的中国旅游线路可知，中国早已作为文化商品被法国旅游工业"开发"得淋漓尽致。另外，我们可以发现，几乎所有较有实力和影响力的旅行社都在里昂设有分部①，极大地方便了里昂人与中国的文化接触。

如若进行一些纵向的比较，可以发现，主张和践行到中国自助旅游的

---

① 比如，Objectif-Asie（第二区）、Mekong Evasion（第七区）、Atalante le Monde Est Fait pour l'Aventure（第九区）等。

法国人越来越多。他们有的会通过网络等各种途径做好"功课",分阶段地在中国各地施行,有的则会充分利用亲朋好友在中国长期居留的机会,到中国与之会合,一起到各处游览。另外,还有越来越多的社团组织自行组织旅游团。与旅行社的安排相比,他们往往更注重于文化参与体验,因此会安排一些诸如练习太极拳、学习中医知识、体验中国养生等方面的活动。

当一个法国人想要安排远赴中国的旅行,去翻阅一本旅游手册,或拜访一家旅行社①时,都会发现各类旅游线路或套餐中的中国往往被包装进各式各样十分诱人的名头之下。比如,"帝国之光"(Lumières impériales)、"中华之光"(Lumière de Chine)、"地道的中国南方"(Chine du Sud authentique)、"传统的汉家中国"(Chine classique des Han)、"天国"(L'Empire céleste 或 La Chine céleste)等。又如,"太极之源"(Aux sources du Tai Chi)、"孔子与东方之巅"(Confucius et le Pic de l'Est)、"红色中国"(Chine rouge)或"龙之帝国"(L'empire du dragon),等等。② 再如,"皇家传奇"(Les légendes impériales)、"孔子故土"(Au pays de Confucius)、"文明的摇篮"(Au berceau de la civilisation)、"做客新疆维吾尔族之家"(Chez les Ouighours du Xinjiang)、"行走在帝国乡间"(sur les routes de l'empire)等。③ 尽管诸多标题的表达形式与修辞手法多种多样,但被绑定在法国旅游工业中的"中国"始终带有一种神秘感及异国情调。即便有些内容表达了中华文明的古老与悠久,却也缺少些许平实之厚重,反而增加了被人消费的欲望。这并非仅仅是旅游产业的营销策略,更是对法国人中国之文化想象的回应。

法国出版有各式各样有关中国的旅游手册,比如《中国》(*CHINE*)(包括 Guides Arthaud 版本和 Lonely Planet 版本)、《中国徒步旅行指南》(*Guide du Routard Chine*,Hachette Guides Tourisme)、《量身定做的亚洲个人

---

① 在法国,还有一些专攻亚洲或中国旅游业务的旅行社,比如亚洲(Asia)、中国之家(La Maison de la Chine)等。甚至包括瑞士旅业集团(Kuoni)在法国设立的分部。

② Florent Villard, "China in French Tourist Industry Discourse: From Orientalist Imaginary to Chinese Postmodernity", in *Transtext(e)s Transcultures*, n°1, Lyon, Université Jean Moulin Lyon 3, p. 139.

③ *Match en Chine*, n° 5, mars-mai 2004.

游》（*Toute l'Asie en voyage individuel sur mesure*，Asia）等很多种。① 喜欢旅游的法国人，也喜欢收藏旅游指南。在田野调查期间，我注意到有人家里收集了20多本关于中国的旅游指南，不但涉及不同出版社的不同手册，而且还包括同一指南不断更新的不同版本。如若走进 FNAC、Décitre 等书店，会发现有专门介绍中国旅游指南手册及地图的书架，甚至还有众多讲述中国旅游经历的游记作品，比如《中国之旅》、《华夏腹地之旅》等②，很受读者欢迎。有一些法国人就是带着他人对中国的描述、揣着自己的想象，到中国旅游的。

此外，法国还活跃着大量介绍中国旅游的网站③、博客（Blog）、论坛等，它们从不同角度讲述着众多人在中国游览参观的体验与感受，分享着他们对中国的理解与认知。而且，基于网络的各类在线互动平台为网友之间的交流提供了极大的便利，他们可以通过这些平台及时分享有关中国的视频、照片等影像资料，更新快、容量大，也越来越成为法国人分享和了解文化中国的工具。诸如此类种种，对于一个法国人来说，到中国旅游的准备与实施几乎是非常便利的一件事情。得益于技术手段的进步，有关中国的认知分享涉及更大的群体范围，不同个体与群体之间的互动也更加深入，很多人在未出发之前便在一定程度上预设了有关中国之文化想象的底片。

中国之旅满足了法国人文化想象中对中国的期待，而又带回了他们想象中的印验。有很多印象存在于他们大脑中，而有的则被转写进他们的日记或

---

① 再比如，《中国指南：从北京到香港》（*Guide Bleu Chine*，*de Pékin à Hong Kong*，Hachette Guides Tourisme）、《商务人士之中国生存手册》（*Petit guide de survie de l'homme d'affaires en Chine*，Patrick Robin）、《中国历史手册》（*Guide historique de la Chine*，Tableaux synoptique de l'histoire）、《在华法国人为您导游》（*Les français de Chine font le guide*，Publibook）、《南部中国手册》（*Guide Bleu Chine du sud-ouest*，Hachette Guides Tourisme）等。另外，法国最大的出版集团阿歇特出版公司（Hachette）也有自己的中国旅游手册。不过，值得令人品味的是，该出版集团曾出版过一本名为《中国＋香港》（*Chine ＋ Hong Kong*）的手册，书中印有这样一段文字："请注意，很明显西藏未被纳入这本旅游手册中。请参见专门介绍尼泊尔与西藏的旅游手册。"如此被设计和包装的中国显然已被"肢解"，而且我们从中嗅到的不是过去那种因为缺少了解而出现的知识盲点，而是一种政治与意识形态方面的操控。

② 比如：Ninette Boothroyd et Muriel Détrie，*Le Voyage en Chine*：*Anthologie des voyageurs occidentaux du moyen âge à la chute de l'empire chinois*，Paris：Éditions Robert Laffont，1992；Frédéric Bobin，*Voyage au centre de la Chine*，Mas de vert：Éditions Philippe Picquier，2007；Jules Roy，*Le voyage en Chine*，Paris：René Julliard，1965；Lord Macartney，*Voyage dans l'intérieur de la Chine et en Tartarie*，Genève：Édition Olizane，2005（1978）；等等。

③ 比如：http：//www. voyages－en－chine. com/，http：//www. lonelyplanet. fr/，等等。

游记中、被刻录在他们的 DV 里，或者印在他们的照片及相册里，或者直接依附于他们在中国购买的各类纪念品中被带回到自己的家里。这些纪念品中，或许有些很"普通"，但对他们来说却是中国文化特色（或者说是传统）的代表；或者有些也许非常"怪异"，不过那也是他们自己眼里的中国印象。也许如同谢诺（Jean Chesneaux）所言，这些买回的"有意义的"纪念品，可能不再会被主人拿出来，那么这样的文化印象，便被永远地埋藏进了文化想象之中。①

---

① Jean Chesneaux：*L'art du voyage*，Paris：Bayard éditions，1999，p. 264.

第三章　日常实践中的体验、
想象与认知

如今中国是法国人的梦。[①]

　　　　　　　　　　　　　　　　——来自田野

　　在法国人的理解中，中国文化对他们来说往往是复杂难懂的，这一点生动地体现在他们的语言应用中。法语用"Chine"表示中国，用"chinois"表示"与中国有关的"事物。作为名词时，首字母大写的"Chinois"意指"中国人"，这是最为通常的语义。实际上，在法语中"chinois"还有一个非常常见的用法——表示"复杂难懂"之意。时常会听到法国人这样说，"C'est du chinois"，意即"这事儿复杂难懂"。恰如英国人喜欢用"greek"来表达相似之意。当法国人遇到难办的事情时，也会说"un casse-tête chinois"——一件令人头痛的工作。"casse-tête"本身就已经表示"繁重、累人的工作"之意，再用"chinois"作为修饰语，更是突出和强调了工作繁重、复杂的程度。此外，"chinois"还表示一种用于过滤的"小漏斗"，很多法国人不清楚这一语义，感觉比较奇特——"chinois"怎么会成为一种"漏斗"的名称呢？也有人开玩笑说，或许是因为那种漏斗源自中国，也有可能是因为法国人觉着"漏斗"是个非常复杂难懂之物，所以才以"chinois"为之取名。上述诸多用法，多少表达出法国人对中国文化的认知——但凡涉及中国的事物基本上都是复杂难懂的。

　　中国文化博大精深，不是任何一个人能够完全理解得了的，在法国人面前，中国文化则往往会被"简约"为某些固定的文化原型。他们乐意且善于固定某种框架去理解和想象中国文化，这也就是为什么在法国

---

　　① 此语出自我在中国电影俱乐部（Ciné Club Chinois）所结识的一位女士之口。

及西方历史上有那么多关于中国的 "刻板印象"。即便是在今天，这种情况也无例外。在很多法国人眼里，他们对于中国及其文化的印象，不仅有一些固定的、陈词滥调式的看法与言论，更重要的是他们持有某些固定的视角框架，总是把中国及其文化放在特定的、几乎不变的视野内加以审视。

第一节　法国人眼中的中国传统文化

从总体上观察，法国人对中国传统文化较多地抱有积极的认知态度。甚至，在某种程度上讲，他们更愿意把对中国的认知锁定在 "古老中国" 的维度上。恰如曾驻法工作多年的《文汇报》资深记者郑若麟所言，"法国民众对中国传统文化普遍持有强烈的好奇和一定程度的好感"。①

如今，越来越多的法国人家中藏有充满中国文化特色的器物，既包括用以装饰家居的工艺品、字画，又包括实用的茶壶、碗筷、被褥，甚至还包括服装、首饰等。他们眼中的文化传统，除了那些能够彰显中国古老的文化历史的器物之外，再就是一些文化实践，如气功、太极拳、绘画、音乐、中医、风水等。对中国文化感兴趣的人，并非只是喜欢一件东西、一样事物，他们对中国文化的那份热情使之同时喜欢很多，从器物到实践，再到观念，有 "形" 无 "形" 的文化均有。当然，他们所热衷的更多表现为所谓的中国 "文化传统" 或 "传统文化"。

一　玛丽亚娜的中国情结

如若向某些法国人问起他们缘何产生了那份中国文化热情，他们会说这不是一件容易说得清楚的事情。跟玛丽亚娜（Marianne）② 接触的时间长了，

---

① 郑若麟：《如何对法国民众讲好中国的故事》，载《对外传播》，2014 年第 6 期，第 24 页。
② 文中对于报道人的姓名，我只提及其名字（prénom），而不讲其姓氏（nom de famille）。在法国，名字相同的人太多，因而我保留了大部分报道人的真实名字。不过，按照惯例，玛丽亚娜（Marianne）则是匿名，之所以给这位报道人取此名，是因为在法国玛丽亚娜这个女性名字不但非常普遍，而且是法兰西共和国的喻意象征，代表着 "自由、平等、博爱"，我们在法国 "国徽" 上所看到的那个头像便是玛丽亚娜。而在这里，我所要讲述的田野故事，是在精挑细选的基础上决定的，是一个真实的故事，在当地社会也非常具有代表性，而且主人公是一位女性。故而，想取玛丽亚娜这一名字的象征意义，来指代这一实例的典型性。

我对她对于中国文化的那份近乎痴情的喜欢，感受颇多。而她自己却不知道，究竟是在什么时候，在什么地方，又是如何产生了对于中国文化的那份情谊；对她来说，说得清楚是很难的，以至于经常有人开玩笑说她生来就是"半个中国人"。

1957 年出生的玛丽亚娜成长在一个对外来文化持有较多开放态度的家庭里，这使得她打小就对其他文化有着浓厚的兴趣。早在 1972 年在进入高中学习的时候，她就想选择汉语作为第三门语言，可是在要去就读的中学里并没有中文课。[①] 年青时代，受到学习外语的影响，她总是学着试图采用另外一种方式来思考问题。"嬉皮士"（hippie）是那个时代的文化象征，1968年"五月风暴"的影响还在社会上留有广泛而深刻的迹象，有关中国、日本、印度等国家的文化游记或见闻等也传播广泛，这样的时代环境使得她对其他国家和民族及其文化逐渐地产生了越来越强烈的兴趣。尽管当时的她很年轻，对人生和世界的认识还不够深刻，但在那个以"和平与爱情"作为标志的时代，她萌发了这样一种观念：所有民族都应团结起来，共同致力于和平。

谈到对中国的文化印象，玛丽亚娜说："我怎么有能力去想象中国这么一个如此庞大的国家呢？"在学校里，她曾经学过描画中国的疆域轮廓，学过中国历史，也了解过转写成拼音的各省份名字。"这个国家对我来说，令人着迷，令人惊奇，她的形象当然不可避免地涉及其广阔的疆域，不同的地方社会，众多的民族与文化、习俗，众多人口所使用的共同的文字，以及数千年来自守家门的历史等。"直觉告诉她，在中国那个遥远的地方，存在着一种对法国人和欧洲人而言崭新的生活艺术，让人们和睦相处，互相交流。随着对中国了解的不断深入，玛丽亚娜越来越深刻地意识到，不论是在知识还是道德或宗教方面，中国与西方社会都存在着很大区别，既表现在语言及文化方面，也存在于自己的感觉之中。那个时候，她对中国文化的了解只能算作一种感觉，并无多少切身的接触与体验。可惜的是，在年青时代，她没有条件也没有机会去更深入地了解中国。

在 20 世纪 90 年代，玛丽亚娜对中国的文化热情又开始苏醒了。她开始了解到传统的中医，并喜欢上了它。玛丽亚娜眼中的中医蕴藏着一种"适

---

① 据玛丽亚娜讲，在那个时候，在里昂只有一所中学教授汉语。

中"（juste milieu）的哲学观念，她从中察觉到的满是传说中的中国智慧，令其吃惊。与中医相处，她认识到，中国传统中医并非仅限于以前人们只提到的针灸，还同样包括按摩推拿、饮食，以及"健身文化"（culture physique），如气功等，还有大量的中医药（植物、药草等）知识与实践；她对中医"望、闻、问、切"的诊断方法极为欣赏，"在中医专家那里，手是特别神奇的，是其工作的基本工具"。

"我感觉到，我们的西医每天都在不停地进行研究，开发新的药物产品，新的完美的诊断仪器，而它却只有使用化学药物治疗一种方法，这种方法变得越来越复杂造作，越来越昂贵，而其疗效却是二流的，有时候还会是有害的。"玛丽亚娜的这番评论，对西医而言虽然有失公正，却在某种程度上表达出法国社会对西医科学与技术发展的某种担忧，以及一部分人开始崇尚中医的原因。

在青年时代，玛丽亚娜就有一位女性朋友已经开始练习太极拳，由于空闲时间少，她只跟这位朋友一起参加过几次学习。2000 年到越南和老挝为期 5 周的旅行，是她第一次离开欧洲，远赴他处，正是这次旅行让她有了很大的改变。旅行回来后不久，她从朋友那里开始接触到了中国的风水文化。那个时候，在法国，人们谈论风水还是比较少的。向其传授风水文化的老师，后来又向她介绍并带之慢慢接触到了中国的《易经》。她曾经参加过两次由雅瓦里（Cyrille Javary）① 组织的《易经》学习班，后者是一本法文版的《易经》的译者。自那个时候起，玛丽亚娜脑中就萦绕着一个强烈的念头："我要学习汉语。"

玛丽亚娜说，自中学时代她就喜欢读书，但不善于向老师寻求某些问题的答案，而是求助于书本及自己的阅读。这样的习惯使她喜欢独立思考问题，而且别人都说她思考问题"很哲学"。正是在她这样一种"很哲学"的个人观念中，中国文化精神具有一种接受事物变化的能力，并将之作为基本原则，这样的价值观念可以让人们更好地理解宇宙万物，而与之相比，西方文化精神则总是需要一定的确定性与不变性，喜欢将所有鲜活的东西理论

---

① 雅瓦里出生于 1947 年，是一名作家，也是一位中国现代、古代文化与文明顾问兼培训师，还是诸多讲座的主持人，他翻译了中国的《易经》（*Yi Jing*，*«Classique des Changements»*）。他在巴黎及法国各地，西班牙、比利时、瑞士以及意大利与巴西等，先后开设和举办了很多有关中国文化的课程与讲座、研讨会，同时还发行了很多音像资料介绍中国文化。

化、知识化，却把它在理论上或哲学上提出的基本问题置于一旁，没有给出答案。玛丽亚娜逐渐地意识到，让自己对中国着迷的东西，是被她称为中国文化精神的东西，她在所有学习的新领域内都能找得到它。对她而言，中国语言用一种与西方语言及文化截然不同的方式去思考和表达，它极有想象力，所有的法文词语、英文词语、西班牙词语等都难以匹敌，它不仅是一种语言，还是一种哲学、一种思想。2004 年 9 月，玛丽亚娜开始学习汉语；2005 年 8 月，她还到北京参加了为期 4 周的中国语言培训与文化体验夏令营。回到里昂后，她又在一家社团组织注册了中国书法课，同时还参加里昂的"《周易》学习小组"每月举办的有关《易经》学习的各类活动。2006 年 9 月以后，她又开始定期学习太极拳，还参加了气功启蒙班的学习。出于对中国文化的热情，玛丽亚娜将自己的业余时间全部投入到了对中国文化的了解与学习之中。

听玛丽亚娜讲述自己与中国文化的接触历程，我真是有些难以相信这样一种兴趣与情感。尤为重要的是，她对于中国文化的某些理解，还特别有见地，所有这些活动都使她在律师事务所繁忙的秘书工作之余感受到了极大的乐趣。而我以为，对于玛丽亚娜来说，蕴藏在中国文化当中的另外一种文化价值观念让她对中国文化着迷。

二　中医在法国

中医传播到法国已有 700 多年的历史，法国也被称作中医的"第二故乡"。① 从 20 世纪五六十年代开始，中医推拿按摩或针灸技术开始在法国普及开来，如今通过法国国家图书馆的图书检索系统搜寻有关中医的法文普通

---

① 意大利人马可·波罗于 13 世纪末的时候最早把中医知识带到了欧洲。自 17 世纪开始，包括法国人在内的欧洲各国商人、外交官，尤其是传教士，在中医西传的过程中起了很大作用。其间，大量有关中医的著作开始在法国传播，它们基本上是由传教士和汉学家完成的，其中有些是专门单独成册，有些则成为诸如大百科全书等典籍的某些章节。直到 20 世纪，一些医学专业人士才参与到中医在法国的推介之中，并把它更专业地带到了法国人的生活中。与此同时，不但有更多的中医书籍出版，而且有越来越多的人开设中医诊所，其中旅法华人起到了不小的推动作用。如今，各类媒介（图书、音像制品、网站等）已经成为中医在法国传播的有力推手。随着人们对中医的了解越多，不仅看中医的人多了起来，中医诊所多了，从业人员也越来越多，与中医有关的研究工作也得到了重视。早在 1996 年，巴黎还开设了第一家中医医院，它是在中法两国卫生部的倡议下，由欧盟、联合国教科文组织在世界卫生组织的协助下开设的。

读物，不下百种。① 通过对包括玛丽亚娜在内的众多喜欢中医的朋友的了解，以及对中医在法国社会中各类表征的观察，我发现在法国人的认知中，中医基本上扮演着五种角色：治病方法、养生之道、哲学思想、文化中介和消费商品。

（一）治病方法

在法国人眼中，中医首先是一种带有浓厚的中国文化色彩的治病医术。有很多医生用针灸、推拿、中药等为病人治病，而且值得注意的是，从医治病痛的角度来说，针灸是中医知识中最为法国人所广泛接受的，它也因其神奇的疗效为中医在法国赢得了声誉。法国科学界对于中医科学性的质疑，似乎并没有影响人们对针灸疗效的信任。相比之下，中药在法国的接受度则比较小。如今，当自己的身体遭受病痛时，有些法国人已经学会了在中医和西医之间进行选择。玛丽亚娜的故事可以从一定侧面上呈现出中医是如何逐步赢得更多法国人的信任的。

多年以前，玛丽亚娜嗓子一直不好，经常发炎，甚至有时说不出话来。她曾经多次去看过西医专家，但对他们所推荐的需要手术的治疗方法一点儿也不满意，也就放弃了进一步治疗的想法。后来，在一次朋友聚会上，大家问起她嗓子的问题，一个朋友告诉她说，里昂有一位越南裔的女士懂传统中医，且医术高明。第二天，她就毫不犹豫地——或者说，很自然地——跟那位医生约定了看病的时间。两三次的针灸治疗过后，她的嗓子就好了。此后，玛丽亚娜也逢人就夸中医在医治某些身体病痛方面的功效。在她的推荐下，她周围很多朋友都选择了那位越南裔大夫作为自己的私人医生。那位越

---

① 早在17、18世纪就已有中国传统医学著作被译介到法国。20世纪初曾在中国担任外交官的德莫昂特（Soulie De Morant，1878－1955），在回国后积极推进传统中医的临床与教学，因其在针灸推广方面做出的贡献，被后人称为"法国现代针灸之父"。1934年，德莫昂特出版了《真正的中国针刺术概要》（*Précis de la vraie acuponcture chinoise*）一书，以及12本介绍中国医学的小册子。但直到20世纪中期以后，中医实践才在法国普遍流行起来，在里昂医学院等各大医学研究机构中也相继建立了诸多中医研究学术团队。在调查中我了解到，截至2017年，法国约有3000个中医诊所在推广针灸、推拿和中药等中医药实践。法国国民中50％的人有过接受针灸治疗的经历。相关资料参见张浩：《法国中医概况》，载《浙江中医药大学学报》，1986年第6期；繁星：《中医药在法国》，载《中华养生保健》，2004年第6期等。当时比较流行的书有：J. E. H. Niboyet, *Le Traitement des algies par l'acupuncture et certains massages chinois*, Paris：Éditions Jacques Lafitte, 1959；Jacques A. Lavier, *Le micro-lassage chinois et les techniques qui en dérivent*, Paris：Édition De La Librarie Maloine, 1965；Jean-Claude Tymowski, *Massage Chinois*, Paris：Édittion Ami, 1965。

南裔大夫毕业于西贡医学院，曾经专门学习过传统中医。她们很聊得来，那位医生还曾经借给她一本有关中医的法文书。书很厚，且装订样式也不同寻常，开本较大。刚开始读这本书的时候，玛丽亚娜感到云里来雾里去的，由于没有读过类似的东西，不确信自己是否明白已读过的内容。随后，"我就开始将之当作诗歌来读"。①

恰是在这种与西医疗效的比较中，中医日益赢得了法国人的青睐。在田野调查中，我发现，有些法国人在调理身体紊乱、疲劳、失眠、上火、憔悴等不适症状时，比较青睐于中医；选择中医医生作为自己私人医生的人也越来越多。如今，在里昂可以找到很多中医诊所，它们还在当地的各类媒介中打广告。当然，开这些诊所的人，除了中国人外，还有法国人，以及一些源自东南亚的华裔或其他亚裔。

尽管目前法国人对中药的接触并不是很多，但在法国的传统医学中，也有使用植物、药草治病的传统，这就使得中医药"天然地"具备了让法国人对之感兴趣的文化基础。而中医中博大精深的有关药草的知识，则会让法国人有更多惊奇的发现。只不过，在"科学"理念的影响下，由于对药草剂量与搭配比例的把握不够精准，法国人对"是药三分毒"的担忧影响了他们对中药的接受度。

中医知识被越来越多的人接受，除了看中医外，有些针对家庭保健的中医医疗手册②也越来越常见于法国人的家中，成为他们日常生活中的得力助手。不过，这些有关中医的书籍，基本上都是出现在喜欢中国文化的人群之中。而且，在大多数法国人的认知里，中医基本上是作为一种文化而非完全意义上的医术进入法国人的生活之中的。

（二）养生之道

法国人所理解的中医并非仅限于可以治疗某些病痛的针灸、推拿等，还同样包括按摩、饮食，以及"健身文化"（如气功、太极拳）等，它在这些方面所主张、提倡的一些做法，对于调理人的身体病痛与不适具有很好的功

---

① 我也接触过一名叫维维亚娜（Viviane）的法国医生。她相信中医、练习气功，对中国文化的喜爱到了"痴迷的地步"，这是一位介绍我认识她的友人的原话。我们有过一次简短的访谈。在她的家里，跟其他喜欢中国文化的法国家庭一样，摆放着各种各样的中国文化器物——字画、茶具、家具、工艺品等，在她的日常生活中，中国文化元素的能见度特别高。

② 比如早在 1985 年就出版的《中医针灸实用手册》（Yves Réquéna, *Guide pratique des moxas chinois*, Paris: Grasset, 1985）。该书作者雷克纳（Yves Réquéna）是一名医生，自 1971 年就开始从事中医实践，1989 年时创立了自己的第一个气功培训学校。

效，也有人用针灸的方法减肥，是人们很感兴趣的养生之道，这些恰恰符合法国社会中同样流行的对养生时尚的追求。

如今，通过练习气功与太极拳来强身健体的法国人越来越多。在玛丽亚娜的理解中，太极拳是一门防御艺术，既需要像搞拳击的人那样的力量，又需要玩击剑的人那样的灵巧；太极拳动作自然、和谐，可以提高身体运动的协调性，改善人体的反应能力；练太极拳可以提高自身的敏捷性、胳膊的灵活性、控制身体的旋转、腿脚的活动能力等，可以让身体获得一种平衡性，使之具有更强的柔韧性。

还有人从中医知识那里获得了通过饮食来养生的方法。有些养生建议特别推崇中国饮食中的豆类食物，并认为中国饮食文化中"蒸"的方法是一种对食物营养破坏程度最小、最轻的烹饪方法，它不必添加油脂类物质，也不会破坏隐含在蔬菜内的维生素。当然，在饮食养生中，茶自然是不可缺少的。很明显，法国人所推崇的中国式养生方法是被纳入到对中国文化整体性的理解之中的，而中医在其间起到了一个关键的中介角色，是它把各类养生知识整合了起来，或者说，人们把各类养生知识放进了中医的框架内去理解。

（三）哲学思想

对于很多法国人而言，中医蕴藏着一种充满中国文化意蕴的哲学思想，体现着中国人认识世界的智慧，它集中国文化传统、哲学及智慧、实用于一体。

与中医打交道多年，玛丽亚娜体会到的中医更多的是一种文化，透出深刻的哲学思想。在她看来，西医忽视了预防，它从来就不知道怎样帮助人们保持身体健康，也不教人们如何恢复身体的力量。西医不断地发展尖端的医学研究，建议不断改善技术水准，生产很多复杂造作的技术设备，以便应对在现代社会中出现得越来越多的疾病与事故，但它看起来感兴趣的是"病"，而不是"病人"。西医治病，而中医治人，后者更能体现出以人为本的理念。

从文化的角度来看，西医被当作一门技术，总是求助于越来越复杂的技术进步，而中医却更多的是一门生活的艺术——健康生活、健康饮食、调养生息、运动健身，它既使用很多的自然资源，又调动人身体本身的资源，它可以让每个人保持其拥有自身的"健康资本"。她特别喜欢中医讲求的"适中"理念，并把它延伸到自己的工作与生活当中，凡事求度，不做极端之事。在她看来，人们在现代社会的生活情境中似乎不懂得"适中"的原则，这会使得大家很快地浪费掉自己的健康资本。玛丽亚娜及其法国同胞对于中医的热爱，与 2006 年中国国内掀起的"中医存废"争论①，形成了鲜明的对比。

在田野调查中我发现，喜欢中医的人总能够从中医治病救人、调养身体的方法和思路中理解到具有中国智慧的哲学思想，而这些思想对他们理解人类社会与文化、处理工作生活中的一些事物多有裨益。比如，有人特别推崇中医所讲的"天人合一"的和谐理念，以及生态平衡的理念，它强调人和自然的平衡关系、人和社会的平衡关系，以及人身体自身五脏六腑的功能状态的平衡关系。甚至，有人还说，中医所体现出来的治疗方式的最高境界就是哲学中的一个生存观的问题。

也有人特别喜欢中医所特别强调的辨证论治和整体观念，"阴阳"之说就非常形象地阐释了这些理念。而且，"Yin-Yang"也已经作为专门的术语成为法语中很流行的一个常用词，并没有使用其他的翻译词语。

在与法国人的接触中，还有一些人告诉我，中医医术中也深刻地体现着现代社会治理的思想，所谓"上医治国、中医治人、下医治病"，就是一种很高的哲学境界。这样的说法与理解或许来自他们对中医读物的阅读，但能够认同它，并将之融进自己的世界观与认知观中，也是难能可贵的。

有些法国人从中医知识中体悟到了具有中国智慧的哲学思想，并且认同它们，这就构成了两个民族及其文化展开平等对话的基础。多年来，中法两个民族之间的文化交流、对话与合作，其实都是以对某些价值理念的共识为基础的。

（四）文化中介

中医还表现为一个具有强大的动员能力的文化中介，它不但成为法国人了解中国文化其他方面的一个很好的窗口，同时也是他们了解亚洲各国文化的一个重要的载体。

对中国文化感兴趣的法国人，对中国文化的喜爱是多元的，他们生活中与中国文化有关的器物或实践，都是相互关联的，并成为他们认知中国文化

---

① 从事科学技术史与哲学研究的学者张功耀认为，中医不科学，西方医学比中医药可靠，并从科学哲学的角度对中医理论提出质疑，还于 2006 年 10 月在网上征集签名呼吁推动中医退出国家医疗体制，从而广泛引发了有关"中医存废"的争论。资料来源：综合各类新闻资料。

的中介。很多人对中国文化其他方面的喜爱是从接触中医开始的，因为喜欢上了中医转而有兴趣去了解其他领域内的中国文化。

对中医的了解让很多人认识了中国的风水文化，他们认为"风水"不是迷信，而是有"科学"道理蕴含其中。在他们看来，风水知识教人们如何调整自己的居家、工作环境，使之和谐。生活在大城市里，人必须得学会调节平衡，以保证健康，因为城市生活越来越远离土地，缺乏大自然的气息。当然，他们也并没有认为风水文化仅仅是中国的传统文化，而是属于亚洲多个国家的文化。上文也已经提到，在法国有些中医诊所还是亚洲其他国家的族裔所开设的，他们的中医实践也不可避免地成为宣传其民族文化的一个中介。如今，有不少与中国文化有关的社团组织也把亚洲其他国家（比如越南、日本、柬埔寨、泰国、老挝等）的一些文化跟中国文化或中医整合到一起。

在里昂，活跃着一些以中医文化推广为主要目标的协会组织，致力于开展中医知识的学习、培训等活动。这些社团组织同时也积极地推广中国其他方面的文化，比如教授汉语、气功、太极拳等。有些并非以中医推广为主要目标的社团组织，也开展一些有关中医的学习或培训活动。这样，人们就会在一个更加全面的情境下了解中国的文化。可以说，中医和其他文化要素互为不同群体接触和了解中国文化的中介。

同时，我们也看到中医已经成为一部分法国人结社的一个重要资源。鉴于社团组织在法国人社会生活中占据着重要的位置，可以说，中医也扮演着推动法国社会内部群体互动的文化中介的角色。

（五）消费商品

在当代法国社会，"看中医"不仅成为有些人治疗病痛的选择，同时也似乎成为一种与养生、饮食、生活方式等相关的"时尚"。而且，中医也被整合到其他的文化事项中，与中文学习、器物收藏、气功（太极拳）练习、易经与风水知识培训、文化艺术、电影、中国文化旅游等众多内容结合在一起，被法国人整体"打包"成为一种被人们日常消费的"文化商品"，呈现着一个文化层面的"中国制造"的符号。而这种文化符号越来越成为当代消费社会的重要商品，也促使出现了围绕中国文化而展开的消费经济。

包括中医在内的中国文化成为文化消费的商品，其间不但涉及器物，更重要的是知识与实践的培训和学习，而组织这类培训和学习的机构，往往是由中国文化爱好者创建的各类社团组织，它们的培训活动不但创造了经济效益，而且还提供了一定的工作岗位，日益成为一个重要的经济部门。

玛丽亚娜喜欢中国文化，参加过很多与之相关的社团组织，并乐此不疲。但同时她也告诉我，自己为此在经济上付出了不小的代价。在法国，看中医的费用是比较昂贵的，一些与中医实践相关的器具（比如拔罐等）、学习培训课程的费用等都比较贵，而且中医治疗也没有被纳入法国的医保体系，从而也加重了一部分人的医疗负担。诸多培训与学习固然是在传播包括中医在内的中国文化，但很多培训课程的组织者从中看到的更多的却是背后的经济利益。随着法国人对中国文化的热情越来越大，其背后蕴藏着潜力巨大的商业空间。

由此来看，中医在法国的广泛传播，并得到越来越多的认可，"消费社会"的发展则着实为其提供了机遇。而在这种文化消费中，作为商品的中医则又很自然地透射出它所代表的中国文化。

（六）作为文化"他者"的中医

中医之所以能在当代法国社会中广泛传播，并受到一些民众的喜爱，主要是因为在历史传承中，它在法国的民间社会中逐渐赢得了信任，拥有了社会与文化基础。中医在法国社会中所获得的广泛认知，并非仅靠部分精英的推动而实现的，更重要的是它作为一种文化，已经在普通百姓的日常生活中扎根，已经成为被越来越多的人熟知的文化实践。上文所提及的中医在法国社会中的五种角色折射了这种文化基础，它凝聚为一种对于法国人及其社会而言具有建设性意义的文化存在，呼应着当代法国社会在医疗保健方面的需求、文化需求，甚至是经济需求。

值得注意的是，中医代表着中国悠久的传统文化，是中国古老文明的代表，法国人对于中医的喜爱，也在一定程度上呼应着这样一种现象：他们想象中的文化中国，基本上是与"过去古老的中国"密切相关的，似乎与当代中国的关联不大。

同时，我们也应当看到，包括中医在内的中国文化在法国社会的传播，仍然是作为一个文化"他者"出现的，甚至还带有"异国情调"的成分，正是它所呈现出来的文化差异吸引了法国社会的目光，而人们在与中医等中国文化事项密切接触的过程中所获取的积极体验，则又激发他们进一步了解中国文化的热情。

中医代表着一种与西方文化大有差异的东方文化，也是从文化的角度上，它已经在法国社会获得了较为广泛的认可度，但是作为一种医术，它在法国的医疗制度体系中所占有的位置并不令人乐观。目前，中医还没有被纳入法国医疗保险体系，这就妨碍了作为医术的中医在现代社会制度之下真正地进入到更多法国人的日常生活之中，以至于中医仍旧是更多地以文化的身份存在于法国社会之中。

不过，中法两国已经开始努力推动中医药方面的合作日益深入，而且法国的高等教育已经开始颁发中医针灸方面的国家级学位证书。这不仅是医术的合作，更为两个民族的文化交流提供了更具感知性的实物与实践。中医在文化层面所获得的社会认可度，将会有益于它未来在法国医疗体制中获得应有的位置。很多人希望，未来在法国人的眼中，中医不仅是一种充满哲学思想的文化符号，增进两个民族的理解与交往，同样也是一种从制度上在法国获得更多认可的治疗病痛的医术，与西医互有补充，成为法国人医病强体的保障。

三 医生安托万及其中医实践

在里昂乃至整个法国，有一位非常知名的从事中医实践的全科医生安托万（Antoine）。虽然最初学的是西医，但他后来喜欢上了中医，在退休前从事中医学研究与实践近四十年，以中医之术帮助无数的病人解除了病痛。

1974年，青年时期曾在医学院学医的安托万，突然有一天得了眼疾，视力迅速下降，三天的时间就已几乎什么也看不见了。他四处求医问药，拜访了很多名医，病症依然没有缓解。在他万般焦虑之际，一个朋友建议他去看看中医。西医都看不好的眼疾，中医就能治得了？带着半信半疑的态度，他去找了朋友为他推荐的一位懂中医的法国医生。问诊过后，那位医生为他做了一次针灸治疗，就那么一次，他的眼睛就慢慢恢复了视力。这一神奇的疗效，让正在学医的安托万立刻就爱上了中医。从那时起，他就立志学习中医，并开始学习汉语。为了能够学到中医真谛，他一直盼望着到中国求学。在20世纪80年代初，能够到中国大陆学习的机会并不多，1984年他获得机会去中国台湾学习了6个月。在那里，他首先要攻克语言的问题，复杂的繁体汉字不但没有让他退缩，反而令其对汉语和中医更加着迷。后来，他开始逐字逐句地研读《黄帝内经》。安托万医生温和儒雅、非常谦逊，他不但识得繁体汉字众多，懂古文、懂药典，而且写得一手好字，却总是格外谦虚地说自己的汉语口语不好。时至今日，他几乎可以把《黄帝内经》中的每一句话都熟记于心，并可以随时准确地找出它们在书中的位置。安托万习惯于从传统的中医典籍中寻找为病人消除疾痛的方案，在他看来，传统的中医典籍对人的身体及其所处环境具有更为整体的关照，并提出了最为朴素的原理阐释与医治策略。每一位医生都会以对基本原理的理解为基础，根据不同的病症，提出自己具体的治疗方案。

安托万的夫人艾丽丝（Alice）也是位医生，同样非常喜欢中医，二人也经常会在生活和工作中切磋医术。实际上，在他们二人的家庭生活中，可以发现中国文化元素无处不在。家中不但常年备有中国好茶，而且中餐也常见于他们的日常饮食。家居摆设中有很多中国器物，尤其是挂在墙上的多幅中国传统的水墨画格外引人注目，那是艾丽丝自己的作品。她不但在业余生活中学习了中国绘画，还在绘画工具、创作技巧与艺术主题方面有自己独创性的发展。她用木制小棒代替毛笔，创作了很多富有哲理而又呈现中国文化所倡导的人文情怀的绘画作品。在他们夫妇二人的理解中，学习与践行中医，需要了解它所浸润其中的中国传统文化，尤其是中国的哲学思想。

由于医术精湛，退休前的安托万每天在其诊所接待的病人络绎不绝，甚至有时候预约都需要提前很长时间。在来找他问诊的病人中，有很多是在里昂及其周边地区工作生活的中国人，其中也不乏到法国后才第一次看中医之人。

工作虽繁忙，安托万却从未感到过厌倦，学以致用、治病救人，一直是他最为乐意之事。不过，有一件事情一直让他颇感遗憾。长久以来，他一直想把自己从事中医研究与实践近四十年的成果积累与心得写下来，让更多的人了解中医，并从中医那富有哲理与智慧的知识体系中各取所需，不但让人们学会如何简单去医治一些常见的病痛，更要让他们学会在日常生活中预防疾病。在安托万看来，中医以人为本，不仅可以为人医治病痛，还可以帮助人们预防疾病。完成相关著述的写作，一直是他自感紧迫的任务。于是，退休后，他花两年的时间，集中精力一口气完成了四部与中医有关的著作，分别涉及常用中草药与中医饮食功效、中医辨证诊断、实用小儿推拿、中医预防等方面的内容。① 这些著作为中医学与中医文化在法国社会的传播贡献了很大的力量，许多人都开始尝试把安托万在书中介绍的治疗与预防、养

---

① 这四部著作分别为：《中国传统药典》（上、下两册，上册为常用中草药，下册为中医饮食功效）、《中医辨证诊断治疗手册》、《实用小儿推拿》、《中医预防》（上、下两册，上册为理论，下册为实践）。

生方法运用到他们的日常实践之中。一些年长的法国人，也会时常提起他们年轻时曾经在父辈与祖辈那里学习到的有限的传统医草药知识，而相较于法国在这方面的知识体系，他们深刻体会到中国传统医药文化的博大精深。

退休后的安托万与夫人，以及几位志同道合的朋友，办起了一家致力于中医文化传播的协会组织，并以"松竹梅"命名，借以表达对高尚品格的敬意。协会会员很多都是他们先前的病人，而且大多数人都积极地为协会提供志愿服务。他们经常举办公益讲座，让人们了解中医知识，并力所能及地将之运用到他们的日常生活中。

中医是中国文化在法国乃至全世界的象征性符号。在法国，最为深入人心的中医医术与文化实践则是针灸。很多法国医生告诉我，如今在法国有很多针灸助产士，求助于针灸助产的产妇越来越多。

但是，按照法国现行法律，一个人要想从事中医实践，给病人问诊，必须要先取得西医的行医资质。据法国的医生介绍，目前法国大约有 7000 名针灸推拿师，他们都是先学习了西医，再学中医的。①

从诸多法国医生对待中医的态度来看，他们很尊重中医自身所形成的知识体系，并在此基础上，根据自己的理解与研究，给不同的病人因人而异地制定医治策略与方案。可以说，他们的中医实践，对于中医学本身来说，既有继承，又有发展。这一点，与其他方面的中国思想与知识在法国人那里的"礼遇"几乎完全不同——在很多领域内，中国经验与理论知识往往是被质疑的。

① 在里昂，有一个非常知名的少阳国际中医药大学（Insitut Shao Yang, École Supérieure de Médecine Traditionnelle Chinoise），成立于 1995 年，创始人是毕业于西南医科大学中医专业的医生马帆女士。1993 年，硕士毕业的马帆来到里昂，开设了一家中医馆行医。医馆成立后，她接收的第一位病人是一名卡车司机。由于常年开车，那位司机积劳成疾，腰痛成了久治不愈的老毛病。但是，在马医生那里，他的病治好了。随后，在当地人对中医与马医生医术诸多赞扬的口耳相传中，中医馆的名气渐涨，病人越来越多，以至于需要提前很长时间预约。后来，有两位瑞士女孩来到里昂，想跟马医生学习中医，这也使得她萌生了创建一所中医学校的想法。从学校创建之初仅 8 人，到如今注册学生数量常年保持在 400 人左右的规模，再到数千名毕业生，中医在法国社会中被认可的程度及其能见度足见一斑。来少阳国际中医药大学学习中医的，不仅包括医生，还有很多普普通通的百姓，而且学生也不仅限于里昂及周边地区。目前，少阳国际中医药大学已经在法国其他城市和瑞士发展了分校。在那里，学员们接触的不仅包括针灸、推拿、医药等医术，还涉及营养学、气功等方面的知识。另外，据马校长讲，法国现有不同规模的中医培训学校 30 多所。

四　风水与《易经》文化

在田野调查中我发现，似乎只要是了解一点儿中国文化的法国人，都会对风水文化甚感兴趣。在玛丽亚娜眼中，风水是一种讲究自然和谐、空间利用以及物物配合的生活艺术。玛丽亚娜对环境有着不同寻常的敏感性，她的一位朋友注意到了这一细节，便跟她谈到了风水，并建议她一起注册了一个为期两年的学习班，每月选定一个周末学习。玛丽亚娜曾经告诉我：

> 我有机会跟一个曾经受益于正规训练的师傅学习"风水"，这位师傅是在风水文化在法国刚刚开始流行之际接触和学习风水的。风水文化曾经激起人们很大的热情，但持续的时间并不长，但后来又慢慢地流行起来。
>
> 各类读物①与培训机构的繁荣，本应该能够推进风水在更大范围内的传播与学习。但遗憾的是，以前风水文化经常要么被净化为某种纯粹的中国哲学，要么被简化为某些待以实用的方法（比如，通过某种我们未知的神秘的巫术，让人们更加幸福、健康，甚至更加富有）。人们绝对从来没有考虑过它在万物与空间中所独有的某种智慧，也未考虑过它有助于经常改变人们对于世界的眼光与见解。

自从学习和了解了风水以后，玛丽亚娜开始不断地在自己家里，或者朋友与亲戚家里，甚至在办公室里，运用和实践自己所学的东西。她对这门生活艺术非常感兴趣，有一段时间曾经千方百计地去寻找各类相关的读物来看。

> 我对风水文化的感觉是，似乎自己早就与之似曾相识。我曾经总是尽可能地让自己居住或办公的地方充满活力，而自己并不知道这到底是为什么，究竟是怎么一回事。我只是简单地相信自己对于所处场所的感觉。我记得，很多朋友看到我经常会依照季节变化或一些重要的事件，

---

① 有关风水文化的法文读物不少，比如：Karine Van Li, *Le Feng Shui dans votre maison*, Paris：Éditions Exclusif, 2000；Paul Joly, *ABC du Feng Shui*, Neuilly-sur-Seine：Éditions Grancher, 2001。

调换家具位置、改变物品摆设，或者改变颜色或材料，他们觉着非常惊讶。我也总是有些困难地向他们解释这样做可以激起某些活力，而非一种随便的安排。慢慢地，随着对风水了解的逐步深入，我懂得了自己对事物的敏感促使我本能地去做一些事情，以及它们如何影响自己的言谈举止。

取乐也好，好奇也罢，有些人让我帮着布置家居，却对风水文化有所怀疑。不过，当他们自己觉得见效的话，也会相信风水的力量。就我而言，相信不相信，完全是一种感觉。至少其中的"和谐"原则是我最为看中的。我感觉到，风水这门艺术非常奇特，它通过改变房间的设置，可以让人们保持一种良好的状态。对于我来说，我想在生活中寻找到一种平衡。

对于风水，我只学了一点基础性的东西，没有能够继续下去。然而，我将自己的所学为己所用，与具体的生活与工作实践紧密结合。我的许多朋友或亲戚受到我这一热情的感染，有时候让我帮他们做些什么，但他们不是特别相信，可能好奇的成分占了多数。

我感觉到，西方文化精神有时候难以接受这样一种观念：我们与环境有着密切的联系，我们周围的许多力量能够改变我们的生活、健康与未来。同样，尽管有时候西方文化以为准备好了可以应对许多事物，但往往最终证明其缺乏一定的热情或开放精神，甚至在所期望的结果未能很快显现时表现出极大的不耐心。

从一种文化跨越到另一文化间的旅行，是一个困难的过程。但这样可以明晰我们的眼光与视野，教会我们很多有关自己、自己对于"他者"之观念的东西。对我而言，学习风水，如同学习另外一种语言，一些新的思想结构。学到的有关中国文化的东西越多，我越能够意识到，一种语言对于一定的思想状态的发展往往是以损害其他被忽视或未被发现的思想为前提的。跟中医或太极拳一样，风水艺术是一门千年艺术，它建立在以细心且经验性的观察为基础的传统之上，以高深的智慧为依据。其中许多建议至今仍在我们的生活中被应用着。

玛丽亚娜还告诉我，"如果说风水是中国特有的一门艺术的话，那么它则关涉整个人类共同的生活经验，它教会我们如何在我们的住所这一'小世界'中更好地生活。风水在西方社会中的普及，催生了大量严肃不一的读物，以及数量众多的培训学习机构，然而令人遗憾的是他们往往是由一些在这门艺术上技艺不精的人管理着"。从我对玛丽亚娜生活实践的了解来看，她对于风水文化的理解的确很哲学，比许多中国人的感觉都细腻和理智得多。

在玛丽亚娜看来，风水文化是一种讲究变化的文化，而《易经》文化则是讲究审时度势地看待文化的文化。了解中国《易经》文化的法国人不多，但喜欢者痴迷于它所强调的审时度势的辩证思想。玛丽亚娜说，"我们经常把《易经》描述成一个帮助做出决定的知识手册，但在书店的玄学（ésotérisme）书架上才能找到它。实际上，它在西方享有盛名是因为人们将之当作一本占卜著作，尤其是因为在 20 世纪 60 年代'嬉皮士'们①对它的滥用。《易经》一直被认为是一本非理性的著作，其深奥的智慧源自晦涩难懂的中国道家思想"。

> 当我在学校里读书的时候，我从未遇到过像风水或《易经》那样对我而言能提供些简单且有效地解决问题的方法的科学理论，或科学手册，或心理学著作。我不得不对中国传统文化生有敬佩与感激之意，是它不断点亮我的思想观念，让我的生活在这么一个绝对毫无"适中"之意的西方世界里更加愉悦。
>
> 《易经》是我的一个好伙伴，我喜欢翻看阅读，有时候是为了阅读的快乐，有时候则会在我对某个路线、某种态度、某个选择犹豫不决之际，或当我处于难决的困境时，我会参阅它。我总能从中找到最接近自己处境的某种选择，它时刻都准备着为人服务，真不愧是一个良友。我认为，变化本身就是生活，《易经》可以帮助每一个人尽可能最有效地做出决定。甚至，《易经》可以作为政治科学的一部重要著作。

玛丽亚娜对于《易经》的了解，源自她在中国文化圈内的法国朋友。

---

① "嬉皮士"指 20 世纪六七十年代西方国家（尤其是美国）中反对西方文化传统与当时政治生活的年轻人。嬉皮士们主张一种边缘的、公社化或公社式的生活方式，没有统一的宣言，其社会诉求也未表现为统一的文化运动。他们极力反对当时的越南战争，反对西方传统的资产阶级文化价值观，有很多人当时对东方社会的形而上学与宗教实践，以及美洲原住民部落的宗教与图腾信仰等，表现出很大的兴趣。中国的《易经》很受推崇，20 世纪 70 年代这一价值观取向逐步演化为一种玄学运动。不过，"嬉皮士"一词后来慢慢地演变为具有一定贬义色彩的字眼。

后来，她购买了由雅瓦里翻译的法文版《易经》，并参加过由雅瓦里主持的
"周易中心"（Centre Djohi）① 的相关活动。直到现在，她还经常跟里昂的
许多喜欢《易经》的友人接触，一起品读《易经》。因为喜欢其中富有智慧
的启示，她眼中的《易经》是一门智慧的艺术，绝非很多人观念中的迷信。

　　有一天晚上，玛丽亚娜邀请了包括我在内的几位朋友到其家中小聚。饭
后闲聊时，一位名叫玛丽（Marie）的密友说起近来自己有些事情颇令其闹
心，便请玛丽亚娜帮助她分析一下。作为玛丽亚娜的好朋友，玛丽已经不是
第一次请求她用《易经》帮助自己解围了。玛丽亚娜请玛丽在客厅的小桌
子那儿一遍一遍地抽签，最终取得六爻，然后在《易经》中寻找释义。玛
丽亚娜仔细地向她解释自己对于爻文的理解。我跟一位名叫帕特里克
（Patrick）的朋友，在一旁观看了整个抽签的过程。看到玛丽亚娜与玛丽认
真的样子，帕特里克还时常打趣地说她们过于严肃，但二人丝毫不受影响。
在解读那些汉法对照的爻文时，她们还偶尔问我应当怎么理解书中所讲的
"山中有片天"之类的话。由于是私事，我同帕特里克未曾过问让玛丽十分
苦恼和困惑的问题，也不曾偷听过二人的讨论。不过，最后玛丽连连向玛丽
亚娜道谢，并对我说《易经》里面真是有些很奇妙的东西，它可以指导人
好好地从不同的角度思考问题，分析人所处的局势。没有《易经》的帮助，
她在遇到某些事情时，眼光总是很短浅，视野不够开阔，而有了它的帮助，
自己的视野就开阔起来了，心态也有了很大的改变。实际上，她早就把
《易经》当成了自己的一个知心朋友，当然更让她知心的是帮助她理解《易
经》智慧的玛丽亚娜。

五　太极拳与健身

　　2005 年，在北京学习期间，玛丽亚娜经常在清早去公园里散步，喜欢

① "周易"（Djohi）是《易经》在中文里普遍叫法的语音转写。"周易中心"（Centre Djohi）
是一家非营利性的协会组织，旨在学习和使用这部著作。该中心网站上还载有文字提醒大
家不要在网上寻找"爻卦"，中心也不提供收费咨询，更不占卜未来。"周易中心"不售卖
任何东西，它只想建立一个网络，其目标在于推广对《易经》的个人使用，在所有对变化
感兴趣的人之间建立一个互动网络。"周易中心"是这样介绍《易经》的：《易经》是一部
有关阴阳的著作，在中华文明中的地位可与笛卡尔（René Descartes）所著《方法论》
（Discours de la Méthode）在西方思想中的地位相媲美。在很长一段时间内，《易经》被看作
一部占卜著作，现在它找回了在古代中国曾经拥有的位置，作为一部"世界规划图"（plan
du monde），它既是抽象的，又具有活力，是一部帮助决策的实用手册。在古代中国，所有
想当官的人都必须得了解它。资料来源：该中心宣传资料。

看一些人做各种健身运动。"我在那些练习太极拳的中国人脸上看到了安详、闲适，这与我在法国看到的老年人的脸色形成了鲜明的对比。在北京的所见所闻，让我一回到里昂就坚定了要学习太极拳的意愿。"玛丽亚娜说：

> 于我而言，太极拳是一门防御艺术，既需要像搞拳击的人那样的力量，又需要玩击剑的人那样的灵巧。它可以跟剑合起来用（需要力量、技巧和敏捷），也可以跟刀、枪、棍、扇等合用。太极拳动作自然、和谐，可以提高身体运动的协调性，改善其反应能力。气力的使用是最为基本的，自然的身体姿势可能消除任何气力的阻塞，肌肉总是放松的。练太极拳可以提高自身的敏捷性、胳膊的灵活性，以及控制身体的旋转、改善腿脚的活动能力等。我们可以获得一种平衡性，可以保护眼睛，使身体更具柔韧性。

正是因为太极拳的健身功用，它在法国大受欢迎，越来越多的人开始练习，其中不乏身体健康已经出现问题、身体各部位协调能力差的老年人。[①]

玛丽亚娜眼中的太极拳中还显露着一种实用哲学，它探讨的是如何保持平衡、柔韧、饱满，学会自控，它在人们所有生活领域内都有帮助。练习太极拳，不但可以帮助她减轻工作压力、消除紧张，使之感觉浑身更舒适、和谐，还让她学会了如何调控自己的身体协作、提高准确性、提高自信心。玛

[①] 我有一位朋友名叫艾迪塔（Edyta），原籍波兰，20 世纪 90 年代初在里昂读完大学后，留在那里工作生活。艾迪塔热爱体育，是一个中国气功、太极拳与各类武术的爱好者，更是一个太极拳与气功师傅。刚刚认识艾迪塔时，她在里昂多家机构当太极拳与气功教练，这也是她主要的工作。后来，她还专门成立了自己的太极拳协会，取名为"Bambou & Balance"（竹与平衡）。2006 年的某个周三中午，我第一次走进艾迪塔的太极拳课堂。那天课上，共有 11 位学员（8 位女士、3 位男士），其中包括一位刚刚从其他班组调课来的 50 多岁的女士。在此之前，艾迪塔就告诉我，那天上课的学员大部分是老年人，有些人还行动不便。他们学习太极拳是为了强身健体，增强身体的协调与平衡能力。在各位学员中，有人对太极拳动作要领的掌握要比其他人慢得多，时常学了这个动作接着就忘了那个；即便是看着老师的样子做，也有人时常会把左右方向搞混。鉴于此，耐心的艾迪塔不厌其烦地一遍一遍地重复教授。随堂观察让我意识到，很多学员并不能真正理解某些太极拳动作的精髓所在，仅是照猫画虎似地模仿比划，但他们相信练太极拳对身体有益，而且长期坚持练习的人也切身感受到了益处。他们每周集中学习一个半小时，每次上课都觉着时间过得很快。艾迪塔告诉大家，我正在为此项研究做田野调查，很多人主动跟我打招呼，表示愿意接受我的采访。有位老太太告诉我，他儿子曾在香港工作过多年，其间她每年都要去一次香港，特别喜欢香港所代表的南方文化。而且，她还是在中法正式建交的第二年（1965），跟随戴高乐将军到中国旅游的第一批法国游客中的一员，为此，她非常自豪。

丽亚娜还在太极拳的动作中看到了一种自由精神。

　　玛丽亚娜感觉到，太极拳不但动作优美，而且很多动作姿势的名字也非常富有表现力，如"海底捞针"（l'aiguille au fond de la mer）等。在法国人的词汇与用语中，有越来越多的源自中国文化的术语，如"气"（chi）、"活力"（énergie vitale）、"元气"（souffle primordial）等，不断加入进来。正是通过太极拳等，"我们开始懂得了阴与阳（Yin et Yang）、盈与亏（plein et vide）、静与动（l'immobilité et le mouvement）、合与分（réunion et dispersion）等说法的文化内涵，这些词语既不属于法语本来的词语，又不属于其文化，尽管它们互相对立，却是一种基本原则，组织和管理着充满活力的事物"。

　　我曾经邀请玛丽亚娜就自己对中国文化的热情做一番总结，她这样回应我：西方文化与西方语言在其身体与思想之间所形成的分离（séparation），毫无疑问是造成如今让很多人遭受痛苦却在思想上期盼一种从未降临的治愈这样一种情形的主要原因。在与中国文化接触的过程中，无论是中医、风水、《易经》，还是气功或太极拳，她从中发现的是同样的惊奇与乐趣：它们都集中国文化传统、哲学，及智慧、实用于一体。"我所接触到的中国文化实践，处处都体现着一种生活艺术的智慧与文化精神，以至于有时候我会问自己，在中国文化中，'艺术'所占的位置是否跟所谓的'科学'在我们西方文化中的位置一样?[①] 中国文化精神，在我看来，要比西方文化精神更加谦逊得多，后者总是梦想着尽可能地征服世界，扩展其疆域。"

　　玛丽亚娜告诉我，在法国参加与中国文化有关的学习和培训活动，费用往往是比较高的。一些教授气功、太极拳的机构，既有本地的教练，也时常会邀请来自中国的师傅到里昂授课，甚至还会组织到中国培训与实习等，这样算下来，学习费用是比较昂贵的，这也阻碍了有些家庭对中国文化的深入接触。我们从法国人对中国文化的热情中看到了其背后的经济运作。既然有人喜欢中国的文化实践，那么就会有人将之融入于所谓的文化培训等相关商

---

①　在田野调查期间，我时常问自己："法国人会不会带着一种宗教视野去理解中国文化？尽管有些人不信教，但他们毕竟是有一种宗教文化传统的。"田野中的诸多观察和思考，让我意识到，答案应该是肯定的。只不过，在他们对中国文化的认知中所体现出的宗教意识，就是他们在中国文化身上所寻找到的某些"非宗教意识"。出身于深受天主教文化影响的法国社会，人们自然难以摆脱宗教的影响，然而很多人在描述中国文化时，却没有表现出某种宗教视野或框架，这在一定程度上折射出他们看待中国的"非宗教视野"。

业活动之中。知识的获取不是免费的，而知识的授予同样也需要报酬。在法国，"中国文化"正在变成一种收入可观的经济资本。

法国人对中国养生文化的喜爱，在根本上自然是因为他们对保持身心健康的追求，也在一定程度上源自他们对中国道家哲学的了解，很多人都十分崇尚道家所宣扬的调和身心、调和人与自然的生活方式，从饮食到中医，再到练习太极拳或气功，都是在中国文化那里找到的减轻现代生活压力、强身健体的良方。在很多人的观念里，所有中国人都践行道家所推崇的简单自然的生活，并理所当然地认为他们会把打太极拳作为日常健身的主要途径。

威廉姆斯在《文化与社会》一书的绪论中讲，"文化观念的历史是我们在思想和感觉上，对我们共同生活的环境的变迁所作出的反应的记录"，其"形成是一种慢慢地获得重新控制的过程"。[1] 法国人在自己的中国文化实践中，同样也会受其影响，形成某些新的文化观念，比如中医养生、太极拳健身等观念的流行，正在慢慢地成为一种时尚，从而也具有某些控制力。

六　汉语与书法

早在 20 世纪初，里昂大学就设立了法国第一个专门教授中国语言和文化的大学教师职位。一个多世纪以来，中文教学一直是里昂诸多高校外语教学的重要内容。如今，很多高中、初中乃至小学等也相继开设了汉语课，汉语也早已成为法国高中毕业会考（baccalauréat）的备选科目之一。想学汉语的人越来越多，对汉语教学的需求也很大。十多年前，里昂各大学的相关院系就开设了很多校级学位课程，面向社会招生，教授汉语。此外，还有多家协会组织也致力于公益性的汉语学习与推广，他们招收的学员遍及不同年龄段与各个行业领域。

说到法国人为什么要学习汉语，他们各有目的。有的人仅仅是出于个人的兴趣爱好，为了更深入地了解中国文化；也有人是因为自己的工作内容多少与中国有关，而且对了解中国有兴趣，便在"职工继续教育"的框架下，由其供职的机构支付学费[2]；还有很多人，尤其是今天的年轻人，学习汉语是奔着明确的就业目的去的。自 20 世纪 70 年代中期以来，法国开始面临大

---

① 转引自汪晖：《关键词与文化变迁》，载《读书》，1995 年第 2 期，第 114 页。

② 在法国，在职人员接受继续教育，是一项基本权利。多数人会充分利用这一权利，在工作之余继续深入提升自己的专业能力，或是学习一门新的技能。

规模失业问题，失业率从 90 年代初开始就长期居高不下，并成为一种常态，而青年人所面临的就业压力更大，如今每四个青年人中就有一个人找不到工作，这也几乎成为一种常态。在此背景下，很多人瞄准了在国外的或是与其他国家相关的就业机会。自 20 世纪 90 年代末以来，中国经济迅速腾飞，越来越多的法国青年人想谋得一份与中国相关的工作职位。于是，很多人开始学习汉语。

"你好里昂"协会的汉语试听课

奥德莉（Audrey）就是这样一个年轻的女孩子。20 世纪 90 年代中期出生的她，从小就养成了一种敢闯敢干的性格，在里昂耳濡目染地接触到各种与中国有关的信息之后，她在高中时期就萌生了学习汉语的志向，喜欢学习外语的她觉得汉语虽然难学却富有挑战性。更为重要的是，她的志向选择得到了父母的大力支持。在里昂攻读汉语言文学专业的本科学位期间，她就刻苦认真，也立志于寻找机会到中国学习汉语。由于没有申请到奖学金，在完成本科学业之后，她通过银行贷款筹得留学经费，到上海的一所高校学习了一段时间。在上海期间，奥德莉学到了很多东西。原本她的汉语水平就很好，身处语言环境之中，接触到各种各样的新生事物，日常生活也只能使用汉语，她的语言能力进步明显。在商业领域内从事与中国有关的工作，一直是奥德莉最想做的事情。所以，在自己的汉语能力达到一定水平之后，她决定于 2017 年开始在里昂商学院（EM Lyon Business School）攻读硕士学位。奥德莉希望自己能够在中法贸易领域内获得一份理想的工作，若有机会也愿意到中国就业。

对于很多法国人来说，中国意味着机遇。今日中国的发展在很多人眼里表现为一个难得的职业机会。法国人向来有青年时期在国外打拼的传统。曾经，有几代法国人去非洲寻找发展机会，很多人在那里度过了自己的青壮年时期，在海外积淀了经验与资历之后，才最终有机会在法国本土找到了稳定的、更好的职位。今天的很多年轻人梦想着到中国寻找发展机会，尽管他们并没有要在中国扎根的想法，依然保留着最终回归法国的念头，但他们希望能够在与中国有关的领域内奠定自己的事业基础，能够提升自己在法国谋求职业发展的更好的机会。

不过，也有人并没有那么功利地看待中国，学习汉语、了解中国文化，于他们而言，既是兴趣爱好，也关乎他们个人的情怀。朱莉（Julie）就是这样一位青年代表。在一个充满艺术气息的家庭中长大，朱莉从小就培养了对语言、文化、艺术的浓厚兴趣。身为画家的父亲很早就鼓励她学习汉语，她也不负众望，以优异的成绩考入巴黎的东方语言学院学习汉语。毕业后，她如愿以偿地到中国继续深造，并在上海、南京等地工作多年，从事与翻译或外事相关的工作。后来，为两个孩子接受基础教育着想，她和丈夫商量迁回法国，并在里昂的一所小学里找到了担任汉语教师的工作。①

朱莉喜欢自己的工作，也有志于在里昂当地推广汉语学习，以及中法之间的人文交流。她跟几位有同样志趣的朋友成立了一家社团组织"你好里昂"（Nihao Lyon），既从事与中法交流有关的志愿服务工作，也为有志于学习汉语且起点不同的各年龄段群体提供公益性的汉语课程。"你好里昂"协会的会员既有从事与中国有关的研究、教学的专业人员，也有普通的中国文化的爱好者，还包括一部分在里昂各大高校求学的各个专业的来自中国的青年学生。这家社团组织虽然成立时间不长，但在当地已小有名气。与汉语教

---

① 早在 1982 年，里昂当地的一些知识分子就想在中学里推广汉语教学。鉴于当时在政治方面的便利性，他们想到了与新加坡合作，于是成立了里昂—新加坡协会（Association Lyon-Singapour），每两年一次，互派中学生到对方进行短期的语言学习。后来在 1997 年，该协会又与上海一所外国语学校建立了合作关系，每年互派学生。目前，在里昂已有多所高中、初中和小学开设汉语课程。

学相行相伴，"你好里昂"协会还经常组织一些中国文化鉴赏活动，面向会员与社会大众，既展现相关的器物与艺术作品，也表演用中国传统乐器演奏的古典曲目。用一位会员的话讲，每次参加协会组织的各类活动，就是一次跟中国文化的亲密接触，让她更深入地理解文化中国。

对于玛丽亚娜来说，在学习汉语之初，她感觉到自己终于发现了一门蕴含着奇妙的文化内涵的语言，或者说，它是一种思维方式，通过一些具体且类似的词语运转着。在玛丽亚娜眼里，汉语是一门消除了各类分歧的语言，它解决了西方语言中所积累的那些分歧与对立。汉语消解了很多困境，而西方文化思想却很容易自陷其中。在大学期间，玛丽亚娜学习过法语语言文学，而后又被汉语中的那些文化思想深深地吸引。在她看来，中文蕴含着许多有意义且实用的东西，与自己所处的过于理性的西方文化思想极为不同。

正是基于此，"我才想要学习汉语，这门句法不那么严格但能够创造出许多具体生动的形象的语言"。在她看来，汉语拥有很多喻义深刻的谚语、形象生动的修辞，极富有表现力，而且有些用语将两个表示具体形象的词语连起来用以表达抽象的概念，十分有意思，比如用"大小"表示尺寸，用"长短"表示长度，用"宽窄"表示宽度等。玛丽亚娜说：

> 中国文化精神不需要像西方文化精神那样去分析或统计。它不需要发明些学术词语或术语，也不需要"证明"，只需感觉即可：行或不行。中国文化思想始终与世界、与自然相联，这是建立在经验与智慧的基础之上的。如同不同风格的书法作品所展现的那样，正是那些富有表现力、生动形象的表达方法，展现了中国人文化智慧的活力。
>
> 我学习汉语，还有另外一个动机，那就是希望有一天能够直接欣赏这门语言中许多精巧的应用，切身感触一下那些存在于古典文献中的富有知识且具有诗意的微妙的差异。我一直喜欢读书和写东西，我的愿望曾是要学会书写所有的中文字词。我所读到的所有有关中国文人思想的东西，让我有阅读其中文原文的欲望。汉语所蕴含的意韵、精细及艺术感集中在中国的绘画、音乐与书法当中，形式多样且文雅精致。
>
> 然而，尽管这对于我来说可能会是一个难以克服的挑战，但我会坚持下去，因为于我而言，这是一项美妙的探险，可以去发现和探寻好些美妙的中国汉字，虽然这需要我用上几十年的时间。由于缺少日常性有

规律的学习，我还未能真正地开始走上这么一条道路。考虑到汉语那变化多样的拼音及声调变化，口语对我来说不是一件简单的事情。

玛丽亚娜非常喜欢中国谚语，从中她总能找到些对自己来说有意义、生动而富有表现力、有想象力、有一定的比喻和修辞意义、毫不缺乏诗意的解释。所有这些解释都代表着一种中国文化的实际经验与生活：没有理论，也不理论化，没有那些专家们的行话，也没有需要死记的学术性套语，没有复杂的计算，是些简单、自然的观念，它们更接近于自然或者说人文环境。

开始对汉字①有了真正的感觉，找到了其中的文化韵意，是玛丽亚娜在第二年学习中国书法的时候。走进她那不大的卧室中，有一张专门用来盛放书法用具的书桌，上面整齐地摆放着各种毛笔及废旧报纸，加之墙上悬挂的书法作品，多少倒也能让人体味到一些中国文人的书香之气。②

　　在学习书法之初，我惊讶地发现，写书法，只会研墨、执笔是不够的，还必须得了解汉字书写时笔画的粗细变化，学会用力、运笔等。要想学好书法，还必须要有正确的身体姿势。实际上，是整个身体，而非仅是手或胳膊参与运笔。错误的姿势可能会导致气力的偏颇或堵塞。

　　现在有越来越多的机构在教授书法，这不得不让人感到惊奇。而且，就材料来说，较其他艺术简单易得，也不贵。对于初学者，只要有一支毛笔，有一张吸水的纸，有中国墨水即可。

　　书法，作为一种介于书写与绘画之间的艺术，可以让人们学会如何把握某种姿势，改善对汉字的视觉感官与记忆，以及对空间与节奏的感觉。

法国人之所以喜欢汉语，主要是因为作为表意文字的汉语，以其方块字

---

① 在田野调查中我了解到，早在 2000 年之前，有很多法国人的汉语是跟着来自中国台湾的老师或到那里学习过的法国老师学的，因而他们学习的基本上是繁体字。如今，大家大多是学习简化汉字，即便是中国台湾的汉语教师也在努力学习简化汉字，然后教给法国学生。

② 她的书法老师是一个兼教阿拉伯文字书法的阿拉伯人，但这位老师对中国书法很有研究。有一次，我同玛丽亚娜从里昂第五区的冲绳少林武术学院回来，经过圣让（Saint Jean）教堂的时候，看到那位书法老师正在教堂门口摆摊，售卖他的书法作品。

的形象充分地表达了西方表音文字所不具备的那种文化特性。在语言表达与书写形式之间，法国人找到了一种文化审美。这也难怪，我在很多法国人家中都能见到挂在墙上的中国书法作品，尽管有时候，他们难以分得出倒正来。

七 "五行学说"

在里昂国立高等建筑学院（École nationale supérieure d'architecture de Lyon），有一对从事几何教学与研究的夫妻亚纳（Yann）和费洛朗斯（Florence），他们也非常喜欢中国文化。二人对非西方世界的数学知识非常感兴趣。早在 1990 年初，亚纳就在中国"五行学说"的启发下，完成了一篇有关多面体与建筑方面的硕士论文。

已经年届五十的他，一直以来想完成一项有关多面体与"五行学说"的基础性研究。作为一名几何学教授，他熟知正多面体（polyèdre régulier）仅存在正四面体、正六面体、正八面体、正十二面体和正二十面体五种类型。而中国古代的哲学思想则存在有"五行学说"，认为宇宙间的一切事物，都是以木、火、土、金、水五种基本的物质元素组成，自然界的诸多事物与现象变化，均是这五种元素相互作用的结果。"五行"不仅代表着五种基本的物质元素，还构成了中国古代哲学与科学思想的基本范畴。"五行学说"这一思想体系解释了世间万物的多样性与统一性，既表现为一种朴素的唯物观，又包含着复杂的辩证法思想。中医讲究五行医学，将"五行学说"纳入其间，认识到了自然界与生命体相生相克的规律，并以此作为分析生命体的形体结构及其功能的理论。中医思想体系中复杂的辩论关系正是以五行学说为基础的。了解中医的法国人，对之已经有较多的认识。

亚纳一直在思考这样一个问题：正多面体只有五类，世间万物的基本元素也只有五种，这两个"五"是巧合，还是存在某种必然的联系？他认为，二者之间的必然联系是存在的，只是他还没有领悟到其中的道理。长期以来，他一直致力于这项研究工作，想弄清楚几何学与"五行学说"之间的关系。

实际上，亚纳与费洛朗斯夫妇对中国文化的喜欢并不局限于此，他们还是忠实的太极拳爱好者。在里昂，他们加入了一家太极拳协会，而这家协会的太极拳教练则是中国某个太极拳流派大师的入室弟子。他们家中的小花园，是其日常练习的场所。每到周六，他们会跟其他会员一样，约定在同一时间，各自在不同地点，与他们远在上海的太极拳师傅一同练习。每当协会组织专门的培训活动，他们都会协调时间积极参加。在夫妇二人眼中，打太极拳是其强身健体、修身养性的最佳方式。年轻时期，亚纳曾经长期遭受腿疾折磨，四处求医问药之后，治好他病痛、还其健康的不是西医，而是中医。从那之后，他开始着迷于中医、太极拳及其倡导的养生实践。如今，他们看中医、打太极拳已有近三十年时间了。在中医、太极拳逐渐成为他们日常生活中不可分割的一部分的同时，他们对二者的认知似乎也逐渐地剥去了"中国文化"的标签，而具有了"普遍"的意义。诸多文化实践虽起源于中国，却是人类共有的文化遗产。

实际上，在他们这样一种"去中国"标签的认知过程中，以中医、太极拳为代表的中国传统文化获得了某种难得的主体性，它们不再被法国人习惯地置于"异国情调"的范畴，而真正地成为与法国本土文化一样受到尊重的文化实践。

第二节　中国器物及其文化表征

萨义德认为，"从来不存在与物质无关的东方研究，更不用说像东方的'观念'这样纯粹的东西了"。[①] 同样，法国人对中国的文化认知也在很大程度上依托于与之相关的诸多器物。对法国社会就中国的文化想象与"他者"建构的研究，同样必须得依托于一定的"物质存在"，依托于与其想象相关的"物的实践"，比如中国文化产品，甚至包括中国语言、"中国式观念"等在法国的流行。同时，也正是这些物与实践的存在，及其与法国文化的融合，使得中国文化在法国社会中的普遍存在成为可能。

在很多法国人眼中，中国文化依附在他们所拥有或接触到的中国文化器物上。他们把收藏的中国文化器物挂在家中的墙上，摆放在桌子上，或是放进橱柜内。由此，中国文化也成为他们日常生活的一部分。

自20世纪60年代以来，上文曾经提及的卓塞特女士收藏了大量的中国文化物品，这多少也与她在绘画方面的爱好有关。她擅长在羊皮纸上画画，就是那种在古老的法国书籍中看得到的画。走进她家的客厅，四周墙上挂满

---

① 萨义德著、王宇根译：《东方学》，北京：生活·读书·新知三联书店1999年版，第30页。

了装裱或镶了框的中国山水绘画，渲染了一种中国文人书房的气氛。客厅前凸的开间里，有一幅书画作品，上面写着一个大大的红色"福"字，彰显着十分浓厚的中国气息。"福"字下方，横放着一个如今在中国家庭中都比较少见的枣木质地的中式雕花衣柜。客厅里摆放着中式红木写字台，高高的红木多宝格里摆满了大大小小的中式礼品盒，里面当然少不了各类茶叶与茶壶，还有花瓶之类的中国瓷器，很多手工布艺玩偶是她的中国朋友赠送的。客厅是一个十足的中国宝藏，是卓塞特与丈夫经营多年的藏品。① 书架上有很多关于中国的图书，基本上是法文的。虽然她与丈夫曾经在中国工作过三年，但至今会讲的汉语少得可怜。

卓塞特家中客厅摆设

与卓塞特谈话的相当一部分时间，是听她讲自己对中国绘画的喜爱。我认识她，也是因为她的绘画作品。一位朋友为了介绍我认识她，特意请我们去她家吃饭。那天晚上，卓塞特带去了她的中国绘画作品，在场的还有两位

---

① 我还访谈过一位名叫若埃勒（Joëlle）的女士，因其祖父曾在中国工作过，她有幸跟丈夫一起去过中国两次，并带回了很多精美的瓷器、饰物、针织品和绘画等，摆满了她客厅内的壁橱。此外，她还先后收藏了十几本厚厚的中国画册，那里边珍藏着她的中国记忆。由于婚姻变故，丈夫带走了一部分中国物品，还有一部分被毁坏了，至今她都对此惋惜不已。

卓塞特的中国书画藏品

越南裔法国人，大家都对其绘画创作赞叹不已。那几幅作品无论就题材还是意境而言，都透出了浓浓的中国韵味。她把画中国画当成与中国保持联系的一种方式。经过多年努力，卓塞特作画的技术精湛、水平很高。后来，她开始办画展、举办学习班、教法国孩子画中国画等，让更多的法国人感受中国文化。2005年12月6日，《人民日报》国际副刊还以《情系中国四十年》为题，报道了她与中国结下的文化情谊。①

不仅是在绘画方面，法国人会注意到中国文化的精、细、美，在一些传统的手工艺品中，他们也能够发现诸多赏心悦目的精美之处。在田野调查中，每逢到喜欢中国文化的法国人家中做客，我都能发现许多做工精细的法式工艺品，透露着法国的文化特色。而情况往往是，他们家中同时也收藏着一些中国工艺品——常常是一些在他们看来带有中国"传统"文化特色的器物，它们所体现出的精细之美与法式艺术交相映照，令其喜爱不已。于我而言，中法文化艺术品的精细之处，"精"在不同的细节，法国人对于这些艺术品的收藏，折射出的不只是两种民族文化的不同，更是审视这种"文化差异"的眼光，文化"互视"依旧是倾向于寻找一种与"己"不同的文

---

① 参见张祝基：《情系中国四十年》，载《人民日报》，2005年12月6日第16版。

化表征。在对中国文化器物的欣赏中,他们重视的是中国之"美"。

卓塞特不仅常在里昂组织各类活动,向人们展示她自己理解中的中国文化,还被邀请到外地举办展览。2006 年 6 月,她应邀到位于法国西南部的隆市(Lons),举办了一场以其个人收藏为主的中国文化展——"中国:昨天与今天"(Chine d'Hier et d'Aujourd'hui),展品共计二百多件。在她看来,展出的那些木版画、书画、扇子、剪纸、服饰、建筑摄影作品,以及中国的文房四宝"笔墨纸砚"等,代表着古老的中国,是其"昨日中国"这一主题的主要内容;而"今日中国",则对应着她所收藏的有关中国少数民族文化、中国饮食、中国人日常生活的相关实物与图片资料等。

那次展览受到当地人的热烈欢迎。她回忆说,参观者各个年龄段的都有,大家对展出的很多东西都感到惊讶,因为在那个小城市里,人们缺乏对中国文化的了解。在开幕仪式上,她向人们介绍了自己的中国文化情结,并简单说明了这些展品的来源——有些是她从中国带回法国的,有些是朋友从中国送来的。当时她身着中国旗袍,气质优雅,有人见了连连赞叹,因为那个人此前只是在电视和期刊杂志上见过中国旗袍,亲眼所见,那天是第一次。整个展览多为实物,文字不是很多,除极个别的图片标注了拍摄地点及图片内容外,其余作品仅是说明了艺术品的名称及质地材料。参观者当中,有人对那些剪纸作品——尤其是一套"十二生肖"的彩绘剪纸——兴趣浓厚;也有人特别喜欢那些精美的贺卡,它们都是近年来一些中法朋友从中国寄至里昂的。对卓塞特来说,诸多展品既是艺术品,又是自己中国情结的生动见证——有一套做工精美的筷子,她至今都不舍得使用。展品中还有一组图片是她在西安某食品市场拍摄的,拍的是卖五谷杂粮及肉食蔬菜的摊位,以及一个露天拉面馆现场制作拉面的全部过程,这些展现中国人生活场景的图片反映了当地人的风俗习惯,让很多参观者甚感兴趣。此外,还有一组图片是专门用以展示中国书画作品创作过程的。在展览期间,有人和卓塞特说,用一只小小的毛笔能创作出精美的书画作品,实在是一件不可思议的事情。卓塞特还告诉我,观展的人中有很多长时间在一张旁边加注法文释义的《中国各民族示意图》前驻足,他们不但惊讶于中国少数民族各异的服饰,而且对其风土民情多有好奇与疑问,但她的回答总不能满足大家,因为她并不是很了解中国的少数民族文化。

展览的筹备较为简单,只是需要在现场进行精巧的摆放布置即可,因为展品都是近年来她在他处展出过的东西。谈到那次异地展览的感受,卓塞特很高兴，因为它让更多的人了解到了中国文化，虽然不多，但毕竟有些人是通过她的展览亲眼见到了很多此前他们不曾知晓的东西。拥有这样一批宝贵的中国文化物品，在某种程度上成就了卓塞特自己建构一种特别的社会文化身份的愿望。鲍德里亚所讲的消费社会中的消费，已不再仅仅是为了满足人的物质需要，更是一种用以将自己与他人相区别开来的手段。与此逻辑相似，她的收藏品也在潜意识帮助她以一种特殊的"社会文化身份"来区别于她周围的人。卓塞特常以拥有众多的中国文化器物而自豪，这也是为什么每当有人惊叹于她的个人收藏品时，她总是非常得意，因为她从别人对这些藏品的赞赏中得到了满足。

在理解法国人有关中国及其文化的各种展览时，我们不妨借用罗兰·巴特（Roland Barthes）"形象修辞学"的符号学理论来加以阐释。这些展览是一种符号的表征，其第一层级符号是语言学的符号，比如一些介绍性的文字，还包括声音文字，以及具体物件或整个展览所呈现的形象。无论是语言的，还是具物的，解读这些符号所需要的就是一种对于有关中国及其文化之知识的一般了解，甚至对于那些不了解中国及其文化的人来说，只要有一般意义的文化知识即可。这些知识让参观展览的人能够通过所感触到的"能指"，而联想到其背后的一般意义上的"所指"，即"这是文化方面的东西"，或"这是与中国文化相关的"，等等。第二层级符号是符号学意义上的（signe sémiologique），其意义是需要具体到特定的事物上进行解读的，通过具体的形象（能指），来理解蕴含于其背后的象征意义（所指）。[1] 从第二层意义的角度来看，只有更深入了解中国及其文化的人才能更好地理解卓塞特诸多展品的文化内涵，而在她举办的各场次展览中，往往只有她才是那个能够给出最佳阐释的人。正是这一点增加了卓塞特的自豪感。而且，也恰恰是在这第二层意义的解读中，往往内含了很多有关中国的"法国式的知识"，这些知识基于法国社会对中国及其文化的理解，有时候这些解读也会让中国人感觉到陌生。这是一个非常简单的道理，如同罗兰·巴特在其《图像－音乐－文本》一书中所举的例子一样，对于一幅在法国推出的意大利面条品牌庞札尼（Panzani）的广告作品，"要一个意大利人直接意识到这一名称的含蓄意指，这和要他从西红柿和甜椒上意识到意大利文化的特性一样是不可能的"。[2]

---

[1] Roland Barthes，《Éléments de sémiologie》，in Roland Barthes，*Oeuvres complètes*，tome 1，1942 – 1965，Paris：Éditions du Seuil，1993，pp. 1484 – 1487.

[2] Stuart Hall，"The Work of Representation"，in Stuart Hall（ed.），*Representation：Cultural Representations and Signifying Practices*，London，California，New Delhi：Sage，1997，p. 70.

法国人在中国文化器物中所要寻找的，是一种对于所谓的"中国性"（Chineseness）的感觉，任何一个东西都有可能成为他们眼中中国文化一般意义上的代表。但实际上，"中国性"只对华人有着本质性的意义，因为这涉及他们对其本源文化身份的认同。对于法国人来说，任何在他们看来"是中国"的东西，都具有"中国性"。所谓的"中国性"不是一个固定的概念，而是变化的，除了其自身的变化之外，在法国人眼中，一人一个对于"中国性"的理解。①

福柯在其《言与物》中，对中国传统文化较之于西方的差异做了如下描述，"我们对中国文化的传统印象是，最讲究细节，最严守清规戒律，最不顾时间的变动，最关注纯粹空间的轮廓。我们想到的中国便是横陈在永恒天空下的一种沟渠堤坝的文明，我们看见它展开在一片大陆的表面，宽广而凝固，四周都是围墙。甚至它的文字也不是以横行再现声音的起伏逃逸，却以直行树立起静止的、尚可辨认出的事物本身的形象……如此看来，在我们所居之地球的另一端，似乎有一种文化完全专注于安排空间的次序②，但却不是把天下万物约归为我们能命名、能说、能想的任何范畴里"。③ 从文化

---

① 居住在澳大利亚的华裔学者洪美恩（Ien Ang）在书评文章《中国性的移民》和专著《论不说中文》里，以亲身经历阐述了海外华人的"中国性"情结，反思了有关"中国性"的问题——一个涉及海外华人文化认同的核心问题。她指出："中国性"不是督促移民"回家"，而是希望其他人认识到，他们的所言和所为是出自特定的历史和文化。它永远是处在双向而不是单向的流程之中。洪美恩的结论是，"中国性"是海外华人"想象的共同体"（imagined community）的核心，它是一个公开的能指，也是一个共同的所指，它内部的差异性、特殊性和分裂性是无法抹杀的，而后者恰恰也是统一和集体身份的基石所在。参见陆扬：《"中国性"的文化认同》，载《文艺报》，2003 年 8 月 26 日，第 4 版。

② 就中国人在当今西方人心目中的形象而言，有人做过如下几个方面的归纳：在总体特征上，西方人喜欢将中国文化说成一种空间文化，即在西方人眼中，中国人在应事观物中尤其关注空间秩序而缺乏时间观念；在交往方式上，西方人心目中的中国人是不注重人与人之间直面交流的，而只推重一种间接会意方式，即中国人不注重西方人所看重的一套人为约定的规则，而只看重即兴会意的交往方式；在性格特征上，西方人心目中的中国人具有惊人的克制性；在信仰方面，一般西方人心目中的中国人是信佛而不信上帝的，即中国人不信上帝的恩赐，唯信此生的修炼。这样的归纳，或者说这样一种"一概而论"，或"普遍化"的做法，在我看来，虽然描绘了西方社会有关中国人文化想象的某些方面，但并非全部，而且也远非上述文字中所言的如此同质化，只能作为一种参考而已。参见王才勇：《中西语境中的文化述微》，上海：上海人民出版社 2004 年版，第 38 ~ 42 页。

③ Michel Foucault, *Les mots et les choses：une archéologie des sciences humaines*, Paris：Gallimard, 1966, pp. 4 - 5. 译文参考张隆溪：《非我的神话——西方人眼里的中国》，载史景迁著，廖世奇、彭小樵译：《文化类同与文化利用——世界文化总体对话中的中国形象》，北京：北京大学出版社 1990 年版，第 148 页。

想象的角度讲，法国学术话语中的中国想象与普通大众的想象有着不谋而合（或是相互影响）的一致性。

同样的文化物品，在中国跟在法国，所表征的意义是不一样的。用拉克劳（Ernesto Laclau）和莫弗（Chantal Mouffe）的话说，就是"物理事实相同，但其意义是不同的"。① 一位曾经多次到中国访问游览的朋友丹尼尔（Daniel），曾经向我展示过他收藏的十几件在中国购买的文化 T 恤衫。在我看来，其中大多是非常普通或者说没有多大收藏价值的文化衫，而他却常常津津乐道地向人讲述这些 T 恤衫背后的中国故事。他也曾跟我说，在我们普通中国人当中，很多人都没有那样的 T 恤衫。我回答他说，中国人有的很多关于法国的东西，很多法国人也没有。

在丹尼尔所收藏的文化 T 恤衫中，大部分是些上面印有简单的图案、写着汉字的短袖衫，其中不少图案中画有"龙"。因为，他知道"龙"这种根本不存在的神奇动物，代表着中国。而且，最为重要的是，按照中国的生肖属相来说，他属龙。② 由于经常到中国旅游，他也收藏了一些很时髦的文化衫，比如上面写着"新北京、新奥运"的 T 恤衫等。其中，给我印象最

---

① Ernesto Laclau and Chantal Mouffe，"Post-Marxism without apologies" in Laclau, Ernesto, *New Reflections on the Revolution of Our Time*, London：Verso，1990，p. 100.

② 在具有浓厚的星座文化的法国社会中，中国的生肖属相也具有一定的知名度，在对中国文化感兴趣的人那里很流行。如在法国，知道自己的中国属相也是一件非常时髦的事情。不经意间所碰到的某个人，都能够说得出自己是属什么的。有时候由于人们搞不清楚中国农历与公历的关系，对于那些在公历 1 月中下旬和 2 月中上旬出生的人来说，很难一下子说得清楚他们是什么中国属相，必须得查询历表才行。对于生肖属相，玛丽亚娜也比较熟悉。2007 年的某一天，我们一起去里昂北部的一个地方参观当地的葡萄园与葡萄酒作坊。天下着小雨，我们照着路边的招牌，下了高速路，随便进了一个小村庄，以品酒（dégustation）为名，随便走进了一户人家。男主人请我们在客厅坐下后，便取出自家作坊酿造的白葡萄酒，让我们品尝。其夫人见我是一个外国人，便主动问我是从哪里来的。当她得知我是中国人时，很高兴地告诉我们，她们 16 岁的小女儿特别喜欢中国，她的卧室里满是中国的东西。她把女儿从房子的另一头喊了出来，跟我们聊天。那是一位正在上高中一年级的小姑娘，有些腼腆，身穿的运动服上绣着三个汉字，由于没有什么逻辑，我未能记得住。我和玛丽亚娜都问起她为何喜欢中国，她也说不上来，总觉得潜意识里自己跟中国有缘。虽然她从媒体上、网络中了解到的中国越来越多，但对她来说，中国还是一个不熟悉的国家。她想将来学习汉语，还梦想着自己要嫁给一个中国人。这是一个 16 岁的法国小女孩的梦想。谈话间，不知为何我们讲到了中国的属相，一家四口，各自都知道自己的中国属相，并主动告诉了我们，这倒是让我觉得特别惊讶。当那位小姑娘说自己属羊时，玛丽亚娜问她是几月出生的，她回答说是 1991 年 1 月 29 日。玛丽亚娜马上说，她不一定属羊，有可能属马，因为那一年的公历 1 月底，可能还没过中国春节。后来，回到里昂，我查阅了万年历，结果确实如此，1991 年 1 月 29 日是农历庚午腊月十四。那位小姑娘应该属马。

深刻的是他收藏的一件有关1997年香港回归的白色T恤衫。这件T恤衫背面没有任何图案与文字，正面上方用英文写着红色的"Hong Kong"，紧跟其下的是蓝色的"1997"四个数字，接下来有一个工人正坐在一个从高处垂掉下来的架子上，粉刷一面还剩一半的英国国旗，另一半已被刷成中国国旗，左上方已显有五颗星星。他喜欢这些T恤衫，是因为他在中国旅行时曾经穿过，上边凝结着他的中国文化情结，更重要的是，它们见证着他每次去中国旅游所体验到的中国文化，以及亲身见证的中国的变化与不同。换句话说，那里保留着他对于中国的文化记忆。

法国人凝结于"物"中的有关中国的文化记忆，往往与中国的"传统"紧密相连，这似乎时刻让他们意识到，中国文化是一种属于"过去"的文化。法国后结构主义大师利奥塔曾经深刻地指出，"叙述一段故事可以有很多方式，但是如历史叙事这样一种叙述则叼以被视作一种技术装置，它是一个民族存储、组织、提取信息单位亦即事件的手段。更确切地说，这些叙述就像时间过滤器，其功能是将与事件相联的情感负荷转变为可感知的，并可构成有意义的东西的信息单位序列。现在很清楚，这些文化装置构成了其具相对广延性的记忆形式，并仍紧密地与它所在的历史和地理背景相联。正是这种背景性所谓记忆提供了大部分它应掌握和存储的事件，并使其中性化和可供使用"。[①] 这段话同时还让我们认识到，历史上有关中国文化想象的社会积淀对于当今法国人之中国文化想象的影响是不容忽视的。

在很多法国人看来，中国器物中所映射出来的中国文化形象，作为一种文化隐喻或象征，是对其大脑中"中国文化"这一抽象概念的具体呈现，既包含着一种对于现实的潜意识认知，又有一种对于"论说中国"的模式与话语的应对，还包含着某种"自我认同"的隐喻性表述或象征。依附在中国器物上的中国文化形象会"变形"，摆脱不掉法兰西文化的影子。[②]

位于里昂第六区的TAOYUAN（桃源）是一家专门经营中国传统工艺品的商店。商店主人解女士毕业于北京外国语大学，居法多年。她发现，很多法国人喜欢中国是因为他们喜欢中国历史的那种所谓的"厚重感"，喜欢中国的一些很有文化特色的传统工艺品。由于不想把自己的商店开成一

---

① 利奥塔著、罗国祥译：《非人——时间漫谈》，北京：商务印书馆2000年版，第69页。
② 有关认知形象中"变形"的论述，参见姜源：《异国形象研究中的文化意义》，载《社会科学研究》，2005年第2期，第67页。

个中国古董店，又鉴于诸多潜在的法国顾客对中国的文化认知，解女士特意精选那些她认为在法国人看来很有中国文化特色的日常实用品与装饰工艺品。据她讲，很多法国人只是隐约地了解中国文化，知道其大概的形态范畴，要让他们说清楚，却是非常困难的。不过，他们能从代表中国文化的器物上找到自己对于中国文化的某些感觉，或者说去迎合他们对于中国的文化想象。

有一位住在商店对面的老太太，从未去过中国，但一直特别喜欢中国。自解女士的商店开张以来，每逢进货，她总是第一个跑来，把自己中意的东西买走。如今，在其家中，摆设着特别多的中国器物。在很多法国人家中，都有为数不少的中国物品，要么是他们从中国旅行带回来的，要么是朋友送的，要么就是他们在法国买的。解女士告诉我，谈到法国人对于中国文化的兴趣与想象，存在着一个非常"异质"的群体，也就是说，法国人在想象中国时的角度与眼光不同，口味也不一样，中国文化在他们的观念中有着异质的呈现，而他们对于这一异样文化的想象与表述也有着异样的呈现。在她看来，有些人喜欢中国的文化器物，是因为从中找到了某种审美愉悦，而有些人则只是从中感觉到了某种异样的韵味；还有人只是为了赶时髦，对自己摆设在家中的东西有何文化意趣，他们说不上来，把书画作品挂倒了的情况也屡见不鲜，至于上面的汉字，有些人可能一直都未曾理解其含义，甚至也没有想过要打听一下。

在这家桃源店里，售卖的东西大部分都是很有中国特色的日常生活用品及装饰品，比如服饰、灯具、茶具等，在解女士看来，是些很有中国家居特色的东西。有一次，一位先生看中了几个小巧玲珑的保温瓶，觉着特有意思。由于法国人不习惯于喝开水，只有在泡咖啡或喝茶时才临时烧开水，故而在其日常生活中几乎没有存在过这样的日用品。见到中国的保温瓶，加之上面印有精美的图案，这位先生当然是对之爱不释手。不过，很长时间过后，他又回到这里来，多少有些失望地告诉解女士说，可能由于闲置了很长时间，前一天第一次使用其中一个保温瓶时，发现不能用。解女士发现，原来是他不会正确使用。作为一个中国人，生活在里昂这样一个到处都可以寻得到中国文化之影的城市里，常常会听闻一些类似的与中国文化相关的趣事。

如今，代表中国文化的器物也正在慢慢地"更新换代"，它们进入法国社会的方式也在发生着变化。上文提到的几何学教授亚纳特别喜欢收藏机械手表。从 2015 年开始,他喜欢上了通过淘宝在线购买中国产的新款机械手表。有时候,手表坏了,他也会通过淘宝在线购买零件,自己动手维修。在他看来,他通过淘宝购买的那些中国制造的手表,不但设计理念新颖、外形美观,而且功能齐全、方便实用,比起在法国市场上销售的手表来说,性价比特别高。而且,从下单到在家中收取快递,通常仅用三周左右的时间,速度快、服务好。基于多次有质量与服务保证的网购经历,他对"中国制造"与中国经济走向全球的印象越来越好。在全球化背景下,中国正在营造的商业文化的影响已遍布全球,正在以自己的方式改写着世界范围内的商业模式及其文化。

第三节　对中国文化传统的认知

法国社会对中国文化的理解,实际上是被"过滤掉"和"改写"的一种形象。田野调查让我逐渐地趋向于这样一种认识——他们想象中的中国文化,集中在他们所谓的中国文化传统里,进而又固定在一些特定的文化器物与文化实践上。实际上,这样的文化原型在西方文化历史中积淀而成,"为每一时代西方的中国形象的生成、传播提供着期待视野"。[1] 这种文化想象的定型,反映着时代结构的诸多特色,既包括中国社会的时代特性,也包括法国社会的文化生态。

一　自我的"传统"与建构的"传统"

霍尔在谈及文化表征的时候,提醒人们要注意文化表征过程中的"简约"(reduction)现象。为了便于分类,便于将自己的认知划归到已有的认知范畴之中,人们往往抛开一些具体的情况不谈,而将对所要认识的事物,"简约"为某种本质,而这种所谓的"本质"根本不能真实地反映事物真正的本质。与之相关的"刻板化",意即"被简约为少许必要的特质,被固定在由少许且被简化了的特质所构成的本性中"。[2] 为什么人们在认识事物的时候,习惯于划分类型呢?借用戴尔(Richard Dyer)

---

① 周宁:《中国异托邦:二十世纪西方的文化他者》,载《书屋》,2004 年第 2 期,第 59 页。
② Stuart Hall, "The Spectacle of the 'Other'", in Stuart Hall (ed.), *Representation*: *Cultural Representations and Signifying Practices*, London, California, New Delhi: Sage, 1997, p. 249.

的话来说，"一种类型，就是任一简洁、生动、令人难忘且易于掌握和广泛认可的刻画描绘，其中某些特征得以突出，其变化或'发展'被限定在最小的范围内"。① 也就是说，"简约"是一种有助于方便认知事物的方式与途径。

实际上，任何关于文化"他者"的理解，都发生在特定文化中的人所拥有的认知框架下，被装入其特定的知识范畴里，这就是一种认知的定型与过滤。比如，东西方社会对人姓名的称呼，中国人要把西方人的名字很笨拙地翻译成中文，才能够被广泛地接受，同样西方社会在拼读中国人的名字时，也是习惯于按照自己语言的方式来拼读，以至于也时常闹出笑话。

在田野调查中，我强烈地意识到，法国人对中国文化的理解，大多是围绕着所谓的中国文化"传统"而呈现的。不是所有的中国传统文化他们都感兴趣，但他们感兴趣的大多是中国的"传统"？那么何为传统？他们看到的是中国人眼中的"传统"，还是他们自己心中的"中国传统"？

何谓传统呢？在吉登斯看来，传统"是一种途径，通过它，过去在现在中存活着，从而塑造着未来。传统涉及如下特质：它们依赖礼仪，尽管这种礼仪往往并非总是采取集体仪式的形式；它们涉及重复性，因而有一定的经典性；它们暗示着一种'礼仪真理性'的概念。传统的真理性体现在其实践体系之中。传统总是具有集体性：虽然个人可能会拥有自己的礼仪，但是这种传统却是集体特性。其原因正如法国社会学家哈布瓦赫（Maurice Halbwachs）所指出的，传统属于集体记忆的一种形式，它通过礼仪来传授经验"。②

传统本身并不是一成不变地冻结在历史记忆之中，它被一代代地传承甚至"发明"着。"传统不会是曾经的样子"③，虽然我们无法说得清楚传统究竟是什么，又代表什么，但可以明确什么是或不是传统，什么代表或不代表传统。既然传统不是也不可能被固定在人类历史的特定坐标上，那么当社

---

① Dyer Richard (ed.), *Gays and Film*, London: British Film Institute, 1977, p. 28.

② 吉登斯、皮尔森著，胤宏毅译：《现代性——吉登斯访谈录》，北京：新华出版社 2001 年版，第 105 页。

③ Gérard Lenclud, «La tradition n'est plus ce qu'elle était...», *Terrain*, Numéro 9, Habiter la Maison, octobre 1987.

会场景发生变化时，以所谓的传统身份而积淀下来的社会文化实践的形式或者其价值核心则会在所难免地发生变化。从某种意义上讲，这即是"传统的发明"。英国左派史学家霍布斯鲍姆（Eric Hobsbawm）和兰格（Terence Ranger）合编的《传统的发明》（The Invention of Tradition）一书，以官方记忆取向为主，提醒人们重新审视那些貌似古老的传统的"来历"，并对其发展历程做了深入剖析：那些表面看来或者声称是古老的"传统"，其起源的时间往往是相当晚近的，而且有时是被发明出来的。① "发明传统"显然是一种话语建构的过程。比如说，现代民族国家的政治传统就是官方为了获得政治利益而进行的一种文化与政治投资。②

在当今文化商业化和全球化的语境下，再来看所谓的"文化传统"，则更有些耐人寻味、不同寻常之意。出于商业目的，许多商家打着所谓"传统"的旗号，甚至是"原生态文化传统"的幌子，赚取商业红利。即便是在非商业领域内，为了宣传某种文化，也往往会取其"传统"之道，以彰显该文化的悠久或者丰富。从某种意义上讲，这也是现代化语境下人们推介和认知文化的一种方式与手段。法国人所收藏的中国文化器物或参与的文化实践，往往都是以"代表中国文化传统"的身份来体现其中国特性的。如

---

① 恰如霍布斯鲍姆在对英国社会历史进行考察后所指出的，官方为了政治目的会发明一些"政治传统"，它们通常是一整套由已被公开或私下接受的规则所控制的实践活动，具有一种仪式或象征特性，试图通过重复来灌输一定的价值和行为规范，维持和确立社会成员对它的顺从和忠诚，而且必然暗含与过去的连续性。霍布斯鲍姆：《导论：发明传统》，载霍布斯鲍姆、兰格著，顾杭、庞冠群译：《传统的发明》，上海：译林出版社2004年版，第2页；Eric Hobsbawm and Terence Ranger（ed.），The Invention of Tradition，Cambridge：Cambridge University Press，1983，p. 1。

② 霍布斯鲍姆提到，法国在第三共和国期间，官方一般采用三种形式来"发明传统"，以维持他们的统治地位。一是初等教育的发展。官方建立了一整套的价值体系，通过学校灌输给每一个学生，国家教育的标准化将每个个人都转变为一个特定国家的公民。二是公共仪式的发明，例如国庆节的庆典活动等。三是公共纪念碑的大规模出现。纪念碑上一般都会有很多老百姓的形象，这是将选民和国家联系起来的一种纽带。在公共生活领域，许多象征和仪式活动都是被发明的。国家将正式的与非正式的、官方与非官方的、政治和社会传统的发明结合到了一起，干预公民生活的程度日益加深，这与哈贝马斯（Jürgen Habermas）的公共领域转型理论不谋而合。霍布斯鲍姆认为："只要有可能，国家和政权都会把握每一个机会，利用公民反对'想象的共同体'的情感与象征，来加强国家爱国主义。"官方经常就是依靠"发明传统"，乃至"发明民族"，来达到国家整合的目的。民族主义的根本效忠对象，有时已经不是"这个国家的原版"，而是经过政府改写后的版本，即由意识形态所建构起来的国家。当民族处于危亡之际，民族主义特别有利于国家权力集团统治合法化。相关资料可参见霍布斯鲍姆：《大规模生产传统：1870—1914年的欧洲》，载霍布斯鲍姆、兰格著，顾杭、庞冠群译：《传统的发明》，上海：译林出版社2004年版，第338～395页。

此认知固然有跟中国文化的对应，但体现出来的则更多是法国人认知中国文化的一种框架。实际上，还可以说，这是某种意义上"中法合作"的结果，因为被介绍到世界各国的中国文化也往往是以上述诸多形态呈现于世人面前的。

任何一种文化都有对自身传统的认知，同时也有对其文化"他者"之传统的理解。而这两种"传统"出现于人的认知图式上的方式可能是不一样的。"自我"对其文化的认知总是更具历史感，由于认识到"自我"总是处于一种实时的动态变化中，对"自我"文化历史的把握往往也就难以寻找到一个合适的、在特定时间点上的"文化断面"，以将之确定为自己文化"传统"的具体形态。所以，当一个人审视自己的文化"传统"时，总会带有某种"解构"的视角，时常质疑被固定于某种形态的文化表征是否真正地代表了"传统"。而这样的困惑，对于将自己视作文化"他者"的另外一种文化及其个体或群体而言，却几乎是不存在的。对于任何一种"他者"文化，人们总是会较为容易地总结和建构出它的"传统"，将之附着于某种特定的文化形态，并以简单化、类型化的知识生产方式来框定它。即便是这两类"传统"存在交叉，它们在细节的呈现与意义表征方面也是不一样的。这也就解释了为什么法国人会建构出很多在中国人眼中并不能算作"传统"的"中国文化传统"。他们建构自己眼中的中国文化传统的过程，实际上就是一个"类型化"①的文化认知过程，是一个刻板定型的过程。

"自我"眼中的文化传统，依赖于日常生活中文化实践的不断重复，是一种集体记忆的动态积淀，它折射在人们不断更新的日常之中，融入文化之整体。而"他者"眼中的传统则是对另外一种文化的"断章取义"，虽然具备一定的历史厚度，却更多地折射出"他者"对某些"异质"特征的认知追求，与对这一文化整体的理解存在差距。"自我"眼中的传统与"他者"眼中的传统是永远不会完全一样的。"他者"眼中的"传统"依旧是"他者"在某些方面之"自我"的反映。

---

① 霍尔总结了类型化的特征：首先，类型化意味着在某种文化基础上或简约（reduce），或放大（exaggerate），或简化（simplify），或固定（fix）了某种文化特质，以此作为不同之处；其次，类型化是一种"封闭"和排他的实践惯例，它象征性地固定了边界，把一切不属于其内的排除在外；最后，"刻板印象"往往出现于权力极大失衡的情境之下。Stuart Hall，"The Spectacle of the 'Other'"，in Stuart Hall（ed.），*Representation：Cultural Representations and Signifying Practices*，London，California，New Delhi：Sage，1997，p. 258.

二 文化认知的内化与定型

在田野调查中,我注意到,法国人在接触和了解中国文化时,总是倾向于将之内化为自己能理解的内容,以自己最熟悉的方式去认知和理解它。恰如萨义德所言,"人类大脑拒绝接受未曾经过处理的新异的东西是非常自然的;所有的文化都一直倾向于对其他文化进行彻底的驯化,不是将其他文化作为真实存在的东西接受,而是为了接受者的利益将其作为应该存在的东西来接受"。① 萨义德的这段话,尽管有些偏激,但不无道理。

法国人文化想象中所呈现的中国文化,并不是其真实的本来面目,更不代表其整体。正如王才勇所言,"当一种文化遭际另一种文化时,彼此见出反响或进入视线的从不会是各自的整个系统,而总是各自引起对方关注的特定方面,恰是这些方面具体展现了不同文化间的关联"。② 不同文化在交互中会显现出一些特性,这种特性恰恰反映出一种文化在另一种文化中的"形象"。这一形象既来自法国人的建构,也来自中国文化在与法国文化互动过程中所表现出来的"间性特质"③。这一"间性特质"的形成是由于"谁都是由自身特定的视界出发去理会和梳理'他者'的","一种文化的间性特质——与特定的其他文化交遇时显出的意义关联,也是作为该文化的一种隐性物质而客观存在的"。④ 法国人通过对这种"文化间性"的感知在某种程度上完成了自我认同的确认。

每一种文化都建构了一些认知和看待"他者"的无意识原型,任何有关"他者"的外部知识都必须经过它的过滤与重构,变成可理解的形象。进一步说,"他者"几乎总是被某种文化制度化地定位于从属的位置。⑤ 法国人正是根据他们自己的这种无意识原型来构筑他们所理解的中国文化形象的,而且其中也包含着沉淀进法国社会集体记忆中的有关中国的"刻板印

---

① 萨义德著、王宇根译:《东方学》,北京:生活·读书·新知三联书店1999年版,第86页。
② 王才勇:《中西语境中的文化述微》,上海:上海人民出版社2004年版,第232页。
③ 王才勇把文化在与他者的交往时发生的交互与意义重组中所体现出来的特性称为"文化间性"。相关论述参见王才勇:《中西语境中的文化述微》,上海:上海人民出版社2004年版,第231~232页。
④ 王才勇:《中西语境中的文化述微》,上海:上海人民出版社2004年版,第232、233、234页。
⑤ Cornelius Castoriadis, *Le monde morcelé*: *les carrefours du labyrinthe III*, Paris: Seuil, 1990, p.31.

象"。当然，在这种无意识原型中，自然会存在诸多无论如何也无法摆脱掉的"自我中心主义"的观念。由于有些形象的再现"固定于主体的无意识"，形象的形成也就会受到沉淀于无意识中的众多因素的影响和制约，在个人心理中形成的外部事物的形象常常是本能地根据自我需要而建构的。[1]法国人对于中国文化认知的内化，可以说是一种文化本能上的"自我"认知。

对"他者"之文化想象的内化容易定型为"刻板印象"。在吉尔曼（Sander Gilman）看来，"刻板印象"是心理表征的一种野蛮形态，由于"自我"与"他者"之间并不存在真正的界限，那就需要一种想象的界限——这一界限如同"自我"一样表现为改变自身之能力的动因，而且对介于"自我"和"他者"之间绝对差异的幻想，从来不会遇到什么麻烦。[2]在萨义德的剖析中，每一种文化的发展和维护都需要一个"他者"的存在，"自我"身份的建构也总是牵扯到与自己不同的特质的不断阐释和再阐释。[3]而且，在一定意义上讲，自我认同也需要"共建"的环节，需要"他者"的参与，在与之互动中进一步确认"自我"。

西方社会的历史积淀中有关中国文化的集体无意识印象，使得人们在提及中国及其文化时，都会有意无意地落入到这种定型化的、模式化的认知框架中。甚至即便在主张"新闻自由"、"客观报道"的西方媒体当中，对有关中国及其文化的报道，仍旧"有意无意地选取那些印证西方人心目中有关中国形象的方面进行渲染"。[4]

当今西方世界在意义认同与价值取向方面表现出两种特征。一方面，他们日常的应事观物是功利性的，推崇最大限度的工具理性；另一方面，他们所谓的心灵或文化活动又是非功利性的，以宣泄在工具理性思维中所受到的约束与控制为目标，其文化生活中的变化多端与标新立异，无不反映了这一认同取向。[5]这也从另一个侧面解释了法国人对于中国文化的多元追求，以及中国文化作为一个"他者"对于法国人的现实意义。身处一种崇尚工具理性的社会情境当中，中国文化中潜在的另类价值取向，满足了许多法国人

---

① 姜源：《异国形象研究中的文化意义》，载《社会科学研究》，2005 年第 2 期，第 67 页。

② Sander Gilman, *Difference and Pathology*: *Stereotypes of Sexuality*, *Race*, *and Madness*, Ithaca, London: Cornell University Press, 1985, pp. 17 – 18.

③ 萨义德著、王宇根译：《东方学》，北京：生活·读书·新知三联书店 1999 年版，第 426 页。

④ 王才勇：《中西语境中的文化述微》，上海：上海人民出版社 2004 年版，第 42 页。

⑤ 王才勇：《中西语境中的文化述微》，上海：上海人民出版社 2004 年版，第 82 页。

在思想上逃离这种"工具理性禁锢"的想法，他们在与中国文化接触的活动空间里，享受到的是另外一种心境，远没有自身所处社会的那种约束，可以在异文化的情境中解放"自我"。

法国人喜欢中国的"传统"文化，而这一"传统"的范畴往往是由他们自己建构的。更有意思的是，他们给中国的这一文化"传统"加上了一个无形的"时间框架"——所有被他们界定为"传统"的中国文化，似乎都跟当代中国无关，而是指向于"过去"的中国，有时候这一时间维度强烈地表达出"仅仅存在于过去"的意指。正如有研究指出，法国人对中国文化的认知总是停留在唐诗、传统绘画等类似的事物上，中国文化艺术似乎被型铸在一个假定的时期，从不变动。① 也正是在此种意义上讲，"西方对中华传统文化的接受和阐释，鉴于其明显的价值取向，与中华文化的完整真实还有一段距离"。②

法国人眼中的中国文化传统，是他们借以识别中国的标签。一些人对当代中国有一定的了解，却固执地认为最有价值的中国文化存在于过去。实际上，这是一种极其浅薄的政治与文化偏见，是一种针对当代中国的被"刻板化"的话语诋毁。也恰是这样的话语在法国社会中往往具有引导法国人认知中国的主导性力量。③ 不过，尽管存在这种政治与文化偏见，至少还有很多人对中国的态度是开放的。

法国人对于中国风物的热情，如热衷于看中医、学气功等，完全对应着霍尔所说的"表征实践是一种拜物主义"④，在中国文化传统那里，他们寻找到了很多文化精神上的力量，以及对追求神秘的异国情调的情感满足。在霍尔看来，强调文化实践是重要的，因为事物自身几乎从不会有一个单一的、固定不变的意义，其意义"取决于它所处的某个特定的使用背景"，人们通过表征它们的方法，赋予其特定的意义，在某种程度上，凭

---

① Frédéric Perret, *La Chine et les Chinois dans l'imaginaire populaire français*, mémoire de maîtrise de Langue, Littérature et Civilisation Chinoises, sous la direction de M. Gregory B. Lee, soutenue en septembre 2003, p. 96.

② 王才勇：《中西语境中的文化述微》，上海：上海人民出版社 2004 年版，第 43 页。

③ 这种话语的影响是不容忽视的。正如拉克劳（Ernesto Laclau）和莫弗（Chantal Mouffe）所言，"是话语构成了社会能动者的主体位置，而不是社会能动者变成了话语的源泉"。Ernesto Laclau and Chantal Mouffe, "Post-Marxism without apologies" in Laclau, Ernesto, *New Reflections on the Revolution of Our Time*, London：Verso, 1990, p. 101.

④ Stuart Hall, "The Spectacle of the 'Other'", in Stuart Hall（ed.）, *Representation：Cultural Representations and Signifying Practices*, London, California, New Delhi：Sage, 1997, p. 264.

自己带给它们的解释框架给各种人、物与事以意义。事物的意义是通过表征与认知系统形成的，而表征与认知系统的变化，则导致了事物意义的变迁。

值得注意的是，进入法国人文化实践范畴内的中国文化，不但被赋予了不同的表征意义，而且在持续"涵化"的过程中从不同方面实现着"自我更新"。中医便在众多法国医生的日常医学实践中，不断地发展和完善着自身的医术体系。法国人为中医发展所带来的创新性贡献是不容忽视的。在多年前云南中医学院举办的"中医西传"研讨会上，我曾经了解到，一些法国医生在中医实践方面的创新对很多中国医生都有启发，也亲眼见证了一位法国医生运用中医原理采用创新的穴位布局，用针灸治好了与会学者的咳嗽。

中国文化的表征活跃在法国社会当中，并深刻影响着那些对中国文化有某种"赞同"意识的法国人。如同萨义德借用葛兰西（Antonio Gramsci）的"赞同"观念所言，文化乃运作于民众社会之中，观念、机构和他人的影响不是通过控制而是通过所谓的积极"赞同"[1]来实现的。[2]

第四节　寻找想象的文化之旅

> 作为商品流通的副产品，人文往来被视作消费和旅游，基本上被归结为去观察庸俗之物的休闲。……将时间从旅行中抽离的现代化，同样也抽离了空间的真实性。[3]
>
> ——德波

如上文所言，存在于法国社会的中国文化空间，不仅包括以华人社区为主的中国文化景观的自我表征，也包括以中国文化为纽带所形成的社会网络及其表征，还包括法国人通过文化旅游等方式而延展到中国的一种粘连性文

---

① 在我看来，这里所谓的"赞同"，既包括对"肯定"的赞同，也包括对"否定"的赞同。只要对中国的文化想象能够引发人们的兴趣，中国文化就会活跃在法国社会之中。

② Edward W. Said, *L'Orientalisme*: *L'Orient créé par l'Occident*（édition du Seuil, traduit de l'Américain par Catherine Malamoud），Paris: Seuil, 1980, p. 19.

③ Guy Debord, *La société du spectacle*, Paris: Éditions Gallimard, 1992, p. 164.

化空间。伴随着全球化的深入与旅游工业的发展，第三种层面的中国文化空间为法国人提供了更多切实感受真实中国的机会，使之可以置身于遥远的"他者"故乡。很多法国人到中国旅游，去寻找和感受的恰是自己对于中国的文化想象。

一 旅游与文化想象

法国历史学家谢诺（Jean Chesneaux）在《旅行艺术》（*L'Art du voyage*）一书中讲道："旅游大约是一种体验，而不是拥有；对于旅游者来说，声称把去参观的国家的一部分据为己有，将之带回家，可能是非常有讽刺意味的。"①

如今，在世界范围内，对于很多人而言，旅游早已经成为一种经常性的文化实践。兴起于20世纪六七十年代的西方旅游工业，持续不断地把自己的同胞送往世界各地，去体验各种"他者"的文化。生活条件的改善，让西方国家的普通民众拥有了出国旅游的经济能力，而且相较于众多非西方国家的民众，他们在此方面表现出强大的购买力优势；同时，劳动制度的变革也为他们出国旅行提供了时间上的可能，很多人都会在其带薪休假期间安排出国旅游。虽然这样的出国旅游多以休闲之名，实则是西方历史上传承下来的对追求异国情调之传统的延续。

西方社会"对异国情调原始主义的阐释与历史本身一样悠久，尤其是自16世纪地理大发现以来，更是受到了巨大的推动"。② 很明显，西方社会对众多文化"他者"所呈现的异国情调表现出一种近乎本能的兴趣。旅游工业的发展则为普通人提供了亲身去体验诸多异国情调的机会。对于普通公众而言，推介远赴"他者"之地的旅游工业逐渐成为他们了解和生产有关"他者"认知的机器，后者在社会上不断地夯实着关于"他者"集体性想象的话语。在学术界，文化旅游也受到众多社会人类学家的特别关注，被他们纳入其知识生产的范畴。③

在旅游工业的推动下，众多旅游者与他们所在的社会共同构成了一个话

① Jean Chesneaux, *L'Art du voyage*, Paris：Édition Bayard, 1999, p. 264.

② Tzvetan Todorov, *Nous et les autres：la réflexion française sur la diversité humaine*, Paris：Éditions du Seuil, 1989, p. 358.

③ Rachid Amirou, *Imaginaire du tourisme culturel*, Paris：Presses Universitaires de France, 2000, p. 1.

语互动的场域。一方面，旅游者往往会带着社会上沉淀的有关"他者"的知识与自己的想象出发，并特别期待亲自去感知和体验"他者"的文化；另一方面，众多旅游者又会源源不断地带给他们的社会有关"他者"的各种以亲身经历为名的见闻——后者往往或强化或解构了有关"他者"的某些认知，无论如何，它们都会激发更多的去"发现他者"的欲望。综合来看，从文化上去理解旅游工业的发展，可以发现"文化想象"在其中扮演着重要的角色。

文化旅游既是休闲娱乐，也是商业消费，对于不同的人而言，意义不同。① 从此项研究的视角出发，文化旅游通过旅游者文化体验中空间的拓展，成就了他们有关"他者"文化想象的知识建构。② 依照阿密鲁（Rachid Amirou）在其《文化旅游的想象》（*Imaginaire du tourisme culturel*）一书中所表述的观点来看，旅游中的某些话语，是已经先于旅游或现代性而存在的，对于这些话语，很难准确地推定其年代，也难以辨明其归属于哪一种文化或哪一个确切的时代，它们先验于历史，具有跨历史想象的性质，尽管在某一个时代人们对于某一话语的强调胜于另一个。他认为，"首先是一种想象使得一个本来中性的地方变成了旅游胜地"。③ 也就是说，人们到某个地方去往往是要寻找想象中的某些东西，这就逐渐地使得那个地方成为旅游胜地。所以，文化想象应当被看作旅游的"元动力"。法国人热衷于到中国游览，也在很大程度上来自他们对中国之文化想象的推动。

文化旅游实则是一种简单的文化接触，而这种接触所带来的结果并不一定是积极的。借用法国哲学家卡斯托里亚迪斯的话来说：

① 有研究指出，旅游人类学所关注的"旅游"包括三个基本要素：对异文化的体验、对我群的反思和对神圣性心理的诉求。光映炯：《旅游人类学再认识——兼论旅游人类学理论研究现状》，载《思想战线》，2002 年第 6 期，第 44 页。

② 克利福德在其《旅行文化》（*Traveling Culture*, 1992）中提出了"旅行文化"的概念。他认为，人类学家和其他研究文化的人错失了一些正在发生的最有趣的事物，这是因为他们相信文化可以被整齐地归类并被限制于特定地点之上。他提出，不应研究待在家里的人而应研究旅行。这种旅行包括多种形式，其中向海外迁徙，将一种文化带入另一种文化环境里，是一种重要的文化旅行。克利福德认为，谈论"旅行文化"的概念可以避免用"我们"和"他们"这样的观念来思考文化，而把它作为一个互相关联的整体来理解。在我看来，这只是他自己在研究方法和关注视角方面的主张和倡导，而在现实中，"我们"和"他们"的区分是永远存在的，而且永远保持着认识论层面上的意义。参见鲍尔德温等著、陶东风等译：《文化研究导论》，北京：高等教育出版社 2004 年版，第 181 页。

③ Rachid Amirou, *Imaginaire du tourisme culturel*, Paris: Presses Universitaires de France, 2000, pp. 1 – 3.

接触只会产生两种可能性：他者处于从属地位，他者与我们平等。经验证明，往往出现的只是第一种情况，第二种可能性几乎从未出现过。原因很明显。说他者"与我们平等"并不是说不管什么都平等：因为这意味着，好比是，我吃或不吃猪肉、是否割断小偷的手指等，都一样。若此，一切都会变得无关紧要，并有可能被取消。这应该就是说，他者只是他者；换句话说，不仅仅是语言，或风俗，或饮食方式，而是整个习俗与制度，从整体到细节，都是无从比较的。从某种意义上讲，这才是真理，上述内容不可能"自然地"出现在历史中，理解其为什么也不难。对于被考虑的文化之主体而言，这种"不可比较性"容易导致他者忍受着他们所憎恨的东西；尽管今天的人权捍卫者做了很多努力，这种"不可比较性"会在文化冲突中产生在理论上无法解决的问题。①

在旅游中见证或体验"他者"文化，无论被冠以多么"深度游"的说法，都是比较浅层次的文化接触。而且，在这种缺乏深度的文化了解中，往往会强化旅游者对"他者"文化所表现出来的异国情调的感知，从而"他者"的从属地位就会得到进一步确认。这样的情形，在习惯于"自上而下"地看待非西方文化的欧洲人那里，表现得可能更为明显。

托多罗夫在《我们与他们：关于人文多样性的法式思考》（ *Nous et les autres：la réflexion française sur la diversité humaine* ）一书中，对"旅行者"进行了归纳整理，将其划归为十个范畴——同化者、牟利者、游客、印象主义者、被同化者、寻找异国情调者、流亡者、讽喻者、醒悟者和哲人。② 在他看来，"旅行"总是在持续建构着旅行者与其接触的"他者"之间的关系，同时也不断地塑造着他们自己的身份。当然，依照托多罗夫的观点，上述分类所考察的不是旅行者与"他者"之间的表征关系（前者如何看待后

① Cornelius Castoriadis, *Le monde morcelé：les carrefours du labyrinthe Ⅲ* , Paris：Seuil, 1990, pp. 30 - 31.

② 托多罗夫所归纳的十类"旅行者"包括：一是同化者（assimilateur），这一思想源于卢梭和谢阁兰，同化者是那些想改变他者的人，以使他者与自己一样，其代表人物是基督教传教士，他们想让他者皈依他们的宗教。二是牟利者（profiteur），这是一类从事商业活动的人，他们对他者的态度是站在自己利益的角度上利用之，他们把投机的希望寄托在他者的异性特质方面，以便更有利可赚，其适应各类环境的能力很强。如今，几乎没 （转下页注）

者），而是共存的关系（前者如何与后者一起生活）。① 在第二种关系框架下，不再涉及对于"他者"的价值判断——无论是积极的还是消极的，无论是鄙弃还是赞美，无论旅行者是相对主义者或普遍主义者，还是种族主义者或民族主义者，抑或主张原始主义或持有异国情调的观点，这些都不重要，关键的是，旅行者与"他者"之间的互动形式。

在旅游工业所主导的文化旅游中，旅行者与他们在世界各地所遇到的"他者"之间是难以形成较为深入的互动关系的，这也就决定了"他者"更实质地表现为消费"对象"并处于从属地位的身份。

（接上页注②）有了以往那种前往殖民地的移民，但出现了一种新的群体，即那些由发达国家派往前殖民地国家的援外专家。三是游客（touriste），作为匆忙的参观者，他们更喜爱人文古迹，旅行的迅速性已经成为其单调偏好的一个原因。如此选择，还有一个原因，即避免与不同主体的交流会更让人安心一些，因为这样绝不会使"我们"的身份成为问题。游客力图做的是在其旅行中尽可能地多看些古迹，照相机成为其标志性的器械，后者可以使其有关古迹的收藏具体表现出来，永久地保存下来。游客或许对所去国家的居民并不是很感兴趣；但在不知不觉中，前者影响了后者。四是印象主义者（impressionniste），印象主义者有更多的时间，视野更开阔，他们带回家的不再是些简单的影像或言语方面的陈腔滥调，而是些草图（图案）、带色彩的东西或书写的东西。与他们在自己家乡所感受的生活相比，其他国家的环境可以使之重新找到生活的滋味，他们向往寻找一种与其生活经验、与其所经遇的客观存在相宜的环境。五是被同化者（assimilé），这些人只做单向旅行，即移民。他们想了解他者，因为他们需要生活在他者中间，他们想变得跟他者一样，希望能够得到他者的接受。其举止行为与同化者正好相反。六是寻找异国情调者（exote），这是谢阁兰创造的一个词。处在自己的日常生活中，一切都变成了惯例，而在异处他乡，人们所拥有的是与自己不同的习俗。对于寻找异国情调者而言，他们需要的是一种介于惊奇（surprise）与熟悉（familiarité）、距离（distanciation）与认同（identification）之间的平衡。他们的满足感是非常脆弱的，他们不太了解他者，也不理解他者，如果他们了解他者的话，那么他们将不再会看得到他者。七是流亡者（exilé），流亡者是指那些生活于他乡，却不以为那是自己家的人，但他们也因此而非常珍惜流亡生活。流亡者感兴趣于自己的生活，甚至是自己的民族。八是讽喻者（allégoriste），他们说话常有弦外之音，在其眼中，他者形象不是来自观察，而是他们自己所感觉到的特征的翻转。九是醒悟者（désabusé），他们到处旅行，但最后往往会在那些深居简出的人那里结束其旅行。走得很远，他们才发现，原来旅行是没有必要的，人们可以在集中思考一些熟悉的事物的过程中，品尝到同样多或者甚至更多的东西。十是哲人（philosophe），哲人式的旅行是否曾经发生过，不太确信，但是人们可以想象一下这种旅行。哲人式的旅行应该有两种性质——谦恭与傲慢；有两种活动——要学的教训和要警示的教训。观察"不同"，不是旅行的终极目的，它只是为了发现人与物、情境与惯例之特性的手段。受益于经常出走他乡，哲人拥有更普遍的视野（尽管这些视野从来都不是决定性的），后者既可以帮助哲人去学习，也有助于他们做出判断。Tzvetan Todorov, Nous et les autres: la réflexion française sur la diversité humaine, Paris: Éditions du Seuil, 1989, pp. 452 – 463.

①　Tzvetan Todorov, *Nous et les autres: la réflexion française sur la diversité humaine*, Paris: Éditions du Seuil, 1989, p. 451.

西方人应当是第一批由旅游工业带入世界各地的人,他们普遍表现出旅游人类学家格雷本(Nelson H. Graburn)所说的旅游者具备的两大特征——除了他们的经济身份("有可供支配的收入",因为旅游的费用是昂贵的)外,还有其文化方面的特质,所谓的"文化自信"其实就是一种主流文化的优越感或是一种"我族中心"的价值观。① 这两个特征的存在,使得他们拥有某处审视"他者"的优势,也决定着他们对"他者"的理解与评价。同时,在旅游中认知和消费"他者"同样有助于旅游者自我认同的建构。"当一个旅游者涉足异地,接触另一种文化时,从猎奇中获得的鲜明的反叛,更加强烈地衬托出自己母文化的特征,其结果是加深对母文化的认同,从而在某种程度上满足了自我的归属需要。"②

旅游在旅行者与"他者"之间搭建了一座桥梁,不断地更新着前者对后者的文化想象,也让前者在多种情境体验中转换身份认知,也正是在此意义上,阿密鲁认为,"旅游预兆着一种过渡空间"。③ 旅游中的文化想象表达了旅游者作为主体与其精神活动之间的关系,这是他们体验"自我"之外文化实践的"人类学路径"。④

在"他者"之处的旅游,不但能够帮助旅游者将自己关于"他者"的想象带入现实体验中,也不断地改造着关于"他者"的文化认识。"带着自己的文化视界进入陌生异域的旅行家,很可能发现本土与异域的差异太大,全面客观的观察不可能,疏漏与忽略不说,即使是简单的比较与分类也难以进行。观察的界限在不断接触中扩大,但仍有许多描述的障碍。旅行者被限制在本土的语言与经验中,描述的过程可能成为省略与曲解的过程。旅行者可以误读异域,大众还可能误读旅行者的纪事。"⑤由此,多重误读便构成了有关"他者"之想象的素材。另外,在亲身体验"他者"文化的过程中,旅游者诸多兴趣的满足程度是存在差异的,这种差异很大部分来自他们在远

① 相关资料参见张晓萍、黄继元:《纳尔逊·格雷本的"旅游人类学"》,载《思想战线》,2000 年第 1 期;史密斯著、张晓萍等译:《东道主与游客——旅游人类学研究》,昆明:云南大学出版社 2002 年版,第 43 页。

② 李世众:《人类学视野中的旅游现象》,载《探索与争鸣》,1997 年第 11 期,第 33 页。

③ Rachid Amirou, *Imaginaire du tourisme culturel*, Paris:Presses Universitaires de France, 2000, pp. 3 - 4.

④ Rachid Amirou, *Imaginaire du tourisme culturel*, Paris:Presses Universitaires de France, 2000, pp. 3 - 4.

⑤ 周宁:《历史的沉船》,北京:学苑出版社 2004 年版,第 41 页。

赴旅游目的地之前对其所拥有的有关"他者"文化想象的满足程度。

文化的"真实性"与"商品化"是文化旅游中的两个重要问题。旅游工业中呈现"他者"的表征符号与文化现实之间的错位，很容易扭曲旅游者对"他者"文化的认知，以及旅游地民众对其"自我"文化的认同，进而还会导致旅游目的地社会与文化格局的断裂、异化和重组。很多地方都被旅游工业再造之后失去了文化中最"本真"的自我。正是生产者和购买者的双重需要导致了文化的商品化，这是社会发展和经济变迁的必然结果。但文化的商品化，也并不见得毫无是处。马康纳（Mac Cannell）就认为，不同的游客对文化的"真实性"有不同的要求，文化"真实性"在不同的场合下也会产生不同程度的变化和转型。而真实的文化被再现，再造的文化被发明，又可以使传统文化得到修饰并重新获得生机和活力。甚而，这种"为外来者"的艺术创作还强化了一个文化实体的自我身份和自我价值。[①]

旅游鲜明地体现出"东道主/游客"这样一种结构关系，二者间打上了具有现代性的深深烙印，反映出的不仅是指具体的人的行为，还包含着一种自然生态或者生产形态的改变，携带着资本和"后工业时代"的生活方式。[②] 旅游中所映现出的文化想象，同样也反映着对人们所处不同时代的社会结构、对"自我"与"他者"之关系结构的一种潜意识的认知。西方民众相较于其他国家民众的购买力优势，再次成为他们想象、体验和书写异文化的一种凭借。

二 法国旅游工业对中国的文化建构

在列斐伏尔的观念中，旅游本身也是一种"空间的消费"。[③] 就此而言，远赴中国的文化旅游，对于法国人而言，也是在空间维度上对中国文化与文化中国的"消费"。这种"空间的消费"使之可以获得"身临其境"的机会，以更加"真实"的方式来体验和感受中国文化。但是，旅游工业所呈现的中国，是一种具有强烈的选择性特征的文化表征。

---

① 光映炯：《旅游人类学再认识——兼论旅游人类学理论研究现状》，载《思想战线》2002 年第 6 期。

② 彭兆荣：《"东道主"与"游客"：一种现代性悖论的危险——旅游人类学的一种诠释》，载《思想战线》2002 年第 6 期。

③ 列斐伏尔著、李春译：《空间与政治》，上海：上海人民出版社 2015 年版，第 107 页。

很多法国人远赴中国旅游，是想寻找他们心中有关中国的文化想象，而法国旅游工业也在不断刺激和建构他们的这一文化认知。中国的古老与过去，在法国旅游工业中，并非仅仅体现在它向人们所展示的文化器物上，还存在于它欲意引导人们观看和体验的文化实践中，在他们的介绍中，当代中国扎根于过去古老的文化传统，每一种文化实践都代表着一种千年文化的神秘。① 存在于法国人潜意识当中对中国异国情调的想象，完全可以在他们旅游的切身经历中得到体验和满足。在其认知中，遥远的中国大地上，异国调情的文化也越来越体现在少数民族身上，这就是为什么有很多法国人愿意到中国的少数民族地区旅游。而且，法国旅游工业也传递出这样一种观念——少数民族地区保留了传统的文化，其"现代性"发展还没有抹杀掉原汁原味的异国调情。

法国旅游机构对中国文化旅游项目的开发异常得丰富多彩，相关呈介资料从其选择使用的字、词、句，到图片、颜色、声音、画面，再到习俗与地名翻译、"卖点"推销等各个方面，使用了十分讲究的语言与修辞艺术，着实表达了一个很具吸引力的异国情调的中国。实际上，所有这些描绘都指向早就被纳入东方主义传统中的"中国性"，表达一个具体某种本质主义属性的"他者"中国。法国人从各类宣传手册的字里行间或视频资料的声音、画面中获取的互文性意义，与其早已留存于大脑当中的"刻板印象"相结合，一系列异常丰富的中国形象便被无数个个体具体化了。正如明恩溥（Arthur Henderson Smith）所言，其实"很多被当作是中国人性格的某些特点仅仅是对西方人来说都有共识的特征。至于在多大程度上，这样的认知是正确的，则与每位读者据其个人的经验所做出的判断有关"。②

2007 年，菲利贝尔旅行社（Philibert Voyages）③ 曾推出一条历时 14 天的中国旅游线路，并被冠以"土官中国：揭秘最神秘的帝国"（La Chine des Mandarins：Révélation du plus secret des empires）之名。④ 在他们当年印制的宣传手册中，标题上方画有简单的行程路线示意图，旁边还配有中国的古式

① *Asietours* 1999，Accortour，p. 1；*Toute l'Asie 2002 – 2003*，Asia，p. 4.

② Arthur Henderson Smith，*Moeurs curieuses des Chinois*，Paris：Payot，1927，p. 11.

③ 2007 年时，菲利贝尔旅行社在法国共有 10 家分社，其中里昂分社（Lyon Brotteaux）位于第六区，离里昂市区中心的火车站不远。下述文字来源于该旅行社的宣传手册：*Les circuits & les séjours* 2007，Philibert Voyages，p. 18。

④ 在法文中，"madarin"一词意为：（中国古代的）官，官员；（中国的）官话；普通话；以及引申的贬义：知识名流、学术权威等。

殿宇图片和狮子像等。从文字表述到图文排版设计，明显地突出了中国古老、神秘的形象。以下是这条起价为 2260 欧元（时价折合人民币约 22600元）的旅游线路的行程安排①：

第一天：里昂/北京 从里昂国际机场出发，乘坐日常航班，中间转机。机上用餐过夜。

第二天：北京 上午到达北京，入住宾馆。中国首都之旅第一步为参观天安门广场。午饭。登景山②看紫禁城全景。参观天坛及其壮丽的圆式建筑，一座"祈求好收成"的庙宇。晚饭：北京烤鸭。

第三天：北京 上午参观紫禁城——原为中国帝王住宅，现为博物馆。午饭。下午参观颐和园、昆明湖，以及仁寿殿、大戏楼。晚间，秀水街自由市场漫步。晚饭。晚上：在前门观看京剧。

第四天：长城/西安 远足慕田峪长城——长达 6350 公里的杰作，可以在月球上看得见。午饭。回市里，参观雍和宫、孔庙及其碑林。晚上乘坐一等卧铺列车去往十一朝古都西安。

第五天：西安 早间到达西安。在老城区漫步：穆斯林社区及其神奇的圆形尖塔清真寺，漫步古城墙脚下。午餐。参观新的考古发掘展品陈列博物馆。速览大雁塔。夜间：老城区漫步，唐代宫廷歌舞表演。

第六天：西安/上海/苏州 参观神奇的秦始皇兵马俑，新发现的两辆铜制战车坑。午饭。乘坐飞机去上海。小憩。乘坐长途大巴至苏州。

第七天：苏州/甪直/上海 参观苏州。横跨水乡河道的美丽石桥，东方威尼斯名不虚传，奢华的丝绸，古代文人官相规划治理的消遣娱乐园林。赶赴甪直，参观私家园林、保圣寺，"万盛米行"旧址③。河道边岸漫步。开赴上海。

---

① 这是该旅行社经营多年的一条经典旅游线路。多年来，在城市与具体景点或文化活动的安排方面虽有稍调，但总体上路线、内容等基本未变。以 2018 年的线路安排为例，相关变化包括：在北京增加了到红剧场观看《功夫传奇》演出、在桂林增加了参观龙胜龙脊梯田等内容，同时部分城市的中转也安排为乘坐高铁。

② 宣传手册将位于故宫北面的景山称为"la colline de Charbon"，意即"煤炭丘陵"。如此称谓，何以能够让法国游客尤其是那些对中国文化、历史了解不多的人恰切地理解中国？当他们到达目的地后，无论如何是找不到先前既有的与文字对应的文化印象的，反而进一步激发了新的文化想象。

③ 在法文中，"万盛米行"旧址被表述为"大米议价博物馆"（Musée de «négociation du riz»）。

第八天：初次相识中国大都市，在著名的外滩散步，那里矗立着过去外国租界的高大楼房。南京路商业街漫步。午饭。遛逛旧城：茶馆小憩，然后参观豫园以及玉佛寺。晚上，观看著名的上海马戏团艺术家们的杂技表演。

第九天：上海/桂林　由上海飞往桂林，那里有令人惊叹的自然美景，以及恬静的山陵。参观这座被誉为"桂花之林"的城市，大多数街道两边均有香甜的桂花树。参观芦笛岩。

第十天：桂林/阳朔　航游于漓江仙境，峡谷两岸为村庄及竹林，直至阳朔（约4小时）。船上午餐。达到阳朔后自由活动：可以闲逛于街道之间，或骑自行车参观村庄及位于奇形怪状的熔岩山脚下的稻田。

第十一天：桂林/广州　回桂林飞往位于中国南海岸的广州。参观令人着迷的清平中药材市场，在那里也可以找到粤菜原料，参观六榕寺，信步越秀公园，直至兰花园，参观陈氏书院。

第十二天：广州/香港　乘坐游艇前往香港（历时3个半小时）——一座令人震撼且迷人的城市，充满神秘东方的魅力与激情。下榻位于九龙半岛的酒店。参观香港岛：维多利亚山峰①高出海平面552米，驻足山顶，可以一览维多利亚港湾及其周边区域。过去的渔村香港仔（Aberdeen）因其鱼市及两家漂在水上、星光点缀的餐馆而闻名遐迩。除了那些少数顽固者不愿放弃其飘浮的习俗，及浅水湾美丽的海滩外，村中大多数人已经被安置在"城市"里。港湾巡航。参观庙街夜市。

第十三天：香港/里昂　自由活动。欢送宴会，乘飞机经中转回里昂。机上用餐过夜。

第十四天：回到里昂机场。②

在第一次阅读这份行程安排介绍说明的法文原文时，有好些关于中国文化事物（尤其是地名）的表述，我很难第一眼就辨出是什么，需要琢磨一

---

① 即太平山，西方人习惯于称之为维多利亚山。
② 此笔费用只是一个基础价，包括国际国内机票与其他交通费，以及观看京剧、唐代歌舞和杂技表演等三次演出的费用，不包含申请签证等各种税费，不包含游客个人旅行住宿的特殊需求（如个人单间、增加床位等）。而且，旅行社还提醒游客，在中国小费已经非常流行，要每人每天准备3.5欧元左右的小费，供导游和司机分配。

下才能明白其法文表达的所指。这段说明中，除城市名称采用了拼音转写外，其余地点都基本上使用了意译的表述，即便如此也难以让中国人明白其含义。这是因为，法国人在文化上对诸多地名的理解与后者在中国文化里的表征是不一样的。法文里的表述对中国人而言是陌生的，在很大程度上是因为那里面充满了些许异国情调的色彩，尤其是被旅游工业精心包装的地方。实际上，不同文化之间的语言转译本身就为对"异国情调"的想象创造了客观条件。对中国文化的翻译本身也是创造中国之想象的过程。

萨义德讲到，旅行书籍或指南这类文本跟其他书籍一样普通，其作用在于当人们在陌生地方旅行所碰到的不确定性因素威胁到内心的平静时，往往会求助于这类文本。[①] 也就是说，有时候别人书中的描述，比旅行者亲身经历的见闻更具权威性。在此意义上，旅游工业在推介文本中所描述的中国更具"真实性"，以至于游客在中国的旅行是按图索骥地去寻找既有的认知与想象。

在旅游工业不发达的 20 世纪初，远赴中国的法国旅行者同样是寻找自己心目中有关中国的想象，尽管那时他们没有受到大众媒体及相关旅行社宣传的影响，但在有关中国信息相对贫乏的时代，社会上积淀的集体话语对个体产生的结构性影响更大。如今，在法国旅游工业所营造的关于中国文化之旅的话语当中，明显呈现出两种倾向的文化想象，而且它们是并置的，同时存在：一种是有关"传统"中国的文化想象，一种是有关"现代"中国的文化想象。与飞速的经济发展相关联的快速现代化，在过去 40 年间的中国一直持续演进。但在法国媒体和大众文化的表征里，中国被表达为一个超现代化的、正经历着令人眼花缭乱甚至令人担忧之变化的国家，还是非常新近的事情。在 20 世纪 90 年代末，法国旅游机构所推介的中国，主调仍旧是他们对于一个古老、传统中国的想象，是一个永恒的具有东方主义话语情调且被西方人东方主义化的国家，充满神奇与神秘的色彩。到了 21 世纪初，一个现代的、当代的中国，开始出现于法国旅游机构的宣传当中，然而人们想象中的现代中国，仍旧无法拒绝他们对于一个不变的、充满异国情调的东方主义国家的想象。[②]

将中国描述为一个永恒不变的国家的话语，在法国的旅游工业当中是一

---

① 萨义德著、王宇根译：《东方学》，北京：生活·读书·新知三联书店 1999 年版，第 121 页。

② Florent Villard，"China in French Tourist Industry Discourse: From Orientalist Imaginary to Chinese Postmodernity"，in *Transtext(e)s Transcultures*，n° 1，Lyon，Université Jean Moulin Lyon 3，p. 141.

个持久的特色。不过，如同所有的其他国家一样，法国的旅游工业所推销的中国不是一个"传说"中的过去，也不是一个"博物馆"式①的过去，而声称是一个存在于现有"中国"里的过去，那种过去是现时而生动的。② 通过强调在中国文化之旅中能够见证到的"传统的"文化实践，许多旅游机构一直想向旅游消费者呈现一种有关中国"过去"的当代性表征，这种呈现之所以可能，是因为在他们看来，中国文化是不变的，也符合他们对中国的文化想象。这种文化呈现的重点则在于中国传统的文化习俗，以及各类"非物质文化遗产"或"活文化遗产"。③ 可能这也正是德波所说的，文化的喻义只能通过文化的现实否定来保持。④

人类学家弗兰克·米歇尔（Franck Michel）在其《渴望他处：旅游人类学散论》（*Désirs d'Ailleurs*：*Essai d'anthropologie des voyages*）一书中讲到，旅游工业一直在试图寻找某些不同、异样的东西，以便能够吸引游客，无论是文化、空间抑或时间的不同，只要能够有助于增加旅游目的地的吸引力即可。⑤ 但是，旅游目的地有没有吸引力，及其程度有多大，并不完全取决于旅游中介的宣传，还决定于游客在其文化想象的基础上对于目的地的首肯程度。由此，法国旅游机构在推介中国文化旅游的线路时，必须得考虑到其潜在顾客的接受程度，迎合他们对中国文化想象的口味，注意激发其兴趣，同时也要不断拓展新业务，开发新项目，呈现更多的未曾被法国游客熟识的内容。从经济理性的逻辑出发，旅游工业势必得迎合公共的文化想象，并进一步以自己的方式引导和创造一种有关"他者"的集体性想象及其话语表述。

---

① 博物馆中的文化事物是经过了所谓的将之视为文化遗产的"保护处理"的。就博物馆中文化遗产与艺术作品之间的区别而言，阿密鲁认为，因为所谓的"遗产"受到时间和人类的威胁，因此我们要"保护"，而陈列于博物馆中的艺术作品，则被认为是不易改变的，可以经受住时间和各类人为事件的影响，我们将之"保存"下来。Rachid Amirou, *Imaginaire du tourisme culturel*, Paris：Presses Universitaires de France，2000，p. 77.

② Florent Villard, "China in French Tourist Industry Discourse：From Orientalist Imaginary to Chinese Postmodernity", in *Transtext(e)s Transcultures*, n°1, Lyon, Université Jean Moulin Lyon 3, p. 141.

③ 阿密鲁认为，"活文化遗产"是在一个群体日常生活中，所有传统及现有关键实践的整体；换句话说，是组成一个群体或一个社会之文化身份基础的所有文化模式或价值观念。参见 Rachid Amirou, *Imaginaire du tourisme culturel*, Paris：Presses Universitaires de France，2000，p. 23。

④ Guy Debord, *La société du spectacle*, Paris：Éditions Gallimard，1992，p. 210.

⑤ Franck Michel, *Désirs d'Ailleurs*：*Essai d'anthropologie des voyages*, Strasbourg：Éditions Histoire & Anthropologie，2002，p. 180.

如同一家旅行社所奉行的基本理念："不要从您梦想着卖给他的想法出发；而是要从考虑他想买的梦想出发，这样您可以让自己的卖点与其想法一致。"①

法国人到中国旅游，寻找的往往是一个"呈现过去"的当代中国。即便是在现代化的大都市中，他们也忘不了其中所谓的中国文化的"古老"与"传统"，毕竟有相当多的法国人深信，"中国的灵魂，是其传统，永恒的传统"。②"现在"呈现着"过去"，那就意味着"现在"在某种程度和某种意义上的停滞。法国历史上已有人下过定论，且影响深远——"中国是静止不动的国家"③，中国保留着一种含糊的、超越时间的形象。④ 种种不容置疑的定论将中国形象牢牢地捆绑在了法国人对中国的文化想象之中。时间上的"永恒"⑤ 意味着停滞，加之距离遥远而被加以突出强调的"他性"，着实让中国成为法国人想象中的文化旅游胜地。⑥ 米歇尔注意到，"今昔一样，谈到静止的中国，总是隐晦地意味着一种可以使之按照我们的意愿动起来的想法"。⑦ 这种想法同时也意味着中国被视作从属之物的现实处境。田野调查期间，有些人向我表达了在中国之旅中的失望，因为在有些地方他们并未曾完全见识到此前所想象的中国文化与历史的古老，看到的反而是跟西方一样的现代化进程。这种失望既有对"现代性"的反思，也有对在他们看来越来越难以驾驭的中国这一"他者"的某种潜意识的焦虑。

---

① Rachid Amirou, *Imaginaire touristique et sociabilités du voyage*, Paris: Presses Universitaires de France, 1995, p. 49.

② Louis Carpeaux, *Pékin qui s'en va*, Paris: Maloine, 1913.

③ Charles de Chassiron, *Notes sur le Japon*, *la Chine et l'Inde*, Paris: Dentu et Reinwald, 1861, p. X.

④ Jonathan D. Spence, *La Chine imaginaire*: *La Chine vue par les Occidentaux de Marco Polo à nos jours* (traduction de l'anglais: *The Chan's Great Continent*, *China in Western Minds*, par Bernard Olivier), Montréal: Les Presses de l'Université de Montréal, 2000, p. 168.

⑤ 甚至有人曾经试图从语言入手来理解中国文化，说明她不存在时间观念，处于一种永恒状态：在中国语言中，将来时态是不存在的，更不用说其他的动词时态。中国只是讲，"干活，挣钱"，后面两个字一直是其思想的中心观念：于其而言，"时间关系"不存在。Arthur Henderson Smith, *Moeurs curieuses des Chinois*, Paris: Payot, 1927, p. 54.

⑥ 与时间维度上的形象相应，中国的"他性"还表现在各类旅游手册中反复出现的有关"'阴'与'阳'之神秘"、"神与圣"（divinités et sages）等可以强化或激发法国人对中国之异国情调想象的描述中。

⑦ Franck Michel, *En route pour l'Asie*: *le rêve oriental chez les colonisateurs*, *les aventuriers et les touristes occidentaux*, Strasbourg: Éditions Histoire & Anthropologie, 1995, p. 73.

旅游工业售卖的中国是其潜在的消费群体所梦想的中国，在某种程度上讲，“不是中国的现实，而是一个存在于大众想象中的中国”。① 用阿密鲁的话来说，所有的旅行者都是去寻找自己“已知的未知”（un inconnu connu-a known unknown），寻找自己已经知道的东西。② “已知”，是因为早已在自己的头脑中有了某种被定型的认知；“未知”，是因为还不曾有过亲身体验的感知。阿费尔冈（Francis Affergan）也认为，“他者”的形象实际上在旅行之前就已经被建构好了，没有什么惊奇，也不算什么大事，它在认识论上的功能是让旅行者密切地追随有关“他者”的认知模式。③

中国“经常被交织在旅游工业的想象当中”，而且人们对中国之形象认知的混杂，说明“文化身份”只是一种知识性的创造，而且也绝不会是集中单一的（monolithic）。④ 在法国旅游工业所推介的当代中国的文化实践中，我们还可以注意到这样一种知识路径——其主要意图并非要展示意味着一定演变过程的、已经实现的现代性，而是想着意强调一种对于中国式后现代主义理解的观念，他们寻找自己眼中的“后现代”，以及所谓的中国文化之“根”。⑤ 在这样的视角下，中国则显得非常光怪陆离。恰如一本倡导旅游个性定制的导游手册所描述的那样：

> 历史悠久的中国，永恒而常新，或许越来越活跃。从红色年代保存

---

① Florent Villard, “China in French Tourist Industry Discourse: From Orientalist Imaginary to Chinese Postmodernity”, in *Transtext(e)s Transcultures*, n° 1, Lyon, Université Jean Moulin Lyon 3, p. 144.

② Rachid Amirou, *Imaginaire touristique et sociabilités du voyage*, Paris: Presses Universitaires de France, 1995, p. 94.

③ Rachid Amirou, *Imaginaire touristique et sociabilités du voyage*, Paris: Presses Universitaires de France, 1995, p. 94.

④ Florent Villard, “China in French Tourist Industry Discourse: From Orientalist Imaginary to Chinese Postmodernity”, in *Transtext(e)s Transcultures*, n°1, Lyon, Université Jean Moulin Lyon 3, p. 139.

⑤ 比如他们眼中的上海是这样的：在一群富有创造力和雄心勃勃的青年的推动下，上海骄傲地展现出其不可一世的生机与活力。新经济、铁克诺音乐（musique techno）、前卫画廊等是一群热心人士的发动机，他们不抛弃自己的“根”，也知道如何在不变的禅宗花园中汲取资源。*Toute l'Asie en voyage individuel sur mesure*, 2004 - 2005, Asia, p. 164. 再比如，他们对北京的描述是这样的：我们置身于北京的胡同之中，交错于巷道与家庭住宅之间的小路，在北京大规模的城镇化建设工程中，它们几乎就要消失了，但幸运的是，如今它们正受到一些热爱首都北京的年轻人的拯救，这些年轻人希望能够在被现代化了的传统环境中重新找回一点自己的“根”。*Tentations: Toute l'Asie en circuits*, 2004 - 2005, Asia, p. 72.

下来的寺庙，重新粉刷了深红的颜色，如今繁忙的城里人经常光顾，尤其是当他们在开始一项艰难的谈判之前，会毫不犹豫地祈求上天保佑。①

在这样一种视角下，他们也在消费着中国后现代主义式的异国情调及其"他者"。旅游作为一种商品生产，其资本特质可能已不再仅仅局限于它生产什么、推销什么，更重要的是通过其旅游产品的推广，它倡导了一种知识生产方式，创造了另外一个世界。就此，法国旅游工业引导甚至创造了当代社会法国人对中国的文化想象。旅游工业所创造的话语跟媒介话语一样，不但影响广泛，而且力量强大，影响深远。在跟法国人聊天时，几乎很多人都拿自己在中国旅行期间的见闻，或者相关旅游节目里的报道，来印证自己对中国的文化认知。

旅游工业一方面在整合和创造着法国人关于中国的集体性想象话语，另一方面又在迎合着他们了解中国、想象中国的需要。二者的合谋，创造了一种法式的中国文化想象观。有关中国及其文化的认知被纳入其中，既有社会经济、政治结构的影响因素，又包含着法国社会及其个人的文化性因素。借助旅游工业，法国人所触及的拓展到中国的文化空间，是一种明显的"规划"空间②，这种"规划"以更为直接的方式表达出法国旅游业想向法国民众呈现的中国。

三 中国文化之旅的多元景象

中国地大物博、历史文化悠久、形态万千，类似形象一直滋润着法国人到中国旅游的想法。在田野调查中我注意到，远赴中国做一次文化旅行，似乎是很多人梦寐以求的渴望。这种渴望不是要展示自己在经济上的"文化购买力"，而是受到长期以来法国社会有关中国之文化想象的驱使。

那么，法国人渴望什么样的中国文化旅行呢？2004年春天，《巴黎竞赛周刊》（Paris Match）刊出的特刊《中国时代》联合香港国泰航空公司（Cathay Pacific），一起对此做了一个很好的"总结"。特刊卷末，一张大大

---

① *Toute l'Asie en voyage individuel sur mesure*, 2004-2005, Asia, p.163.
② 列斐伏尔著、李春译：《空间与政治》，上海：上海人民出版社2015年版，第107页。

的中国地图用图片和文字把法国人理想中的中国目的地——做了标注，并在地图背面对相关地点进行了详细的介绍。东西南北，整个中国，似乎没有法国人未到过的地方。中国的自然地理景观、人文历史遗址等，很多法国人亲身见闻的要比包括我在内的很多中国人多得多。

毫无疑问，在这些理想的旅游之地中，北京当然是任何一个法国人都不想错过的一站，城内的历史文化名址，以及长城、十三陵等是中国文化历史悠久的象征；曲阜的孔府孔庙、五台山少林寺、平遥古城、西安兵马俑、敦煌莫高窟等，无论如何也会被考虑在首选之内；再有苏州——江南"东方威尼斯"、长江三峡、云南、四川等地，还包括贵州、新疆、西藏等少数民族较多的地区，可都是众多法国人向往的旅游之地。当然，上海、深圳、广州、香港这样的现代化大都市，作为中国现代化建设的窗口，也是法国人驻足参观的好去处。① 在田野调查中，我也发现上述地方给大家留下的印象也比较深刻。

从地域上讲，法国游客几乎遍足整个中国。如今，他们入境中国的城市也不再仅局限于北京、上海、广州、香港等地，还包括武汉、西安、成都、昆明等与法国设有直达航班的城市。法国人几乎可以从自己的家门口出发，乘坐飞机直达中国腹地的多个城市。与各大旅行社所推销的中国文化之旅，以及我所了解到的来过中国旅游的法国人的所到之处相比，后者几乎没有超出过那张地图所圈设的重点范围。星罗棋布的旅游胜地，可用不同的路线将之串联起来，也就是说，到中国旅游，就其交通便利性而言，法国人有多种方案选择。一些喜欢自助游的人自行设计的旅行路线图也基本上在上述范围内。虽然他们没有参加旅游机构组织的旅游团，但同样也深受旅游工业有关中国之旅游形象与话语建构的影响，因为在自助游期间，他们很多人所依靠的就是旅游手册，只是他们在时间安排上多了些自主的便利而已。

实际上，法国人早就在地理空间的维度上全方位地了解了中国。19世纪远赴中国游历的法国人，出自各个社会阶层，有传教士、作家、海员、军人、科学工作者等，他们在中国的实地考察不但加深了对中国及其文化的认识，还"通过绘制中国未经勘探地区的地图和清点这些地区的资源，为法

---

① *Match en Chine*，n° 5，mars-mai 2004.

国的殖民扩张提供了便利"。^① 从另外一个角度来看，法国社会对中国地理区域的认知部分地来自于法国人自己的实地勘探，这样的认知更多地体现了法国人的认知主体性，而忽视了中国自己的"地方性知识"，尤其是中国对自己国土疆域的表述权利。在这一领域内有关中国的知识也早已成为法国人有关中国之文化想象的组成部分。

夏多布里昂是法国最早的一代旅行作家，其旅行笔记影响了很多人，在19、20世纪里效仿者众多。^② 正是他们的旅行加强了法国乃至整个欧洲对其"他者"的感知。于夏多布里昂而言，"在旅行者那里，一切都简化为在异域他乡用记忆去换取某些幻觉"。^③ 几百年来，法国一直把持着一种对于异国情调的文化喜好，尤其在谢阁兰那里，更是发展到了极致。对于他来说，"异国情调就是所有那些身为他者的东西"，"是'他性'的匿名词"，"本质上的异国情调是客体对于主体而言的"，"所有人都曾经被异国情调的习俗折服过"。^④ 法国有关中国之文化想象的历史，也是一部追求中国之异国情调的历史，并持续激发着今日法国人远赴中国的旅游热情。

田野调查中，我跟很多人的访谈往往都是从他们的中国之旅开始的。这样的话题让他们兴奋不已。有人会利用各种工作出差的机会，到中国进行短期旅游；也有人特意在每年带薪休假期间安排时间较长的游览。我的一位朋

---

① 1885年至1887年间，在中国南部和西部进行游历勘察的里昂赴中国商务考察团，应该是法国历来对中国国土做系统考察的使团中最为重要的一个。这个考察团主要是由里昂工商会出资赞助，也得到了政府的支持，并在中国各地受到法国外交官、军人和传教士在后勤上的援助。他们此行的目的是欲"确定这些地区的生产和消费能力"，考察成果一经公布就在法国乃至整个欧洲引起了极大的反响。其后，中国便开始成为法国及其他西方国家从中进行经济投机的主要目标，丑陋的"鸦片贸易"即是此前此后几十年间最为明确的例子。德特里著，余磊、朱志平译：《法国—中国：两个世界的碰撞》，上海：上海世纪出版集团、译文出版社2004年版，第52～54页。

② 在里昂市立图书馆的中文书库，我发现了许多20世纪初刊印的《法中友好协会简报》（Bulletin de l'Association amicale franco-chinoise），上面刊有大量20世纪一二十年代远赴中国旅行的法国人所撰写的游记。在阅读这些文献时，我感觉到了这些旅行者身上那种几乎与生俱来、先天的优越感，那种文化上的自我中心主义，正是这种带有高高在上的优越感的姿态，使得中国及其文化永远是作为法国附属的朋友。在法国人有关其中国之旅的描述中，有时候所流露出的那种令人不容置疑的关于中国的判断，实在是让人有些局促不安。

③ Tzvetan Todorov, *Nous et les autres：la réflexion française sur la diversité humaine*, Paris：Éditions du Seuil, 1989, p. 377.

④ Tzvetan Todorov, *Nous et les autres：la réflexion française sur la diversité humaine*, Paris：Éditions du Seuil, 1989, p. 431；Victor Segalen, *Équipée* (1915), Plon, 1970；*Essai sur l'exotisme* (1904 – 1918), Montpellier, Fata Morgana, 1978.

友马克（Marc）在法国航空公司工作。作为工作福利，每年他都有机会免费搭乘一次国际航班。在2006年前后，他曾多次通过这样的机会与朋友一起到中国游览。米歇尔（Michelle）退休后曾多次到中国旅游，为满足她从未到过中国的儿子的心愿，她还曾经作为儿子的向导，拿出一个月的时间，专程陪他在中国各处的文化圣地转了一圈。中国与法国虽然距离较远，却挡不住法国人在文化上对她的渴望。

有一次，亚洲文化俱乐部"亚展"在一家名为吉贝尔·约瑟夫（Gibert Joseph）的图书音像店内举办了一场中国书画作品展。在那里，我碰上了一位名叫卡特琳（Catherine）的女士，她是优秀的青年画家，曾经专门学过中国书法。跟我讲起对中国的印象，卡特琳感叹当时中国在保护文化遗产方面做得实在是太差，很多具有历史意义的建筑、古迹等正在逐渐消失，若不加大力度施以保护，中国将会损失一大笔宝贵的文化财富。2004年，她到亚洲部分国家（印度、中国、韩国、泰国、越南）采风，后来据此创作了不少绘画作品，其中大部分都受邀在那天的展览中展出，名为"亚洲之旅"。几天之后，在里昂第二区一家名为"告诉我地球的故事"（Raconte moi la terre）书店的咖啡厅里，我们聊起了她在中国的游览。可能由于是画家的原因，她对事物有着不同寻常的敏感。在她拿给我看的两幅中国人物速写（一幅创作于新疆，另一幅创作于山西）的照片中，我从里面看到了中国人特有的一种神情。中国之旅给了她很多绘画方面的灵感，让她体验到另外一种文化的丰富性与历史的厚重感，并对中国文化充满了更多的想象与热情。当她告诉我，自己登上长城后，都激动得哭了的时候，我倒是觉得有些难以置信：何以一个外国人在中国的长城上观光游览时会激动得哭起来？那次旅行于她而言，最大的收获便是丰富了她在画作方面的主题与题材。卡特琳告诉我，当她踏上中国土地的那一刻，她就决定了应当尽早安排第二次到中国的参观旅行。

在绘画创作中，艺术家往往投射了很多个人的情感——想象、期待、反思、批判等。在卡特琳的作品中，我看到了她对中国社会的观察，及其对中国的文化理解，与很多法国人所表达的中国很不一样。她的作品基本上是写实主义的风格，表达了一种冷静、审慎的态度，从中能看出一些中国的影子，却又似是若非。后来，我应邀去卡特琳家中做客，看到她那间面积不大的工作室内满是绘画作品，有不少题材是关于亚洲，尤其是关于中国的，内容反映的基本都是她在中国旅行过程中在某个刹那间打动她的所见所闻。

中国书画展

　　对有些法国人来说，中国是寻找另一片天地的目的地，是世界的另一端，是人们聚会谈资的主要内容。他们可以津津乐道地描绘自己在中国旅行期间的一些奇风异俗、一些印象深刻的见闻。2006 年，在我结识同样居住在第七区且距我住处不远的丹尼尔时，60 多岁的他已经到中国旅游过七次。他第一次到中国旅游是在 1991 年，退休后几乎每年一次，平均每次逗留 2 个月左右，他想趁着自己身体好、精力足，尽可能地在中国多游览些地方。① 丹尼尔从未参加过法国旅行社组织的团队游，每次都是自己与好友结伴同行。他们根据旅游手册选择自己最想去的地方，自行制订路线。虽然在旅行期间自行安排食宿、交通等事宜较为麻烦，但与旅行社的团组相比，多了很多时间上的自由和个人的便利。丹尼尔也强调，他们虽然到过的地方与旅行社的安排大致相同，但对中国社会的了解更为深入，因为每到一处，他们都会多待些时间。

　　丹尼尔几乎跑遍了整个中国，在各地结识了不少朋友，有很多人乐意当

① 　在田野调查中我还了解到，有人自 1986 年以来，每年都要到中国旅游，在中国南方的多民族地区收集了大量的少数民族服饰，并曾在里昂的丝绸博物馆展出过自己的私人藏品；也有人在里昂第四区专门举办过以贵州为主题的摄影展，观者络绎不绝。

他的向导。每次到中国旅游，他都会在一张中国地图上记录下自己的游览路线，闲下来的时候，他会顺着这张图，拿出一大堆照片来，慢慢回忆自己的中国之旅。每次自助旅游，他都需要花很长时间精心准备，并设计合理的旅行路线，也会邀请他人为自己推荐参观游览的地方。我曾经拿着上文提到的那张《巴黎竞赛周刊》的地图与丹尼尔自行设计的旅游路线图进行对比，结果发现，把他前后数次旅游的实际路线串起来，其所到之处几乎没有超出过上图范围。他笑着说，可能是那些旅行社偷偷地总结了他的旅游路线，又把这些应该去的地方"卖"给了他们的消费者吧。当然，由于他是自助旅游，时常也会因为途中结识的中国朋友的建议而对最初的计划稍做改变，甚至与中国的旅友结伴而行，由此也看到了一些其他法国人可能不会去的地方，比如很多交通不便的偏僻乡村等。但他很高兴能有这样的机会，以另一种方式去了解中国各地民众的生活。谈到自己对所到之处的印象，他能够借助那些照片把一部分现场的细节回忆起来，但那些深藏于记忆当中的东西，还是一种在他看来与法国很是不同的一种异文化的观感。

丹尼尔和他的中国旅游路线图

在中国，有两类地方是丹尼尔最想去的。一是有着悠久历史的城市，如北京、西安、拉萨等，而不是那些仅体现出现代化却无历史感的城市。

尽管他也到过一些类似的中国城市，但并不喜欢长时间待在那儿。二是有着特别的文化风情的少数民族地区，中国西南各省是他数次旅游路线的交叉点，每次必要到这一地区的某个地方去看看。他在里昂法中友好协会学过一点儿汉语，但水平不足以交流，与其中国向导或旅行伙伴的沟通，要么是讲一点儿英语，要么是打手势。丹尼尔说，即便有交流上的困难，他还是喜欢到中国旅游。我跟丹尼尔是在一次中国电影的观展中认识的，此后他多次请我帮他翻译与中国朋友之间的书信往来，他告诉那些中国朋友，他们可以用汉语给他写信，因为他在里昂也有很多中国朋友，帮他读信，并用汉语回信。

丹尼尔家中，从客厅、书房，到卧室，甚至是厨房、卫生间里，几乎摆满、挂满了他从中国带回来的各类中国器物，有些是当地朋友送的，有些是自己在各地买的。翻着那十几本厚厚的相册，[①] 他告诉我，等将来自己再无法去中国旅行的时候，那些东西可以让他想起在中国的美好回忆，想起那个与自己的国家完全不一样的东方大国的文化。从中国带回的各式各样的纪念品，以及记录在相机和摄像机中的影像[②]，都是法国人见证中国的证明，也是他们继续想象中国的依托。但是，受到法国与中国旅游工业的双重影响，法国人从中国带回来的东西——无论是实物还是影像，往往都超越了历史和现实，只是一种旅游消费的见证。[③]

在田野调查期间，我结识的人中有很多都到过中国旅游，甚至是多次。回到里昂后，他们会约我见面，讲述他们在中国的经历，同时也希望我能够帮助他们答疑解惑，更好地理解自己的诸多见闻。他们对中国某些文化现象的好奇，以及理所当然的解释，有时候会令人甚感新鲜。而且，中国少数民族所代表的异国情调，对于法国人来说，具有不可抗拒的文化魅力。我认识一位音乐教师，他从未到过中国，却非常喜欢中国音乐。他曾经说到，走在

① 每次旅行期间，他天天要背着一个重达 8 公斤的小包，里面盛满了各类影像设备。
② 我曾在法国电视三台看到这样一个节目：一个法国人到中国旅游，并把其行程用摄像机记录下来。其中，有许多故意搞笑、捉弄中国人的场景。比如，这位先生在乌鲁木齐郊区的一个农庄里，挑选了一位正在地里干活的女性，向她递上了一张写有汉字的纸条，并蹩脚地用汉语说："今天晚上我去你家睡觉可以吗？"本来这句请求投宿的话没什么特别之外，但那位先生说完后，表露出满脸坏笑的神态，其中借用多义词来捉弄人的意思则跃然纸上。这种个人旅行日记式的影像资料在电视台播放，影响面较广，也鲜明地体现出了法国人在休闲娱乐中"消费"中国的取向。
③ 相关讨论参见 Gilles Lipovetsky, *Les temps hypermodernes*, Paris：Grasset，2004，p. 127。

中国的田野街头，都会感觉到有一种异样的音乐存在。他一直向往能够到中国旅游，去寻找那份在自己心中渴望已久的不同于法国文化的中国音乐，尤其是中国少数民族的音乐。

西方人对中国少数民族文化的喜爱有增无减，原因不一而足。在法国人的集体潜意识中，中国少数民族文化集中体现出来的东方主义的情调是他们津津乐道的。尽管也有法国游客会在中国某些贫困的少数民族地区，发出一些人道主义的感慨，但去发现那里的"贫穷"，远非其文化之旅的动因。中国少数民族的有些文化习俗，他们特别感兴趣。有多位经常到中国旅游的人向我讲述过，他们曾经到泸沽湖畔去寻找摩梭人"走婚"的故事。包括法国人在内的西方人为何对此甚是感兴趣呢？我们不妨看看相关研究对杨二车娜姆个案的分析：

> 杨二车娜姆之所以引人注目，是因为她从摩梭人的母系社会，一步就跨进了后现代社会。人类社会进化史，在一位女子短暂的生活史中得以集中体现，这是一件多么令人惊奇的事情！在车娜姆身上，我们看到了古代与现代、东方与西方融洽地混杂在一起的希望。
>
> 杨二车娜姆的成名，与摩梭人的"走婚"习俗分不开。这让西方人类学家激动万分，认为这种"走婚"的原始文化形态，是对"一夫一妻制"的嘲弄，具有自由和进步意义。西方人由此开始了他们对摩梭人泸沽湖的想象。西方人夸张地说，摩梭人文化闪耀着破鼓乱人捶的女权主义光芒。然而，摩梭人的"走婚"文化，恰恰是"男权中心主义"的，只允许男人往女人那里走，女人不能随便走，只能被动地在家里等待和期盼。男人到处走，女人在家里怀孩子、养孩子。如果不是旅游经济的兴起，摩梭人也许根本就不稀罕这种"光芒"。[1]

杨二车娜姆在欧美社会的人生经历及其个人出身等诸多因素，使之获得了"国际走婚族"的名号，在西方社会享有一定的知名度。在其"走婚"背后，是恰如上文所提及的母系社会、后现代社会等因素让西方人对她更产生了异国情调式的想象。很多人是因为她了解到了摩梭人的文化，也正是带

---

[1]　张柠：《文化的病症：中国当代经验研究》，上海：上海文艺出版社 2004 年版，第 367 ~ 368 页。

着亲眼见证摩梭人"走婚"文化的想象，去泸沽湖旅游的。

在法国人集体的文化想象中，中国越来越兼具"古老"与"后现代"的形象。前者回应了法国社会积淀下来的有关中国的"刻板印象"，后者则不断地描绘着当代中国的发展。两种形象的交织混杂及其在法国社会中的话语表征，正在更新和孕育有关中国的文化想象。

第五节　文化想象与意义共享的差异

> 一个人只有在疏远与亲近两者之间达到同样的均衡时，才能对自己以及异文化做出合理的判断。①
>
> ——萨义德

在对法国人就中国文化的认知与表达所进行的观察中，我们可以明显地感觉到其间存在着意义共享的差异性。这种差异首先表现在中国人与法国人、中国与法国相对比的层面上，二者所理解的中国文化不一样；其次，即便是在法国人内部，不同个体、不同群体对中国文化的理解也不一样。

法国社会中积淀下来的有关中国的"刻板印象"，既表达了法国人对中法文化差异的认知，也折射出他们在面对异文化时的某种应对策略，后者背后往往会潜藏着某种负面情绪。如同吉尔曼所言，"刻板印象出现于自我整合受到威胁的时候。因此，它们是我们处理对世界的感知存在不稳定性的方法的一部分。这并不意味着它们是好的，而仅仅是说，它们是必需的。在病态的刻板化与我们所需要的用以保护我们对自我和世界之控制的幻想的刻板化之间，我们能够且必须做一个区分"。② 实际上，法国人有关中国的认知被固化为某些"刻板化"话语的过程，也就是定型中国之"差异"的过程，既是一种意指实践，也是一种表征实践。

保存在华人社区中的中国文化，越来越显现出"罐头文化"的属性，法国人据此认知的中国文化也就与真实的中国文化存在着较大差异。即便是他们远赴中国，在亲自参与的旅游实践中感知中国，也往往会因为旅游工业

---

① 萨义德著、王宇根译：《东方学》，北京：生活·读书·新知三联书店1999年版，第332页。

② Sander Gilman, *Difference and Pathology*: *Stereotypes of Sexuality*, *Race*, *and Madness*, Ithaca, London: Cornell University Press, 1985, p.17.

的商业化包装而失去了再次感知真实中国的机会。

法国人对中国文化的热情，展现出了他们在文化上对"差异"的追求。在他们看来，与西方文化、法兰西文化不同的中国文化，为他们提供了另外一种文化指向，尝试体验这样一种"他者"文化，就是尝试体验另一种思考方式与实践方式。尽管他们也在中国文化身上找得到与法国文化相似的地方，但他们看到的更多是不同。进一步讲，他们在与中国文化交往互动的过程中，看中的是中国文化所表现出来的"文化间性"。① 而且，他们对这一"文化间性"诸多特质的言说绝非单纯地指向中国文化与法国文化的同或异，而是指向二者之间的关联，唯有处于这种关联中的东西才能在法国人那里引发关注、引起反响，进而在法国社会与文化的作用下出现意义重组。②

从田野调查的情况来看，法国人对太极拳、气功的爱好，最根本的原因不是他们对中国武术传统的好奇，而是源于他们对于健康的追求。他们所认知的太极拳、气功等在根本上表现为中国人传统的养生之道，是其保持身体健康的一种重要的文化实践。他们相信，那是一种有益的体育与养生文化，因而才会亲身参与实践，并付出较高的经济代价。从致力于推销这些中国"养生艺术"的人或组织的立场来看，其目的与动机则往往更多指向于经济利益方面的考量。同样的中国文化实践，在上述两类群体那里却彰显着不同的社会、文化与经济意义。法国人围绕中国文化所织就的"意义之网"也就表现得丰富而复杂。

尽管生活在里昂的诸多华裔群体中有很多人出身于中国的少数民族，但法国人对中国多元民族文化的了解并不是通过他们获取的，而是通过各类书籍报刊、新闻媒体、互联网络，以及他们远赴中国的旅行游览来实现的。很多人热衷于探寻中国少数民族奇特文化风俗，也毫不掩饰地向我表达他们对中国民族文化之多元与多彩的惊讶，但是在他们的表述中，我却感觉到在民

① 实际上，这里所讲的"文化间性"与人类学有关族群身份的理论存在同样的学理逻辑。族群身份或"族性"普遍被认为是用来表达文化差异的，它产生于两个或者多个族群关系之间，不是一个族群内部关系的产物，而是群体之间依靠各自特性之间的文化差异进行持久性和系统性交流的结果，它显示出文化差异是被制造于相应的社会互动中，它是关系性和情景性的。Thomas Hylland Eriksen, "Ethnic Identity, National Identity and Intergroup Conflict: The Significance of Personal Experiences", in Richard D. Ashmore, Lee Jussim and David Wilder (ed.), *Social Identity, Intergroup Conflict, and Conflict Reduction*, Oxford: Oxford University Press, 2001, pp. 42 – 70.

② 相关论述参见王才勇：《中西语境中的文化述微》，上海：上海人民出版社 2004 年版，第 235 页。

族层面（nation / ethnic group）上对中国的认知存在很多问题——这些问题既表现为对中国的不了解，也表现为他们在知识生产中"规约"中国的某种意识形态。

一个多世纪以来，相较于东方，西方具有特别强势的话语优势，以至于在民族认同的问题上，西方很多舆论向来忽视东方自己的民族识别与民族认同。在调查研究中我深刻地体会到，法国人对中国文化之民族性的认知，以及对中华民族、汉族、少数民族的认知，不但通常是片面的，而且往往是依附于某些被广泛媒体化了的所谓学术知识，以及政治话语，尤其是当他们在提及相关少数民族问题的时候。鉴于这种原因，尽管他们有人亲自访问过一些少数民族地区，也亲自体验过那里的生活与文化，但法国社会中早已广泛存在的某些负面舆论依然对他们有深刻的影响。换句话说，鉴于法国社会对法国人认知中国的诸多结构性约束（历史沉淀的"刻板印象"、政治与经济方面的舆论等），法国人对中国保持着一种制度性的文化想象。法国人对中国的文化想象，从不同角度塑造着他们有关中国的"民族观"。

经历过大革命的洗礼，法国人拥有强烈的"共和主义"的价值观念，认定自己的法兰西共和国是单一民族国家，并不承认其内部存在的多元族群（包括本土族群和外来移民）。受此影响，一种居主导性地位的官方话语与意识形态认为，法国境内没有种族、宗教、语言等层面上的少数族群。尽管法国社会所呈现出来的族裔多元的特征日益明显，但法国强调和看重每一位国民的公民身份，并极力弱化他们的族裔身份。在某种程度上，可以这样理解，共和主义、人人平等等理念使得法国人并不情愿接受法兰西民族内部事实上存在的族裔差异。他们深知其国民内部存在着多样的族裔差异，却时时处处强调，每一个少数族群的成员只要拥有法国国籍，就都是法国人（Français），尽管他们也会基于地域、文化等因素区分布列塔尼人（Breton）、科西嘉人（Corse）、阿尔萨斯人（Alsacien），以及非洲裔人（Africain）、亚洲人（Asiatique）、华人（Chinois）等群体，但这些称呼都属于次级范畴，是以他们都是"法国人"为前提的。

在田野调查中我注意到，一些法国人习惯于用 Chinois 一词来仅仅代指他们眼中的"汉族人"，而非中国人观念中全部的"中国人"。很明显，作为一个国家概念的"中国"统摄下的群体，在一部分法国人眼中，远远大于他们观念中"Chinois"一词的所指，他们理解中的"Chinois"与汉语中的"中国人"是不对等的，有些法国人在称呼中国人时，坚持认为诸多少数民族不是"Chinois"。虽然中国众多少数民族同胞也是中国的国民与公民，很多法国人却不愿意在"公民"的意义上使用"Chinois"来称呼他们，反而强调该群体内部的文化差异，并将之视为第一层次的意义表征。

我们可以意识到，这样一种认知差异，或许在一定程度上源于语言的结构性局限与文化认知断裂，但更重要的是折射出了法国人文化认知中所存在的双重价值标准，而且具有明显的意识形态属性。这种认知背后的意识形态在认识论层面上"天然地"将文化中国及其组成群体分隔开来了。

认识到法国人对中国文化想象中意义共享之差异的存在，表现出两个层面的认识论意义：站在中国文化的立场上看，如何审视自己在另外一种文化中的"他者"形象，对于"自我"身份的确认有着至关重要的借鉴意义；站在法国人的角度上讲，他们对中国文化的想象与表述，都是他们试图在当下社会情境中从文化上进一步确认"自我"（社会文化意义上的自我，以及个体意义上的自我）的尝试与实践。在诸多差异中，我们可以发现法国人在文化诉求中的"缺"与"失"、"求"与"舍"，甚至是社会整体的意识形态在个体与群体身上的浓缩与表征，以及社会整体话语结构的转移。在我们这个混杂的当代社会，似乎人们只能通过所谓的"文化"才能找到一种"自我"的感觉，只有通过"想象"才能接近"他者"，才能在自己的社会情境中确认"自我"的一种特殊存在。

第四章 景观社会中的想象：对文化中国的消费及其景象

> 已整个成为商品的文化，必定同样成为景观社会的明星商品。①
>
> ——德波

"消费社会"是当代西方社会的一个重要特征，这是一个从以生产为主导的时代转型为以消费为主导的时代，不断形成的众多符号系统时刻提醒着人们，消费已不再只是为了满足自我的需要，更是"自我区分"的手段，社会的文化系统同样建立在"消费"的社会意义之上。在鲍德里亚发表《消费社会》之前，德波在其《景观社会》中提出了"景观社会"的理论，他用"景观"一词来指代作为主导性本质的当代资本主义社会的新特质，即从资本主义物化时代过渡到视觉表象化篡位为社会本体基础的颠倒世界。

无论是景观社会也好，消费社会也罢，人们在一定的物质基础之上，所从事的文化实践，必然地受到时代的结构影响，我们可以称之为"消费文化"或"景观文化"，甚至是"景观性消费文化"。消费文化是以商品生产为前提的，而且商品消费成为一种自我认同与区别的标记，景观性消费文化，让人们不断地通过以视觉表象为中介的文化消费获得一种存在的快感。

身处这样的时代与社会背景下，法国人对中国文化的想象与认知同样也带有这样的"景观性消费"倾向，其间创造出更加丰富多彩的文化中国之景象。

第一节 电影里的中国文化想象

在《景观社会》的第一章前面，德波引用了费尔巴哈（Ludwig Andreas

---

① Guy Debord, *La société du spectacle*, Paris：Éditions Gallimard, 1992, p. 187.

Feuerbach)的话说,"对于符号胜过实物、副本胜过原本、表象胜过现实、现象胜过本质的现在这个时代,……真理被认为是亵渎神明的,只有幻象才是神圣的。事实上,神圣性正依真理之减少和幻想之增加的程度而增加,所以,最高级的幻想也就是最高级的神圣"。① 在消费社会中,声音和影像,尤其是后者,约定审美,主宰公众,这几乎是不可避免的。②

萨义德在《东方学》中讲到,20 世纪 50 年代以来,尤其是在西方电子化的后现代社会里,其时代特征是,"东方形象的类型化趋势不断增强。电视、电影和所有媒体资源都将信息塞进越来越标准化的模式之中。就东方而言,标准化和文化类型化加剧了 19 世纪学术研究和公众想象中'妖魔化东方'的倾向"。③

人们对某种文化民族性的理解,常常是从别人那里获得的。在文化全球化的影响下,影视作品往往成为人们"获得"关于某种文化民族性认知的手段之一,具备将这种文化"民族化"的功能,表现出潜在的意识形态效力。就一个民族的内部成员来讲,电影是自我认同的手段,而就对"他者"的认知而言,电影也是认知"他者"民族性的一种手段。电影不但是西方人了解中国的途径,也是创造其有关中国认知话语的重要手段,西方早就有了用影像来展现他们想象中的中国及中国人的传统。④

很长时间以来,对中国功夫的文化想象成为西方认知中国过程中的一个重要特征,即使今天也概莫能外。法国人对中国功夫电影的喜爱,可谓有增

---

① 转引自德波著、王昭凤译:《景观社会》,南京:南京大学出版社 2006 年版,第 1 页。
② 参见孟建:《视觉文化传播——对一种文化形态和传播理念的诠释》,载《现代传播》,2002 年第 3 期。
③ 萨义德著、王宇根译:《东方学》,北京:生活·读书·新知三联书店 1999 年版,第 34 页。
④ 早在 1913 年,英国通俗小说家萨克斯·罗默(Sax Rohmer)开始出版有关"傅满楚"(Dr. Fu Manchu)的系列小说,其主人公所代表的就是西方大众想象中关于"黄祸"的恐慌。而自 1929 年起,好莱坞开始拍摄有关傅满楚的恐怖电影,在美国公众中影响很大,"傅满楚"也由此成为一个众人皆知代表中国人的银幕形象。他集中了当时美国白人对东方华人世界所有最恶劣的想象,这也是好莱坞在塑造这一形象时的用意所在。在西方社会中,傅满楚的形象为广泛流行的"黄祸论"提供了一个活生生的刻板印象原型。萨克斯·罗默"傅满楚"系列小说包括:*The Insidious Dr Fu Manchu*(1913)、*The Return of Dr Fu Manchu*(1916)、*The Hand of Fu Manchu*(1917)、*Daughter of Fu Manchu*(1931)、*The Mask of Fu Manchu*(1932)、*The Bride of Fu Manchu*(1933)、*The Trail of Fu Manchu*(1934)、*President Fu Manchu*(1936)、*The Drums of Fu Manchu*(1939)、*The Island of Fu Manchu*(1940)、*The Shadow of Fu Manchu*(1948)、*The Wrath of Fu Manchu*(1952)、*Re-Enter Fu Manchu*(1957)、*Emperor Fu Manchu*(1959)等。相关资料参见 Jenny Clegg, *Fu Manchu and the "Yellow Peril": The Making of a Racist Myth*, Stoke-on-Trent: Trentham Books, 1994。

无减。2000 年 5 月，由李安执导的中国武侠动作电影《卧虎藏龙》在法国上映。由于电影本身具有曲折生动的故事情节、引人入胜的武打画面，以及阵容强大的演职团队等，并且在西方国家的电影节中斩获多个重要奖项①，一时间该片在法国引起不小轰动，观影者甚多。后来，张艺谋执导的《英雄》、《十面埋伏》②、《满城尽带黄金甲》等电影又相继在法国上映，进一步满足和激发了法国观众对中国武侠与功夫电影的兴趣。

实际上，在上述电影在法国公映之前，早就已经有很多武侠与功夫题材的影视作品在法国社会广泛传播了。它们强化了法国人通过武术与功夫等来想象中国的方式，可以说是中国文化在西方文化想象中最为重要的表征符号。有人从中看到了中国文化里的人性、修养、道德、伦理、规则及其文化隐喻，也有人喜欢电影"江湖"中表现出来的异国情调。

在引导法国社会乃至整个西方对中国功夫的文化想象方面，现代影像的力量和作用无可替代。西方社会开始广泛关注中国功夫，应该始于李小龙。从"李小龙时代"到"《卧虎藏龙》时代"，中国功夫也成为全球化进程中文化消费与景观消费的时代符号。李小龙与 20 世纪 70 年代的香港电影，以及在西方社会里中国武术培训的兴盛，明显地标记着对中国文化的一种西方式想象，以至于今天很多法国中学生经常向中国人提出一些在后者看来非常奇怪的有关武术在中国传授与传承的问题，很多人以为中国人个个习武、人人都有不凡身手。

我们应当明确的是，任何人在中国电影中看到的都是中国社会及文化的一种表征形式，并非等同于现实，更不是中国现实的全部，但很多法国人经常会把他们在电影中看到的影像概化为中国现实的真实写照，而忽视了电影中艺术创作对社会现实的加工。如同萨义德针对西方社会有关东方的研究所做的批评一样，它们常常是以点盖面、以偏概全的研究，"东方学家往往被理解为（并且视自己为）在对整个东方做出陈述，并借此而对东方进行总体性的综合。因此，对单个东方事物的每一具体研究都将以总括的方式同时

---

① 《卧虎藏龙》是华语电影历史上第一部荣获奥斯卡金像奖最佳外语片的影片。

② 2006 年夏天，电影《十面埋伏》曾经在卢米埃尔电影博物馆旁边的 Monplaisir 广场露天放映，观影者几乎占据了广场的每一个角落。每每电影中出现不可思议的功夫特写画面时，观众就会齐声发出惊叹。电影里的武侠与功夫元素，以及刘德华、章子怡等知名演员的表演，着实满足了观众对中国的文化想象。

确认这一事物内在具有的总体东方性"。①

对于以票房收益为主要目的的商业电影，尤其是那些迎合了他们文化口味与期待的电影，法国人自然有兴趣，但比较而言，他们更喜欢一些不以营利为目的的艺术片与纪实类电影，尤其是从人们一般很少注意到的角度来讲述和思考小人物故事及其命运的电影，后者不但题材广泛，而且表达的情感异常丰富。在法国的影院里，此类电影非常多，既有法国自己出品的电影，也有来自世界其他国家的作品。②

不同的社会与文化群体对不同题材、不同主题的电影，兴趣不同、敏感性也不一样，总体上他们对非商业化电影的喜爱，更能体现出他们在文化层面的诸多思考。以中国电影作为纽带所形成的影迷群体，正是想通过主题多样的中国（题材）电影来感知和理解中国。不过，作为中国电影影迷的法国观众，也时常会把他们从电影中捕捉到的某些非主流的内容当作中国社会与文化的普遍现实来理解，这种理解上的偏差自然也就会产生许多对中国的误解，中国的文化形象也会进一步被他们的想象"规制"。

一 亚洲电影文化节与中国电影

里昂是世界电影的诞生地，里昂人对电影文化尤其是世界各地的电影更是情有独钟。城区各处影院众多，里昂人组建的各类电影协会也异常活跃。在第八区 D 线地铁 Monplaisir 站附近，有一家以电影发明人的姓氏命名的卢米埃尔学院（Institut Lumière），这里既是电影博物馆，又是电影院，是里昂电影文化的圣地③。作为电影博物馆，常设展览呈现了电影在里昂起源、发展的历史，大门口左侧的墙壁上刻有所有到过此地的世界著名电影导演的名字；作为电影院，又是里昂人了解世界电影的窗口。在里昂乃至整个法国，中国电影受到相当一部分民众的特别关注。④ 如同"中法文化年"法方主席

---

① 萨义德著、王宇根译：《东方学》，北京：生活·读书·新知三联书店 1999 年版，第 326 页。

② 考虑到电影引进的成本问题，在法国院线放映外语影片，很少会有法文配音，大多是电影原声加法文字幕。即便是英语原声电影，也需要加上法文字幕。这是法国语言文化政策使然。

③ 自 2009 年起，卢米埃尔学院与里昂"大都会"官方开始合作举办"卢米埃尔电影节"（Festival Lumière），每年十月开展，历时至少一周。电影节颁发包括"卢米埃尔奖"（Prix Lumière）在内的多个奖项。

④ 电影也是中法文化交流的重要载体。早在 1958 年，中法两国还合作拍摄了第一部电影《风筝》（Cerf-volant du bout du monde）。

安格勒米所言，"法兰西如同世界其他诸国也，吾人一如既往，继续关注充满勃勃生机之中国电影创作"。① 对于普通百姓来说，呈现于里昂银幕上的中国电影是他们了解中国、理解其社会与文化的重要途径。

亚洲文化俱乐部"亚展"作为里昂一家较有影响力的社团组织，在中国电影推广方面做出了很多积极的努力。1995 年 1 月，出于对印度文化与电影的喜爱，许多影迷决定在里昂创办一个致力于印度电影与文化推广的电影节。同年 11 月，电影节"印度之夜"正式创立，名称来自阿兰·科尔诺（Alain Corneau）于 1989 年改编自安东尼奥·塔布基（Antonio Tabucchi）小说的电影《印度之夜》（Nocturnes Indiens）。"印度之夜"电影节成为法国第一个以印度为主题的年度电影节。在那个时候，里昂观众对印度电影抱有很大的热情，在协会成员得力的安排运作下，电影节第一届的影展与相关文化活动取得了很大的成功。

1997 年，那些志同道合的影迷们创立了亚洲文化俱乐部，并以"亚展"为名。与此同时，他们组织电影节的视野逐渐地开阔起来，内容也进一步得到了充实与丰富。除印度电影外，亚洲其他国家的电影也慢慢地先后出现在电影节中，尤其是中国电影、日本电影等。电影节中所展映的电影不但涉及地域广泛，题材、类型等也呈现多样化。观众也不只局限于里昂当地，很多人从四面八方赶来，甚至包括瑞士等其他国家。也就是从这一年开始，电影节更名为"亚洲电影文化节"（Festival cinémas & cultures d'Asie）。②

2006 年 4 月底的一天下午，我在里昂第三区的一栋居民楼里第一次见到了"亚展"协会的负责人也是创建人之一的让 - 皮埃尔（Jean-Pierre）先生。由于"亚展"协会没有固定的办公场所，几位主要负责人的家便是他们各自的办公室。在让 - 皮埃尔的办公室里，堆放着许多电影资料，从书、宣传册，到录像带、DVD 等，几乎占满了办公室本就不大的空间。这间办公室也是亚洲电影文化节的资料库。

---

① Jean-Pierre Angremy, «Préface», in Marie Laureillard, Jean-Claude Thivolle, Thierry Sanjuan, France-Chine：Des livres en français sur la Chine, Paris：ADPF, Association pour la diffusion de la pensée française, 2004, pp. 10 – 11.

② 鉴于日本动漫文化对法国青年人的影响，亚洲文化俱乐部从 20 世纪 90 年代末开始，就一直组织日本动漫电影展映活动，并将之命名为"动漫百分百之夜"（Soirées 100% Manga），自 2000 年起还专门设立了一个致力于日本文化推广的文化节，名为"接触日本"（Japan Touch）。

让-皮埃尔告诉道，作为一家亚洲文化俱乐部，"亚展"在电影节中自然仅非推广中国电影，但中国电影占了很大的比重，而且里昂当地的观众想通过中国电影来了解中国的需求越来越大。在他的记忆中，2000 年以前，中国电影在法国还不是特别受欢迎，但"近些年来，有一些观众开始把一部分兴趣从美国、日本等其他国家的电影转移到中国电影上来"。在让-皮埃尔的理解中，电影的供应是非常重要的，它引导着观众的口味。正如"亚展"协会自成立以来，其主旨有过四次变动一样，协会内部成员对电影题材、内容等方面的兴趣转移，影响到他们选择和推广亚洲各国电影的标准，进而也带动了广大影迷与观众兴趣的转移。

不过，这只是问题的一个方面，观众群体本身对不同国家电影及其文化的兴趣才是最为根本的动因。近些年来，法国社会对中国的了解及需求越来越多，在"亚展"协会组织的相关调查中，有很多人主动提出观看更多中国电影的要求。建立在这样一种广泛的社会与观众需要的基础上，协会负责电影节的同仁们便积极开拓渠道，选择和引进符合他们口味、能够回应其期待的中国电影，同时还尽可能地邀请部分电影的创作团队参加电影节的活动，为观众讲述电影制作的故事，及其背后的中国社会与文化，回答他们的疑问。慢慢地，电影节的观众群体不断扩大，在里昂当地谈论包括中国电影在内的亚洲电影的人越来越多。[①]

2003 年，借"中国文化年"在法国举办之际，"亚展"协会在电影节期间以"不可错过的中国电影"为题，组织过一场中国早期电影作品回顾展，其中包括许多中国纪录片，以及来自上海美术电影制片厂的电影和由香港演艺学院精选的部分电影作品。在举办展览的同时，协会还组织了多场有中国电影制作人参加的圆桌会议。2004 年，该协会继续推进与中国电影界的交流，与中国一家电影组织（22 Film）[②] 合作，邀请了 10 位中国电影导

---

① "亚展"协会没有自己专门的影院，电影节期间及平时的电影展映都是在跟相关影院合作的框架下实现的。该协会实行会员制，并与里昂当地的其他社团组织、影院等机构合作，提供会员互惠服务，让不同组织的成员在观看电影时可以享受到相应的优惠。当然，协会也会经常通过各种途径宣传其电影展映信息，并不断扩大其会员群体。

② 22 Film 自称为中国独立电影组织，主张"影像即生活"。正是因为该组织所标榜的"独立"身份，"亚展"协会才将之视为主要的合作伙伴，并通过它搜寻一些"非主流"的中国电影。以这样的方式所获取并向法国观众提供的中国电影，及其透露的中国社会与文化，在某种程度上强化了中国的"他者"身份。作为一家中国电影的推广机构，"亚展"协会也在用自己寻找异样"他者"的眼光，向法国观众传播异样的审视和想象中国的文化视野。

演到里昂交流，并在此期间放映了他们的电影作品，包括各类纪录片、动画片、故事片与实验片等。

"亚展"协会组织的亚洲电影文化节是由法国人自己设立的，在电影甄选方面表现出明显的法国视野与标准，这既体现在电影节运作团队的"专业眼光"中，也反映在法国观众的口味期待里。也就是说，有机会参加亚洲电影文化节的中国电影，基本上是符合法国人对中国之文化想象的作品。电影节与观众群体在关于中国的文化认知方面形成了一种互动同构的关系。亚洲电影文化节虽然具有一定的商业性运作，但并非完全以商业赢利为目的。他们曾经尝试引进了一些反映中国社会现实题材的纪录片，收到了积极的反响。2005 年，纪录片《北京一日》（*Un jour à Pékin*）、《外面》（*Outside*）等在里昂放映后，深受观众欢迎。

2005 年，有好几部中国电影在法国社会引起了不小的反响。其中有两部，对于让－皮埃尔来说，印象深刻。一部是讲述可可西里反盗猎小队对抗疯狂猎杀藏羚羊盗猎者故事的《可可西里》，导演是陆川；另一部是讲述 20 世纪 80 年代中国改革开放之初小人物家庭、爱情及其命运的《青红》（*Shanghai Dreams*），导演是王小帅。而且，电影《青红》是在法国首映的。让－皮埃尔承认，对于中国电影，法国观众的口味与中国观众不同，这自然是受到各自文化、社会、政治等多种因素的影响。他也注意到，那些能够呈现出中国社会阶段性变化的电影，开始慢慢地在一些"有中国文化修养"的影迷中闯出了市场；而在相当一部分法国观众那里，中国电影留给他们的深刻印象，依然要么是中国社会的"贫瘠、脆弱"，要么是中国神奇的"功夫"。由于李小龙、李连杰等影视演员的名声在西方社会较大，很多人甚至以为所有的中国人都会功夫。①

让－皮埃尔讲到，受到电影商业化运作的诸多影响，相对于数量巨大的亚洲电影创作，"亚展"协会只能动员很少一部分并将之引进到当地。而且，受美国电影文化所居优势地位的影响，亚洲电影总体上在法国所占市场份额非常少。实际上，相对于整个电影影迷群体来说，由于社会整体缺少对

① 2005 年 3 月，我应邀参观了里昂郊区的一所中学，并在那里旁听了五年级的中国地理历史课。应任课老师的要求，在课堂上回答了学生们的许多问题。其中，很多学生都特别想知道，在中国他们的同龄人是否天天都要练习功夫。当我予以否定的时候，他们多少有些失望，因为我的回答打破了长期以来他们对其中国同龄人的文化想象，头脑中对中国孩子的"羡慕"与中国功夫的"好奇"也慢慢地失去了艳丽的色彩。

于亚洲文化了解的广泛基础，亚洲电影的地位还是比较微弱的。不过，在他看来，至少在里昂当地，亚洲电影还是有其位置的，尤其是中国电影和日本电影，深受不同年龄段众多观众喜爱。鉴于此，“亚展”协会也一直想开拓渠道，争取用最优秀的亚洲电影来活跃里昂当地荧屏，以满足部分观众（重新）了解中国、日本等亚洲各国社会文化现状的渴望。亚洲电影文化节每年都会组织几十部亚洲电影在里昂各大影院展映，其中大部分为在法国首映，甚至有些电影还是欧洲首映、海外首映或世界首映。[1] 但是，缺少好的商业模式的电影节是很难可持续发展的。

出于种种原因，2012 年后亚洲电影文化节未能再持续下去。从 1995 年至 2011 年，电影节每年一次，总共举办了 17 届。其中，2010 年和 2011 年更名为“亚洲连接电影节”（Festival Asian Connection）。[2] 但是，亚洲文化俱乐部围绕亚洲电影文化开展的相关活动依然存在，同时也继续开展汉语、日语等语言培训活动等。[3]

亚洲电影文化节在存续期间，基本上是于每年 11 月的第 2 个星期举行，持续 1 周。[4] 电影节曾经为电影文化本就非常深厚的里昂增添了不少色彩，

---

[1] 在每年电影节期间，“亚展”协会会给所有参加展映的影片加注相应的标签，比如世界首映（Première Mondiale）、海外首映（Première Internationale）、欧洲首映（Première Européenne）、法国首映（Première Française）、公映预展（Avant-Première）、史无前例（Inédit）、经典老片（Grand Classique）等，一是为了分类，二是为了吸引观众。一般情况下，参加展映的电影基本上都是原声放映的，并配以法文字幕。很多电影的字幕是“亚展”协会邀请里昂当地懂中文的法国人及中国留学生以志愿者的身份完成的。

[2] 自 2006 年起，“亚洲电影文化节”开始设置评奖环节。每年评出多个奖项，其中比较重要的有观众评出的“金帆船奖”、“新亚洲电影奖”、“青年观众奖”，以及动画片奖、短片奖、媒体奖等。在 2006 年到 2011 年间，先后有以下涉及中国题材的电影作品在“亚洲电影文化节”上获得奖项：《明珠》［倾海（原名吴军）］、《人鱼朵朵》（李芸婵）、《翻滚吧！男孩》（林育贤）、“Under Construction”（《正在建设》，刘真辰）、《流氓的盛宴》（潘剑林）、《铁杆神探》（张驰）、《情非得已之生存之道》（钮承泽）、《刺痛我》（刘健）。值得注意的是，这个电影将中国台湾的电影作品单独登记，表现出了在中国问题上很明显且不正确的政治意识。比如，《人鱼朵朵》、《翻滚吧！男孩》和《情非得已之生存之道》三部电影即是来自中国台湾的作品。这种意识的存在也使得一部分法国人对文化中国认知的区隔与断裂。

[3] 在 2010 年以前，除年底举办的电影节外，“亚展”协会基本上每月都会固定组织两场活动：一是亚洲电影俱乐部（Asian Ciné Club），定期推介优秀的亚洲电影；二是面向喜爱日本动画片的青年人组织“动漫百分百之夜”。与此同时，协会还以电影之名，组织开展音乐会、舞会等活动，并常年设有日语、汉语、韩语和印地语等亚洲语言学习班，此外也包括主要是以汉语为主的亚洲语言的培训等。

[4] 在田野调查期间，我参加过第 11 届（2005 年）和第 12 届（2006）的大部分活动，因此结识了不少为协会和电影节义务工作的志愿者，以及当地的观众。

也是当地老百姓非常期待的一项重要的文化活动。可以说，电影节向当地观众提供了有关亚洲电影之今与昔的一个全面、广泛的概览，其地域范围覆盖亚洲各处。当然，由于亚洲各国电影产业发展的差异，不同国家电影参加电影节的情况有所不同。另外，鉴于亚洲电影文化节的规格及其国际知名度并不高，很多知名导演的作品并不会到里昂参加展映，一方面这使得当地观众失去了观看更多电影的机会，但另一方面也让他们有可能看到一些在商业化运作中不一定会引进法国的电影。由此，法国人也多了从另外的层面了解中国的机会。

从自己从事中国电影推广的经历来看，让－皮埃尔认为，电影正在慢慢地改变法国人对于中国的文化认知。但也有一些人，由于他们在心目中已经有了一些有关中国的"刻板化"的认知，并将之定位在某种定型的范畴内，一旦电影中出现一些与之不相称的文化现象，他们便以为那不是中国。其实，如上文所述，持有如此理念的法国人，把对中国的文化想象过于刻板化与类型化了，他们眼中的中国及其文化，充其量是一个自己想象中的中国与文化，他们似乎意识不到应该首先转变自己的认知观念，然后再来看待今日中国的变化。实际上，在一部分法国人眼中，这样的认知模式不是他们做不到，而是在其潜意识中未曾想过要改变。他们的认知标准，似乎首先便是一个固定不变的中国，而具体的文化细节则都应当是这一观点的佐证。

当然，在有些法国人眼中，中国及其文化则表现出既具备传统特性，又有非常开放的一面。正如让－皮埃尔所说，很多法国人对于中国的文化想象，一旦打开了自己的视野，就难以再关得上了。在很多人的眼中，今日中国在各方面的发展变化，尤其是文化层面的变迁是不可思议的，或者说是一个"神话"，集西方话语中的"保守与开放"，"古老传统"与"现代性"甚至是"后现代性"于一体。在本身就是一个矛盾体的今日中国文化面前，法国人对它的理解不一，想象万千，也就不难理解了，因为毕竟他们都是以各自为中心去看待中国文化的。

在田野调查中我注意到，很多法国人喜欢现实题材的中国电影或其他国家导演拍摄的反映中国现实社会的电影，通过这些电影他们看到了一个立体、多元的中国。而无论他们观看什么具体议题的电影，有三种透视中国的视野或角度在法国观众中是普遍存在的。一是习惯于在政治层面上窥测中国社会的"异化"。由于受到长期以来西方政治话语对中国的诋毁，与西方政治体制存在很大差异的中国，在他们眼中是个十足的"异化"之物，因而也受到很多意识形态式的批评。二是习惯于在社会层面上观察中国人生命的坎坷与不幸。一部分法国人具有强烈的道德优越感，即便是他们通过中国导演的表达来观察中国社会与中国人，也时常会把关于人性与人生的思考折射到有关中国"刻板化"的形象之上。三是习惯于在文化层面上欣赏中国的异国情调。无论如何，中国文化作为一种"异文化"，对法国人而言，始终表现出一种天然的吸引力，她所展现的异国情调也使得中国文化被他们自然地划归到某种次级范畴。

二 同法国人一起看中国电影

2005 年 11 月 7 日，是"亚展"协会组织的第 11 届亚洲电影文化节的第一天。晚上八点半，在里昂第二区 Bellecour 广场附近、位于共和国之路的百代影院（Pathé）播放电影《七剑》（Seven Swords）。① 那年夏天，在北京的时候我就已经听说过这部片子，但没有看过。据说，《七剑》是一部由大陆、香港和韩国联合制作的电影。不用说，从名称上就能看得出，这是一部武侠片。作为电影节的重头戏，《七剑》被安排在开幕当天展映，我料想可能会有很多人来观看。果不其然，观影者甚多。我跟几位朋友，只是排队买票，就花了半个多小时的时间。其间，我还偶遇老朋友弗蕾德莉克（Frédérique）。进入影院后，我注意到，那个容纳近 700 人的放映厅内，座无虚席。

那天晚上的展映，是《七剑》在法国正式公映前的预展活动。对于这部早就开始做宣传的中国武侠电影，人们都想着可以先睹为快。电影中最吸引人的，自然是那些极具魅力的武功动作与武侠高手们打斗的场面，每一个出神入化的动作特写，都会在视觉上给观众以极致的享受。比较血腥的电影画面也衬托了中国社会的神秘与难以理解的异国情调。电影是原声放映的，屏幕下方的法文字幕，并不能完全呈现出人物对话的全部内容。

作为电影节的第一场活动，组织方在影片开始前介绍了总体的活动安排，并提醒大家，这届电影节内容丰富，精彩不容错过。《七剑》时长达两

---

① 《七剑》改编自梁羽生的武侠作品《七剑下天山》，导演为徐克，2005 年 7 月在亚洲各地同时上映。故事讲述的是，清军入关早期，中原武林仍隐藏不少反抗力量，清亲王多格多颁布"禁武令"，并派前朝降清高手风火连城剿杀各地违令武林人士，而风火连城的下一个目标便是西北边陲的武庄。武庄是反清组织天地会分舵人马。路见不平的侠医傅青主认为要解武庄之危，只带了两位武庄青年武元英和韩志邦上天山求助。

个半小时，虽然有些长，但观众们看得津津有味，不觉疲惫。电影结束后，排着队徐步走往出口期间，我问弗蕾德莉克感觉电影怎么样。她回答说，感觉很好，场面好、功夫棒，但故事内容，她多有不明之处。在走下楼梯的时候，我随机跟身旁的其他人打招呼，问起两位女士同样的问题，她们觉着电影时间长了一些，但内容很有意思，虽然杀人的镜头很多、很残忍，但整个故事和里面的功夫很吸引人。从其语气中，我听得出，她们似乎在强调是中国武侠元素引起她们极大的兴趣，也符合她们印象中的中国文化。整部电影在武打动作方面的刻画确实别出心裁，很有新意。诸多观众以前可能也看过一些中国功夫片，但这部电影更吸引人，场景与画面在视觉和音效方面的冲击力更强。电影放映期间，没有一个人中途退场，全部完完整整地看了下来。我告诉那两位女士，故事内容肯定是存在文学创作成分的，并非真实的历史。她们表示，知道其中肯定有杜撰的成分，但从其表情来看，她们还是宁愿相信这就是文化上的中国。

随后的一天下午，在位于第一区里昂市政府一旁小路的"歌剧院"影院（Cinéma Opéra）里，"亚展"协会组织放映了两场中国电影。第一部片子是纪录片《外面》，反映的是中国人真实的生活场景与生活状态。① 影片的导演和制作人都是王我，其素材拍摄于2001年1月至2005年4月间。组织者转达导演的说法，这部长达一个半小时的片子，是献给其父母和中国电影一百周年的作品。

整个纪录片，没有背景音乐，没有旁白，全是在现实生活中摄取的真实片断。影片中的声音全部都是原声，前半部分有中文字幕，后面有些英文字幕，用以解释相关人物的对话，或注释画面中的汉字。整个放映厅里，大部分观众是50岁以上的中老年人，男女参半。他们都看过电影节的宣传册，应该知道这是一部纪录片，而且是真实地以一种非常个人的眼光来拍摄中国，主要是发生在北京的现实生活。纪录片既展示了导演自己对生活的反思，也呈现了他用自我的"他者"的眼光对中国现实社会的审视。影片虽

---

① 我对这部纪录片中所呈现的镜头片段与生活场景做了一下统计，并将之归纳为50组镜头，有些是前后呼应，反映了同样的主题——一般人不曾注意到的中国社会场景。不过，我感觉没有什么明显的逻辑线索，时间也是前后杂糅的。但没有逻辑也是一种逻辑，任何一种杂乱无章的排列，都会呈现出一种逻辑。其实，这也就是社会生活的复杂之处，也是文化书写的一种复杂性。在整个纪录片中，除了八个片段不是在北京拍摄外，其余所有镜头都是在北京完成的。

然没有扣人心弦的情节与吸人眼球的画面，但观众们都看得津津有味。尽管他们当中多数人听不懂汉语、看不懂汉字，即便是有一少部分英文字幕也没有太大帮助，但这并不影响他们对整部片子的总体理解。电影中真实的生活场景与画面，非常形象、生动地把现实直接反映了出来。观众们对中国社会与中国人的生活感兴趣，所以就抱着一种"了解"的态度来观看这部影片。但看过之后，所有在场的观众会是一种什么样的感觉呢？是加强了他们原有的对中国及其文化印象的感知？还是从中看到了新的东西？影片结束之后的一段谈话，让我看到了他们关注此部影片的另一种眼光——寻找一种文化上的"他性"。①

影片刚刚结束，我还没有从片子给自己带来的沉重的回味中反应过来，有一位先生走来问我，他不明白影片开始部分，为什么有很多人蹲在火车站的站台上，还有警察赶他们上车。听到他的问题，接着又走过来好几个人，他们都想知道这个问题的答案。因为影片没有做出解释，但中国人一看就能明白其中场景的意思。其实，这也是影片的一种处理手法，不解释、只记录。越是这样，越是容易让人产生各种联想。我把自己的理解告诉他们，或许那些人是在火车站非法倒卖火车票的票贩子。他们都唏嘘一番。或许，有些可能是他们在中国旅游时没有看到过类似场景，影片中的诸多画面是他们所不曾熟悉的中国。

在我看来，《外面》是一部更适合中国人观看的纪录片。为什么电影节要推出这部中国影片呢？从影院出来以后，我问起站在门口的一位工作人

---

① 如果不被冠以过于主观的帽子，我想说的是，这部纪录片其实更适合中国人看，因为他们了解具体、鲜活的生活场景，有外国人无法完全理解的生活经验。此片可以让那些有着类似生活经历的中国人，看到自己平时不会特别注意到的生活片断；或者，即便是自己能够注意到，但通过镜头记录下来的生活场景，与自己在生活中亲自体验到的，存在着一定的距离，这种技术距离，同时也是一种文化距离，是一种自我的"他者"之距离，它可以让我们跳出原有的生活场景，从另外一种角度来审视自己、思考问题——思考生活中的某些文化现象，思考社会发展的重大问题，如农民工问题、污染问题等。有意思的是，这竟是一部电影节中"全球首映"的纪录片，地点是在法国，是在异域他乡，是播放给那些没有具体的类似生活体验的法国人。我曾不断地问自己，这些法国观众会不会从此认为，这就是中国，尤其是北京，并将之当作现实生活的主流与全部呢？其实，从某种意义上讲，这是一部非常有意思的人类学影片。纪录片所反映的内容，全是在中国人的日常生活中可能经常遇见的场景，但却是在相当多人的观念中现实生活主流的"反面"。这样说，不是想否认这些负面场景的隐喻意义，而是说，这是对中国人而言的"负面"，对外国人来说，这不是现实生活的全部，也不是主流，但他们可能会因为这部片子，把自己对中国的文化想象定型于此，甚至推向一种极端。

员——组织方为什么选择了这部片子？他反问道："Pourquoi pas？"是呀，"为什么不选"呢？他们可能不会说得出具体的什么原因来，也罗列不出条条道理，但在他们的潜意识当中，这部片子法国观众会感兴趣。为什么法国人会感兴趣呢？自20世纪90年代末开始，中国社会在经济领域内的迅速发展让西方各国有目共睹，但他们始终认为中国是一个有"问题"的国家，影片中的诸多场景在很多方面证实了他们对中国社会的想象。作为一个半商业性的文化组织，"亚展"协会也在揣测和迎合观众的口味。近年来，到中国旅游，想亲身体验中国社会的法国人越来越多，这样的题材会揭露出中国社会的另外一面，是他们在旅游中几乎看不到的内容，他们心中的那份好奇可以通过这部片子得到一定程度的满足。或者有些场景，在他们亲身的中国旅游经历中也多多少少有所碰触。一位女士讲到，她在北京看到了很多类似的场面，这部影片又一次强化了她对中国的"陌生"感，她还得再回中国看一看。

中场休息后，大家又观看了一组以"山水情"之名组合起来的系列中国山水画动画片，包括《螳螂捕蝉》、《草人》、《猴子捞月》和《山水情》等作品。在这届电影节期间，"亚展"协会想借向中国电影一百年致敬之际，呈现一部分属于中国传统文化范畴内的作品，尤其是绘画与音乐。① 这一组动画片是1981年至1988年间出品的，它们不但在美术设计等方面迎合

---

① 在里昂，相比较于电影而言，人们对中国音乐的接触相对要少得多。某日，我去参加由"亚展"协会组织的一场中国书法作品展，展品陈列在吉贝尔·约瑟夫（Gibert Joseph）图书音像店内。看到店中数量众多的音乐CD，我向工作人员询问是否有中国音乐。那位男士听到我的问题后，第一反应便是迟疑地摇头，并说帮我找找看。最后，他在标记为"世界音乐"的货架上发现了三张与中国有关的CD：一张名为 Chine/China：l'Opéra de Pékin/The Pekin Opera（《中国：京剧》）；一张名叫 Chine Racine，China roots（《中国根》），封面上还写着一个大大的红色"根"字；还有一张是中国文化年期间发行的作品，名为 Chinese memories（《中国记忆》）。在那么多音乐作品中，中国音乐作品的数量显然少得可怜，以至于店中工作人员都难以确信它们的存在。这也反映出法国人对中国音乐作品的认知度不高。不过，在练习太极拳的法国人家中，我们倒是经常可以发现一些中国古典乐曲CD，这些CD大都是他们或委托家人、朋友从中国带回的。此外，那天在音像店的经历，让我回想起一件事情：有一次，在里昂市图书馆所组织的有关中国的讲座上，主讲人居伊·索尔曼（Guy Sorman）围绕他的新作 L'Année du coq：Chinois et rebelles（书名为《鸡年：中国与反抗者》，看其题目就知道作者是带着一种怎样的视角来看待和审视中国的）讲述了他眼中的中国。其间，一位听众问索尔曼，从文化上讲，中国与印度，他对哪一个国家更感兴趣。这位作家随口讲到，印度有好听的音乐，而中国却没有什么音乐，当然是喜欢印度。当时全场一片吹嘘。带着这样对中国文化的无知与偏见，他所表述的中国又如何能够是真实的呢？

了西方社会对中国传统文化的想象与审美,而且在内容上也比较吸引人,故事中讲述的哲理,启人深思,让人想到在西方具有一定知名度的中国道家思想等。或许也正是基于这两点,电影节的组织者才给它们贴上了中国传统文化的标签。否则,从动画片的制作来看,这几部作品倒是反映了中国现代文化的某些方面。在影片结束后的聊天中,我感觉到了观众们在对中国传统文化审美中所流露出来的愉悦,这些不涉及现实中国题材的电影,倒是让他们多了一些心平气和地看待中国的姿态,甚至还表现出赞赏的态度。

2005 年 11 月,因巴黎郊区骚乱引发的社会动荡,在法国各地蔓延,时不时就有街头车辆被烧毁的事情发生。在此期间,里昂有一段时间实行宵禁,晚上六点以后所有公共交通一律停运。有一天晚上,我徒步近 2 个小时,来到位于里昂东部小城镇布隆的"信风影院",观看了一部名为《武松打我》(*Lost in Wu Song*)的中国电影。据亚洲电影文化节组织方介绍,这部影片是第 11 届电影节为庆祝中国电影一百周年特意推出的三部片子之一。那天晚上,虽然交通不便,但观众依然很多,容纳百余人的放映厅内,一个空座都没有。旅居法国的导演兼编剧陆一同也应邀到场。

《武松打我》出品于 2005 年,以北京作为故事的发生地,讲述了一位年轻电影导演门德松的人生经历。门德松一直梦想着要把自己心目中的英雄武松搬上银幕,故事讲的就是他与投资方之间的各种矛盾与斗争。在追逐梦想的过程中,门德松逐渐地意识到在梦想与现实之间有很多无奈,最后也从自己理想主义的梦想中走了出来。影片主题简洁明了,表现手法诙谐幽默,用导演的话说,"非常明确地反映了当代中国的现实",批判了一种理想主义的生活愿望。实际上,这部影片在中国观众中的知名度并不高。

影片结束后,电影节组织方"亚展"协会邀请导演陆一同与观众见面,组织了一场简短的观影问答会。多数问题是围绕着对影片中部分场景的理解而提出来的。有一位先生提及有关英雄崇拜的事情,问是否经常发生在中国的现实生活中。导演很肯定地回答了他,而且还告诉他,很多中国人都是生活在对英雄崇拜的理想主义中的。那位先生对中国人身上的理想主义情怀表示赞赏,同时还讲到自己以为经济社会的发展会让所有中国人像影片中的那位投资人一样功利、媚俗。后来还有人问,这部片子有很多批判性的内容,为何能通过审查,得以发行。导演告诉大家,他剪掉过一些东西,最后才得以通过审查。很明显,如此回答更强化了法国人对中国影视作品实行的诸多管理制度的负面认知。而且,观众对电影中没有能够表达出来的内容似乎更感兴趣。

《可可西里》① 这部在中国非常受欢迎的影片，也是在这届电影节期间首次与法国观众见面。这部影片讲述了警察尕玉以记者身份作为掩护，同可可西里巡山队员一起，为了保护那里的藏羚羊和生态环境，与藏羚羊盗猎分子顽强抗争，甚至不惜牺牲生命的故事。影片放映安排在离里昂市政府比较近的"沃土大众影院"（CNP Terreaux）。尽管它远不如《七剑》、《江湖》一类的影片拥有广泛的受众群，但依然有人甚感兴趣。放映那天，能容纳百余人的小型放映厅内，倒也没有几个座位是空着的。电影放映前，"亚展"协会的一位女性工作人员，反复向观众强调，《可可西里》这部影片通过了中国的电影审查。话里话外加深了观众对这部电影某种神秘感，尤其是政治中国的负面印象。观众对这部影片的反响是非常强烈的，有几个人告诉我，在此之前他们已经通过许多渠道，如网络、电影节的宣传资料等，了解到了影片内容的大概。看完影片后，有很多令人震惊的画面与感人的情节，让他们打心底里生发出一些同情。我问他们是对谁的同情，他们说，自己也不清楚，但至少对于中国有一种更加复杂的难以言说的理解与认识。

中国香港导演黄精甫的几部片子《江湖》、《青梅竹马》、《唐狗与北京狗》等，在第 11 届电影节中引起了法国观众的特别关注。《江湖》代表着另一类中国"功夫"影片，回应着法国人对中国的文化想象，同样也受到当地观众的喜爱。电影展映那天，尽管天下着雨，却依然有六百余名观众聚集到影院，一起见证这部电影在法国的首映仪式。据说这部在 2004 年初就在中国国内首映的电影，很多法国影迷早就听说过了，并对之充满了期待。影片侧重描写"黑帮"故事，表现了香港"江湖"社会中到处充满了欺诈，人与人之间无义气可言。观众对置身香港社会中的"安全"问题自然生发出很多恐惧。放映结束后，导演黄精甫与观众见面。有一位女士问他，在香港的现实生活中，是不是经常可以看到像电影中那样黑帮打架的场面？这是一个非常有代表性的问题，折射出法国人乃至西方社会对中国香港的一种想象。在较长时间内，香港产出的影片有相当一部分反映的是当地社会黑帮争斗的题材，所以使得很多观众相信，那是香港社会实实在在的另外一面，是他们

---

① 影片法文名称被译作 *La patrouille sauvage*，意为"野外巡逻队"。影片的法文宣传资料介绍说，可可西里位于中国西部一个"perdue"的省份。"perdu"一词，在法文中不仅有"偏远"之意，还引申有"失落"、"没有希望"的意思。言外之意，跃然纸上。

头脑中的香港景象。对此问题，黄精甫的回答非常巧妙，他说："我从来没有在香港见过黑帮打架。而且，我相信，他们也不会打得这么慢的。"尽管如此，导演的回答并没有让那位观众满意，因为在黄精甫回答完后，她接了句："我不明白，但没有关系。"似乎看起来，她是想从导演的口中得到一个肯定性的答案。还有一位离我不远的观众就影片中反映出的"兄弟情谊"等内容，问在中国社会里兄弟情谊是不是非常重要。这回导演立马给予了肯定的回答，那位先生也回应了一句"非常明白"，且似有所悟地点点头。

《青梅竹马》和《唐狗与北京狗》两部现实题材的短片，表达了对家庭教育、伦理等社会问题的另类思考，同样引发了法国观众对中国社会问题的兴趣。跟随着中国人的眼光，他们看到了不一样的中国社会，也让很多人从中看到了法国社会的问题。通过各类题材的电影，法国观众了解到了别人眼中的中国，及其表达中国的方式，他们也借以形成了某些对中法两国社会进行比较的视野，在对现实问题的拷问中，电影带领他们感知到不一样的文化中国。在某种意义上讲，电影里的中国更加立体、多元。

法国人在看中国电影时所提出的那些问题虽然细小琐碎，但这也恰恰反映出他们是通过电影在思考中国，尽管有时候这种思考只是一种暂时性的，也不够深入，但至少电影为他们提供了这样一种审视中国的文化途径。

三 法国影迷与中国电影

我在里昂结识的众多"中国影迷"中，安娜（Anne）是对中国电影了解最多、涉猎最为广泛的一位。她经常作为影评人被邀请到一些中国电影的展映活动中，与大家一起分享对电影本身及其背后的中国社会与文化的理解。在里昂"中国电影界"甚是活跃和知名的安娜，同时是"亚展"协会和"中国电影俱乐部"的成员。

本职工作是中学老师的安娜，既担任过多年的英语老师，也在好几所中学担任过校长。对欧美文化了解非常深入的她，对以中国为代表的东方文化也情有独钟。在她家中的书架上摆放着很多中国电影的 VCD 或 DVD，比如《卧虎藏龙》、《无间道》，以及李小龙的诸多作品等。跟其他对中国文化感兴趣的人一样，安娜家中照样也有很多中国文化器物，装点着家居环境，而她置于客厅墙壁上专门用来练习书写汉字的纸板倒是让我觉着很有趣味，与众不同。我认识她的时候，她已经在里昂第三大学的校级学位汉语班里学习了两年的时间。

　　安娜所喜欢的中国电影，既来自中国大陆，也包括港澳台地区的电影。之所以喜欢，是因为它们代表着一种不同的文化，尤其是与在她看来"有些泛滥"的美国电影有着很大的不同。很多美国电影早已成为欧洲文化氛围的一部分，数十年来它们已经成功地介入了法国百姓的日常文化生活，构建了一种很有美国味的文化空间。在文化上表现出明显的民族主义色彩的法国人，虽然观念开放，却对以美国文化为代表的"大众文化"保持着较高的警惕意识。

　　对安娜来说，东方电影总保持着一种文化上的开放性，它们涉及一些东西方共同的社会话题，比如香港的警匪片中对于社会问题的思考，但东方电影所介入的手法不同。在她眼中，中国电影不是所谓的"大众文化"的一部分。首先是因为它们在各大影院中出现的频率较小，其次是有一些电影与法国观众通常所看到的十分不同，而且不是那么容易理解。当然也有一些电影，如《卧虎藏龙》、《英雄》等，在有些人看来，是为了取悦于观众，表现出强烈的商业化特征，但于她则不是，她从中看到了一种中国式的对人性的关怀。①

　　尽管电影是安娜了解中国文化的一个窗口，但她告诉我，她不能因为自己读过一些有关中国的书，看过几十部中国电影，以及一些中国纪录片，去中国旅游过等，就声称自己了解"中国文化"，因为这一文化实在是博大精深。在电影中，她看到了很多与西方不同的东西，即便是就生活方式而言，尽管中西方有着某些共同的习俗，但她看到的更多的是不同之处。她对很多中国电影中描写吃饭的场景特别感兴趣，即便是在《大事件》（*Breaking News*）这样的警匪片中，对吃饭场景的描写也给予观众一种带有人性关怀的感受。于她而言，似乎在每一部中国电影里，都暗含着东方文化的"根"。而且，有些法国人也能够在很多中国电影里［比如《花样年华》（*In the Mood for Love*）、《2046》等］，找寻得到某些所谓的现代文化中的异国情调。从娱乐与文化想象的角度来讲，《少林足球》（*Shaolin Soccer*）、《功夫》（*Kung Fu*）等电影也非常新颖、有趣。在她看来，法国观众对当代中国所处的一种近乎"杂糅"的都市文化，很感兴趣。

　　安娜在中国电影中寻找的是一种中国式的智慧，一种属于中国文化的价

---

　　① 安娜注意到，很多法国人喜欢看中国电影里的古装戏（多为武侠与功夫题材），可能不是仅仅因为对中国文化感兴趣，而是他们同时也在练太极拳。她还告诉我说，在她周围的朋友当中，几乎人人都知道巩俐、章子怡、成龙这样的中国影视明星，他们是中国电影的代表，更是中国文化的代表。

值观念。在中国电影里，她更多地看到了中国文化中存在的那种权威与等级的观念。于她而言，这一种观念似乎体现于所有的中国电影之中。在历史题材的电影中，这一观念的呈现是必然的，那是古代中国社会的重要特征。此外，在《青红》、《看车人的七月》（Un été à Pékin）、《十七岁的单车》（Beijing Bicycle）等电影中①，她还看到了当代中国社会几代人之间交流的困境，以及中国人文化观念中根深蒂固的宿命论。她认为，这是当代中国一个非常重要的社会问题。安娜认为，"中国文化"不是大众文化的一部分，她不喜欢像美国文化那样几乎没有什么"历史感"的文化。她说特别喜欢中国电影里的故事片，它们反映的都是普通人的故事，真实可感，并且以小见大地折射了对中国人、中国社会的关怀。我能够明显地感觉到，在中国电影中，她寻找到了某种文化情感的归宿，在那里有她的思考与期待。

在安娜看来，喜欢中国文化的法国人，其动因来自一种文化上的开放精神，了解一种古老文明的欲望，有些人从中寻找一种思考方式、一种生活方式。当然，也有人则寻找一些所谓的"古老"知识，一些东方主义式的异国情调，还有人对代表东方及中国特色的艺术感兴趣，作为一种艺术创作，中国电影首先是区别于源自美国的"同质化"（或全球化）的电影。

影院里放映厅的空间是有限的，但电影作为一个窗口，给观众带来的文化想象是无限的。在小小的电影放映厅里，我结识了很多对中国文化持有各式各样的态度的法国人，他们关注中国文化、中国电影，各有各的出发点。有一次，在"信风影院"，中国电影俱乐部组织放映根据王朔小说改编的《看上去很美》（Les petites fleurs rouges，意即"小红花"）。在随后照例举行的小型问答会上，在座观众向主持人提出的问题五花八门：有人从中看到的是儿童的成长，想到了自己的童年；有人提到了中法幼教理念的差异；有人联想到了中国在20世纪60年代的社会问题；有人感叹中国父母与子女的关系问题；也有人看到了爱心与人性在影片中的体现，谈到了文化价值观的差

---

① 有关中国电影中外文名字相异的现象，不仅是一个语言问题，更重要的是一种文化认知的问题。很多中国电影的法文名字，失去了很多原有的文化内涵，其意思要比中文原名更加能够激起人们对中国式异国情调的想象。每年暑期，卢米埃尔电影博物馆都要安排为期两个月的晚间露天影院，每周二晚上面向公众免费放映电影。按照惯例，每年都会选一部中国影片，2006年选的是《十面埋伏》，其法文名称被译定为 Le secret des poignards volants，意即"飞刀传奇"。在电影放映前，就有很多坐在我四周的观众向我赞许中国的武术功夫，观后对于影片中章子怡所扮角色之顽强的生命力，更是"唏嘘"不已，电影情节有力地呼应了片名所映射出的文化想象。

异；还有人非常严肃地问道，为什么能在影片中看得到一些士兵在操练，以及医院里的病人，为什么一个小小的幼儿园竟可以设在那么漂亮的古老建筑内，那实为一种浪费，等等。从这些问题中，我们可以看得出，电影里的中国在每一个观众眼里都有一个特殊的形象，每个镜头都滋养着他们对中国的文化想象。

在普通人眼里，电影主要是一种娱乐产品。中国影片中的"喜怒哀乐"都是一种消遣素材，在不同的电影情境中，法国观众体验到的是不同的中国经验，与具体的问题相关；但就整体而言，我以为，中国电影的价值则在于它们满足了法国观众文化审美的需求。这一需求中居于核心地位的，则是中国文化价值观念中的那种差异性。与法国文化相比，这种差异性是明显的，但其背后又透露出一种人文共性；就在这样一种中法文化比较的情境中，法国人体验到了不同的人文理念与价值观的碰撞。尽管这种碰撞在有些人看来不是很清晰，但潜意识中它是驱使法国人关注中国电影、中国文化的一种动力。

在电影的世界里，中国是一个多元、复杂的国家，在文化上与法国差异很大，历史不同、传统不同，当代中国的政治、经济与社会制度也很不一样。他们对这个国家及其社会与文化充满好奇，想通过电影一点一点儿拼凑起他们想象中的中国形象——这一形象代表着中国，有时候却又复杂难懂，令人不可思议。用一个朋友的话说，"C'est chinois et c'est du chinois"（"这代表着中国，同时也复杂难懂"）。

中国电影俱乐部几乎每月都要组织一次电影展映活动。十几年间，他们以"信风影院"为基地播放了大量中国电影，也跟相关机构（比如里昂孔子学院、法国中国电影节等）合作，组织了很多以电影为主题的讨论会与讲座等，团结了很多中国影迷。以下是自 2007 年至 2018 年初，中国电影俱乐部所放映的部分中国电影名单（见表 4 - 1），从中我们可以看出他们在选择中国电影时的视角及标准，其中电影主题与题材应当是第一位的。① 展示

---

① 中国电影俱乐部放映的中国电影基本上都是汉语原声，观众都是依靠屏幕下方的法文字幕来理解人物对话的。对于电影题目而言，若电影本身有英文名字，他们在宣传海报中一般会直接使用英文名字，若无则会翻译一个法文名字。而这样的名字翻译有时候并不采用直译，而是根据电影内容与法国人能理解的方式，重新命名，由此便也产生了新的意义表征。重新命名的电影，对于法国人来说，往往会更容易理解，也更具吸引力。比如说，王小帅的电影《左右》被译为 Une famille chinoise（《一个中国家庭》）、侯孝贤的电影《童年往事》被译作 Poussières dans le vent（《风中尘埃》）、张艺谋的电影《满城尽带黄金甲》被译为 La Cité interdite（《紫禁城》）等。

中国异国情调的作品（比如武侠系列）、描述中国小人物命运的作品、反映中国政治与社会背景的作品等，都是他们很感兴趣的。正是基于这样的标准，他们并没有只盯着导演选片，而是尽可能地选择不同导演的作品。①

表 4 - 1　中国电影俱乐部曾经放映过的部分中国电影名单

电影名称	导演	电影名称	导演
《如果·爱》	陈可辛	《中国姑娘》	郭小橹
《看上去很美》	张　元	《唐山大地震》《我不是潘金莲》	冯小刚
《三峡好人》《天注定》《山河故人》	贾樟柯	《稻田》	朱小玲
《放逐》《铁三角》《文雀》《神探》	杜琪峰	《寒假》	李红旗
《图雅的婚事》《团圆》	王全安	《人山人海》	蔡尚君
《马背上的法庭》	刘　杰	《浮城谜事》《推拿》	娄　烨
《哭泣女人》	刘冰鉴	《爹妈不在家》	陈哲艺
《色戒》	李　安	《归来》	张艺谋
《饺子》	陈　果	《重返20岁》	陈正道
《太阳照常升起》	姜　文	《鬼日子》	赵大勇
《左右》《我11》《闯入者》	王小帅	《路边野餐》	毕　赣
《小城之春》	田壮壮	《师父》	徐浩峰
《重来》《幻想曲》	王　超	《寻龙诀》	乌尔善
《春光乍泄》《一代宗师》	王家卫	《烈日灼心》	曹保平
《刺客聂隐娘》《童年往事》	侯孝贤	《长江图》	杨　超
《五月之恋》	徐小明	《喊·山》	杨　子
《南京！南京！》	陆　川	《喜丧》	张　涛

　　综合来看，法国人喜欢看电影，但通常不是那些反映主流中国文化元素的电影，他们没有能够了解到主流的东西，反而把一些非主流的东西当作主流来理解。这样一种认知方式会强化对中国的误解。实际上，对任何事物的"批评"应当是建立在对其主流的价值观的了解的基础上来进行的。值得注意的是，对于诸多电影所呈现的主题，法国人通常确是难以判断它们在多大程度上反映着中国社会现实的基本状况，以及是否触及有关中国的"真问题"。有时候，从一些在中国观众看来都显得有些非主流的电影中，法国观

---

①　除来自中国的电影之外，法国电影人拍摄（有些是中法合作）的涉及中国题材的电影也是法国人了解中国的重要窗口。比如《中国之旅》（*Voyage en Chine*，2015，Zoltán Mayer）、《狼图腾》（*Le dernier loup*，2015，Jean-Jacques Annaud）、《画框里的女人》（*Le Portrait interdit*，2017，Charles de Meaux）等。

众往往会抱着猎奇的态度去窥视中国，并把基于个别问题得出的某些印象与判断放大，甚至有时候他们会把某些学者或艺术家在探讨性的反思中所表达出来的一些东西，当作中国的现实，以至于产生了对中国更大的误解。

四　想象的公共领域与"后现代"的中国

电影作为一种文化表征的手段，不但题材广泛，而且手法鲜活。法国人通过电影所感知的文化中国，要比通过瓷器、丝绸等器物与中医、太极拳等文化实践等所了解到的要丰富、多元，因而也更加复杂。

电影所提供的影像世界及其参与空间，实际上是现代媒体所铺设的一种文化想象的公共领域（public sphere）。[①] 在此意义上，中国电影也成就了一种有关中国文化想象的公共领域。在哈贝马斯（Jürgen Habermas）的观念中，公共领域首先是社会生活的一个领域，其间有公共意见的形成。[②] 电影作为一种大众化的文化载体，凝聚了众多社会群体，从而也形成了一个可以生成公共意见、形成社会舆论的社会生活领域。众多法国观众以中国电影为载体创设了一定意义上的公共领域，并以一种集体化的方式制造着有关中国文化认知的话语。对此公共领域的参与，是开放的、非强制性的，人们可以自由、公开地表达自己对中国的文化认知。

哈贝马斯的公共领域概念是一个具有特定历史内涵和理论规定的概念，通过对这一范畴的结构性转换的描述，哈贝马斯试图对当代西方社会问题做出诊断。但是，在广泛的传播和运用过程中，这一概念也被移用于其他历史语境。[③] 遗憾的是，"公共领域"被过于泛政治化了。实际上，"公共领域"这一术语的提出，为多个学科提供了一种新的研究视角。比如说，就人类学

---

① 在德国哲学家哈贝马斯看来，公共领域是一个哲学与社会学概念，与私人领域（private sphere）相对，是指介于国家和社会之间的一个公共空间，公民们假定可以在这个空间内自由参与公共事务而不受干涉。这一概念是由 20 世纪 50 年代德国思想家阿伦特（Hannah Arendt）最早提出的，但由哈贝马斯在 20 世纪 60 年代通过论文《公共领域的结构转型》进行了充分阐释，并产生了广泛影响。在他看来，资产阶级公共领域首先可以理解为一个由私人集合而成的公众的领域；但私人随即就要求这一受上层控制的公共领域反对公共权力机关自身，以便就基本上已经属于私人但仍然具有公共性质的商品交换和社会劳动领域中的一般交换规则等问题同公共权力机关展开讨论。相关内容参见哈贝马斯著、曹卫东等译：《公共领域的结构转型》，上海：学林出版社 1999 年版，第 32 页。

② 哈贝马斯：《公共领域》，载汪晖、陈燕谷主编《文化与公共性》，北京：生活·读书·新知三联书店 1998 年版，第 125～133 页。

③ 汪晖：《公共领域》，载《读书》，1995 年第 6 期，第 131 页。

而言,"公共领域"实则表现为一个凝聚着一定群体的社会范畴,可以用其来取代传统意义上的"族群"观念,使得人类学能够介入到现代性复杂社会的研究之中,以强调人类学的学科关怀。

在中国电影中,似乎隐藏着很多法国人想知道的"秘密",但这些"秘密"又是他们可以在不同社会群体之间自由讨论的,并影响着某些社会舆论的形成。比如说,他们对那些所谓的在中国"禁映"的影片特别感兴趣,无论是出于什么原因在中国国内禁映,只要是被冠以"禁"字的电影,他们都想看。这在他们有关中国的文化想象中强化了一种政治维度的神秘性。在某种程度上,也恰恰是这种神秘性,增强了电影作品在他们文化想象中的某种现实意义。而且,在很多法国人眼中,中国电影不仅是一种纯娱乐意义上的文化享受,还是体验中国文化的一个重要场域,他们可以在电影中寻找到他们想象中的中国文化,甚至是一种有关中国当代社会文化的"后现代"状态——所有兼具传统与现代属性的内容,以及超出他们认知能力的当代中国的东西,都会被他们划归到"后现代"的范畴内。

实际上,人们对现代性与后现代性的认知是混杂的。在利奥塔看来,"后现代性"不是一个新的时代,而是对"现代性"自称拥有的一些特征的重写,首先是对现代性将其合法性建立在通过科学和技术解放整个人类的事业的基础之上的宣言的重写。[①]

有关"现代性"的思想,在西方社会随着资本主义的起源而趋于形成,它不只是预示着社会化的组织结构方面的转型,同时也是社会理念、思想文化、知识体系和审美知觉发展到特定历史时期的表现。在批判的理论家看来,现代性与其说是一项历史工程、成就或可能性,不如说是历史限制和各种问题的堆积。现代性总是伴随着自我批判而不断建构自身,这使得现代性在思想文化上具有持续自我建构的潜力。[②]

在人文社会科学学者眼中,现代性更主要体现在精神文化变迁方面。韦伯(Max Weber)、哈贝马斯、福柯、利奥塔等人都从各自的角度对现代性有过入木三分的阐释,并把现代性看作一种价值取向。尤其是利奥塔,在其《后现代状况:关于知识的报告》一书中,把"现代性"理解为一种宏大叙

---

① 利奥塔著、谈瀛洲译:《后现代性与公正游戏状态:利奥塔访谈录、书信录》,上海:上海人民出版社 1997 年版,第 165 页。

② 相关资料参见陈晓明:《现代性与文学研究的新视野》,载《文学评论》,2002 年第 6 期。

事，一种以元叙事为基础的知识总汇，具体地说，也就是现代理性、启蒙、总体化思想以及历史哲学。他认为，现代知识依赖元叙事来建立合法化的话语体系，而那些元话语又明显地援引某种宏大叙事，这里面显然存在同语反复，理性双方在共识的基础上达成知识的创建。① 也有学者谈到，现代性作为"一种进化的、进步的、不可逆转的时间观，不仅为我们提供了一个看待历史与现实的方式，而且也把我们自己的生存与奋斗的意义统统纳入这个时间的轨道、时代的位置和未来的目标之中"。②

后现代性是一个极其庞杂的思想与话语体系，它几乎包括了今天我们所谈论的一切，比如消费主义、全球化、权威的瓦解以及知识的商品化，等等。在我看来，（后）现代性作为一种西方观念，也限定了他们看待非西方社会的视野与眼光。在法国人的文化想象中，对所谓的中国文化的"后现代性"，他们持有一种潜意识的追问姿态，以及借用所谓的"后现代性"眼光进行判断。由于"后现代主义"观念的影响，他们理解中的中国文化，有时候是游离于"中国人"这一实体的，或者说，出现了一种文化与人的错位。

法国人习惯于以法国与西方社会的历史进程及当代结构为依据，来规范自己对中国的文化认知与知识建构。对与其历史经验相关的中国元素，都会分门别类地贴上某些（后）现代主义的标签。在"（后）现代主义"这样一种元叙事话语结构的影响下，电影里所反映出来的多种层次、多种维度、多种时间属性的中国日益变得有些复杂难懂，从而中国电影则更加成为一种不能忽视的认知、理解和言说中国的公共领域。

本雅明（Walter Benjamin）认为，电影是机械复制技术的典型代表，体现了机械复制技术品的所有典型性特征。机械复制时代，不仅不断地复制着失去了"光韵"③ 的文化作品，而且还借物品的复制，批量生产着某种文化

① 相关资料参见陈晓明：《现代性与文学研究的新视野》，载《文学评论》，2002 年第 6 期。
② 参见汪晖：《死火重温》，北京：人民文学出版社 2000 年版，第 4 页。
③ "光韵"（Aura）是本雅明独创的概念，用以概括传统艺术最为根本的审美特性。他首次提出这个概念是在 1931 年出版的《摄影简史》中。"光韵"有三个含义：一是艺术品的原真性（Echtheit）；二是指作为传统艺术基础的膜拜价值（Kultwert）；三是审美上的距离感。在本雅明看来，机械复制技术的出现给传统艺术所带来的最大影响就是"光韵"的衰竭，机械复制作品没有了神圣的"光韵"光环的围绕，艺术从神坛上走下来，由独一无二走向复制，走向大众化。传统艺术往往追求独一无二性与永恒性，而机械复制则是打破这种特权，"把一件东西从它的外壳中撬出来，摧毁它的光韵"，追求的是"世间万物皆平等的意识"，它是和暂时性、重复性联系在一起的。相关资料参见本雅明著、王才勇译：《机械复制时代的艺术作品》，北京：中国城市出版社 2002 年版。

观念与生活模式。由此，我们可以清楚地认识到，机械复制中产生的文化复制强化了文化的符号化特征，从而也大范围地导致了文化认知的定型化与刻板化。进一步讲，借用符号化了的文化作品的复制及其传播，人们拥有了更多的机会去感知"异"文化，也深刻地影响着认知文化"他者"的知识模式。如今遍布里昂的中国文化器物，以及中国电影，都是机械复制时代的产物。恰是在这些符号化的"复制品"上，依附着法国人对于中国的文化想象。

如同德波所言，景观不能被理解为一种由大众传播技术制造的视觉欺骗，事实上，它是已经物化了的世界观。① 法国人从电影里了解的中国及其文化景象，或许在他们的认知中从来都是中国现实的物化代表，更是他们中国观的表达。只不过，电影呈现的现实与真实中国的现实，还存在着很大的差距，这种差距恰恰折射了景观社会的基本特征。

法国人在电影这一"公共领域"所凝聚的同类兴趣群体与知识话语的环境中，感知的都是对中国符号化的认知，他们身处其中的实际上也是一个充斥着符号象征的文化想象的环境。这种符号化象征越是抽象，则越具有知识的结构化特征。

第二节　读图时代的文化想象

> 应当明确的是，我们不了解中国，但她丰富了我们的想象，对于我们的未来很重要。
>
> ——《巴黎竞赛周刊》之《中国时代》（2003）

法国社会有关中国的文化认知是在知识生产与传承中逐步积淀的。其中，伴随着印刷品的迅速普及，阅读成为观念传播的重要载体，从而也成为丰富中国之文化想象的重要途径。② 比起以文字为载体的有关中国的知识生

---

① 德波著、王昭凤译：《景观社会》，南京：南京大学出版社 2006 年版，第 3 页；Guy Debord, *La Société du Spectacle*, Paris：Édition Gallimard, 1992, p. 17.

② 安德森也论证了"印刷资本主义使得迅速增加的越来越多的人得以用深刻的新方式对他们自身进行思考，并将他们自身与他人关联起来"，是作为商品的印刷品（print-as-commodity）孕育了全新的同时性观念的关键。安德森著、吴叡人译：《想象的共同体》，上海：上海世纪出版集团 2005 年版，第 33～39 页。

产，具象到图画里的中国，更能激发人们对中国的文化想象。早在 19 世纪末，西方"黄祸论"的传播就伴随着刻画中国的图像而迅速蔓延的。在法国，曾经是四大日报之一的《小报》（Le Petit Journal）① 就在 19 世纪末、20 世纪初曾经刊载过大量有关中国社会的绘画作品。而且，多数画作反映的是负面的中国，并以报纸整版的形式见之于众。对于报纸读者而言，那些图画具有强烈的视觉冲击力，并在相当大的程度上，强化了法国社会有关当时中国的"刻板印象"。

伴随着影像技术的发展，人类社会早已进入了一个习惯于读图的认知时代。"读图时代"是一个以影像为主要认知手段的时代，它促使形成了一种弥漫于日常生活中的媒介景观——将对社会现实的认知戏剧化（景观化）的一种媒体文化现象。② 考察法国人对于中国文化的想象，不应该忽视在当地影响甚广的有关中国的媒体，正是它们在所谓的读图时代，引导着对于中国的一种景观性的文化想象。

现代传媒以图文并茂、音像并重的方式，立体、互动地展示着一个"景象"化的中国。这一"景象中国"更加纷繁复杂、异质多元，频频冲击并刷新法国人对中国的文化想象，它不仅代表着法国人头脑里的中国观，也体现为几经演化的认知中国的知识手段。

一　读图与文化想象

人类早就有了视觉（visual）经验，即"看"的经验，这也应当说是有了视觉文化，有了视觉文化的传播。视觉，亦可视为通俗的"观看"，而"观看，可以说是人类最自然、最常见的行为，但最自然、最常见的行为并非是最简单的。观看实际上是一种异常复杂的文化行为。我们对世界的把握在相当程度上依赖于视觉。看，不是一个被动的过程，而是主动发现的过程"。③ 在我的理解中，这一"主动发现的过程"，实际上就是理解文化符号之表征的过程，但：

---

① 《小报》创刊于 1863 年，一直持续发行到 1944 年。从 19 世纪末 20 世纪初起，到第一次世界大战期间，该报曾经是法国四大日报之一。

② 凯尔纳著、史安斌译：《媒体奇观——当代美国社会文化透视》，北京：清华大学出版社 2003 年版，第 2 页。

③ 周宪：《读图、身体、意识形态》，载《文化研究》第 3 辑，天津：天津社会科学院出版社，2002 年版，第 68 页。

表征是一件非常复杂的事情，尤其是涉及"差异"的时候，它牵扯到感觉、态度和情绪，它会在画面中调动起恐惧与焦虑，其程度要比我们用简单的、常识性的途径能够解释的深得多。[①]

表征和想象，对于文化意义的生成来说，似乎有一种霍尔所谓的编码和解码的关系，但又不完全是这样的关系。霍尔所讲的三种解码类型：主导性解码、协调性解码、对抗性解码[②]，借以分析文化表征与想象，似乎有些机械，却也揭示了它们之间的文化逻辑。想象其实就是一种解码与再造的过程，尽管这一过程受到社会情境的影响，但主观成分较大。文化想象的中介生成物即为各类"形象"，它可能产生于个人或集体，涉及人或事。针对个人的感官而言，形象是一个物体或者一种景象在大脑里的记录。形象是所观察到的事物的再现（representation），这一术语通常既用于指由文字描述在脑海里产生的再现，又指这些描述和特征（characterizations）本身。[③]

大众传媒具有"议程设置"（agenda setting）[④]的功能，也就是说，大众传媒的新闻报道在一定程度上设置了当前相关社会议题重要性的次序。议程设置的功能不但限定了信息传播的社会环境，同时也限定了社会舆论的焦点。在此情况下，人们对于信息的接触受制于大众传媒通过其信息传播活动而预设的议程，有时候难以摆脱这种限制，他们对有关议题的认识也难以突破已被传播送上议事日程的束缚。也就是说，在特定的时期内，大众传媒报道什么、不报道什么，采用什么样的表达方式，在多大程度上给予关注，潜在地引导甚至决定了人们对于这些被传媒广泛报道和讨论的事物的认知状况。因此，人们对某人某事某物的好印象或坏印象的形成，都在很大程度上取决于他们与大众传媒的接触。从这一点说开去，大众传媒同时拥有"传

① Stuart Hall, "The Spectacle of the 'Other'", in Stuart Hall (ed.), *Representation*: *Cultural Representations and Signifying Practices*, London, California, New Delhi: Sage, 1997, p. 226.

② 主导性解码：解码过程本身是在元符码内部进行的，并再生产元符码的定义；协调性解码：旨在形成宏大意义（抽象的）霸权性厘定的合法性，而在一个更有限的、情境的（定位的）层次上，它制定自己的基本规则，依据背离规则的例外运作；对抗性解码：以一种俨然相反的方式去解码信息。参见霍尔著、王广州译：《编码，解码》，载罗钢、刘象愚主编《文化研究读本》，北京：中国社会科学出版社 2000 年版，第 356 ~ 358 页。

③ 姜源：《异国形象研究中的文化意义》，载《社会科学研究》，2005 年第 2 期，第 66 页。

④ Jame Watson and Anne Hill, *A Dictionary of Communication and Media Studies*, London: E. Amold, 1984, pp. 12 - 13.

递信息和构筑信仰的力量"①，给人们的社会生活所带来的影响，无论在政治、经济，还是文化方面，都是深远的，它们深刻地影响着社会舆论的发展。

在现代社会中，关于意义生成的一个重要特征便是，意义积累来源于文本与媒体的叠加。读图时代的图像之意义，并非仅仅存在于图像本身中，还存在于图像与文本的结合当中，而且，恰恰是这种结合，深化了话语的表达能力，加深了其渗透力。在当代法国社会中，中国就是一个被媒体编码、设置和操控的对象，媒体在很大程度上决定了人们对中国的认知与想象。文化维度上的中国如此，而政治、经济维度上的中国则有过之而无不及。

二　《巴黎竞赛周刊》之中国特刊

《巴黎竞赛周刊》（Paris Match）是法国一家知名的新闻实事类画报杂志，内容涉及政治、经济、国际、社会、文化、体育、环境、科技等诸多领域。该刊由普罗沃斯（Jean Prouvost）创建于 1949 年，它曾经的座右铭甚为有名——"文字有分量，图片能惊人"（Le poids des mots, le choc des photos）。② 其年发行量超过 60 万册，在法国各地及周边法语区影响颇大。由于该刊对中国较为关注，在里昂做田野调查期间，有许多人曾向我推荐过这本杂志。

对于《巴黎竞赛周刊》来说，"题材无禁区"。③ 它用图片和文字记录着天下故事，每一期刊出十篇左右的报道，每篇报道都有自己独特的韵味和风格。为了能够更好地用图片来报道世界，《巴黎竞赛周刊》特别注意培养和使用有创造天赋的摄影记者。在杂志的版面设计上，它善用大幅照片，并配以整版文字。恰当的图文结合的版式风格与表现策略，不但给读者提供了较好的视觉感官与阅读体验，也很容易拉近他们与杂志所要呈现的新闻故事之间的距离。在图文并茂的新闻报道中，它所呈现的不仅是停留在书面上的文字与图像符号，更是一种读者在阅读中所形成的有关报道对象的"景象"。

---

① John Eldrige, Jenny Kitzinger and Kevin Williams, *The Mass Media and Power in Modern Britain*, Oxford: Oxford University Press, 1997, pp. 161 – 162.

② 从 2008 年 6 月起，该刊座右铭更改为"生活即是真实的历史"（La vie est une histoire vraie）。

③ Éditorial: «La Chine se rapproche», *Match en Chine*, n° 1, mai 2001, pp. 21 – 23.

自 2001 年 5 月至 2004 年底,《巴黎竞赛周刊》曾联合欧洲最大的中文日报《欧洲时报》先后推出六期中国特刊①,命名为《中国时代》(*Match en Chine*),目的在于“摄取中国的不同瞬间”,介绍一个“新旧交替”的中国,“在中法文化之间创设一种对话,架设一座桥梁”。②据该刊的历史资料来看,这是它有史以来规模最大的一次专题性“号外特刊”。③自 2005 年初起,《巴黎竞赛周刊》又推出了《世界专刊》(*Match du Monde*),平均每两月一期,至 2006 年底共出版 12 期,其中第 3 期(2005 年 6 月 9 日)与第 10 期(2006 年 9 月 14 日)分别为“中国特刊”。中国是截至 2006 年底唯一一个被重复的主题国家,足见中国在其中的分量。《巴黎竞赛周刊》的“中国特刊”系列应该是迄今为止在西方主流社会大量发行的唯一一份以中国为主题的新闻刊物。而且,这几期“中国特刊”成为法国读者的抢手读物,一发行上市便很快脱销。由于大量图片报道的存在,法国读者在阅读中国的视觉体验中,也不知不觉地被带入了《巴黎竞赛周刊》所营造的对中国文化的一种“景观性”想象与认知之中。

从一般意义上讲,有关中国的报道是一种综合性的信息传播,但从另外一种角度来看,还是一种“景象消费”。在《巴黎竞赛周刊》中国特刊中,所涉主题、文字表达、图像选择等都给人一种强烈的吸引力,一种“景观”的冲击力。这样的印象是任何人都无法回避和拒绝的。基于此项研究的主题,我想从《巴黎竞赛周刊》观察、表达中国及其文化的方式与所涉领域入手,尝试去理解这些信息传播中所包含的对中国各方面的文化想象,及其对法国普通百姓所产生的有关中国文化认知的潜在影响。

目前,在法国出版的有关中国的读物很多,除了那些学术著作以外,还有大量的通俗读物,比如《是否应该害怕中国?》(*Faut-il avoir peur de la Chine?*)④、《中国 ABC》(*L'ABCédaire de la Chine*)⑤ 等,它们在向西方世界介绍中国方面,起到了很大的作用。作为法国一份发行量最大的画报杂志,《巴黎竞赛周刊》传播范围及影响力远远大于上述读物,而且如上文所言,

---

① «Destins croisés», *Match en Chine*, n° 3, février-mars 2003, p. 3.

② Éditorial:«La Chine se rapproche», *Match en Chine*, n° 1, mai 2001, pp. 21, 23.

③ 这六期“中国特刊”的出版时间分别为:2001 年 5 月(第一期)、2002 年 2 ~ 3 月(第二期)、2003 年 2 ~ 3 月(第三期)、2003 年 10 ~ 11 月(第四期)、2004 年 3 ~ 5 月(第五期)、2004 年 11 ~ 12 月(第六期)。

④ Boris Cambreleng, *Faut-il avoir peur de la Chine?* Toulouse:Éditions Milan, 2006.

⑤ Philippe Paquet, *L'ABCédaire de la Chine*, Mas de vert:Éditions Philippe Picquier, 2004.

在田野调查中，我发现有很多人都阅读过这些"中国特刊"。鉴于理解读图时代法国人透过媒体想象中国的需要，我们有必要在此引用霍尔在论述表征原则时的一种观点：

> 言语与图像包含着任何人都不能完全掌控的内涵，这些边缘和亚边缘的意义浮现到表面，使得不同的意义得以被建构，不同的事物得以被展示和述说。[①]

《巴黎竞赛周刊》所涉中国报道的主题多样、领域广泛。对这些主题进行合宜的归纳与分类，不但直接关系到如何来审视它里面所包含的有关中国的文化想象，也有益于更好地去理解我在田野调查中所体验到的法国人有关中国之文化想象的情境。分析这样的文本与图像材料，可以从很多种角度去思考。而我最为直观的察觉是，在这样的图文呈现中，内含着一种对中国的"矛盾性"理解——既存在着一种"矛盾"的眼光，又呈现了一个"矛盾"的中国。也就是说，中国被纳入很多对立的认知范畴内，人们看到的中国是一个复杂而双重对立的中国。

《巴黎竞赛周刊》以图文并茂的报道，向法国读者表达着他们眼中这样的一个中国：她有多种特质，比如文化中国、经济中国、政治中国、人物中国、发展中国、环境中国等，同时也表现出多种特征，比如古老的中国 VS（后）现代的中国、落后的中国 VS 开放的中国、遥远的中国 VS 熟悉的中国，等等。中国形象在《巴黎竞赛周刊》里不一而足，法国读者所体验到的实为一顿丰盛的"中国景观"的盛宴，从中大有"享受"。在我的调查中，不但有人津津乐道地向我转述其中的中国故事，而且还以此作为蓝底，想在下次到中国旅游时按图索骥去寻找杂志上呈现的中国。

处在这样一种情境中，有时候难以分得清究竟是以《巴黎竞赛周刊》为代表的法国媒体在迎合着公众的文化想象，还是在创造着他们对于中国的理解，这样的文化互动，实为现代社会中文化认知与认同的一大特色。就上述诸多"矛盾"的中国形象而言，很难说中国具体或完全突显在哪一种形象上，但它们又合在一起共同描绘了一个综合的"中国"，呈现了一种对

---

① Stuart Hall, "The Spectacle of the 'Other'", in Stuart Hall (ed.), *Representation: Cultural Representations and Signifying Practices*, London, California, New Delhi: Sage, 1997, p. 270.

"中国景象"的总体表达。

（一）古老与（后）现代

法国人眼中的中国既古老又充满（后）现代气息。中国的"古老"，见之于她的历史与传统文化；其（后）现代性，则体现在都市到处耸立的摩天大厦上。通过特刊《中国时代》的报道，法国读者可以了解到陕西西安与新疆的考古发掘、神秘的东巴文字①、敦煌石窟②，以及中国南方的龙舟表演③等，这一切都代表了中国"古老"的一面，呈现着所谓的"中国文化传统"，也时常激起法国人对中国异国情调式的想象。当然，代表中国传统文化的还有气功——一种被描述为"成为当代人解除疲劳、陶冶性情的有效方法"的文化实践，以及中医、美食等。④ 特刊将对身兼"中法文化年"形象代言人、中国功夫明星等多重身份的演员成龙的介绍与有关道教圣地武当山的图文报道安排在一起，并把后者描述为"神奇的武术之山"，自然能够回应读者心中有关中国功夫文化的兴趣。⑤ 杂志中有关中国文人名士与园林的文字与图片展示，同样也回应了法国历史上早就存在的"中国风"之传统。⑥ 而在"风水"文化越来越多地被法国民众了解的当下，《中国时代》自然也少不了对它的关注。⑦

《中国时代》的记者也将镜头瞄准了中国迅速发展的大都市，在那里呈现了一个现代甚至是后现代的中国，存在于"幻境与奇迹"之间。跟随着杂志记者的镜头与文字介绍，读者可以切身感觉到，北京、上海、重庆、广州、深圳等中国现代化大都市的现代性所在，远比法国的大城市要

---

① «Bouddha s'est arrêté à Karadong», «Le secret des livres dongbas», *Match en Chine*, n° 1, mai 2001, pp. 62 – 67, 72 – 77; *Match en Chine*, n° 2, février-mars 2002, pp. 72 – 77.

② «Les grottes de Dunhuang: La terre saintede Bouddha», *Match en Chine*, n° 5, mars-mai 2004, pp. 103 – 109.

③ «Mao? Connais pas!», *Match du Monde*, n° 10, octobre-novembre 2006, p. 90.

④ «Qi Gong», «Gastronomie», *Match en Chine*, n° 1, mai 2001, pp. 96 – 97, 98 – 99; «Médicine chinoise», *Match en Chine*, n° 2, février-mars 2002, pp. 100 – 104. 有关中国美食，每一期后半部分均有专栏介绍。如今，法国还很流行中国菜谱，如 ATLAS 出版社编辑发行的 *Cusine chinoise*, *indienne et exotique*（《中国、印度与异域食谱》），既有精美的美食图片，又有详细的烹饪方法介绍。

⑤ «Jackie Chan, un fils du ciel à Paris», «Wudangshan, la montagne magique des arts martiaux», *Match en Chine*, n° 4, octobre-novembre 2003, pp. 50 – 59.

⑥ «Le lettré en son jardin», *Match en Chine*, n° 5, mars-mai 2004, pp. 5 – 7.

⑦ «Les maîtres du fengshui», *Match en Chine*, n° 5, mars-mai 2004, pp. 27 – 31.

浓郁得多。① 而有关中国航天技术发展的报道，既展示了中国现代性的一方面，也是中国强大的一种象征。②

（二）富裕与贫穷

进入 21 世纪以来，法国媒体有关中国经济发展的报道日益见多。《中国时代》对此领域的关注，不仅体现在一系列令人惊讶的数据统计里，还表现在对诸多中国新富们生活的关注。③ 跟其他媒体一样，有关"中国经济神话"的报道，让法国许多年轻人对中国充满了幻想。而《中国时代》在呈现中国日益富有的同时，也表达了一个艰辛、贫穷的中国。从四川自贡盐矿矿工的生活中，读者感悟到了在中国社会飞速发展中普通劳动者的艰辛付出④；透过被人们亲切地称为"老杜"的道特雷思莫（François Dautresme）的双眼与镜头，读者又看到了中国贫穷、落后的一面⑤，也读到了法国人对中国民间艺术的兴趣与喜爱，以及他们是如何把中国的家具、餐具、服饰等引进法国、带入法国人日常生活里的。

（三）熟悉与陌生

《中国时代》里的中国，对于法国读者而言，既熟悉又陌生。熟悉的是，特刊呈现了许多早已成为法国人对中国之文化想象组成部分的中国元素；陌生的是，今日中国经历着日新月异的变化，不但中国社会在变化，而且中国在世界舞台上的角色也在变。中国年轻人对李阳疯狂英语的追捧，让法国读者看到了他们向世界靠近的想法与行动⑥；而让他们感觉更加陌生却"亲切"的事情可能来自这样的报道——中国人改信天主教者越来越多⑦，而法国的天主教徒却越来越少。如同《中国时代》第 1 期的社论所言："中国，从来没有像今天这样近若比邻，但依然是一个遥远的国度。说近，是因为她通过申请加入世界贸易组织，表达了成为一个完完全全的国际经贸伙伴

①　«Entre mirage et miracle», *Match en Chine*, n° 1, mai 2001, pp. 23 – 31. «Shenzhen, comme la Chine est belle en son miroir», *Match en Chine*, n° 4, octobre-novembre 2003, pp. 60 – 65.

②　«L'Espace leur donne des ailes», *Match en Chine*, n° 2, février-mars 2002, pp. 68 – 69.

③　«Bienvenue chez les nouveaux patrons», «économie», *Match en Chine*, n° 1, mai 2001, pp. 68 – 71, 78 – 82 ; «Milliardaires et communistes», *Match en Chine*, n° 2, février-mars 2002, pp. 78 – 83.

④　«Les forçats du sel», *Match en Chine*, n° 3, février-mars 2003, pp. 48 – 51.

⑤　«Bonjour M. Lao Du», *Match en Chine*, n° 4, octobre-novembre 2003, pp. 72 – 79.

⑥　«My Gourou Is Rich», *Match en Chine*, n° 6, novembre-décembre 2004, pp. 62 – 65.

⑦　«Catholiques chinois: Le Christ s'est arrêté au Shaanxi», *Match en Chine*, n° 3, février-mars 2003, pp. 38 – 43. «Mission», *Match en Chine*, n° 6, novembre-décembre 2004, pp. 72 – 79.

的意愿。此外，她还刚刚批准加入了联合国《经济、社会及文化权利国际公约》，该公约使罢工的权利合法化。第三，中国正在争取主办 2008 年奥林匹克运动会，以'体育'这种方式进入到世界的竞争当中。中国仍是一个遥远的国度。因为自从有了马可·波罗的游记，谢阁兰的小说，以及丁丁历险记和兰莲花的故事，这个世界上最古老的文明国度始终保持着她的神秘。"①

（四）开放与保守

2006 年，在以中国为主题的第 10 期《世界专刊》上，刊登了一个特别吸引人眼球的新闻标题——Mao? Connais pas! (《毛？不知道！》)。② 以此为噱头，那一组图文报道讲述了一些令人惊讶的中国故事，也展现了当代中国"景观"的迷幻、复杂，比如一部分年轻人的另类姿态及其金钱观的变化、性观念的开放，以及他们对夜总会的迷恋等。③ 杂志还讲述了中国新贵们雇用私人保镖的生活，借以点明中国社会阶层的分化。与此同时，这期特刊也把镜头聚焦于中国的男同性恋群体，讲述他们的生活与情感；④ 还介绍了以棉棉为代表的新一代中国作家的创作及其价值观念⑤，并把中国的裸体艺术展示给法国读者。⑥ 所有这些内容都是中国社会后现代性与开放性的一面。而在日益开放的同时，中国却依然在某些方面坚守着她的保守——有关中国最后一代小脚老太的生活报道，成为展现保守中国之景象的一部分。⑦

（五）神秘与朴素

中国丰富多彩的少数民族文化一直吸引着法国人，他们对中国所具有的东方主义的异国情调甚是向往。泸沽湖畔摩梭"女儿国"的故事⑧，既让法国人感到兴奋，又令其担忧——摩梭人的文化会不会慢慢地消失在旅游工业

---

① Éditorial：«La Chine se rapproche», *Match en Chine*, n° 1, mai 2001, pp. 21, 23.

② «Mao ? Connais pas !», *Match du Monde*, n° 10, octobre-novembre 2006, p. 90.

③ *Match en Chine*, n° 2, février-mars 2002, pp. 34 – 37.

④ «Le gay Pékin des petits 'camarades'», *Match en Chine*, n° 3, février-mars 2003, pp. 68 – 71.

⑤ «Phénomène, Les bonnes adresses de Mian Mian», *Match en Chine*, n° 5, mars-mai 2004, pp. 20 – 21.

⑥ «Bienvenue le Nu», *Match en Chine*, n° 5, mars-mai 2004, pp. 74 – 79.

⑦ «Avec les dernières femmes aux pieds bandés», *Match en Chine*, n° 3, février-mars 2003, pp. 62 – 67.

⑧ «L'empire des femmes», *Match en Chine*, n° 1, mai 2001, pp. 32 – 39.

的入侵与破坏中，或者被野蛮的经济发展毁灭？新疆维吾尔族同胞的生活与宗教信仰[①]、贵州苗族的服饰文化[②]，同样也是法国民众所感兴趣的。任何一个少数民族的文化都带有某种神秘的文化密码，他们期待着去探索和了解。而对中国名山名水的关注则又表达了一种朴素中国的景象。[③] 不过，在旅游工业的包装与宣传中[④]，朴素中国却越来越成为法国人文化消费的对象。[⑤]

（六）现实与神话

《中国时代》既把镜头对准西方社会所耳熟能详的中国影视明星，也聚焦于普通的老百姓。从对这两类群体的观察中，法国读者看到了不同个体现实的生命历程，也体会到了中国社会现实中的差距与分化。杂志所采访的演员张曼玉和章子怡、摇滚音乐人崔健、舞蹈家金星等艺术明星[⑥]，都是在法国社会享有一定知名度的人物，法国读者自然也好奇他们在屏幕和舞台背后的故事。从他们身上，他们看到了各种精彩的人生。而在普通艾滋病人的故事[⑦]里，他们则看到了一部分中国人生活的辛酸与无奈。无论是关注哪一类人物，哪一种现象，《巴黎竞赛周刊》既是在表达个体的中国人及其所属的社会群体的现实命运，也是在描绘他们背后中国现实社会的纷繁变迁。在《中国时代》里，"景象中国"的现实不只存在于这些人物的故事里，还体现在上述每一对范畴的报道中，它们是多彩的，真实可感，却又表现出很多"神话"一样的特质——法国读者也会困惑，中国社会何以会表现出一种复杂而又光怪陆离的样子？富裕的中国新一代人的"小资却非放荡不羁"的

---

① 《Ouigours: Une fenêtre sur l'islam》, *Match en Chine*, n° 2, février-mars 2002, pp. 42–47.

② 《Guizhou, Les cornes des belles amoureuses》, *Match en Chine*, n° 6, novembre-décembre 2004, pp. 22–28.

③ 《Voyage initatique dans les montagnes sacrées》, *Match en Chine*, n° 5, mars-mai 2004, pp. 96–100.

④ 《Tourisme》, *Match en Chine*, n° 6, novembre-décembre 2004, pp. 103–114.

⑤ 一家名为"亚洲"（Asia）旅行社还在第 3 期《中国时代》上打广告，声称自己是中国旅游的"创意者"，不但具备高水平、专业化的业务能力，而且还善于帮助人们去发现一些被隐藏的中国文化瑰宝。*Match en Chine*, n° 3, février-mars 2003, p. 13.

⑥ 《Cui Jian: Son rock leur en fait voir de toutes les couleurs》, 《Jin Xing, officier et danseuse étoile》, *Match en Chine*, n° 1, mai 2001, pp. 16, 10 ; *Match en Chine*, n° 2, février-mars 2002, pp. 56–57 ; 《Ces chanteurs ne sont pas des 'clones'》, *Match en Chine*, n° 3, février-mars 2003, p. 12 ; 《J'ai deux amours...》, *Match en Chine*, n° 5, mars-mai 2004, pp. 32–39.

⑦ 《Moi, Tom, 38 ans, malade du Sida en Chine》, *Match en Chine*, n° 2, février-mars 2002, pp. 70–71.

生活会是什么样子?① 而且,他们也会惊叹于巨幅图片所展现的三峡工程的宏伟,对中国技术与经济发展的巨大成就表示惊讶。一切变化迅速的方面,都折射了中国社会变化中的某些"神话"特质。

尽管《巴黎竞赛周刊》所报道的中国,充斥着很多具有西方式偏见的政治与经济话语,但它也重视在文化层面上讲述中国的故事,让法国读者了解中国。正如在"中国文化年"伊始刊发的第4期《中国时代》的社论所言,"当政治上的误解依然存在的时候,文化是不可缺少的关键,以便能够与这一有着极大的生活趣味、热情好客的民族建立联系。文化是一种普世性的语言,它面向于人类的智慧、感情与心灵"。② 不过,它在文化层面上描绘中国时,同样也存在着诸多意识形态方面的姿态。这既体现在字里行间的文字表述中,也表现在图片的视觉表达中。

通过上述不同题材与内容所呈现的中国,是兼具多种维度的中国。法国读者从中体验到的是一种超越时空的旅行。中国既让他们着迷,也让他们"焦虑",因为在他们的理解中,一个现代化中国的强大,对西方来说并不是一种积极的信号。这种潜意识里的焦虑在2001年《中国时代》第1期的封面设计中体现得淋漓尽致。在第一期的封面上,有一幅在西方家喻户晓的演员巩俐的照片,她身着传统的中国红色旗袍,中国意韵尽在不言之中。封面左侧用醒目的大标题写着"中国变了"(La Chine change),文字配以黄色,两种颜色对比鲜明,真可谓是"巧妙的设计"。实际上,读者很容易就会想到,"中国红"与黄色分别对应着西方社会用以贬低中国的两种论调——"赤祸"论与"黄祸"论。如此解读封面的设计,虽然容易被批判为"阴谋论",但图文搭配与颜色对比中的喻义,不能不让人想起曾经横行于法国社会的有关中国的负面认知。

三　阅读里的中国景象

报纸杂志在普通法国人的日常生活中占据比较重要的位置,人们不但在自己的家里读刊阅报,而且也有很多公共场所(比如图书馆)提供免费阅读的报刊,在某些咖啡店、酒吧里,在特定的时间段内,顾客常常是那些来

---

① «Bourgeois mais pas bohèmes», *Match en Chine*, n° 4, octobre-novembre 2003, pp. 88 – 93.

② Éditorial, «Re Lie Huan Ying ! Bienvenue !», *Match en Chine*, n° 4, octobre-novembre 2003, p. 3.

看报的人。普通人眼中的中国印象，有些是从报刊中获得的。由于近年来与中国相关的内容在各类报纸杂志中日益增多，人们有关中国的知识也渐渐丰富起来。田野经历让我深刻地体会到，《巴黎竞赛周刊》在塑造和引导人们有关中国的文化想象方面发挥着不可估量的作用。

丹尼尔第一次看到《巴黎竞赛周刊》出版的《中国时代》这份专刊，是在 ATAC 超市的报刊架上。当时，他老远就看到了封面上引人注目的巩俐的照片——在很多法国人眼中，她是中国电影艺术的代表性符号，甚至有人将之视作跟法国的民族女神及其象征玛丽亚娜（Marianne）一样的中国女性，代表着现代中国的一种新形象，却又不失其传统文化的意韵。走近这份杂志后，他没有任何犹豫就拿了一本放进筐内。后来，他每一期专刊都买下来收藏，包括《巴黎竞赛周刊》在《世界专刊》系列中所出的中国特辑。

作为一个自以为比较了解中国、去过中国很多地方旅游、见过中国"世面"的人，丹尼尔对《中国时代》所呈现的中国，还是有很多震撼和陌生之感的。他告诉我说，自己的中国亲历已经让他改变了很多早先有关中国的印象，而这些特刊仍旧在不断地否定和刷新着他心目中的"中国景象"。在我看来，从增加有关中国的知识的角度来讲，丹尼尔是在不断地加深对中国的了解，但他看待中国的眼光，似乎有时候比他认为已经非常复杂的《中国时代》的视野还要复杂。他在中国各地旅游期间的很多见闻，同样也代表着很多法国人不曾了解到的中国。与自己的中国亲历相比，丹尼尔觉得《中国时代》没有完全展现出中国的多元与复杂。他曾经跟人们讲起过中国社会的贫富差距，以及地区发展之间的不均衡，批评过中国到处在拆建，俨然变成了一个巨大的建筑工地。但他对中国的传统文化、对那些满是异国情调的风土民俗，尤其是少数民族文化，却津津乐道。《中国时代》在某些方面印证了他曾经给朋友们讲到过的中国印象，这令他在自己的朋友圈内赢得了声誉。但他自己觉得，他在亲身经历中读到的中国，与在报刊上读到的中国，相似却又不同。

由于 20 世纪 60 年代曾在北京生活工作过一段时间，卓塞特至今对中国的总体印象仍旧停留在那个时代，民风淳朴、穷而知足。作为法国的"68一代"，跟自己的青年时代一样，她对中国始终保持着一种亲切、熟悉的感觉。20 世纪 90 年代以后，卓塞特偶尔到过中国几次，尽管看到了中国社会的变化，但她未曾改变自己对于中国的总体印象。直到 2003 年前后，她从各类媒体上看到了另一个中国，一个让她觉得十分陌生、令其有些遗憾而且不可思议的中国，这一切让她有些无所适从。卓塞特跟自己的家人同样关注着《巴黎竞赛周刊》的中国特刊。从那里，她看到了中国社会的贫困，看到了与以前不一样的于她而言有些负面意义的多彩景象，一个让她无法理解的中国。但是，她也在艰难地接受着这一切。对卓塞特来说，"社会"与"文化"不一样，她喜欢中国文化，但对自己心目中原有的中国社会的那种亲近感的渐行渐远，感到由衷的遗憾。她在努力地接受着这一事实的变化，接受着这么一个多彩、复杂的中国形象，也在继续着她对中国文化的迷恋。为了亲身体验中国的变化，为了验证一下媒体所展现的今日中国，2006 年她早早地就决定了，趁自己身体好，还有精力旅行，想在 2007 年中国新年之前，远赴中国，逗留数月，去体验也是去寻找自己心目中的中国新景象。

田野调查中，很多人告诉我，从文化上讲，20 世纪 60 年代初，印度在法国曾是一个非常时髦的话题，人们喜欢印度文化，而且也想去印度旅行。直到现在，里昂城区内仍有很多那个年代开设的印度器物专卖店与印度餐馆。后来，在 20 世纪 70 年代，南美洲则又成为一种新的文化时尚，有很多年轻人向往着去探寻那里的文化。而进入 21 世纪，中国几乎变成了法国人的梦。在社会上，人们看到的是满眼的中国，即便是那些对中国不是特别感兴趣的人来说，他们也不得不耳濡目染地了解着这个国家及其文化。对后者而言，《巴黎竞赛周刊》的中国特刊为他们勾画了一幅崭新的中国景象图。

朱丽艾特（Juliette）向我介绍过一对 20 世纪 40 年代出生的夫妇，是她的邻居。他们夫妇二人此前不曾了解多少中国，直到他们在报刊店里看到了第 3 期的《中国时代》，从中读到了有关中国的五花八门、情调迥异的信息，才开始想深入了解中国。他们找来了先前出版的两期特刊，也搜集了很多有关中国的资料，从图书到媒体报道等。不过，他们并没有被中国"迷"上，而是被她"吓"着了，因为他们觉得中国是一个无法理解的社会，千变万化，难以捉摸，完全不是他们从小时候就有的对中国的印象。他们这一代人，并不是不知道中国，而是他们看待中国的出发点，往往是还原为政治上的理解；中国这么一个庞然大物式的共产党执政的社会主义国家，是无法让他们从政治上接受和认同的。尽管媒体中有关中国的文化描写让他们大开眼界，但无论如何，他们是难以走出原先的政治话语，以及媒体所营造的那种"马赛克式"（mosaic）的社会形象的。虽然他们无从知道，人们会用"后现代主义"这样的词语来描述中国，但非常理解她所展现出来的强大力量。而且，恰恰是后者让其深感不安。原因主要在于他们的儿子。其子在一家工厂工作，据说产品与中国相关行业有些竞争，对儿子将来工作前途的不乐观态度，不断地夯实着他们在中国景象中看到的焦虑。甚至，有时候他们只用一个词来描述中国——"incroyable"（难以置信），用以表达自己的惊叹与不安。

每一个法国人都有一个具体的中国景象，彼此交织，各有异同，它们集体呈现了一种主导性的有关中国的文化想象。如上文所述，中国形象总是处于古老而现代、开放而保守、熟悉而陌生、现实而神秘等一组组相互对立的范畴之内，这不仅是由于中国社会现实的复杂，也是法国人文化想象中的矛盾所在。

四　表达者的景观与接受者的景观

影像中的中国是多彩的，但媒体所呈现的中国"景象"，与人们从中所看到的中国"现实"，以及真正的中国"现实"，彼此间却是明显分离的，存在较大的差异。正如德波所言：

> 分离是景观的全部。[1]

《中国时代》中也有文字表示，"中国对于我们而言是陌生的，因为我们总是停留在过去的陈词滥调中，远离了沸腾的现实"。[2] 在中国景观中，法国人所寻找的似乎不是一种绝对的好与坏、善与恶的中国，而是一个被融合的景象。如同吉尔曼所言：

> 我们对于自我和世界之感知的深层结构建立在对有"我们"和"他们"两种分野的世界的幻象中。"他们"或"好"或"坏"。然而很明显，这是一种非常原始的区分，对多数个体来说，它在发展初期就被融合的幻象替代了。[3]

---

① Guy Debord, *La société du spectacle*, Paris：Éditions Gallimard，1992，p. 27；德波著、王昭凤译：《景观社会》，南京：南京大学出版社 2006 年版，第 8 页。

② «Destins croisés»，*Match en Chine*，n° 3，février-mars 2003，p. 3.

③ Sander Gilman，*Difference and Pathology：Stereotypes of Sexuality，Race，and Madness*，Ithaca，London：Cornell University Press，1985，p. 17.

从这层意义来看，在大多数法国人的理解中，中国之"景象"早已不再是"好"与"坏"两种截然不同的形象，而是两种形态的融合。但是，不同的人对"好"与"坏"的认识不同，他们头脑中有关中国的融合幻象自然也不一样。媒体所表达的中国景象的综合形态与接受者所理解到的同样不相同。不过，前者总是会因为它所拥有的信息传播的优势而对后者产生很多结构性影响。

萨义德说，西方是东方人所有行为的目击者和审判者。[①] 西方早已习惯了以居高临下的姿态来审视甚至审判东方，他们似乎永远也走不出对"他者"自我中心主义的态度。而媒体即是这种姿态的实践者与表达者，有时候媒体的表述往往会更具重塑现实的能力，且不容置疑。由此，对于深受媒体影响的法国人而言，中国现实即是媒体所表述的"现实"。而在"表述"这样一种具体的行为中，却潜藏着各种左右知识生产的力量，影响着被表述对象最终的形象塑造。

表述本身就是一种"建构物"（formation），或者如罗兰·巴特在论证语言的运行机制时所说的，是一种变构物（deformation）。在萨义德看来，东方作为欧洲的一种表述，建构——或变构——在对被称为"东方"的这一地理区域越来越具体的理解和认识的基础之上，研究这一区域的专家之所以要对它进行研究，是因为东方学家这一职业要求他们为自己的社会提供东方形象、东方知识，以及对东方的洞见。在很大程度上，东方学家向他自己的社会所提供的东方形象，既打上了他个人的独特烙印，也表明了他对东方可以是什么样、应该是什么样的看法，还有意识地与别人对东方的看法相区别，同时为东方学话语提供彼时彼刻最需要的东西，并与那一时代特定的文化、学术、民族、政治和经济要求相适应。很明显，尽管确实的知识（positive knowledge）不可或缺，但它的作用远非绝对。相反，"知识"——永远不可能是原初的、未经沾染或纯然客观的——只不过是被东方学表述上述五大特征所传布和重新传布的东西。[②]

萨义德的上述议论，可以帮助我们来理解，在阅读中国的过程中，法国人对中国的文化想象所遭受的一种内置的诸多意识形态的影响。这种意识形态掺杂着无数混合话语（政治话语、经济话语、学术话语等）对中国的"定性"。我们无须对媒体影响、规制下的法国人有中国的文化想象做一些

---

① 萨义德著、王宇根译：《东方学》，北京：生活·读书·新知三联书店1999年版，第142页。
② 萨义德著、王宇根译：《东方学》，北京：生活·读书·新知三联书店1999年版，第350页。

媒介批评式的具体分析，只需将之纳入人类学与文化研究等学科关怀的视野之内，便可清楚地意识到，在这么一个普遍被媒体化的社会中，在一个景观式的表征中，对于"他者"的文化想象是多么容易被操纵、被建构，或者说，被修饰、被抹除。因为，

> 景观是对表象的肯定，是对全部人类生活，也就是说，如同纯粹表象的社会生活的肯定。①

在上述文字所论及的景观中，包含着两个层次的意义：一是表达者的景观，二是接受者的景观。很明显，二者的具体内涵与表征形式是不完全一致的。作为表达者，这里主要是指那些掌握着一定的"社会权力"（政治权力、经济权力，甚至可以说是一种景观的表达权力）的群体，他们对于中国想象的呈现，既掺杂着个人的因素，又主要地体现为一种权力制约下的话语表征；作为接受者，自己的文化想象不断地被这样的景观话语冲洗与重组。在景观社会的"同质化"趋向中，媒介收拢了个体的文化想象，创造着一种更新的话语形式。我以为，也正是在这种意义上，德波讲道，"景观不断地更加精确地重新发现自己的种种假定"。②

对于中国的认知越是依赖于媒体就会越相信它是"真实"地表达了中国"现实"。如果人们跟随着社会主流话语来看待中国，追随着现代化的通信与媒介手段所传播的内容来认识中国，那么他们对于中国的信息处理，就是机械的和图式化的，整体呈现为景观化的想象。

第三节　文化资本与想象

> 只要需要是一种社会梦想，这一梦想也将变成社会需要。③
>
> ——德波

当我们在里昂的大街小巷、在各类商店，甚至各种宣传广告、服装饰品

---

① Guy Debord, *La société du spectacle*, Paris：Éditions Gallimard, 1992, p. 19.
② Guy Debord, *La société du spectacle*, Paris：Éditions Gallimard, 1992, p. 30.
③ Guy Debord, *La société du spectacle*, Paris：Éditions Gallimard, 1992, p. 24；德波著、王昭凤译：《景观社会》，南京：南京大学出版社 2006 年版，第 7 页。

上，看到中国汉字成为基本的装饰图案的时候，当我们在法国的某些电视广告上听到汉语的时候，我们无论如何都不能否认，在当代法国社会中，中国已经成为一种时尚的文化符号，其背后则是把中国文化视作消费品的"景观性"的文化想象及其意识形态。①

在法国，很多学者、著作、言论都谈及中国未来的经济之路，讲中国将会成为世界上最强的经济大国，从而也借机表达诸如"中国是全球化的赢家、西方则跌入全球化之陷阱"的观点。② 这样的判断中所透露出的观念向法国人、向西方世界强化了一种结构性话语：中国必定会在经济上强大起来的，而且也会成为西方世界需要面对的一个强劲对手。"经济"一词所呈现的含义很多，最容易让普通人想到的便是"消费"，便是今天人人无法摆脱其影响的"消费社会"。实际上，法国社会在经济层面上有关中国的言论，除了涉及中国自身的经济发展之外，也正在慢慢地推动着中国成为法国人文化"消费"的对象。在西方世界中，法国人对自己的"消费社会"有着特定的景观性认识，那么当他们把此类意识与眼光转移到中国及其文化身上的时候，自然而然地便产生了一种有关中国的"景观意识"。在这样一种基于文化消费的文化想象中，他们认识到的是一个更加多样的中国。

读布尔迪厄有关文化资本的论述可知，文化资本表现为对一定类型和一定数量的文化资源的垄断性占有。不过，社会资源只有在一定的条件下才会成为"资本"。或者说，资本总是在一定的社会空间内形成的。某些文化资源，不论是文化实践，还是文化产品，在一定的社会历史条件下，可以成为稀有资源，成为不同社会主体和社会阶层争夺的对象，占有这类资源可以获取一定的物质的和象征的利益。在这种情况下，文化资源就开始成为文化资本。有些法国人利用了公众对中国文化的兴趣，又鉴于他们缺乏一定资源的现实，以多种形式将中国文化元素转化为一种"资本"——既表现在文化与社会层面上，又尤其突出在经济层面上。

文化资本，或者说将资本的概念引入文化研究，旨在消解资产阶级意识形态的另一个伟大的神话，即文化与利益的脱节乃至对立；文化产品是文化

---

① 法国的电视广告中使用汉语，其意图并非特意面向法国的华裔群体，而是利用了中国文化作为一种时尚所具有的号召力与吸引力，似乎也更加突出了一种文化全球化时代的"跟进"观念。

② Jean Mandelbaum et Daniel Haber, *La victoire de la Chine：l'Occident piégé par la mondialisation*, Paris：Descartes et Cie, 2001.

资本的客体化形式，它可以作为经济资本被物质性地占有，也可以作为文化资本被象征性地占有。① 进入法国人文化与物质消费领域内的中国文化，既给一部分人带来了经济实惠，也使一部分人赢得了社会声誉。

中国文化成为西方社会中的一种资本形式，似乎可以追溯至文艺复兴时期，那时候人们就已经意识到中国文化器物的商品价值。据相关资料②记载，1700 年，法国东印度公司一艘大型商船从广州返航时，船上装满了以产地江西景德镇为主的 160 箱"极上等的瓷器"，估计有数万件之多。法王路易十五曾下令将法国所有银器熔化，以充国用，而用瓷器取代，于是举国皆争相购买瓷器。历史上，法国曾派出不少商船远航中国，进口数量巨大的瓷器，获得了惊人的利润。在那个时代，这种"资本"（既是文化的，又是经济的）主要地依附于"物"上，时至今日，中国文化中的某些"实践"也成为一种资本。

一 "中国制造"

在消费社会的背景下，中国文化成为法国人消费的商品，其间不仅包括中国文化中的器物，也包括很多文化习俗与实践，甚至还包括其中蕴涵的文化理念，比如中国人的养生观念与实践，受到很多人的推崇，并日益成为法国消费社会中的一个重要元素。

2006 年 8 月底的一天，我去里昂市中心的 Part-Dieu 火车站送人。出来的时候，看到有人在分发免费的《体育》周刊（Sport）③。最初，我没有太在意。在等 47 路汽车的时候，我拿到一份想随便翻翻看。无意间，我被里面一个名为"中国制造"（Made in China）的英文大字号标题吸引住了。在对开的两个页面上，左侧是醒目的"中国制造"，右侧是一个西方形貌的女子正在练气功的图片，从蓝色的背景和右下侧模糊的青草来看，她应当是在户外，衬托了一种具有自然气息的氛围。仔细阅读后，得知这是该刊设立的一个名为"Bien-être Santé"（舒适健康）的栏目，这期文章的标题即是

---

① 相关论述参见薛晓源、曹荣湘：《文化资本、文化产品与文化制度——布尔迪厄之后的文化资本理论》，载《马克思主义与现实》，2004 年第 1 期；李全生：《布尔迪厄的文化资本理论》，载《东方论坛》，2003 年第 1 期。

② 相关资料参见李喜所主编，林延清、李梦芝等著：《五千年中外文化交流史》（第二卷），北京：世界知识出版社 2002 年版，第 435～436 页。

③ 该刊全名为《体育：杂志推出自由的态度》（Sport：le magazine sort free attitude），每周五免费发行。

《中国制造》。从其肩题的表述可以看出，文章是要告诉人们保持更加舒适之感觉的 15 种观念或态度。文章副题是这样说的：

> 数千年来，中国人一直是预防健康问题的艺术大师。温和的中医、营养学、大自然启发下的体操……在中华帝国，舒适永远居于日常生活的核心位置。[1]

接下来，文章列举了中国人生活实践中的 15 种养生之道。从内容上看，字里行间表达了对中国人养生之道的向往，以及对其健康生活的想象。而且，我们还可以看到，在这些文字描述与推销中，诸多中国文化元素是如何被商品化的。这样一段夹杂着知识介绍与广告推销的文本，再配以富有张力和鼓动性的图像，整个版面实则勾勒了一幅“消费中国”的景象。由此，我们也可以看得出，中国文化是以怎样的方式进入到当代法国人的日常生活实践之中的。

1. 作为各类调料来源的大豆

在饮食与健康相结合方面，西方人还有很多进步可做，而长久以来中国人则是营养学的高手。请食用大豆：它富含蛋白质、磷、钙、铁、钾和维生素 B1，也具有高含量的卵磷脂——胆固醇的“自然天敌”。

2. 富含维生素的豆类

中国人情愿为能够饱吃一顿红豆而下地狱。请遵循他们的做法，因为这些干蔬，除利尿和富含维生素 B9 之外，还因为脂肪含量低而有助于预防心血管疾病和肥胖症。还请多多食用姜（有助于消化、提高性欲）、桂皮（有助于血液循环）、藻类植物（富含多种矿物质）以及竹笋（滋补强身）等。

3. 采用“蒸”的办法

言及中国饮食，必谈到“蒸”的烹饪方法，这是一种破坏程度最小、最轻的烹饪方法，因为它不需要添加油脂类物质。此外，它不会破坏隐含在蔬菜内的维生素，通常情况下，后者会在用水煮时被高温破

---

[1] «Made in China», in *Sport：le magazine sort free attitude*, n° 103, 25 août 2006.

坏。最好的方法是使用特福（Seb）生产的 Clipso 压力锅。

4. 永葆青春的灵丹妙药

中国人常讲，喝绿茶比吃药好。实际上，这种带有轻微苦味甚至有些涩的饮品，含有多酚物质（超强抗氧化剂），可以降低胆固醇浓度，预防龋齿，提神，补充机体的维生素 C……

5. 医学前沿之针

针灸可用于治疗大面积疼痛，以及偏头痛、便秘，还可以治疗带状疱疹、花粉热或腰酸背痛……不能否认中国这一传统实践的成功，它诞生于我们这个时代之前的 2000 年到 3000 年间。在一些细针的帮助下，通过激活贯于全身 12 大经络的 366 个穴位，它能够重新平衡供养我们机体的神秘的生命能量，即"气"。

6. 冬季来临前的预防问诊

针灸首先被视作一种预防医学（过去，在中国，人们只要没有病，就要付钱给医生），请在冬季来临之前做一次"针灸"面诊，以便增强您的自然抵抗能力。法国针灸协会秘书处（01 43 20 26 26）将向您提供您所在地区最可靠的（诊所）地址。

7. 治病"雪茄"

单独或配合针灸使用，"灸"是些晒干的艾蒿秆儿，其一端被点着，置于所选针灸点周围几分钟。这样做的目的是调动能量，调理体质。

没有什么会阻止人们在自己家里使用这些治病用的"雪茄"，在阅读 Yves Réquéna 医生编写的《中医针灸实用手册》（Grasset 出版）后，可安全使用。

8. 根除病根的植物

中医药典的另外一个千年支柱：植物疗法，基于以具有治疗特效的植物为基础的"神奇药水"的配制。适应证多，可以祛除多种日常病痛：消化紊乱、荨麻疹、支气管炎、疲劳、失眠、憔悴……（参见网站 www. medecines－douces. com）

9. 充满活力的按摩

在中国，"推拿"是医疗保健的有机组成部分。这种按摩可以平衡阴阳，后者是两种对立互补的原则，我们可以在生命与宇宙的各个方面找得到它们。推拿可以减轻与血液循环相关的大量疾病的痛苦，有助于感觉到"滑润"舒适，并提高运动机能。

10. 神奇之脚

中国了解足底反射疗法的功效已有 5000 年的历史。原理：在我们身体的主要器官和布满神经末梢的足底的某些特定部位之间，可能存在着某些关联。有针对性、灵巧地按压将会对相关器官有益，使得身心协调。欲知更多：www. reflexologues. fr。

11. 最安全的自我放松之术

老子讲过："守柔曰强。"[1] 气功把受启发于蛇的慢、柔、和谐的动作，与深呼吸、聚精会神的练习集于一身，是一种推动和便于全身气力循环的身体锻炼。相关信息参见：www. federationqigong. com。

12. 身体休憩

在中国，午睡的权利被写进宪法（constitution）![2] 常识告诉我们，从基因的角度来讲，人的机体会在下午之初趋于运转缓慢。理想的做法：如若可能，在下午 1 点到 2 点半之间，小憩片刻，15 到 35 分钟（最多）。

13. 跟李小龙一样

作为"中国制造"的最佳运动，功夫可以让人们学会在不打扰他人的情况下，排解过剩的精力，疏导其挑衅性，自我表现更佳。功夫，既是身体的，又是心智的。俱乐部名单参见：www. wushufrance. org。

14. 幸福之家

管控我们周围物品所带来的正负面影响：这是风水的信条，一项夸耀安排组织空间以求感觉舒适的祖传规则。在家里，请撤除那些有锋利棱角的家具，把您的床靠在没有窗户的墙上，睡觉时千万不要把脚放在朝门的方向，浴室中采用蓝色和绿色，不必计较厨房空间太小。

15. 顺心的工作环境

在办公室里，把您的扶椅背靠在墙上，面对着门口。挂一幅呈现安详之印象的油画（比如没有尖峰的山地风景），放置些绿色植物。请读一下 Hélène Weber 的话吧：风水，家中的舒适，办公室里的和谐。

---

[1]　老子的这句话在原文中被翻译为"Ce qui est flexible est inébranlable"，即"柔者坚定不移"。

[2]　Constitution，在法文中意为"构成、组织、成分；体质、体格；宪法，政体；任命、指定"等。这句话使用了比例的修辞方式，意即午休是长期以来中国人几乎将之视为一种制度的习惯。原文标题（un roupillon constitutionnel）中的 constitutionnel 一词则具有"构成的、体质上的、体格上的"含义。尽管这是一种比喻说法，但依旧为中国人普普通通的生活习惯增添了很多的神秘色彩。

在这段文字对每一种养生之道的介绍中，每一个标题在表达上都非常有意思，都有精心地斟酌和加工。目的就是为了突出这些生活实践的功效与魅力，吸引人们去尝试，去联系文中提及的诸多机构、访问相关网站，或购买图书。实际上，这就是一种消费倡导。

类似文本或是宣传册子在法国可以见到很多，它们实质上是一种广告——以"中国文化"作为商品的广告，将它们宣传的中国文化"传统"实践，当作一种知识商品来销售。作为商家惯用的宣传策略，其用语简洁、精当，充满吸引力，甚至是诱惑力，这是无可厚非的。文中字里行间所流露出的那种对中国文化的理解与想象，以及所使用的表征手法，是值得细细品味的。①

就我个人的理解而言，其中也有诸多表述不准确的地方。实际上，这也可以理解为广告对事实的某种夸大。一方面，这些表述是法国某些文化商人或广告商个人的文化想象的真实反映；另一方面，可能更是他们意欲引导公众所要建构的有关中国文化的想象。在一种以"异国情调"为基调看待"他者"的框架下，这些中国文化推广者的商人身份，决定了他们从中寻找文化商品卖点的意识形态，也就是说，他们有意地突出甚至是夸大某些东西。单就这些文字的表述而言，有几点是值得注意的。

首先，有一种不容置疑的肯定态度。尽管明显带有某些想象的成分，这些文字对一些事物的描述与认定，完全是一种确信无疑的态度。虽然从语言学的角度来看，其法文时态有时候使用了条件式，但语言背后的事件表述是确定性的。比如，"中国人情愿为能够饱吃一顿红豆而下地狱"，将之理解为生动形象的比喻也好，调侃的事实表述也罢，这种确定性的口气更是增加了中国文化习俗的异质特性。

其次，有一种普遍化的做法。中国之大，及其文化底蕴之深厚，使得"中国文化"这一表述所呈现的具体事物不是同质性的。即便不谈历史性的演变，单就区域差异来讲，不同地方之间的文化差别也是很大的。即使在这些文本表述的文化事物的范畴之内，各地的文化习惯也不一致。但这些文字认定，"长久以来中国人则是营养学的高手"，"中国人常讲，喝绿茶比吃药好"，等等，这样的说法未免太过于"普遍化"，未曾对中国文化在地区间

---

① 我曾经将此文呈给几位法国朋友看，他们对其中讲述的许多有关中国文化的东西，感觉难以即刻理解清楚，倒是增添了不少对于中国文化难以言状的神秘感。

的差异加以区别。甚至，在我看来，或者这是一种无意识的忽略，源于在广告作者的文化想象中缺乏这方面的知识；或者是一种有意识的"隐藏"，以便借助于强化这种文化实践形态在中国的涵盖面，来提高其文化商品的吸引力，增加卖点。单就喝茶这一点来说，认为"中国人都喜欢喝茶"便是一种误解，实际上有些中国人甚至缺乏对于茶的了解，何谈"中国人常讲，喝绿茶比吃药好"？我就是这样一种文化想象成功转型的产物，因为我喝茶的习惯还是被法国人培养出来的。[①] 也难怪，几乎所有的法国人都认为，中国人个个练习武术、气功等。

再次，有一种选择性夸大突出、有意误解的做法。为服务于推广中国文化商品的目的，有所选择地去表述和理解中国文化中的某些东西，在这些广告背后的文化商人那里"是为常理"。"过去，在中国，人们只要没有病，就要付钱给医生"，"在中国，午睡的权利被写进宪法！"这样的说法，充满着商品化的意识形态，不但有可能再次定型法国人对中国文化的某些理解，更会再次使人们产生新的有关中国的"异国情调"。

"在这个后现代或者后物质时代，文化已经商品化，而商品又已经消费化。也就是说，文化只有成为商品进入市场，才能被'炒'作和被关注。"[②] 无论被如何包装，中国文化作为商品进入法国人的日常消费实践，也相应地提升了她在法国人那里被关注的程度。

二 协会经济

在法国，社团组织的作用不仅表现在兴趣分享、权益维护、慈善救助、社会治理等层面，它们在促进经济发展、提供就业等方面也发挥着重要的作用。综合诸多统计与调查数据来看，法国常年大约有 180 万人口在社团领域内以全职或半职的身份工作并领取薪酬，社团组织提供的就业岗

① 在这么一个"互看"的年代里，自己往往会从"他者"对于自己（"他者"眼中的"他者"）的形象中寻找到某些文化归属。刚到法国学习时，每逢到法国人家里做客，他们问及我想喝点什么时，常是没来得及等我回答，主人就说，"你们中国人喜欢喝茶"，为了不失"中国人爱喝茶"的面子，出于礼貌，并尊重主人的提议，我选择喝茶。久而久之，倒也真是喝出了习惯。一是确实养成了喝茶的习惯，二是此后每逢做客法国人家里，竟也经常主动提出喝茶。这倒是赢得法国朋友的赞许，"你们中国人还真是喜欢喝茶！"在田野调查中，我是以一种来自一个爱喝茶的国度这么一种形象出现在法国人面前的。
② 王岳川：《博德里亚消费社会的文化理论研究》，载《北京社会科学》，2002 年第 3 期，第 126 页。

位占私有部门就业总量的 6% 、法国公有部门和私有部门就业总量的 5% ；
与此同时，社团组织的诸多经济活动也为法国国民生产总值提供了 3.5%
左右的贡献。①

在冲绳少林功夫学院学气功

从里昂人的结社实践来看，以中国文化为纽带建立起来的社团组织，活
跃在文化、体育、健康、教育、培训、国际交往等多个领域，它们在满足人
们投射到中国文化上的诸多兴趣的同时，同样也在当地发挥着一定的经济与
社会功能。其中，有一些社团组织与其他地区的相关组织、机构合作，形成
了一定的协作网络。从个体的角度来看，很多人的生计是以在社团组织中提
供教学培训或组织管理等工作为主的。对他们而言，喜欢中国文化既是兴
趣，亦是生计。

在里昂众多从事气功、太极拳等培训活动的社团组织②中，担任培训教
师的既有中国人也有法国人。有些气功或太极拳教师会同时在多个培训机构

①　Viviane Tchernonog，«Le secteur associatif et son financement»，in *Informations sociales*，2012/4，
n°172，p. 11 – 18.

②　但是，这些社团组织并不一定是着眼于中国文化而建立起来的，其中有一些是以体育、健
康、青少年活动等内容为主要宗旨的社团组织。

兼课，甚至也有人会专门组织成立一个协会，自己以自由职业授课教师的身份为会员上课，并领取报酬。①

尽管社团组织属于非营利的部门，但从其实践来看，它们对中国文化商品化的程度并不比商业部门低，甚至也会形成一定的"产业链"，并提供了大量的就业机会，还拉动了内需，创造了经济价值。比如，法国人在气功培训方面就做得规模比较大，也形成了专业化的运作体系，从开设普通的学员课程，到师资培训，再到资质认定，以及气功比赛等，通过大量社团组织（包括地方协会或地区、国家甚至欧洲层面的社团联盟）的参与，形成了一个具有广泛的参与度与经济规模的培训产业链。

在里昂，很多法国人学习气功基本上是在欧洲气功与内功联盟②所建立的培训网络的框架下实现的。这个联盟的成员包括从事气功实践的专业人士和团体，它依托自己的会员在欧洲各国建立了一个非常广泛的气功爱好者网络，以及大量的教学点。以里昂及其周边地区为例，2007 年初，该联盟在这里设有 11 个教学点（其中里昂市区内有 6 个），而到了 2017 年底，教学点则达到了 38 个（其中里昂市区内有 14 个），10 年间增长了 27 个。欧洲气功与内功联盟还组织开展气功教师的资质考核与认证，法国及欧洲很多国家的气功教师都有他们颁发的资格证书。③

由于欧洲气功与内功联盟在各个教学点的气功培训是由不同的社团组织或教师具体安排的，面向的学员群体也有所不同，课程安排（时间、地点）不一样，费用也不一样。比如，2017—2018 年度（2017 年 9 月至 2018 年 6 月），由位于里昂第三区的"人人之家"青少年与文化之家（MJC Salle des

---

① 按照法国的法律规定，社团组织的负责人是不能领取任何来自该组织的报酬的。因此，在这种情况下，无论教授气功或太极拳的老师在社团组织中拥有多么重要的地位，其身份绝不能是社团组织负责人。

② 欧洲气功与内功联盟（La Fédération européenne de Qi Gong et arts énergétiques，FEQGAE）诞生于 2003 年 3 月，由气功协会与教师联合会（La Fédération des associations et enseignants de Qi Gong）、欧洲气功及相关训练联合会（La Fédération européenne de Qi Gong et disciplines affinitaires）合并而成。这两个联合会自 1994 年起就开始在法国及欧洲其他国家推广气功，并拥有众多会员。它们将气功视为一门强身健体、保持身心健康的艺术。自 1995 年起，该联盟每年 6 月都会在法国与欧洲各国开展"全国气功日"（Journées nationales de Qi Gong）活动，同时还组织相关的学术论坛等。资料来源：该联盟宣传资料。

③ 该联盟气功文凭的颁发，需要经过由中国和法国气功专家组成的评审委员会的评估，既包括理论测试，又含有技术演示，以检验申请人的技艺熟练程度，以及是否掌握传授气功的教学方法与经验。资质认定每年组织两次，分别安排在 3 月和 9 月。

Rancy）组织的气功培训，每周一次，安排在周三中午，自 12 点 15 至 13 点 15，时长 1 个小时，每年学费为 180 欧元。而由"天地之间"协会（Entre terre & ciel）提供的气功培训课程，其学费标准则为每年 200 欧元。同时，该协会也为一些经济困难的特殊学员提供优惠，并为不能定期上课的学员提供更灵活的付费机制，比如在缴纳 23 欧元会员注册费后，可按每次课 7 欧元的标准，根据实际参加次数，在学期末统一支付学费。参加天地人协会（Tiin Deya'n）组织的太极拳、气功等培训，以班组为基本单位的教学，基本费用标准是，每周 1 小时课程，全年费用为 390 欧元，另加 20 欧元注册费。[①] 该协会也提供一对一的教学，基本费用为每小时 80 欧元，一次预定 6 次课的费用则可便宜为 450 欧元。[②] 众多教学点的存在及其各自推出的学习套餐与参与机制，从某种程度上反映了这样一种基本事实——气功培训在当地具有较大的社会需求，不同社团组织之间存在着较大的竞争，这一行业也为当地社会发展贡献了一定的经济力量。

在冲绳少林功夫学院，2006 年时，一个成年人若要注册全年的太极拳学习班（每周 2 次课，每次 1 个小时），需要缴纳 423.74 欧元的费用。如今，进入当地太极拳培训市场的机构越来越多，即便是在竞争激烈的情况下，2017—2018 年度的费用依然需要 400 欧元（每周 2~3 次课）。由此来看，中国文化在当地所扮演的经济角色越来越明显。法国人若想深入了解和学习中国文化，是需要一定的经济基础的。

里昂在中国文化方面的资源比较多，这也使之在某种意义上变成了一个名副其实的"中国文化中心"，诸多与中国文化有关的活动吸引了周边地区很多民众，甚至有些人会定期驱车很远到里昂参加学习或其他活动。

三　"茶园"故事

2006 年圣诞节前的某一天，弗朗索瓦邀请我去家里做客，他向我展示了前一天跟姐姐在位于里昂第二区主营中国茶叶的"茶园"商店（Cha

---

① 大多数社团组织要求参加培训的学员必须要注册成为会员。

② 此外，该协会也提供了多种费用套餐与优惠措施。比如，如果同时参加两种培训，第二门培训课程的费用可打半价，只需缴纳 200 欧元即可。如果想不限次数地参加学习训练，全年学习费用则为 590 欧元。未满 28 周岁的学生和失业者，基本费用为 340 欧元（即优惠 50 欧元）。两人同时注册则每人优惠 20 欧元。同时，学员的学费还可以分期支付。

Yuan，Le Jardin des thés）里买的龙井茶。那一袋茶叶重 50 克，花了 25 欧元。[①] 据他说，这还是打了五折的价钱。他觉着自己很幸运，能买到好茶，而且碰上打折，更让他兴奋的是，他在茶园店里观看了令人赏心悦目的茶艺表演。不过，他也跟我开玩笑说："中国文化就是金钱！"

位于里昂第二区的茶园商店

喝茶在法国人的日常生活中并非新鲜事，多数人也多少知道茶与中国的渊源，但了解中国茶文化者却不多。因此，茶园展示的茶艺对喜欢喝茶的人而言，甚具吸引力。弗朗索瓦就是这样一个人，他不但喜欢喝茶，也研究如何品茶、怎样才能泡好茶，还对中国人与茶有关的生活习俗与礼仪特别感兴趣。他甚至还在一个手工作坊亲自制作了一个私人定制、独一无二的瓷茶壶，其不同之处在于壶身上面烧有他亲自写上去的一些汉字。作为一个学了多年汉语的人，他非常喜欢这件生活用品。

茶艺表演的仪式性、景观性特征，增加了茶文化的吸引力，也将其背后潜藏的与茶有关的文化资本与经济资本聚合在一起，并借表演本身集中展现了一种景观式的文化消费。可能也正是在这一层面的意义上，德波讲到：

---

① 按当时的汇率计算，这款茶叶的价格大约为每斤 5000 元人民币。

景观即是积累到一定程度变成为景象的资本。[①]

茶园售卖的不只是茶，也包括它背后的文化，在某种意义上讲，茶文化为茶的销售赢得了更广阔的市场。

茶园是纳迪亚（Nadia）于 1990 年创建的，在里昂设有两家店，分别位于第二区和第六区。一个周二的下午，我在位于第二区的茶园总店里见到了这位在里昂非常有名的茶店老板。

那间面积并不是很大的店铺被分隔成两部分：一半用作销售茶叶的商店，另一半则是一个小型茶馆。在茶店里，柜台后边整整齐齐地摆放着满满一面墙的茶罐，它们清一色的红色，加之萦绕其间的中国传统音乐，着实能够让人们感受到一种深厚的中国文化氛围；在茶馆里，整体装饰彰显的中国韵味十足，古香古色，墙上还挂着一幅写有"茶友云集"的书法作品。

茶园的法文名称直接使用了汉语拼音 CHA YUAN，但在诸多场合也会辅以使用被写为繁体形式的"茶园"二字，以及篆刻印章图案。不过，在茶园的包装袋上，我们可以看到写有"茶缘"二字的印章。用纳迪亚的话来说，她也玩了一回文字游戏。"园"字解释了"茶"字的物性，"缘"字则又代表着她对中国茶文化的那份热情与缘分。

跟大多数法国人不一样，纳迪亚从小就不爱喝奶制品，也不喝咖啡，家人就给她喝茶。当时，家里人不太喜欢茶，而她却非常喜欢，时间久了便在内心深入埋藏了对茶的一种特殊情感。在纳迪亚的童年时代，人们对茶的喜爱程度远没有今天这么高，彼时法国社会上能够买得到的茶种类也不多。于是，她从小就想将来要让人们认识到并喝到更多其他种类的茶，而且是真正地道的、品质最好的茶。

喜欢尝试新鲜事物的纳迪亚，长大后为了自己有关"茶"的梦想，跑到国外"寻茶"。她首先去了印度，后来在中国，才找到了真正的"茶园"。在那里，她意识到了自己事业奋斗的方向，并决心要通过努力架起一座沟通中国与法国"茶文化"的桥梁。为了能够从真正的原产地找到好茶，在中国她几乎跑遍了所有产茶的省份与大的产茶区。当她再次回到某些地方时，有很多人能认得出她来，"那个卖茶的法国人又来了"，她认为这是当地人对其茶事业的肯定。

---

① Guy Debord, *La société du spectacle*, Paris：Éditions Gallimard, 1992, p.32.

　　作为一个信奉佛教之人，纳迪亚不仅喜欢喝茶，而且还练气功，她愿意把自己喜欢的中国文化融合在一起认知与践行。她常常这样讲，不喜欢喝茶，就不算是了解中国文化。她觉得，在中国茶不仅仅是一种饮料，还是书法、诗画等各类文化艺术实践的组成部分，甚至饮茶本身就代表着一种生活艺术。

　　作为茶园商店的经理，纳迪亚心中的目标并非只是商业性的，还包括文化方面的内容，她想借此帮助公众去了解茶文化及其源头。对她而言，这是长久以来的梦想，也是其多年的热情所在。她不但在中国寻茶，也曾经跑遍了整个亚洲，乃至世界其他地方。她想了解所有形形色色的茶叶及其相应的文化。可以说，她了解整个地球，了解所有的茶叶产区，茶叶的制作工艺，每一种茶叶的特质，以及与这种神奇饮品相关的所有礼仪。

　　在里昂第二区的茶园店里，每日去茶馆喝茶的客人非常多，室内常常回响着传统的中国民乐，环境悠然闲适。到这里买茶、喝茶的人年龄大多在30～60岁之间，他们善于尝试和接受新鲜事物，并对中国文化抱有积极的热情。谈到人们对中国茶的喜爱，纳迪亚认为，不仅仅是因为很多人已经认识到了它对健康有益，在现如今的社会当中，喝茶更是已经成为一种时尚。

　　经营茶叶店的想法是纳迪亚十余年不断探索的结果，完全基于她对茶叶的不断发掘。尝试展示茶文化的精神，让公众理解在喝茶这一简单现象背后的文化内涵，是她一直想向人们传递的一种信息。为能够不断深化自己有关茶文化的知识，她每年都要安排两三次远赴中国的茶叶考察。如今，在茶园店的员工或其家人当中，几乎每个月都有人往来于中国与里昂之间，几乎每天都有两地间的电话、邮件等，这样的交流频度，可以让她有充足的机会与中国的"茶世界"接触，保证其茶园店能够及时觅到好茶。

　　"茶园"是一家拥有注册商标权的品牌连锁企业，总部设在里昂，并在法国北部的里尔（Lille）、西南部的图卢兹（Toulouse），以及南部的瓦朗斯（Valence）和格勒诺布尔（Grenoble）等城市建有分店，且统一使用"CHA YUAN"名称。为便于法国老百姓的认知与理解，商店招牌还用法文"Le Jardin des thés"（茶园）做出标注。尽管如此，每个茶园店也都各有特色，以更好地适应当地顾客的消费需求。

　　在茶文化这一领域内，纳迪亚是永不满足的。她亲自负责每一家茶园店所有的装饰和摆设布置，以便完美地呈现她意欲展示的茶文化。在任何一家茶园店，事无巨细，均出自其手。任何一家茶园连锁店的员工均须参加由她组织的数个星期的培训才能上岗，而且纳迪亚会经常通过电话跟踪各个分店的情况。

　　纳迪亚祖籍里昂，在离开里昂 20 余年后，她又回到了自己的故土。在她看来，里昂是罗纳河与索恩河的交汇之地，城市北郊还有金山岭，这从中国文化的角度来理解，阐释着一种富有创造性的力量。正因为这样，她才决定在里昂开启自己的商业计划。相对于纳迪亚日益兴盛的茶文化事业来说，这确实是一个非常美丽的解释。最初，纳迪亚是通过电话向里昂当地的法国老百姓推销茶叶的，后来事业越做越大，也跟更多法国人一起分享了她这份有关中国茶文化的热情。如今在里昂，喝茶早已成为很多家庭用以替代咖啡的饮品，他们正是通过茶园才开始真正了解到中国茶文化的。

　　茶园的故事，既源于法国人对中国茶文化的某种热情，又表现为法国社会对茶及其文化的需求。在纳迪亚看来，亲自考察中国的产茶省份、著名的茶园，是能够接触到真正优质茶叶的唯一途径。因此，自创建茶园以来，她不断地与相关协会、公认知名的产茶企业，以及相关的茶叶研究机构等，保持良好的沟通与交流，并非常耐心地去了解和熟悉难以数计的茶叶及其相关的文化习俗、礼仪与茶艺等。正是她这种执着的态度与身体力行的实践，使之在法国甚至整个欧洲赢得了"茶文化大使"的美誉。2004 年 5 月 28 日出版的《家园》报（Le Pays）曾以《大使……》（Madame l'Ambassadrice...）为题，介绍了她与茶园的故事。文章的副标题讲到，茶园的成功对纳迪亚来说，其最大的感激之情来自中国，而很多中国人认为，多亏了她，茶文化才属于世界。[①]

　　2003 年 11 月，在"中国文化年"期间，纳迪亚在里昂成功举办了首届欧洲茶文化节。其间，她从中国邀请了七位很懂茶艺的年轻中国姑娘，通过她们首次向法国老百姓展示了中国部分地区的茶艺及其文化，同时还组织 30 余位中国茶文化专家在法国巡回演讲，并受到各地政府的热情接待。在此之前，2002 年的春天，她还出版了一本与茶有关的书，题为《茶：中国的茶文化》（Le Thé：la culture chinoise du thé）。[②] 作为她过去 15 年间研究茶文化的成果结晶，与大多数类似图书不同，此书不是一本文章汇编，而是一

---

① 　有关"茶园"的相关报道可参见：Le Pays，28 mai 2004；Le Progrès，22 novembre 2004。

② 　Nadia Bécaud，Le Thé：la culture chinoise du thé，Paris：Stéphane Bachès，2002。

项真正关于茶文化的系统性研究成果，涉及民族学、社会学、技术学、烹饪学甚至是医学方面①的内容。此书自出版伊始，就很受欢迎，立刻成为畅销书，并先后有了英文和葡萄牙文版本，远销美国与葡萄牙等地。如今，纳迪亚被公认为中国茶文化专家，她曾是唯一一个被邀请到中国参加茶文化国际研讨会的欧洲人，并经常应邀到各种场合（包括在中国的期刊杂志上）展示其有关茶文化的各类成果。由于茶文化，她获得很多名誉头衔，比如中国茶文化国际研究院名誉理事，以及江西某高校的茶艺名誉教授等。

茶是一个文化的世界，意韵万千，等待着人们去认识。这正是多年来茶园在茶文化领域内努力展示的东西。茶园不但卖各种各样的茶，② 而且还销售各式各样的中国茶壶、茶碗、茶杯、茶罐、茶筒、保温瓶，以及法国人喜欢使用的各类滤茶器③等，也包括与茶相关的音乐 CD 等各类相关的配件，甚至还有练习中国功夫时需要的相关器物。可以说，在商业化方面，茶园已经把中国的茶文化开发得非常全面和深入。当然，茶园虽然以销售中国茶为主，但也包括日本、印度和斯里兰卡的茶。茶园有自己的品牌，在它售出的茶叶包装上都统一印有"CHA YUAN"字样，在其宣传资料及各类广告中，还醒目地写着 le thé à l'origine，意即"最地道的茶"。④

纳迪亚和她的茶园还一直向人们传递着这样一种信息：只会品茶，而不懂茶文化，不算真正地了解茶。公众对于茶叶及其背后的文化所表现出来的兴趣，也是茶园致力普及的东西。为此，茶园还创建了"茶文化研究院"（Institut du thé），经常组织与茶有关的讲座、研讨会，并面向公众展示或培训茶艺等，借以让他们了解相应的文化习俗。"茶文化研究院"会定期招收学员，每期大约 50 人，参加者不只是来自里昂及周边地区，还有人来自巴黎，甚至也有人从瑞士的日内瓦、比利时的布鲁塞尔等地赶来。也有人平日

---

① 从茶叶被引入西方的历史来看，很多人认为茶是一种包治百病的饮品。

② 茶园用法文给很多名茶起了好听的名字，比如 Oie Sauvage（野鹅）、Brume du soir（晚间轻雾）、Route de la soie（丝绸之路）等。各类茶品的法文名称与它们在中国的名字有较大差异，而且多少也给普通的法国民众呈现了中国茶文化中的异国情调。

③ 在田野调查中，我发现很多法国人是不适应直接把茶叶放进茶壶中冲泡的，他们习惯于把茶放进一个带有滤茶器的茶壶中，或是将茶放入通过一个竹制的或金属材料的像漏斗一样的东西中，用水冲泡，将之直接沥入茶壶或茶碗中。他们不喜欢把茶叶倒进茶杯，也有些人惊叹，问我为什么在喝茶的时候，能够用嘴把茶叶阻挡在口外，将之留在杯中。

④ 如上文所讲，YUAN 对应着"园"与"缘"二字，实际上按照 le thé à l'origine 的字面意义来看，它还可以解释为"源"字，表达了"茶园"向法国同胞展示最地道的、来自源头的茶文化的意愿。

因为工作忙，会单独约她在周末的时候举办些小型的茶艺活动。对于茶之多样性的解释及其背后的文化，她非常喜欢用法国红酒的多样性来做比喻，并认为这不失为一种形象的对比。

奋斗在自己的茶文化事业当中，对纳迪亚来说，最大的乐趣就是茶店又多了一位上门买茶的新顾客，而最让她觉得难过的则是有很多人还不了解茶，甚至不喜欢茶。她有一个梦想，那就是将来在法国，让所有的人都能够喝到最地道的、品质最好的茶，并真正地了解"茶"文化。

在茶园故事里，我们看到了这样一种现象，对中国文化的热情成就了一个人的事业，为之带来了丰厚的经济利益，也在社会上培养了一种消费中国文化的时尚。同时，这样一种文化消费的时尚反过来又被不断升温的对中国文化的热情滋养着。在这一消费现象中，深藏背后的不只是一种把"中国文化"商业化的经济意识，更伴随着种种有关中国的景观式的文化想象。

四　文化传统成为资本

如今在里昂乃至整个法国，有很多人在积极宣传中国文化，并借机培育与之相关的文化经济。在当地各类报刊如《进步报》、免费的文化月刊《..491》、免费的影视文化周报《小简报》（*Le Petit Bulletin*）等上面，几乎每天都可以看得到某些协会组织或企业机构刊登的有关中国文化的广告，要么是语言、书画、风水、气功与太极拳等培训，要么是中医诊所的广告，要么是中国文化艺术展，要么是中国电影，要么是中国文化器物鉴赏与交易，要么是中国文化旅游的推介等，内容与领域非常广泛，中国文化元素在当地的传播与消费也异常活跃。而这些内容往往是被法国人归类到中国文化之"传统"范畴内的诸多元素。

文化传统成为资本实际上是文化资本的一种具体表现形态。越是民族的、本土化的文化元素，越具有吸引"他者"、进入全球化传播的潜力。这也是中国文化走向全球化，走向消费领域的社会结构性背景之一。中国文化作为一种"传统的本土文化"，而非美国式的"大众"或"流行"文化，正在法国慢慢地促进形成一种新的文化产业。其间，中国文化展现出了很多的"异质"特性，这实际上是后者成为吸引法国公众的重要因素，也代表着人们体验中国文化的一种方式。

恰如利奥塔所言，把文化转变成一种产业的过程，其实就是一种对现代性的重写。① 把中国文化纳入其文化产业体系，也是法国对中国现代性的“重写”，更是法国人对中国之文化想象的一种景观性手段。对于这一点，上文所谈及的法国旅游工业也为我们展示了一幅清楚的景观性图景。但中国文化作为“他者”的身份及其从属地位，却没有实质性的改变。

消费中国文化是一种时尚，其传统成为一种象征资本。在法国社会的消费实践中，中国文化传统变成了一种象征资本，于中国方面而言，这是展示中国的一种途径，就某些法国人而言，则象征着一种文化追求与生活方式。把中国文化“传统”当作一种商品来销售与消费，其社会基础不纯粹是作为“物”的商品意识，更是以法国人对中国文化的热情为背景的，任何认知与想象最终都体现在对某些物品或文化实践的关注与喜爱上。这些所谓的文化商品，在消费社会时代，成为法国社会有关中国景观的重要组成部分，甚至是人们所体验到的有关中国的“景观－消费”社会的全部。

第四节　“理想中的中国”之城

在现实世界变成为简单影像的地方，简单影像则变成为真实的存在，而高效的动机则变成为一种催眠行为。②

——德波

在里昂第八区，有一座建于 1985 年以建筑学家托尼·加尼耶命名的城市博物馆（Musée Urbain Tony Garnier）。这是一座露天博物馆，其馆藏是一幅幅绘制于博物馆所在的“美国区”内诸多建筑（以住宅为主）上的壁画。作为壁画载体的这些建筑大多建于 1920～1933 年间。壁画由一家名为“创意之城”（Cité de la création）的企业负责绘制，最早一批的主题大都反映了 20 世纪初里昂工业社会发展的景观，以及里昂著名建筑工程的施工场景等。作为世界上绝无仅有的一家博物馆，它展示了一种特殊的文化。1991年，联合国教科文组织将这座博物馆誉为“十年来世界文化发展”的标签，法国文化部则将之列为“20 世纪文化遗产”。在这座非常特殊的博物馆中，

---

① 利奥塔著、谈瀛洲译：《后现代性与公正游戏状态：利奥塔访谈录、书信录》，上海：上海人民出版社 1997 年版，第 165 页。

② Guy Debord, *La société du spectacle*, Paris：Éditions Gallimard, 1992, p. 23.

有数幅展示世界各国文化的壁画，它们是"世界理想之城"（Les cités idéales du monde）主题壁画系列的组成部分。

2005 年，托尼·加尼耶博物馆联合里昂所在大区政府、相关协会组织等多家机构，启动了一个项目动议，旨在绘制一幅名为"中国理想之城"（La Cité idéale chinoise）的壁画，作为"世界理想之城"主题系列的第 7 幅作品。"中国理想之城"计划产生于里昂所在大区政府与上海市缔结友好姐妹关系 20 周年（2006 年）纪念的历史背景下。项目启动后，组织方邀请了上海的众多画家设计草稿。为了从中敲定一幅合适的作品绘制上墙，博物馆于 2006 年 1～2 月间集中公布展出了出自 16 位画家之手的 16 幅备选作品，并邀请博物馆周边社区居民投票，选出自己最喜爱的一幅。这 16 幅作品从不同角度展示了每一位画家对中国文化的理解，并将之转变成生动的图像。它们各有不同，呈现的中国形象各有意味。借用"中国文化年"的主题来说，这 16 幅作品集中展示了中国艺术家眼中"古老的中国、现代的中国、多彩的中国"。

除有一幅作品较为明显地反映出一些政治意味外，其他 15 幅作品基本上是从一种纯粹的所谓"文化"或者说"传统"的意义上表达中国的。那一幅较为特殊的预选作品编号为 9，其主体是一个巨大的毛泽东头像，由象征诸多重大事件的形象拼凑而成。组织者在介绍这幅作品时讲，这幅毛泽东的头像代表着中国文化的面具，影响着世界。很明显，这幅预选作品非常符合一些人对中国的文化想象，尤其是在那些政治家、记者眼中。在备选作品展出之际，里昂当地的报纸讲到，在这 16 幅备选作品中，一幅特"红"的人物肖像非常引人注目，并仅将此幅预展作品刊登在报纸上。[①] 在这样一种说法中混杂的有关中国的各种话语、各类想象的意识形态显而易见。

然而，当地社区居民最终选出的结果却让媒体有些失望，那幅被媒体看好的作品竟排在第 10 位。"公众之声无可挽回"[②]，报纸上随后又刊登了这幅作品的大幅照片，似乎在提醒并表达这样一种意见——"可能大家都错了"，"真遗憾，这幅作品不在被选之列"。在社区居民的推选投票中，得票数居第一位的那幅作品编号为 15，得票 964 张，第 8 幅作品则以 823 票居于

---

① 相关资料参见：*Lyon Plus*，jeudi 9 février 2006，p. 3。

② 参见：*Metro*，vendredi 24 février 2006，p. 6。

正在绘制中的"理想中的中国"之城——上海壁画

其后。① 第 15 幅作品是一幅典型的中国山水画，意在表达对自然与环境和谐的追求与主张。第 8 幅作品则将众多的历史人物、事件、图腾、建筑等集为一体，用以表达一种集传统与现代于一体的中国文化观，并指明"儒释道"三家思想指引着中国人的文化与精神生活。

从这样的评选结果来看，普通法国人对中国的文化想象与政治话语存在

---

① 参选作品最终得票数（括号内数字为排名）：

作品编号	1	2	3	4	5	6	7	8
得票数量	319(10)	632(5)	261(11)	168(13)	388(8)	211(12)	601(6)	828(2)
作品编号	9	10	11	12	13	14	15	16
得票数量	326(9)	127(15)	152(14)	479(7)	319(10)	657(4)	964(1)	786(3)

数据来源：托尼·加尼耶博物馆。

很大差别。尽管有时候前者会受到后者的操纵，但在有关中国的信息渠道越来越多的今天，公众间文化想象的话语不再像以前那样非常明显地受制于各类媒体的政治宣传。而且，普通人对中国文化之想象的关注点也不一样。以山水画为主题的第 15 幅作品之所以能被选中，不仅因为它标明所要追求的主题是一个时代性话题，广泛受到关注，在我看来，还有一个重要的原因，便是它呼应着法国人对于中国文化之"传统"的想象。在他们眼中，那些包括绘画在内的能代表中国"古老之特性"的东西作为传统的中国文化，集中体现着中国的文化传统。这一点，在上文有关法国人对中国文化的热情与实践中，我们便已经有所体会。

在这次评选中，普通公众代表的只是其中一个评审会，还有一个所谓的专家评审会，而且后者拥有斟酌权，或者说有权决定最终被绘上墙的作品。但非常有意思的是，最终被画在墙上的根本就不在这 16 幅备选作品之列，而是由另外一位上海画家单独创作了一幅，并取名为"上海壁画"。这幅作品仍是一幅混合景象的融汇：有代表中国现代性的高楼大厦，也有讲中国历史之悠久的秦始皇兵马俑、古代建筑；有京剧人物，也有身着旗袍的中国女性；高大而显眼的狮子，回应着西方社会有关"东方雄狮"的话语；草书写就的"龙"字理所当然地代表着中国；红色的天空，则是西方社会有关中国政治想象之意识形态话语的象征；抽象的面具，则实为对中国之不可想象的一种表征，或者说是对中国之忧虑的投射。法国人所喜爱的中国器物，当然不可能不在其内。真可谓一个"多彩的中国"、"景观的中国"。

鉴于种种难以言说的原因，对组织方最终为何没有从备选作品中挑选，我未能知晓，但最终决策背后的诸多操作也不难理解。居民投票所选作品，甚至包括所有 16 幅备选作品，可能令组织者都不是很满意。为什么？因为那不是他们自己想象中的"中国理想之城"，他们需要在自己的社区内画出自己对中国的理解与想象。当然，这里的"想象"，既有可能是组织者自己有关中国的想象，亦有可能是他们对其法国同胞之集体想象的理解。或者，也有可能是为了迎合某种特殊的（如政治、经济等方面）需要，他们才决定摒弃所有的备选作品，而另请人设计。最终作品的产生过程，组织者没有公布，但它所表达的中国景象某种程度上回应着法国人对中国的文化想象与认知。另外，或许是为了能对参加投票的居民有所交代，得票数居前 5 位的备选作品，最终被绘制在了与"上海壁画"所在的同一栋楼房的侧面，面积极小，依次竖列于楼层之间的墙面上。就这样，普通公众"理想中的中国"之城被撂在了一旁……

我们不禁要问,最终那幅上墙的作品能真正地代表中国吗？显而易见,它代表的是作为一个"权力"集合体的组织者自己眼中的中国与文化,也就是说,是他们自己对中国的文化想象。壁画中混合的形象组合既表明他们眼中的中国与文化是混杂的,也代表着他们看待中国的眼光与角度是混杂的,而这种"混杂"则集中体现在他们对中国的景观式想象之中。

作为两地友好姐妹关系建立20周年纪念的庆祝活动之一,2006年9月举行的"上海壁画"揭幕仪式邀请上海市政府与里昂所在大区政府代表出席,其间组织方还举办了大型的露天京剧表演,吸引了大批民众参与,真可谓是一幅动静结合且具有广泛社会动员力的中国文化之景观,"精彩"而耐人寻味。从此,当人们开车走过这一交通路口,或散步经过此地时,自然就可以见到这幅巨大的"中国理想之城",眼前的这幅图像恰是一种极具象征意义的文化符号,它潜意识地"收拢"着当地的法国老百姓对中国的文化想象。这幅壁画生动地呈现了景观式的中国社会,人们借以想象一个多彩的中国的同时,也在消费着这样一种景观式的中国形象,建构着有关中国的知识话语。而在这一话语体系中,就法国人而言,最为明显的内容在于两种观念：差异与他性。

> 从广义上讲,就"差异"与"他性"如何在特定的文化当中随时被表达的方式而言,我们可以看到相似的表征实践与形象在不同的表征文本或场所间,有所变化地得到不断重复。意义的积累通过不同的文本得以实现,其中一种图像关涉到另一种,或者其意义会因其在其他图像的具体场景中被加以"阅读"而有所改变,这种意义的积聚就被称为"互文性"。……"差异"在任何历史时刻借以被表征的引申言语与视觉效果的整体汇集是一种"表征机制"；这非常接近于彼得·汉密尔顿(Peter Hamilton) 所说的"表征范式"。[1]

图像的力量是强大的,但其意义有时是模糊的。在想象中国、描述中国的过程中,任何一种思维方式、一种想象视野,及其使用的语言、图像等,

---

[1] Stuart Hall, "The Spectacle of the 'Other'", in Stuart Hall (ed.), *Representation: Cultural Representations and Signifying Practices*, London, California, New Delhi: Sage, 1997, p. 232.

都具有"实在论"的特性；很多事物一旦被固定于某种语言词汇、某种具体形象，便被视为对现实的表达，甚至是现实本身。想象中所呈现出来的各种景观与话语都是一种新生成的符号，其背后的"能指"是其所使用的各类言语（包含图像、声音等），"所指"则是这些"能指"概念的外延。把对中国的文化想象当作一种符号来理解，增添了我们这个时代所处的景观情境的立体感。也就是说，景象既有可感可知的，又有不可感知的，它存在于人们的意念中，但是又会/能通过各种形式表征出来，从中人们看到了既熟悉却又未知的中国。

如同霍尔所言，表征作为诸多概念与言语之间的联系，既能指称真实的世界，又能指代想象虚构的世界。[1] 很明显，"上海壁画"所代表的"中国理想之城"作为一种表征中国文化之景观性的符号集合，是在法国人对中国之文化想象主导下的"中法合谋"。图像所反映出来的意义往往多样、模糊、不定，但当它们被加注一定的话语时，其特定的意义便从众多可能性中被挑拣出来，被加以固定。当然，此种固定有时候也不是唯一的，但至少缩小了其意义外延的范围，限定了读者、观众思考与想象的视野。在"上海壁画"中，中国的文化形象便被固定在了一种"景观中国"的维度上。

第五节 文化形象与记忆的当代再生产

> 作为当今物品生产不可缺少的饰物，作为制度合理性的一般陈述，作为一个直接塑造不断增长的影像对象的发达经济部门，景观是当今社会的主要生产。[2]
>
> ——德波

在消费社会时代，中国文化正以不同于过往的方式进入法国社会，出现在法国人的日常生活里，其形象也在持续建构中被不断改写，并表现出越来越强烈的景观性特征。而实际上，在这样一种景观性形象背后，法国社会认

---

[1] Stuart Hall, "The Work of Representation", in Stuart Hall (ed.), *Representation：Cultural Representations and Signifying Practices*, London, California, New Delhi：Sage, 1997, p. 17.

[2] Guy Debord, *La société du spectacle*, Paris：Éditions Gallimard, 1992, pp. 21 – 22.

知中国的方式则更具景观性特征。

总体来看，整个法国社会正在全面地拓展自己有关中国的文化视野与认知。但在目前阶段，可资利用的资源对有些群体而言是有限的，因此对那些有机会拥有或接触这些资源的人来说，他们所从事的与中国有关的文化实践便具有了较强的符号象征的意义。在田野调查中，我发现很多人都以自己与中国及其文化实践有些"关系"而自豪，因为较之其周围那些对中国"毫无所知"或知之甚少的人来说，他们既享有一种相对特殊的文化资源，后者也进一步赋予他们某些特殊的社会身份。

法国人对中国文化的热情，虽有个体差异，却也呈现出很多集体共性，其中在文化上"消费中国"即是一种表现。消费活动既是一种仪式性活动，也表现为一种建立价值体系的过程。① 法国人在"消费"中国文化的过程中，也在某些方面重新塑造着他们的价值体系，改变着他们对中国的认知。被纳入法国人消费行为中的中国文化与他们的社会实践紧密地联系在一起，表征着潜在的社会分野，积极参与着社会秩序的塑造，是社会关系的文化再生产的重要组成部分。② 对中国文化的消费，既在物质层面上满足了法国人的需求，也在精神范畴内迎合了他们的欲望，并在一定程度上表现为法国社会分化的一种维度。

鲍德里亚有关商品生产及其消费社会的相关论述告诉我们这样一种现实：受消费意识形态的影响，西方社会中"自我"（Ego）与"生态"（Eco）间原有的平衡与和谐被消费社会这一"白色社会"破坏掉了，产生了一定的人文生态危机。③ 在此背景下，个体是被动的，无论如何也无法跳出社会的结构性限制，但在对消费物品的"选择"上，个体有一定的自由，他/她可以通过选择不同的文化产品来"治疗"自己在这一人文生态危机中的不适，回避在自我文化中所感觉到的"厌倦"。在这样的情境中，异质的文化刺激最容易激起人们尝新的愿望，中国文化也是在这样一种背景下被越来越多的法国人关注的。

在西方日常的社会生活中，个体几乎完全消失在一种同质化的社会生活

① 道格拉斯、伊舍伍德：《物品的用途》，载罗钢、王中忱主编《消费文化读本》，北京：中国社会科学出版社 2003 年版，第 63 页。
② 罗钢：《西方消费文化理论述评（下）》，载《国外理论动态》，2003 年第 6 期，第 32 页。
③ 相关讨论参见王岳川：《消费社会中的精神生态困境：博德里亚后现代消费社会理论研究》，载《北京大学学报》（哲学社会科学版），2002 年第 4 期。

方式中。① 但对此同质化现象的厌倦，也激发了某些个体对异质文化的兴趣，以便将自己与"大众"、"常人"区分开来。在我的理解中，喜欢中国文化、从事某些中国文化实践的法国人，在其潜意识中，明显地表露出了他们对西方社会生活中某些难以抗拒的意识形态的无意识反抗。那些因为种种原因率先走出第一步去接触中国文化的人，也在形塑着一种模式，进而也有人如同跟随时尚一样，加入他们的群体。

田野经历告诉我，法国人文化想象中的中国，其实也是西方社会的"景观系统"所选中的产品。如德波所言，景观是对社会异化和物化的文化需要的一种完美回答。② 对于身处日常生活中集体性景观式想象里的个体而言，时间久了，景观也会作为一种知识而形成一种传统（而且是动态意义上的知识积淀）。在德波的景观社会理论中，"景观不是景像的堆积，而是以景像为中介的人们之间的社会关系"。③ 法国社会有关中国的景观式认知，也在持续调整着它与中国的互动关系。

文化的多元性决定了它不具备跟政治、经济一样的社会整合力量，而恰恰是因为它的多元性，使之成为了解通过政治、经济而无法了解到的事物的重要窗口。文化商品化的普及、现代传媒的飞速发展和全球化所导致的社会的景观化，使得包含了诸多文化意识形态的商品弥漫于各个领域，发生着无意识的渗透性影响。文化消费作为一种景象进入人们的日常生活，一切也就都成了景观。景象悄悄却有力地影响着现实，同时也影响着后现代主义的文化形态。

在消费社会的深入发展中，景观早已成为一种无意识状态的贮存④，深

---

① 海德格尔的下面一段话，有助于我们加深对西方社会中同质化生活模式的理解："在利用公共交通工具的情况下，每一个人都和其他人一样。这样的杂然共存把本己的存在完全消解在'他人的'存在方式中，而各具差别和突出之处的他人则又更是消失不见了。在这种不静止而又不能定局的情况中，常人展开了他的真正独裁。常人怎样享乐，我们就怎样享乐；常人对文学艺术怎样阅读怎样判断，我们就怎样阅读怎样判断；甚至常人怎样从'大众'中抽身，我们也就怎样抽身；常人对什么东西愤怒，我们就对什么东西'愤怒'。这个常人不是任何确定的人，而一切人（却不是作为总和）都是这个常人，就是这个常人指定着日常生活的存在方式。"海德格尔著，陈嘉映、王庆节译：《存在与时间》，北京：生活·读书·新知三联书店 1987 年版，第 156 页。

② 德波著、王昭凤译：《景观社会》，南京：南京大学出版社 2006 年版，第 174 页。

③ 德波著、王昭凤译：《景观社会》，南京：南京大学出版社 2006 年版，第 3 页；Guy Debord, *La société du spectacle*, Paris：Éditions Gallimard，1992，p. 16。

④ Guy Debord, *La société du spectacle*, Paris：Éditions Gallimard，1992，pp. 27 – 28.

刻地影响着人们的精神状态与社会行为。从整体上理解景观，它不仅是占统治地位的生产方式的结果，也是其目标。景观不是附加于现实世界的无关紧要的装饰或补充，它是现实社会非现实的核心；在其全部特有的形式——新闻、宣传、广告、娱乐表演中，景观成为主导性的生活模式。[①] 如同我们必须认识到萨义德笔下的东方学这一学科的逐步权力化一样（东方学的权力，复活甚至创造了东方；这一权力藏身于进步所带来的新的语言学和人类学技巧之中[②]），我们也应该看到法国社会有关中国之文化想象的权力化，以及它所彰显出来的结构化力量。当法国人的情感与想象被叠加在中国事物之上，他们作为法国人的理性、想象原则也被随之认定为是中国自身的现实。

从这一层意义上讲，人们对“他者”的认知与想象被景观化了。诸多有关中国的文化景象，正在积极地创造着法国社会有关中国文化与文化中国的崭新记忆，或者说，由当代法国社会各行业所创造的中国文化景观，实际上是对中国文化形象与记忆的当代再生产。而且，我们也应当清楚地看到，在这种再生产中所暗含的权力问题，实际上就是景观社会中文化想象的权力再生产，进一步决定了中国在法国社会中被认知的形象及其地位。

---

① 德波著、王昭凤译：《景观社会》，南京：南京大学出版社 2006 年版，第 3～4 页；Guy Debord, *La Société du Spectacle*, Paris：Édition Gallimard, 1992, pp. 17 – 18。
② 萨义德著、王宇根译：《东方学》，北京：生活·读书·新知三联书店 1999 年版，第 158 页。

结语　结构、想象与文化"他者"

> 君不见于今处处可见中国之存在乎？[1]
>
> ——安格勒米（Jean-Pierre Angremy）

"中国"，在很多法国人看来，不只是一个复数的现实国家，也是一个含义为复数的文化概念。他们对中国知道得越多，越觉着不了解她。恰如诗人朱湘所言："一件东西本身是无善无恶可言的，只有影响上才可分个善恶。"[2] 作为一种文化现象，法国人对中国的文化想象，本身是没有正面或负面之义的区分的，但就其影响而言，则会有些积极或消极的因素潜于其中。

法国人对中国文化与文化中国的想象至少呈现出三种知识范畴。一是关于中国的知识。能够进入法国人认知视域中有关中国的知识，无论是从个体层面来观察，还是从集体层面来审视，基本上都是在一定程度上迎合其知识需求的内容。二是法国人自己的社会文化心理。他们对中国文化的认知，及其在日常生活实践中对中国文化元素的应用，都在不同层面上折射出法国人自己的社会文化心理。而且，有关中国知识的选择性介绍与习得，同样也是其社会文化心理的反映。三是沉淀于法国社会中的中法关系。法国人如何看待、评价和应用中国文化，都在很大程度上与沉淀于法国社会之中的某些"无意识"的有关中国的"刻板印象"有关，而且也反映出他们对中国和法国文化关系的基本定位。在人的认知分类中，"刻板印象"往往是被归入处于社会常态边界之外、被

---

[1] Jean-Pierre Angremy, «Préface», in Marie Laureillard, Jean-Claude Thivolle, Thierry Sanjuan, *France-Chine*：*Des livres en français sur la Chine*, Paris：ADPF, Association pour la diffusion de la pensée française, 2004, p. 11.

[2] 罗念生编《朱湘书信集》，上海：上海书店出版社，1983 年版，第 138 页。

正常的社会规则拒绝的范畴内。① 这也就意味着，"刻板印象"作为一类能指符号，有其难以摆脱的负面的意义表征。由此看来，被置于"刻板印象"范畴内的文化"他者"在短时间内是难以走出这种结构性的被动局面的。

在法国历史上，中国的文化形象不是固定不变的，亦非同质性的。这种变化一方面取决于不同历史时代的"元叙事"结构，另一方面又有文化性因素所带来的影响。文艺复兴时代、启蒙运动时代、殖民时代，以及整个动荡的 20 世纪等不同历史时期造就的价值观念不同，它们也框定了社会特定时代不同的话语结构。法国（乃至整个欧洲社会）对于东方与中国的文化想象，受到不同时代社会结构性思潮的影响，这些思潮集中体现出当时社会价值取向的定位，其最终的知识与价值目的是指向法国社会文化自身。实际上，中国形象在法国人文化想象中的变化，即是构筑中国形象的西方文化自我意识的变化。作为一个文化"他者"，不同时代的中国文化形象体现出不同时期法国社会自身建构的价值观需求。作为一个表现差异的"他者"，一面映射法国自身文化的镜子，中国及其文化帮助法国社会在差异中持续建构"自我"。② 从文艺复兴时代的中国文化热，到启蒙时代以伏尔泰与孟德斯鸠为代表的两种截然不同的中国观与双重想象，再到西方殖民时代百年中国形象的变迁，以及始于 20 世纪末多元中国形象的变化等，都清楚地表明，结构性因素对法国人文化想象中中国形象的约束。有关中国之文化想象的诸多话语同样来自某些文人学者个人的文化体验，他们对中国文化器物的赏识，对中国文化异国情调的兴趣等，都是因为一种文化性因素的影响才慢慢地在法国社会中发展成为一种潮流的。通过梳理文本，以及考察法国社会历史记忆中有关中国的文化表达，我们看到的既有中西方两大文明的交流与碰撞，彼此间的吸引力，文化想象的异彩纷呈与"刻板印象"，又有关于中国文化想象之主流话语的变迁，也了解到今日法国社会中国文化热再次兴盛的社会

① Dyer Richard （ed.）, *Gays and Film*, London: British Film Institute, 1977, p. 29.
② 人类学家道格拉斯有关社会分类体系的研究，对研究文化"他者"很有借鉴意义。她认为，人类生活中事物所表现出来的"干净"或"肮脏"的属性，取决于不同文化中的分类体系以及诸多事物在该体系中的位置。"肮脏"意味着对特定文化中分类体系和秩序体系的违反。由此引申开来，在一定的社会文化结构中，某些群体之所以被称为"他者"，在一定程度上是源于他们在既定的社会分类体系中所处的位置，及其对特定社会秩序的"违反"。在此意义上，作为法国的文化"他者"，中国文化也不仅是一种异国情调的代名词，还是对法国社会体系中文化呈现的一种折射。相关资料参见：道格拉斯著，黄剑波、柳博赟、卢忱译：《洁净与危险》，北京：民族出版社 2008 年版。

历史渊源。

在当代法国社会中，明显地萦绕着一种浓郁的中国文化氛围，尤其是在某些群体内部，他们对中国文化的那份热情更是有增无减。从上文就里昂诸多个案的分析，我们能够明确地体察到这一点。[①] 当地社会中持续存在的中国文化氛围，加之因文化旅游等互动而拓展产生的一种延伸至中国的粘连性文化空间，更加丰富了法国人对中国的文化想象，同时也在不断地解构着先前某些文化想象的话语形态。解构意味着另外一个层面上的建构。深入这一文化空间内，我们可以发现，法国人文化想象中的中国，是一个不断地被他们贴上某种定型的文化标签的形象，或者说，他们也在另外一个层次上"发明"着自己想象中的中国文化与文化中国。在法国人的理解中，中国文化最令其感兴趣且最有价值的东西存在于所谓的中国"传统"之中，或者说是中国的"过去"当中。[②] 而且，博大精深的中国文化"传统"，在他们眼中，仅仅局限于他们所热衷的某些文化器物与实践，这也恰为霍尔所谈的文化表征的一种"简约"形式，是

---

① 支持本书讨论的田野资料来自里昂，虽然不能将之概化为整个法国的情况，但作为一个个案，它代表着法国人中国之文化想象的一种存在与传统。而且，鉴于人类学"以小见大"的学科关怀，书中讨论既立足于取自里昂的田野资料，又着眼于整个法国社会。早在20世纪60年代，法国学者德塞尔都（Michel de Certeau）曾经写过一本《日常生活的创造》（*L'Invention du quotidien*，英文版译为《日常生活实践》[*The Practice of Everyday Life*]），书中相关讨论建立在对里昂第四区"红十字社区"（Croix-Rousse）一带居民日常生活之观察的基础上，后来列斐伏尔和鲍德西亚等人有关消费社会、日常生活的讨论也都是从这里引发出去的，形成了一股新的学术思潮，直至影响到今天。就此意而言，个案研究的代表性也体现在它对某些议题与方法的率先倡导之中。

② 法国人对中国的文化"传统"与中国的"过去"抱有极大的兴趣。那么，我们如何从认识论上来阐释这样一种文化现象呢？尽管费彻尔（Michael Fischer）说，"族群记忆是，或者应该是，以将来，而不是以过去为中心的"[Michael M. J. Fisher, "Ethnicity and the Post-Modern Arts of Memory", in James Clifford and George E. Marcus (ed.): *Writing Culture: The Poetics and Politics of Ethnography*, Berkeley and Los Angeles, California: University of California Press, 1986, p. 201]，但在我看来，那是针对族群内部有关自我认同而言的，而从族群外部来看，对某种族性的确认，则恰恰相反，它指向于这一族群的过去，而不是未来。未来是未知的，人们无从确认其特性（不像是就族群内部成员而言，族群特性的建构指向于未来，这是一个共同的奋斗目标），而只能从"他们曾经是什么、做过什么"来确认其特性。因而，在法国人的文化想象中，对于"中国文化是什么"的问题，他们不是从"将来的中国文化是什么"去考虑的，甚至也不是从"现在的中国文化是什么"去考虑（因为人类对自己所处的当前时刻总处于一种未知的状态），而是从"过去的中国文化是什么"去认知。这也能够在认识论上阐释法国人为什么执着于中国文化的过去，为什么喜欢所谓的"中国文化传统"。

一种"类型化"。①

为什么有些法国人对中国文化特别感兴趣呢？每一个个体都有各自的原因与渊源，但综合来看，主要原因在于，中国文化代表着一种不同于西方、不同于法兰西文化的文化，在不同层面上给他们带来了有意义的文化认知与体验。也就是说，是文化"他性"起了最重要的作用。田野调查期间，我所结识的一位报道人的话很好地概括了法国人对于中国文化的主流想象：

> 大部分的法国人崇尚中国的传统文化，他们觉着那是非常古老且神奇的文化。一般来说，中国文化在很多法国人眼里是非常精巧、感性且细致的，无论是中国绘画、古式建筑，还是瓷器、古代服饰，他们喜欢中国文化中的那份精细，也喜欢中国的饮食、茶艺等。他们感知到中国文化与自己的十分不同，并被中国文明的神秘吸引，甚至着迷。在法国人的想象中，中国文化包含着某些神奇的元素。比如说，古代中国的智慧远比其他文明要先进得多，中国人早就发现了调控身体及万物之力的秘密。同样，法国人对中国功夫大师们非常着迷，后者能够仅凭自己的全神贯注与对气力的调控，便可打败人多势众且比他们强悍的敌人。在法国人的想象中，所有关于身体、气力的知识，均与亚洲相关，尤其是与中国相关。此外，还有中国神话里的神奇动物，尤其是在法国人对这一神秘力量之想象中极有代表性的源自中国文明的龙等，都丰富了法国人对中国文化的种种神秘的想象。法国华人社区的文化活动，比如每年的春节，同样让那些对中国文化感兴趣的人感到惊奇与赞许。中国人练习的气功与太极拳等，让法国人从中感受到了一份安静闲适，以至于人人都想模仿，并将之带入自己西方的生活模式之中。在法国人眼中，中国的长城是中国文明之古老的完美见证。中国代表着一种"大"的观念，但这不只是地域和人口上的"大"。在法国，人们习惯于把中国称为"中央帝国"（Empire du milieu），这也不是偶然的。再者，对于到中国旅游

---

① 我发现，就所有想象的过程而言，存在着一种非常有力的想象方式或途径，那就是简约（to reduce）。简约不同于概化（to generalise），其机制是这样的：人们往往非常容易忽略具体、复杂的背景，而习惯于、倾向于把对问题的分析简单化，因为这样做的目的之一，是便于尽快地找到原因，容易记住，而且更容易将之当作一个结论，加以传播或传授。被简约过的有关中国的结论性信息，经过多次传播，最终将以凝结了众多想象智慧的话语的形式固定下来，成为中国文化的某种"本质性"特征。这种简约，我们可以将之称为集体无意识，绝非一种理性的抽象概括。其实，这就是一种断章取义。

的法国人来说，北京的紫禁城更是法国人想象中的一种符号象征，既包括"大"与"强"的方面，又因其"禁"字而有"神秘"之意。

同样是在这样一种观念下，中医在法国激起了不少人对它的好奇与兴趣，尤其是中国的针灸因其神奇的疗效而赢得了广泛的声誉。对于我的很多法国同胞而言，这一传统医术代表着中国文化中的哲学思想，因为它看起来如此复杂且神秘，因而也特别地"中国"。法国人有一种非常形象的说法，叫作 casse-tête chinois，意味着一个复杂且难以解决的问题；如果说，C'est du chinois，同样也是说某件事情复杂难懂。在我看来，这是一般法国人所共享的一种集体性的对中国文化的想象。"Chinois"一词，可以说代表着"神秘"与"复杂"（对于一个"普通"的法国人来说，是很难理解的）。

文化是知识与经验表征的一般领域。[①] 作为一个物和文化实践的体系，中国文化在当代法国社会中变成了一种文化资本，一种代表文化价值观念的追求与知识水准的象征资本，一种被卷入商品生产与消费社会、景观社会中的经济资本。了解中国及其文化成为一部分法国人的一种文化"谈资"，从而也成为一种象征资本。在全球化时代，被卷入法国社会经济领域内的中国文化成为一部分人商业与生计模式的重要支撑，被他们精心地"经营"着。但是，中国文化在法国社会的表征却不同于在当代西方社会影响甚大的大众（流行）文化。中国文化更多地代表了一种令法国人难以割舍的文化"他性"，后者时常被他们"简约"为文化的异国情调。

法国人有关中国的文化想象，表现出一种对于文化"他性"的诉求，来自中法两种不同文化的"文化间性"及其彰显的现实意义。当然，法国人眼中的中国文化不是孤立的，而是相互关联的器物与实践的组合，包括奇妙的语言与文字[②]、美味的中餐、神奇的中医、满是东方情调的风水，以及征服了几乎所有法国人的中国功夫等。在当地社会的华人社区里，中国文化的呈现是被涵化了的，表现出"杂糅"的特性，但法国人从中也寻找到了他们文化想象中的某些期待。

---

① Guy Debord, *La société du spectacle*, Paris：Éditions Gallimard，1992，p. 177.

② 在今日法国，中文成为许多年轻人跃跃欲试的一门热门外语，虽然它在欧洲社会的实用性并不大，却拥有强大的资本化倾向：一是学术资本，二是经济资本。研究中国是个热门，与中国从事商贸往来更是个热门，而这一切首先得从学习语言开始。

凝结于"物"中的文化记忆与想象，作为一种文化隐喻的表征，强化了法国人对中国文化的定型性认知，表现出一种内化的认知形式，即他们把自己想象中的中国文化转变成自己的东西，将之内化为用自我的文化理念能够理解的内容，用自我文化中无意识的认知原型来规划想象中的中国文化与文化中国，及其"论说中国"的模式，这就固定和异化了他们对中国文化民族特性的理解。

法国社会对当代中国的文化认知，同样也折射出法国本土社会在文化上的一种价值诉求与某些社会群体在文化认知中的困境。很多法国人在对中国文化中器物的赏识、知识的践习中寻找到了精神的力量与意义表达的途径。

任何文化在接纳外来文化时，都会摒除自己难以接受的部分而只做有选择的认同。这种选择往往是出于本土文化的需要。在现实生活中，面对某些矛盾，人们经常构造出一个"非我"来与"自我"相对立，把一切理想的、圆满的、在我方无法实现的品质都投射于对方，构成一种"他性"而使矛盾得到缓解。这时起主导作用的不一定是"他者"的现实，而是"自我"的需求。[①] 中国文化在法国人生活实践中所呈现出来的某些实用价值及其象征意义，对法国人而言在某种程度上是一种自我拯救、自我建构、自我实现的凭借。人类学家萨林斯也讲，人类行动"必须要符合特定的人们用以理解它们的范畴"。[②] 任何一种想象都是一种文化构成物，我们从法国社会对中国的文化想象中，看到的不仅是中国及其文化在法国人文化视野中的表象，更是其自身的文化表征，是法国社会文化心理的投射与表现。

很多法国人在中国文化之旅中体验到了无限的愉悦。这种愉悦一方面来自法国旅游工业的"引诱"，后者持续刺激和更新着他们对中国的文化想象；另一方面又来自法国人内心深处寻找中国之文化想象的欲望，他们想亲自见证自己认知与想象中的中国。为什么对很多法国人来说，远赴中国的文化之旅成为他们想象中国的必不可少的一种方式呢？原因有很多，我们可以从现代生活的休闲需求等诸多方面来阐释，但另有一个很重要的原因，即亲自置身中国是"想象"转化为"知识"的重要一步，亲自见证的有关中国的表述，会呈现为以实践经验为载体的知识，有益于增强和深化他们对中国

---

① 乐黛云：《"中国文学在国外"丛书总序》，载钱林森：《中国文学在法国》，广州：花城出版社 1990 年版，第 3 页。

② 萨林斯著、蓝达居等译：《历史之岛》，上海：上海人民出版社 2003 年版，第 325 页。

的认知与理解，而这种知识的生产是需要以在场或亲历的方式验证的，因此对法国社会而言，个体到中国的亲身体验具有重要意义。很多人在出发之前所积累的有关中国的想象，早已沉淀为他们大脑中有关中国认知与想象的一种记忆。如同利科所言，记忆（la mémoire）是与地点（le lieu）分不开的，地点在记忆中的"时"（le temps）与"事"（les choses）之间，是不可缺少的。[①] 中国作为一个承载法国人文化想象的地方，对一部分人而言，自然表现为一种需要，这种需要可以使他们因为在某个地点上的"在场"，而满足他们将记忆转化为知识的需要。

实际上，在这样的文化接触中，他们所寻找的是早已存在于他们想象中的某些东西。法国旅游工业的推介，以及法国人所寻找、体验的不外乎中国的古老与文化上的"他性"，这些在他们看来能够表现某种文化差异的东西。[②] 但在这样的文化体验中，我们看到的则是意义共享的异质性：一是中法两国对中国文化认知的差异，二是法国人内部对中国文化内涵与外延之理解指向的差异。就法国人而言，这种差异的必要性在于认识"自我"，在"自我"的社会与文化情境中进一步确认"自我"，或者说也在于体验一种文化愉悦；而从中国文化的角度来看，审视"自我"在另外一种文化中的"他者"形象，对于"自我"身份的确认同样有着至关重要的借鉴意义，至少在我们这个"互看"的时代，它是反思本土文化参与世界互动的一种知识参考。

在当代法国社会中，文化想象里的中国不但仍旧充满了异国情调式的"他性"，中国文化还在不断深化发展的消费社会中逐步被商品化，人们对中国的文化想象也已经陷入了"景观中国"的范畴。"景观中国"表现出两层知识含义：一是以普通意义上的景观、图像为手段来认识和理解中国；二是德波意义上的"景观"，中国文化被逐步纳入法国社会的商品与消费体系，诸多元素与细节几乎都已经被异化成景观的形式，所有活生生的东西都仅仅成了表征，对应着当代商品社会中"模式/世界的生产"。在这里，"景观"不仅成为一种有关中国之身份建构的手段，甚至在某些情况下成为一

---

① Paul Ricoeur, *La mémoire, l'histoire, l'oubli*, Paris: Éditions du Seuil, 2000, pp. 183 – 191.

② 我们不能忽视法国人从中国旅游中所带回的那些印象与记忆，它们的广泛传播营造了另外一个层面上的有关中国的想象。正如保罗·利科所言，"正是通过叙事的功能，记忆才被掺入身份的建构与确立中"（Paul Ricoeur, *La mémoire, l'histoire, l'oubli*, Paris: Éditions du Seuil, 2000, p. 103）。这些随着时间的流逝而逐渐褪色的记忆，可能只会沉淀下他们想象中的在其看来最为本质的东西，无论其性质如何，毕竟这会影响到他们对中国及其文化的认知。

种目的。"景观中国"是一种更具后现代主义色彩的"异化"形象,因此中国也永远被置于包括法国在内的西方社会之"他者"的范畴内,具有难以摆脱的从属地位。

在现代社会中,人们对"异质存在"的追求,有时候是出于一种理性的驱使。法国人对中国文化的兴趣,也反映出他们对自己关于社会、文化、宗教等方面的焦虑与担忧。不过,这也并不代表着他们已经走出了"自我中心"的文化意识形态情境。① 对中国文化的消费,其背后不但有一种物质欲望的驱动,还存在一种文化想象的诱惑力,进一步夯实了以"物性"的消费为显性表征,以文化"他性"为标的的"自我"与"他者"的关系。

从文化消费的领域来看,中国文化成为一种资本,鲜明地体现在"中国制造"这样一种宣传口号或广告标语当中。如上文所述,某些协会组织对中国文化器物与实践的推介,着实为一种以文化为中介的经济运作。当然我们绝不能否认其背后的文化动机,但这种现象倒也让我们意识到文化"他性"中的商机,看到一种充满异国情调的消费盛宴。冷眼观之,被置于法国社会消费领域内的中国文化会被不同程度地概化②(普遍化)或夸张表达,这也表现为一种对文化商品进行包装的意识形态③,进而也创造了一种中国文化消费的时尚。在此消费时尚中,所谓的中国文化"传统"成为主打内容,被纳入文化产业与商业体系中,在当地社会重写着对于中国(后)

---

① 西方绘制的世界地图,亚洲处于整个世界的东方;而中国绘制的地图,西方各国(欧美国家)则处在地图的两端,亚洲处于中间。虽然人们一直强调应尽可能地抛弃自我中心主义,但在我看来,这是无论如何也难以百分之百地做到的。

② 具体、生动的事物,在某些人的想象中,会变成被概化和类型化的事物。在人们的记忆中,无论现实世界中的事物多么生动,呈现何等多样的面貌,最终都会被集体性地抽象、概括为某种作为共识的终极形式,而得以保存在人们集体记忆当中。或许,只有那些从事学术研究的人才能够真正地体味现实与学术文本的生动差异,只有那些亲身经历过并善于思考的人才会察觉出其前后经验的不同。

③ 在上文分析中,我一直未曾明确地讨论有关政治意识形态的问题,主要是想尽可能地在一个所谓的"非政治领域内"讨论法国人对中国的文化想象。但这一文化现象绝不是孤立于意识形态而存在的,在分析特定问题时,我们可以暂且将之搁置不谈,不过绝不能忽视其存在及影响。保罗·利科在分析了格尔茨在《文学的解释》中所提到的意识形态问题后指出,"归根结底,意识形态围着权力转"(Paul Ricoeur, *La Mémoire, l'histoire, l'oubli*, Paris: Éditions du Seuil, 2000, p. 101)。在法国人有关中国的文化想象中,明显体现着特定的意识形态,而其背后的权力问题,不是指国家的行政权力那一类的力量,而是一种在既定的社会政治、经济结构下,所呈现出的一种文化关系抗衡的权力。就个人层面而言,法国人可能感觉不到它的存在,但从他们集体性文化想象的整体角度来看,这种意识形态异常明显。

现代性的认知。

如果说中国文化也被卷入全球化的进程中的话，那么其全球化的形式仅局限在经济层面上，比如法国旅游工业对中国文化旅游的生产与推广，在法国社会中中国文化器物与实践被卷入诸多商业体系，但就其“文化精神”而言，中国文化却远非西方社会的大众（流行）文化那样具有极强的文化与意识形态的渗透力。对于这一点，我认为原因主要在于中国及其文化压根就从来没有从“他者”的次等范畴内走出来。① 而后殖民主义批评家霍米·芭芭（Homi Bhabha）认为，全球化过程创造了一种文化杂糅的第三空间，这种空间使其他立场的出现成为可能，也替代了那些构建它的历史，并建立了还不能为现有的智慧所完全理解的新的权威结构和新的政治推动力。② 就目前法国社会对中国文化的认知与“利用”来看，霍米·芭芭的上述议论颇应值得注意。

“景观”一词几乎可以包容目前所有对我们所处时代之社会现状的认知，消费也好，资本也罢，人们生活在一种景观式的社会情境中，所闻所见是景观性的，对“他者”的认知也是由景观性图景构建的，甚至人们看到的完全就是一幅景象，所有的社会现象最后集聚为一幅图景。这一点，我们从里昂托尼·加尼耶博物馆所组织的“理想中的中国”之城的评选中，看到了其鲜活的本质；所有对中国的理解、认知与想象，全部化归为这样一种景观，代表着他们想象中的中国现实：一个“景观中国”。③ 正如德波所言，

---

① 罗兰·罗伯逊（Roland Robertson）的《全球化：社会理论和全球文化》（*Globalization：Social Theory and Global Culture*，1992）一书中表示，“作为一个概念，全球化既指世界的压缩（compression），又指认为世界是一个整体的意识增强”。经济全球化带来的一个直接后果就是文化上的全球化或趋同化现象，它使得西方的（主要是美国的）文化和价值观念渗透到其他国家，在文化上出现趋同的现象，它模糊了原有的民族文化的身份和特征。参见王宁：《全球化与文化：西方与中国》，北京：北京大学出版社 2002 年版，第 1 页。

② Homi Bhabha，“The Third Space：interview with Jonathan Rutherford”，in Jonathan Rutherford（ed.），*Identity：Community，Culture，Difference*，London：Lawrence & Wishart，1991，p. 211.

③ 玛丽亚娜曾经送给我一套她通过邮局收到的印有汽车销售广告的卡片，共 12 张。每张卡片背面为典型的中国古典人物装饰图案，主色调为红色；卡片正面是不同的汽车照片，其背景则为一幅幅中国国画，有的上面还题有汉字，但似乎也表现出某些日本风格。通览这套广告卡片，文中没有任何文字提及中国，但它们所展现的景象，似乎在告诉人们一种与汽车有关、与中国文化相连的生活理想与愿望。卡片上还印有这样一个问题——“准备好要改变自己的命运了吗？”让中国文化给汽车广告做背书，其中表现出来的“景观式地消费中国”的一种意识形态则不言而喻。

"现实显现于景观，景观就是现实"。① 景观是一种决定性的力量，它决定了法国人认知中国的方式与结论。

"景观中国"不仅是法国人对中国文化之想象的一种折射，还代表着他们了解中国的一种途径与方式。电影及图画媒体里的中国，以其鲜活的场景，验印在法国人的知识图式中。这完全是一种景观消费。景观统摄着数种新型的公共领域，影院、媒体、商业场所等，景象中的中国文化经验，作为一种视觉经验、一种文化表征，不只是满足了法国人对现代性文化消遣的一种追求，而且还在不断地验证、形塑着他们对中国的文化想象。景观呈现着当下法国社会文化图式中的多元中国，机械复制时代的中国文化景观，被不断地重复传播着，既包括景象本身，还包括文化想象的社会复制。当然后者不同于前者，前者的表现形态是一样的，而后者在不同的文化主体上所折射出来的文化想象是异质的，与之对应的话语体系异常复杂。如前文所言，就对中国的文化想象来说，表达者的景观与接受者的景观，其内涵与形式是不完全一样的。这很明显地体现出时代的结构性影响，毕竟如同费孝通所言，"个人的价值判断离不开他所属的文化和时代"。②

就法国社会有关中国文化与文化中国的刻板印象而言，无论它们在多大程度上接近于现实本身，都是对现实的一种反映，而且更为重要的是，它们也在一定程度上形塑现实。鉴于法国社会对中国传统文化的喜好，以及对中国众多少数民族文化带有强烈的异国情调色彩的向往，中法人文交流实践中的很多内容安排恰恰就在此层面上迎合了法国人的期待。如此，来自中国方面的文化的自我表征则进一步强化了法国社会对中国文化与文化中国的想象。实际上，在中法人文交流中，应当增加更多内容以期在文化层面上呈现当代中国社会的现代性发展及其现实意义。

法国民众喜欢传统文化所代表的中国，却"对现实中国则普遍印象甚为负面"。③ 现实中国，对包括法国在内的西方世界而言，是一个与之在政治体制、经济模式、社会制度等方面存在很大差异的国家。长期以来，意识形态方面的不同，以及关于中国的丑化甚至是妖魔化，使得法国人逐渐对现实中国不断产生新的"刻板印象"，现实中国的负面形象也就在法国变得甚

---

① 德波著、王昭凤译：《景观社会》，南京：南京大学出版社 2006 年版，第 4 页。
② 费孝通：《人的研究在中国——一个人的经历》，载《东亚社会研究》，北京：北京大学出版社 1993 年版，第 12～13 页。
③ 郑若麟：《如何对法国民众讲好中国的故事》，载《对外传播》，2014 年第 6 期，第 24 页。

为普遍了。更为重要的是，近些年来，全球化的深入发展，以及中国在经济发展方面所取得的成就，使得原本就对法国在全球化进程中日渐失去相对优势而产生恐惧感的一部分人增加了对中国的负面评价。

当代法国社会中有关中国的文化想象，重新阐释着他们对文化"他者"的理解与认知，无论在内容还是形式上，都呈现出一种景观性表征，反映出法国社会有关中国文化形象与记忆的当代再生产。法国社会通过这种文化再生产机制塑造了具有法国特色的关于中国的集体记忆，进而塑造了一种特定的中国观。同时，上述系列表征在某种程度上表达了法国人看待中国文化的思想框架与内含其中的价值诉求，同时也是法国人思想与价值观的表达。

参考文献

一 著作

（一）中文原著

北京大学社会学人类学研究所编《东亚社会研究》，北京：北京大学出版社，1993。

高丙中：《居住在文化空间里》，广州：中山大学出版社，1999。

黄淑娉、龚佩华：《文化人类学理论方法研究》，广州：广东高等教育出版社，1998。

李尘生编《里昂中法大学海外部同学录》，里昂市立图书馆中文部馆藏资料。

李喜所主编，林延清、李梦芝等著《五千年中外文化交流史》（第二卷），北京：世界知识出版社，2002。

李亦园：《人类的视野》，上海：上海文艺出版社，1996。

林惠祥：《文化人类学》，北京：商务印书馆，1991。

刘海翔：《欧洲大地的中国风》，深圳：海天出版社，2005。

刘康：《全球化/民族化》，天津：天津人民出版社，2002。

罗钢、刘象愚主编《文化研究读本》，北京：中国社会科学出版社，2000。

罗钢、王中忱主编《消费文化读本》，北京：中国社会科学出版社，2003。

罗念生编《朱湘书信集》，上海：上海书店出版社，1983。

马树德：《中外文化交流史》，北京：北京语言大学出版社，2000。

孟华：《比较文学形象学》，北京：北京大学出版社，2001。

钱林森：《光自东方来——法国作家与中国文化》，银川：宁夏人民出版社，2002。

　　钱林森：《中国文学在法国》，广州：花城出版社，1990。

　　石奕龙：《应用人类学》，厦门：厦门大学出版社，1996。

　　宋蜀华、白振声：《民族学理论与方法》，北京：中央民族大学出版社，1998。

　　孙秋云主编《文化人类学教程》，北京：民族出版社，2004。

　　汪晖：《死火重温》，北京：人民文学出版社，2000。

　　汪宁生：《文化人类学调查：正确认识社会的方法》，北京：文物出版社，2002。

　　王才勇：《中西语境中的文化述微》，上海：上海人民出版社2004年版。

　　王介南：《中外文化交流史》，太原：书海出版社，2004。

　　王铭铭：《社会人类学与中国研究》，北京：生活·读书·新知三联书店，1997。

　　王铭铭：《文化格局与人的表述——当代西方人类学思潮评介》，天津：天津人民出版社，1997。

　　王铭铭：《西方与非西方：文化人类学述评选集》，北京：华夏出版社，2003。

　　王铭铭主编《西方人类学名著提要》，南昌：江西人民出版社，2004。

　　王宁：《全球化与文化：西方与中国》，北京：北京大学出版社，2002。

　　王星、孙慧民、田克勤：《人类文化的空间组合》，上海：上海人民出版社，1990。

　　夏建中：《文化人类学理论学派——文化研究的历史》，北京：中国人民大学出版社，1997。

　　忻剑飞：《世界的中国观》，北京：学林出版社，1991。

　　许明龙：《孟德斯鸠与中国》，北京：国际文化出版公司，1989。

　　许苏民：《比较文化研究史》，昆明：云南人民出版社1992年版。

　　杨念群主编《空间·记忆·社会转型——"新社会史"研究文化精选集》，上海：上海人民出版社，2001。

　　张海林：《近代中外文化交流史》，南京：南京大学出版社，2003。

　　张海洋：《中国的多元文化与中国人的认同》，北京：民族出版社，2006。

张京缓编《后殖民理论与文化认同》，台北：麦田出版公司，1995。

张茂桂等著《族群关系与国家认同》，台北：业强出版社，1993。

张宁静：《法国华侨概况》，台北：正中书局，1988。

张柠：《文化的病症：中国当代经验研究》，上海：上海文艺出版社，2004。

张允侯、殷叙彝、李峻晨：《留法勤工俭学运动》（一），上海：上海人民出版社，1980。

赵旭东：《反思本土文化建构》，北京：北京大学出版社，2003。

中国旅游年鉴编辑部、国家旅游局：《中国旅游年鉴》，北京：中国旅游年鉴出版社，2005。

中国社会科学杂志社编《人类学的趋势》，北京：社会科学文献出版社，2000。

周宁：《历史的沉船》，北京：学苑出版社，2004。

周宁：《永远的乌托邦：西方的中国形象》，武汉：湖北教育出版社，2000。

朱静编译：《洋教士看中国朝廷》，上海：上海人民出版社，1995。

朱谦之：《中国哲学对于欧洲的影响》，福州：福建人民出版社，1985。

（二）中文译著

〔美〕安德森（Benedict Anderson）著、吴叡人译：《想象的共同体》，上海：上海世纪出版集团，2005。

〔美〕巴比（Earl Babbie）著、邱泽奇译：《社会研究方法》（上、下），北京：华夏出版社，2000。

〔英〕鲍尔德温（Elain Baldwin）等著、陶东风等译：《文化研究导论》，北京：高等教育出版社，2004。

〔英〕巴纳德（Alan Barnard）著，王建民、刘源、许丹译：《人类学历史与理论》，北京：华夏出版社，2006。

〔法〕鲍德里亚（Jean Baudrillard）著，刘成富、全志钢译：《消费社会》，南京：南京大学出版社，2000。

〔德〕本雅明（Walter Benjamin）著、王才勇译：《机械复制时代的艺术作品》，北京：中国城市出版社，2002。

〔美〕博厄斯（Franz Boas）著，刘莎、谭晓勤、张卓宏译，王建民校：《人类学与现代生活》，北京：华夏出版社，1999。

〔法〕布罗代尔（Fernand Brandel）著，顾良、张泽乾译：《法兰西的特性：人与物》，北京：商务印书馆，1995。

〔法〕布罗代尔（Fernand Braudel）著，顾良、张慧君译：《资本主义论丛》，北京：中央编译出版社，1997。

〔法〕孔多塞（Marie Caritat de Condorcet）著，何兆武、何冰译：《人类精神进步史表纲要》，北京：生活·读书·新知三联书店，1998。

〔美〕克利福德（James Clifford）、马库斯（George Marcus）编，高丙中、吴晓黎、李霞等译：《写文化——民族志的诗学与政治学》，北京：商务印书馆，2006。

〔法〕库什（Denys Cuche）著、张金岭译：《社会科学中的文化》，北京：商务印书馆，2016。

〔法〕德波（Guy Debord）著、王昭凤译：《景观社会》，南京：南京大学出版社，2006。

〔法〕德特里（Muriel Détrie）著，余磊、朱志平译：《法国—中国：两个世界的碰撞》，上海：上海世纪出版集团、译文出版社，2004。

〔英〕玛丽·道格拉斯（Mary Douglas）著，黄剑波、柳博赟、卢忱译：《洁净与危险》，北京：民族出版社，2008。

〔法〕埃米尔·涂尔干著、渠东译：《社会分工论》，北京：生活·读书·新知三联书店，2000。

〔法〕艾田蒲（René Etiemble）著，许钧、钱林森译：《中国之欧洲》，郑州：河南人民出版社，1994。

〔英〕弗思（Raymond Firth）著、费孝通译：《人文类型》，北京：华夏出版社，2002。

〔美〕弗里德曼（Jonathan Friedman）著，郭建如译、高丙中校：《文化认同与全球性过程》，北京：商务印书馆，2003。

〔美〕格尔茨（Clifford Geertz）著、韩莉译：《文化的解释》，南京：译林出版社，1999。

〔美〕格尔茨（Clifford Geertz）著、纳日碧力戈等译：《文化的解释》，上海：上海人民出版社，1999。

〔英〕吉登斯（Anthony Giddens）、克利斯多弗（Christopher Pierson）著，胤宏毅译：《现代性——吉登斯访谈录》，北京：新华出版社，2001。

〔英〕吉登斯（Anthony Giddens）著，赵旭东、方文译：《现代性与自我认同：现代晚期的自我与社会》，北京：生活·读书·新知三联书店，1998。

〔德〕哈贝马斯（Juergen Habermas）著、曹卫东等译：《公共领域的结构转型》，上海：学林出版社，1999。

〔美〕哈里斯（Marvin Harris）著、张海洋等译：《文化唯物主义》，北京：华夏出版社，1989。

〔美〕哈维兰（W. A. Haviland）著、王铭铭等译：《当代人类学》，上海：上海人民出版社，1987。

〔德〕黑格尔（G. W. F. Hegel）著，贺麟、王太庆译：《哲学史演讲录》（第1卷），北京：商务印书馆，1981。

〔德〕黑格尔（G. W. F. Hegel）著、王造时译：《历史哲学》，上海：上海书店出版社，2001。

〔德〕海德格尔（M. Heiderger）著，陈嘉映、王庆节译：《存在与时间》，北京：生活·读书·新知三联书店，1987。

〔英〕霍布斯鲍姆（Eric Hobsbawm）、兰格（Terence Ranger）著，顾杭、庞冠群译：《传统的发明》，上海：译林出版社，2004。

〔美〕哈罗德·伊萨克斯（Harold Robert Isaacs）著，于殿利、陆日宇译：《美国的中国形象》，北京：时事出版社，1999。

〔美〕凯尔纳（Douglas Kellner）著、丁宁译：《媒体文化：介于现代与后现代之间的文化研究、认同性与政治》，北京：商务印书馆，2004。

〔美〕凯尔纳（Douglas Kellner）著、史安斌译：《媒体奇观——当代美国社会文化透视》，北京：清华大学出版社，2003。

〔法〕列斐伏尔（Henri Lefebvre）著、李春译：《空间与政治》，上海：上海人民出版社，2015。

〔美〕流心（Liu Xin）著、常姝译：《自我的他性——当代中国的自我系谱》，上海：上海世纪出版集团、上海人民出版社，2005。

〔法〕利奥塔（Jean-François Lyotard）、罗国祥译：《非人》，北京：商务印书馆，2000。

〔法〕利奥塔（Jean-François Lyotard）著、车槿山译：《后现代状态》，北京：生活·读书·新知三联书店，1997。

〔法〕利奥塔（Jean-François Lyotard）著、谈瀛洲译：《后现代性与公正游戏状态：利奥塔访谈录、书信录》，上海：上海人民出版社，1997。

〔英〕马凌诺斯基（Bronislaw Malinowski）著、费孝通译：《文化论》，

北京：华夏出版社，2002。

〔法〕孟德斯鸠（Montesquieu）著、张雁深译：《论法的精神》（上卷），北京：商务印书馆，1994。

〔英〕拉德克利夫－布朗（Radcliffe-Brown）著、夏建中译：《社会人类学方法》，北京：华夏出版社，2002。

〔美〕罗斯（Edward Alsworth Ross）著，公茂虹、张皓译：《变化中的中国人》，北京：时事出版社，1998。

〔美〕萨林斯（M. Sahlins）著、蓝达居等译：《历史之岛》，上海：上海人民出版社，2003。

〔美〕萨义德（Edward W. Said）著、王宇根译：《东方学》，北京：生活·读书·新知三联书店，1999。

〔法〕谢阁兰（Victor Segalen）著，梅斌译、郭宏安校：《勒内·莱斯》，北京：生活·读书·新知三联书店，1991。

〔美〕史密斯（Valene L. Smith）著，张晓萍、何昌邑等译，《东道主与游客——旅游人类学研究》，昆明：云南大学出版社，2002。

〔美〕史景迁（Jonathan D. Spence）著，廖世奇、彭小樵译：《文化类同与文化利用——世界文化总体对话中的中国形象》，北京：北京大学出版社，1997。

〔美〕斯特龙伯格（Roland N. Stromberg）著，刘北成、赵国新译：《西方现代思想史》，北京：中央编译出版社，2005。

〔爱尔兰〕泰特罗（Antony Tatlow）著、王宇根等译：《本文人类学》，北京：北京大学出版社，1996。

〔英〕泰勒（Edward B. Tylor）著、连树声译：《人类学：人及其文化研究》，桂林：广西师范大学出版社，2004。

〔法〕伏尔泰（Voltaire）著、梁守锵译：《风俗论》（上册），北京：商务印书馆，1995。

〔美〕詹姆斯·华生（James L. Watson）主编、祝鹏程译：《金拱向东：麦当劳在东亚》，杭州：浙江大学出版社，2015。

〔德〕夏瑞春编，陈爱政等译：《德国思想家论中国》，南京：江苏人民出版社，1995。

（三）外文专著

AICARD, Jean, *Les beaux voyages en Chine*, Paris: Les Arts Graphique,

1911.

AMIROU, Rachid, *Imaginaire du tourisme culturel*, Paris: Presses Universitaires de France, 2000.

AMIROU, Rachid, *Imaginaire touristique et sociabilités du voyage*, Paris: Presses Universitaires de France, 1995.

ANDERSON, Benedict, *Imagined Communities: Reflections on the Origin and Spread of Nationalism*, London, New York: Verso, 1991.

ASHMORE, Richard D. , JUSSIM Lee and WILDER David (ed.), *Social Identity, Intergroup Conflict, and Conflict Reduction*, Oxford: Oxford University Press, 2001.

BABCOCK, Barbara, *The Reversible World: Symbolic Inversion in Art and Society*, Ithaca, NY: Cornell University Press, 1978.

BALDWIN, Elain, LONGHURST Brian, SMITH Greg, MCCRACKEN Scott and OGBORN Miles, *Introducing Cultural Studies*, Beijing: Peking University Press, 2005.

BARTHES, Roland, *Mythologies*, Paris: Éditions du Seuil, 1957.

BARTHES, Roland, *Oeuvres complètes*, tome 1, 1942 – 1965, Paris: Éditions du Seuil, 1993.

BEAUVOIR, Comte de, *Voyage autour du monde*, Paris: Plon, 1868.

BÉCAUD, Nadia: *Le Thé: La culture chinoise du thé*, Paris: Stéphane Bachès, 2002.

BOOTHROYD, Ninette et DÉTRIE Muriel, *Le Voyage en Chine: Anthologie des voyageurs occidentaux du moyen âge à la chute de l'empire chinois*, Paris: Éditions Robert Laffont, 1992.

CAILLOIS, Roger, *Approches de l'imaginaire*, Paris: Éditions Gaillmard, 1974.

CAMBRELENG, Boris, *Faut-il avoir peur de la Chine ?* Toulouse: Éditions Milan, 2006.

CARPEAUX, Louis, *Pékin qui s'en va*, Paris: Maloine, 1913.

CASTORIADIS, Cornelius, *L'institution imaginaire de la société*, Paris: Seuil, 1975.

CASTORIADIS, Cornelius, *Le monde morcelé: les carrefours du labyrinthe III*,

Paris: Seuil, 1990.

CASTORIADIS, Cornelius, *Sujet et vérité: dans le monde social-historique*, Paris: Seuil, 2002.

CHASSIRON, Charles de, *Notes sur le Japon, la Chine et l'Inde*, Paris: Dentu et Reinwald, 1861.

CHATEAU, Jean, *Les sources de l'imaginaire*, Paris: éditions universitaires, 1972.

CHATEAUBRIAND, François-René de, *Oeuvres romanesques et voyages* (*II*), in Maurice Regard (ed.), Paris: Gallimard, 1987.

CHESNEAUX, Jean, *L'Art du voyage*, Paris: Bayard éditions, 1999.

CLEGG, Jenny, *Fu Manchu and the 'Yellow Peril': The Making of a Racist Myth*, Stoke-on-Trent: Trentham Books, 1994.

CLIFFORD, James and MARCUS George E. (ed.), *Writing Culture: The Poetics and Politics of Ethnography*, Berkel ey and Los Angeles, California: University of California Press, 1986.

COLLEYN, Jean-Paul, *Élements d'anthropologie sociale et culturelle*, Bruxelles: Éditions de l'Université de Bruselles, 1998.

CORDIER, Henri, *La Chine en France au XVIIIe siècle*, Paris: H. Laurens, 1910.

CUCHE, Denys, *La notion de culture dans les sciences sociales*, Paris: La Découverte, 1996.

D'HURIEL, Tristan, *La Chine vue par les écrivains français*, anthologie, Paris: Bartillat, 2004.

DEBORD, Guy, *La société du spectacle*, Paris: Éditions Gallimard, 1992.

DEMONET, Marie-Luce: *Michel de Montaigne. Les Essais*, Paris: Presses universitaires de France, 1986.

DEWITTE, Philippe, *Immigration et intégration: l'état des savoirs*, Paris: Éditions La Découverte, 1996.

DOULET, Jean-François et GERVAIS-LAMBONY Marie-Anne, *La Chine et les Chinois de la diaspora*, Paris: Atlande coll. «Clefs concours», 2000.

DU GAY, Paul & HALL Stuart, et al., *Doing Cultural Studies: the Story of the Sony Walkman*, London: Sage, The Open University, 1997.

DUCROS, Albert, DUCROS Jaqueline et JOULIAN Frédéric, *La culture est-elle naturelle ? Histoire, épistémologie et applications récentes du concept de culture*, Paris: Éditions Errace, 1998.

ELDRIGE, John, KITZINGER Jenny and WILLIAMS Kevin, *The Mass Media and Power in Modern Britain*, Oxford: Oxford University Press, 1997.

ETIEMBLE, René, *L'Europe chinoise (I, II): de la sinophilie à la sinophobie*, Paris: Editions Gallimard, 1988, 1989.

FARCHY, Joëlle, *La fin de l'exception culturelle ?*, Paris: CNRS Éditions, 1999.

FOUCAULT, Michel, *Les mots et les choses*, Paris: Éditions Gaillmard, 1966.

FRANCÈS, Robert, *La perception* (collection « Que sais-je?», n° 1076.), Paris: Presses Universitaires de France, 1963.

GAUTIER, Théophile, *Oeuvres poétiques complètes*, Édition établie par Michel Brix, Paris: Bartillat, 2004.

GEERTZ, Clifford, *The Interpretation of Cultures*, New York: Basic Books, 1973.

GERNET Jacques, *Le monde chinois*, Paris: Armand Colin, 1990.

GIDDENS, Anthony and PIERSON Christopher, *Making Sense of Modernity: Conversations with Anthony Giddens*, Cambridge: Polity Press, 1998.

GILMAN, Sander, *Difference and Pathology: Stereotypes of Sexuality, Race, and Madness*, Ithaca, London: Cornell University Press, 1985.

GOBINEAU, Joseph-Arthur de, *Oeuvres I*, Paris: Gallimard, 1983.

GONTARD, Marc, *La Chine de Victor Segalen*, Paris: Presses Universitaires de France, 2000.

GUÉRIN, Jacques, *La chinoiserie en Europe au XVIIIe siècle*, Paris: Librairie centrale des beaux-arts, 1911.

HALL, Stuart (ed.), *Representation: Cultural Representations and Signifying Practices*, London, California, New Delhi: Sage, 1997.

HALSEY, A. H. et al. (ed.), *Education: Culture, Economy and Society*, Oxford, New York: Oxford University Press, 1997.

HERSKOVITS, John Wesley, *Acculturation: The Study of Culture Contact,*

Gloucester, MA: Peter Smith, 1958.

HERZFELD, Michael, *Anthropology Through the Looking-glass: Critical Ethnology in the Margins of Europe*, Cambridge: Cambridge University Press, 1987.

HOBSBAWM, Eric and RANGER Terence (ed.), *The Invention of Tradition*, Cambridge: Cambridge University Press, 1983.

KLEINCLAUSZ, Arthur, *Histoire de Lyon* (tome III, de 1814 à 1940), Lyon: Librairie Pierre Masson, 1952.

LACLAU, Ernesto, *New Reflections on the Revolution of our Time*, London: Verso, 1990.

LAPLANTINE, François et Alexis Nouss, *Le métissage*, Paris: Flammarion, 1997.

LAUREILLARD, Marie, THIVOLLE Jean-Claude, SANJUAN Thierry, *France-Chine: Des livres en français sur la Chine*, Paris: ADPF, Association pour la diffusion de la pensée française, 2004.

LAVIER, Jacques A. , *Le micro-lassage chinois et les techniques qui en dérivent*, Paris: Edition De La Librarie Maloine, 1965.

LAZARD, Madeleine, *Michel de Montaigne*, Paris: Fayard, 2002.

LAZZARATO, Maurizio, *Les révolutions du capitalisme*, Paris: Les empêcheurs de penser en rond, 2004.

LEE, Gregory B. , *Chinas Unlimited: Making the Imaginaries of China and Chineseness*, London, New York: Routledge-Curzon, 2003.

LEE, Gregory B. , *La Chine et le spectre de l'Occident*, Paris: Syllepse, 2002.

LEE, Gregory B. , *Troubadours, Trumpeters, Troubled Makers: Lyricism, Nationalism, and Hybridity in China and Its Others*, Durham, North Carolina: Duke University Press, 1996.

LÉVI-STRAUSS, Claude, *Anthropologie structurale*, Paris: Plon, 1958.

LIPOVETSKY, Gilles, *Les temps hypermodernes*, Paris: Grasset, 2004.

LOTI, Pierre, *Les derniers jours de Pékin*, Paris: Balland, 1985.

LYOTARD, Jean-François, *La condition postmoderne*, Paris: Les Éditions de Minuit, 1979.

MALRAUX, André, *La tentation de l'Occident*, Paris: B. Grasset, 1984.

MARIN, Louis, *Des pouvoirs de l'image*, Paris: Éditions du Seuil, 1993.

MASSON, Bernard, *Lectures de l'imaginaire*, Paris: Presses Universitaires de France, 1993.

MEMMI Albert, *Portrait du colonisé*, Paris: Petite bibliothèque Payot, 1976.

MICHEL, Franck, *Désirs d'Ailleurs*: *Essai d'anthropologie des voyages*, Strasbourg: Éditions Histoire & Anthropologie, 2002.

MICHEL, Franck, *En route pour l' Asie*: *le rêve oriental chez les colonisateurs, les aventuriers et les touristes occidentaux*, Strasbourg: Éditions Histoire & Anthropologie, 1995.

MONTAIGNE, Michel de, *Les Essais. Livre III / Montaigne* ; *édition conforme au texte de l'exemplaire de Bordeaux. . . par Pierre Villey* ; *sous la direction et avec une préf de V. − L. Saulnier*, Paris: Presses universitaires de France, 1999.

MONTESQUIEU, *Oeuvres complètes* (*II*), Paris: Éditions Gallimard, 1951.

MOSHER, Steven W. , *China Misperceived*: *American Illusions and Chinese Reality*, New York: Basic Books, 1990.

NIBOYET, J. E. H. , *Le Traitement des algies par l'acupuncture et certains massages chinois*, Paris: Editions Jacques Lafitte, 1959.

OSTER, Pierre (dir.), *Dictionnaires de citations françaises*, Paris: Le Robert, 1978.

PAN, Lynn, *Encyclopédie de la diaspora chinoise* (traduit d'en anglais) , Paris: Les Éditions Du Pacifique, 2000.

PAQUET, Philippe, *L'ABCédaire de la Chine*, Mas de vert: Éditions Philippe Picquier, 2004.

QUELLA-VILLEGER, Alain, *Pierre Loti*: *le Pèlerin de Planète*, Paris: Aubéron, 2000.

RAIMOND, Michel, *Le Roman depuis la Révolution*, Paris: Armand Colin, 1981.

RICHARD, Dyer (ed.), *Gays and Film*, London: British Film Institute, 1977.

RICHARDSON, Joanna, *Judith Gautier*, traduit de l'anglais par Sara Oudin, Paris: Seghers, 1989.

RICOEUR, Paul, *La mémoire, l'histoire, l'oubli*, Paris: Éditions du Seuil, 2000.

RUTHERFORD, Jonathan (ed.), *Identity*: *Community, Culture, Difference*, London: Lawrence & Wishart, 1991.

SAEZ, Guy (dir.), *Les notices*: *Institutions et vie culturelle*, Paris: Les notices de la documentation Française, 2004.

SAID, Edward W., *L'Orientalisme*: *L'Orient créé par l'Occident* (édition du Seuil, traduit de l'Américain par Catherine Malamoud), Paris: Seuil, 1980.

SAID, Edward W., *Orientalism*: *Western Conceptions of the Orient*, London: Penguin books, 1995.

SARDAR, Ziauddin, *Orientalism*: *Concepts in the Social Sciences*, Buckingham: Open University Press, 1999.

SARTRE, Jean-Paul, *L'Imaginaire*: *psychologie, phénoménologie de l'imagination*, Paris: Éditions Gallimard, 1986.

SEGALEN, Victor, *Oeuvres completes* (*II*), édition établie et présentée par Henry Bouillier, Paris: Fobert Laffont, 1995.

SMITH, Arthur Henderson, *Moeurs curieuses des Chinois*, Paris: Payot, 1927.

SPENCE, Jonathan D., *La Chine imaginaire*: *La Chine vue par les Occidentaux de Marco Polo à nos jours* (traduction de l'anglais: *The Chan's Great Continent, China in Western Minds*, par Bernard Olivier), Montréal: Les Presses de l'Université de Montréal, 2000.

SPENCER, Herbert, *Éssais de morale, de science et d'esthétique* (traduit de l'anglais *Essays*: *Scientific, Political and Speculative*), Vol. I, Paris: Librairie Germer Baillière et Cie, 1879.

TODOROV, Tzvetan, *Nous et les autres*: *la réflexion française sur la diversité humaine*, Paris: Éditions du Seuil, 1989.

TYMOWSKI, Jean-Claude, *Massage Chinois*, Paris: Édition Ami, 1965.

VALÉRY, Paul, *Oeuvres II*, édition établie et annotée par Jean Hytier, Paris: Gallimard, 1960.

VOLTAIRE, *Dictionnaire général de Voltaire*, publié sous la direction de Raymond Trousson et Jeroom Vercruysse, Paris: Honoré Champion Éditeur, 2003.

VOLTAIRE, *Les oeuvres complètes de Voltaire* (*62, 1766 – 1767*), Oxford: The Voltaire Foundation, 1987.

VOLTAIRE, *Oeuvres complètes de Voltaire*, vol. III, Paris: Librairie E. A. Lequien, 1865.

WANG, Nora, *Émigration et Politique*: *Les étudiants-ouvriers chinois en France* (*1919 – 1925*), Paris: Les Indes Savantes, 2002.

WATSON, Jame and HILL Anne, *A Dictionary of Communication and media studies*, London: E. Amold, 1984.

ZHENG, Li-Hua, DESJEUX Dominique et BOISARD Anne-Sophie, *Comment les Chinois voient les Européens*: *Essai sur les representations et les valeurs des Chinois*, Paris: Presses Universitaires de France, 2003.

二　论文

（一）中文期刊论文

陈素：《社会中的图书馆》，载《图书馆学研究》1991 年第 2 期。

陈晓明：《现代性与文学研究的新视野》，载《文学评论》2002 年第 6 期。

繁星：《中医药在法国》，载《中华养生保健》2004 年第 6 期。

高丙中：《人类学反思性民族志研究——一个范式的六种尝试》载《思想战线》2005 年第 5 期。

高亚春：《波德里亚对消费社会的研究及其理论意义》，载《同济大学学报》（社会科学版）第 15 卷第 4 期，2004 年 8 月。

郭丽娜：《法国勒·普雷学派的中国研究及其影响》，载《世界历史》2016 年第 5 期。

光映炯：《旅游人类学再认识——兼论旅游人类学理论研究现状》，载《思想战线》2002 年第 6 期。

户晓辉：《自我与他者——文化人类学的新视野》，载《广西民族学院学报》2000 年第 2 期。

黄剑波：《作为"他者"研究的人类学》，载《广西民族研究》2002 年第 4 期。

黄应贵：《空间、力与社会》，载《广西民族学院学报》（哲学社会科学版）2002 年 02 期。

姜源：《异国形象研究中的文化意义》，载《社会科学研究》2005 年第 2 期。

李全生：《布尔迪厄的文化资本理论》，载《东方论坛》2003 年第 1 期。

李世众：《人类学视野中的旅游现象》，载《探索与争鸣》1997 年第 11 期。

李文堂：《文化乡愁与文化冲突》，载《批评家茶座》（第一辑），济南：山东人民出版社，2003 年 1 月。

李醒民：《库恩在科学哲学中首次使用的"范式"（paradigm）术语吗?》，载《自然辩证法通讯》2005 年第 4 期，第二十七卷，总第 158 期。

列斐伏尔著、刘怀玉译：《空间的生产》（节译），载中国中外文艺理论学会、四川大学中文系编《中外文化与文论》2016 年第 3 期，成都：四川大学出版社，2016。

陆扬：《"中国性"的文化认同》，载《文艺报》，2003 年 8 月 26 日，第 4 版。

罗钢：《西方消费文化理论述评》（上下），载《国外理论动态》2003 年第 5、6 期。

孟建：《视觉文化传播——对一种文化形态和传播理念的诠释》，载《现代传播》2002 年第 3 期。

彭兆荣：《"东道主"与"游客"：一种现代性悖论的危险——旅游人类学的一种诠释》，载《思想战线》2002 年第 6 期。

汪晖：《关键词与文化变迁》，载《读书》1995 年第 2 期。

汪晖：《公共领域》，载《读书》1995 年第 6 期。

王建民：《论人类学研究的综合性取向——从潘光旦先生学术生涯谈起》，载《中央民族大学学报》（哲学社会科学版）2002 年第 3 期。

王建民：《民族志方法与中国人类学的发展》，载《思想战线》2005 年第 5 期。

王建民：《田野工作与艺术人类学、审美人类学学科建设》，载《广西民族学院学报》（哲学社会科学版）2004 年第 5 期。

王建民：《中国人类学向何处去？——"学科重建以来的中国人类学"学术研讨会综述》，载《中国民族报》2006年12月8日第6版。

王铭铭：《他者的意义——论现代人类学的"后现代性"》，载《广西民族学院学报》（哲学社会科学版）2000年第2期。

王铭铭：《文化想象的力量——读E. W. 萨伊德著〈东方学〉》，载《中国书评》（香港）1996年第6期。

王铭铭：《小地方与大社会——中国社会人类学的社区方法论》，载《民俗研究》1996年第4期。

王岳川：《博德里亚消费社会的文化理论研究》，载《北京社会科学》2002年第3期。

王岳川：《消费社会中的精神生态困境：博德里亚后现代消费社会理论研究》，载《北京大学学报》（哲学社会科学版）2002年第4期。

吴晓黎：《民族志与现代性故事——以罗香凝〈另类现代性——后社会主义中国的性别渴望〉为例》，载《思想战线》2005年第1期。

仰海峰：《商品社会、景观社会、符号社会——西方社会批判理论的一种变迁》，载《哲学研究》2003年第10期。

仰海峰：《消费社会批判理论评析——鲍德里亚〈消费社会〉解读》，载《长白学刊》2004年第3期。

张浩：《法国中医概况》，载《浙江中医药大学学报》1986年第6期。

张晓萍、黄继元：《纳尔逊·格雷本的"旅游人类学"》，载《思想战线》2000年第1期。

张祝基：《情系中国四十年》，载《人民日报》2005年12月6日第16版。

赵旭东：《人类学的时间与他者建构》，载《读书》2001年第7期。

郑若麟：《如何对法国民众讲好中国的故事》，载《对外传播》2014年第6期。

郑震：《列斐伏尔日常生活批判理论的社会学意义：迈向一种日常生活的社会学》，载《社会学研究》2011年第3期。

周宁、宋炳辉：《西方的中国形象研究——关于形象学学科领域与研究范型的对话》，载《中国比较文学》2005年第2期。

周宁：《西方的中国形象史：问题与领域》，载《东南学术》2005年第1期。

周宁：《中国异托邦：二十世纪西方的文化他者》，载《书屋》2004 年第 2 期。

周宪：《读图、身体、意识形态》，载《文化研究》第 3 辑，天津：天津社会科学院出版社，2002。

〔美〕史景迁（Jonathan D. Spence）：《有历史记载的最早赴法国的中国人》，载《跨文化对话》，第 7 期，2001 年 9 月。

〔法〕居伊·德波（Guy Debord）著、肖伟胜译：《景象的社会》，载《文化研究》第 3 辑，天津：天津社会科学院出版社，2002。

（二）外文期刊论文及其他资料

BARMAN, Geneviève et DULIOUST Nicole, *Étudiants-ouvriers chinois en France 1920 – 1940*：catalogue des archives conservées au Centre de Recherches et de Documentation sur la Chine Contemporaine de l'École des Hautes en Sciences Sociales, Paris：École des Hautes en Sciences Sociales, 1981.

BOURDIEU, Pierre, «Les trois états du capital culturel», in *Actes de la recherche en sciences sociales*, Vol. 30, novembre 1979, «L'institution scolaire», pp. 3 – 6.

BOURDIEU, Pierre, "Social Space and Symbolic Power", in *Sociological Theory*, Vol. 7, 1989, No. 1, pp. 14 – 25.

BOURDIEU, Pierre, "Social Space and the Genesis of Groups", in *Theory and Society*, Vol. 14, 1985, No. 6, pp. 723 – 744.

GAUVIN, François, «La Chine, une passion européenne», in *Le Point*, hors-série, mars-avril, 2007.

PERRET, Frédéric, *La Chine et les Chinois dans l'imaginaire populaire français*, mémoire de maîtrise de Langue, Littérature et Civilisation Chinoises, sous la direction de M. Gregory B. Lee, soutenue en septembre 2003.

PHILIPPE, Yann, *L'Institut franco-chinois, un exemple réussi de collaboration en éducation*？mémoire de maîtrise（dir. Mme Cornet），Université Lumière Lyon 2, 1998.

PINET, Annick et Danielle Li, *L'Institut franco-chinois de Lyon*（《里昂中法学院今与昔》），Institut franco-chinois de Lyon, 2001.

STEPHANIDES, Stephanos, "Verbe, Monde et Transculturation", in *Transtext（e）s Transcultures*, No. 1, 2006.

TCHERNONOG, Viviane, «Le secteur associatif et son financement», in *Informations sociales*, 2012/4, n°172.

VILLARD, Florent, "China in French Tourist Industry Discourse: From Orientalist Imaginary to Chinese Postmodernity", in *Transtext(e)s Transcultures*, n°1, Lyon, Université Jean Moulin Lyon 3.

Asia, Toute l'Asie en voyage individuel sur mesure, 2004 – 2005.

Aujourd'hui la Chine, Paris: Association des amitiés franco-chinoises, n°15 – 18.

Bulletin de l'Association amicale franco-chinoise, 里昂市立图书馆中文馆藏资料。

Le Monde, 22 octobre 1976.

Le Pays, 28 mai 2004.

Le Progrès, 22 novembre 2004.

Lyon Plus, jeudi 9 février 2006.

Match du Monde, n° 1 – 12.

Match en Chine, n° 1 – 6.

Metro, vendredi 24 février 2006.

Sport, n°103, 25 août 2006.

Tel Quel, n° 58.

后　记

以人类学经验研究的方式去探讨一个民族对另外一个民族的文化想象与认知，在学术界的知识生产中，目前较为少见。但这又是一个十分重要的议题。在人类社会文化多样性的背景下，不同民族之间的互动，在相当程度上受到他们对彼此文化认知的影响，而且这种文化认知会成为一个民族有关其文化"他者"之基本态度的底色，并会伴随着时代变迁而不断演变。

文化想象自然是一种主观的认知活动，但有其主观见之于客观的现实基础，是人们对相关实践的意象反映。为了能够在一般意义上探讨沉淀于法国社会的有关中国的文化想象与认知，此项研究的田野调查试图超越那些因时、因事而组织起来的展演性、礼节性、商业性和偶然性的活动表征，去发掘那些进入法国人日常生活中的与中国相关的文化实践，以期理解法国人有关中国之文化想象中的某些无意识特征——后者才是法国人文化认知中最为真实的中国之形象。

如今，中国日益以全新的姿态走向世界，在更多领域以更深入的方式与世界互动。在此情势下，我们需要认真地了解中国在世界各民族眼中究竟是一种怎样的文化形象，后者在相当程度上决定着他们与中国的互动模式。鉴于中法之间历史悠久的人文交往，以及中国文化元素在里昂社会的积淀，以里昂作为个案来探讨法国人对中国的文化认知，既有助于理解中国在法国社会中的文化形象，又有益于探讨法国人对其文化"他者"的认知建构。

尽管是一项经验的个案考察，但本书也试图借以探讨有关文化"他者"认知与建构的研究框架，去思考应当通过怎样的"社会事实"来反映人们头脑中"见之于客观"的文化想象与认知，又该如何理解这种想象与认知背后的诸多逻辑及其社会文化机制。

在书稿付梓之际，我要衷心感谢指导我博士学业的两位导师王建民教授和 Gregory B. Lee 教授，他们在理论和方法上为此项研究的实施给予了很多中肯和富有建设性的学术指导。也要感谢后来成为我博士后研究合作导师的高丙中教授，自此项研究伊始，他就非常支持，并给予了很多重要的学术批评。还要感谢在田野调查期间接受我采访、为我创造参与观察等机会的里昂当地的众多友人，他们的无私帮助是此项研究得以开展的重要保障。更要感谢我在法国学习期间所结识的一些好友，他们为我的学习和研究提供了很多无私的帮助：Santina Zomeno、Anne Liger、Anne-Marie Velay、Jean-Marc Albanese、Jean-Charles Zaretti、Estelle Jourdain、Edyta Wu、陈芳慧、巫志诚等。最后，我还要感谢我至亲的家人，他们是我所有努力的基石。

张金岭

2018 年 4 月

图书在版编目（CIP）数据

法国人文化想象中的"他者"建构：基于里昂的一项民族志研究 / 张金岭著. -- 北京：社会科学文献出版社，2018.5
ISBN 978 - 7 - 5201 - 2686 - 1

Ⅰ.①法…　Ⅱ.①张…　Ⅲ.①文化人类学 - 研究 - 中国　Ⅳ.①C912.4

中国版本图书馆 CIP 数据核字（2018）第 084803 号

法国人文化想象中的"他者"建构
——基于里昂的一项民族志研究

著　　者 / 张金岭

出 版 人 / 谢寿光
项目统筹 / 王浩娉　叶　娟
责任编辑 / 叶　娟

出　　版 / 社会科学文献出版社·国别区域与全球治理出版中心（010）59367200
　　　　　地址：北京市北三环中路甲 29 号院华龙大厦　邮编：100029
　　　　　网址：www. ssap. com. cn
发　　行 / 市场营销中心（010）59367081　59367018
印　　装 / 三河市龙林印务有限公司

规　　格 / 开　本：787mm × 1092mm　1/16
　　　　　印　张：20.75　字　数：359 千字
版　　次 / 2018 年 5 月第 1 版　2018 年 5 月第 1 次印刷
书　　号 / ISBN 978 - 7 - 5201 - 2686 - 1
定　　价 / 98.00 元

本书如有印装质量问题，请与读者服务中心（010 - 59367028）联系